改訂版

英語の**超人**になる!
アルク学参シリーズ

1ヵ月で攻略!

大学入学 共通テスト

英語
リーディング

ONE MONTH

読む型と**解く型**で得点力アップ!

監修者 **森田鉄也**
武田塾英語課課長/
Morite2 English Channel

著者 **斉藤健一**
代々木ゼミナール講師/
数学・英語のトリセツ!

はじめに

解法を知り時間縮めて周りに差をつけろ！

　2021年センター試験から共通テストに変更され、英語の試験は大きく変わりました。その中で英語リーディングは最も大きく変わった科目です。今まで出題されていた発音・アクセント問題、文法・語法問題などがなくなり読解問題のみになりました。英語上級者にとっては細かい知識が出題されない分、失点をしにくくなったと言われています。

　しかし、一般の受験者にとっては「読む量が多く解き終えることができない」「情報処理問題って何をしたらいいのかわからない」「どこに答えのヒントがあるのかわからず何度も読み直して時間を無駄にしてしまう」といった悩みが尽きません。さらに、過去問が少ないため、多くの人は対策が手薄になってしまい頭を抱えています。そんな悩みを解決するべく作られたのが本書です。

　まず、過去問を使い、どういった設問にどう対処していけばいいのかがわかるようになっています。問題を見ていく手順が細かく図示されており、それぞれの手順においてどういったことを意識すればいいのかが示されています。これにより、読解問題へのアプローチ方法がわかり、解答時間を短縮することが可能になります。

　また、解説中では本文中の表現が選択肢ではどのように言い換えられているのかに関して細かく記述されています。共通テスト英語における言い換えの重要性をぜひ体感してください。さらに、語句の部分には重要表現を掲載しているので知らなかった表現は覚えていきましょう。最後にはオリジナルの模試もついています。学んだことの総仕上げに活用してください。

　このように、本書は共通テスト英語リーディングを攻略する上で必要となる攻略法と時間短縮のコツを皆さんに提供するものです。多くの受験生がどう効率よく対策していいのかわからないままがむしゃらに勉強し、試験本番に臨む中、本書を使い20日間しっかりと鍛錬して周りに差をつけましょう！

森田鉄也

本書を最大限に活用するために

　今回の改訂版では、前作を最新の傾向に即して再整理しました。前作はうれしいことに、増刷が間に合わず書店から消えてしまうほど好評をいただき、受験生から「実際に点数が上がった」という声もたくさん届きました。著者として大変光栄なことです。しかしどんな教材も使い方次第。本書を最大限に活用していただくため、以下に直前期の心構えを示しておきます。

1）文法・単語を疎かにしない
　まずは「時間無制限ならほぼ満点とれる」状態を目指して、「英文法」「英単語」といった英語を読む基礎を徹底的に身に付けてください。本書は最後の一押しとして「共通テスト力」をアップさせる位置づけの本なので、ある程度英語の素地があることを前提としています。

2）「型」の説明だけでなく解説も読み込む
　素の英語力だけでゴリゴリ解いていた人にとっては、光る説明が随所に見られるはずです。本書の最大の特徴は「型」ですが、「型」の枠からはみ出るポイントは「解説」に入れ込んでいます。正解した問題の解説も含め、本書を隅々まで読み尽くしてください。

3）「なぜ間違えたのか」を言語化して残す
　解説はポイントをおさえる上で大事ですが、すぐに解説を読むのはやめましょう。間違えたとき、「なぜ間違えたのか」をまず自分の頭で徹底的に考え、分析してください。読み間違えたのは、設問なのか、選択肢なのか、本文なのか。どの部分が、なぜ読めていなかったのか。原因を特定したらメモに残し、次に生かしていきましょう。

　2021年1月に始まった共通テスト。私は第1回から毎年試験会場で受験し続けています。緊張感に包まれた教室で、受験生の雰囲気を味わいながら集中力MAXで行う共通テスト分析が毎年楽しみで仕方ありません。共通テストは旧センター試験と比較され色々と言われていますが、受験生に求める力が明確でぶれない、という意味では、公平でいい試験だと思います。とにかく、準備が大事です。夢に出るくらい、共通テストと向き合いましょう。本書が受験生のお役に立てることを、心より願っております。

斉藤健一

学習カレンダー

はじめに ………………………………………………………………………………… 002

本書の特長と使い方 ……………………………………………………………………… 006

【巻末リスト】"英米の違い"を攻略するイギリス英語ミニ辞典／
グラフ・広告問題を攻略する頻出表現リスト／言い換え問題を攻略する語句リスト … 404

DAY 01
【ショートパッセージ読解問題】を攻略する「視線の型」
共通テスト第1問Aタイプを「読む型」 …………………………………………… 010
_____月 _____日

DAY 02
【ショートパッセージ読解問題】を攻略する「精読の型」
共通テスト第1問Aタイプを「解く型」 …………………………………………… 020
_____月 _____日

DAY 03
【告知文読解問題】を攻略する「視線の型」
共通テスト第1問Bタイプを「読む型」 …………………………………………… 032
_____月 _____日

DAY 04
【告知文読解問題】を攻略する「言い換えの型」
共通テスト第1問Bタイプを「解く型」 …………………………………………… 044
_____月 _____日

DAY 05
【事実／意見問題】を攻略する「視線の型①」
共通テスト第2問Aタイプを「読む型」 …………………………………………… 056
_____月 _____日

DAY 06
【事実／意見問題】を攻略する「意見読み取りの型」
共通テスト第2問Aタイプを「解く型」 …………………………………………… 074
_____月 _____日

DAY 07
【事実／意見問題】を攻略する「視線の型②」
共通テスト第2問Bタイプを「読む型」 …………………………………………… 090
_____月 _____日

DAY 08
【事実／意見問題】を攻略する「事実読み取りの型」
共通テスト第2問Bタイプを「解く型」 …………………………………………… 106
_____月 _____日

DAY 09
【ビジュアル照合型問題】を攻略する「視線の型」
共通テスト第3問Aタイプを「読む型」 …………………………………………… 120
_____月 _____日

DAY 10
【ビジュアル照合型問題】を攻略する「照合の型」
共通テスト第3問Aタイプを「解く型」 …………………………………………… 132
_____月 _____日

《大学入学共通テストとは》

「大学入学センター試験」に代わり、2021年1月からスタートしたテスト。全問マーク式で、英語は、リーディング（80分）とリスニング（30分）の試験があり、各配点は100点。リーディングは、本文の続きのメッセージを推測させたり、「事実」と「意見」を選り分けたり、また、情報を時系列に沿って整理したりする問題が出題されている。各問題の傾向については、各Dayの「内容」で詳しく説明している。

DAY 11
【ストーリー型記事読解問題】を攻略する「視線の型」
共通テスト第3問Bタイプを「読む型」 ──────── 142
_____月_____日

DAY 12
【ストーリー型記事読解問題】を攻略する「並べ替えの型」
共通テスト第3問Bタイプを「解く型」 ──────── 156
_____月_____日

DAY 13
【マルチプルパッセージ＋図表問題】を攻略する「視線の型」
共通テスト第4問タイプを「読む型」 ──────── 170
_____月_____日

DAY 14
【マルチプルパッセージ＋図表問題】を攻略する「言い換えの型」
共通テスト第4問タイプを「解く型」 ──────── 192
_____月_____日

DAY 15
【物語文・伝記文読解問題】を攻略する「視線の型」
共通テスト第5問タイプを「読む型」 ──────── 216
_____月_____日

DAY 16
【物語文・伝記文読解問題】を攻略する「並べ替えの型」
共通テスト第5問タイプを「解く型」 ──────── 242
_____月_____日

DAY 17
【長文記事読解問題】を攻略する「視線の型」
共通テスト第6問Aタイプを「読む型」 ──────── 268
_____月_____日

DAY 18
【長文記事読解問題】を攻略する「論理的読解の型」
共通テスト第6問Aタイプを「解く型」 ──────── 290
_____月_____日

DAY 19
【論理的文章読解問題】を攻略する「視線の型」
共通テスト第6問Bタイプを「読む型」 ──────── 314
_____月_____日

DAY 20
【論理的文章読解問題】を攻略する「推測の型」
共通テスト第6問Bタイプを「解く型」 ──────── 338
_____月_____日

THE FINAL DAY　実戦模擬試験
▶別冊 _____月_____日

正解と解説 ──────── 363
解答用紙 ──────── 413
解答一覧 ──────── 415

本書の特長と使い方

共通テスト英語リーディングのスコアを上げたいけれど、ゆっくり対策している時間がない・・・。そんな受験生のために、1カ月前でも間に合うよう20日間完成でプログラムされたのが本書です。それを可能にするのが、問題の流れを体得する「読む型」と、出題ポイントを攻略するための「解く型」の2つの型。本書では、奇数日に「読む型」、偶数日に「解く型」で同形式の大問（※）に取り組むことで、大局的に問題をとらえながら個々の設問に早く、そして、正確に解答することができます。この本で、共通テスト解答のために編み出された「型」を身に付ければ、スコアアップ間違いなしです。

※本書では、「第1問A」などを「大問」もしくは「問題」、それらの中の「問1」などを設問と呼びます。

STEP 1
ムダなく目と頭を動かす「読む型」をインストールする

初めて共通テストを受けた受験生からは、「問題にどう取り組めばよいのかわからず焦った」という声が聞かれました。複数の文書、イラストや図表・グラフなど、さまざまな問題があり、どうテキストを読み、どのように正答を導けばよいのか、悩んだのだと言います。Day 01をはじめとする奇数日の最初の2ページでは、試験で慌てないよう、問題ごとの最適な取り組み方（型）を習得します。

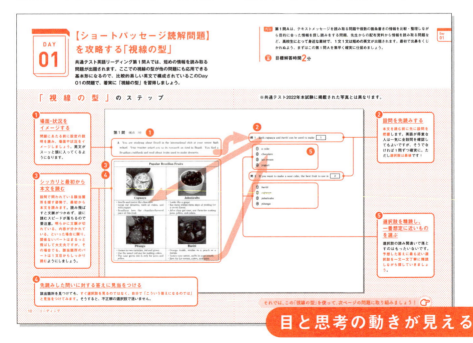

目と思考の動きが見える

リーディング

STEP 2
「読む型」を使って過去問にチャレンジする

学んだ「型」を使って、共通テストの過去問に挑戦します。「例題」と「練習問題」の2題用意しています。「例題」は2022年1月15日実施の本試験、「練習問題」は1月29日実施の追試験の問題を使用しています。共通テストの過去問に取り組むことで、来たる共通テストに活かせる「型」をしっかり身に付けることができます。

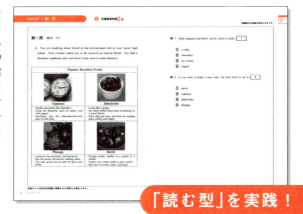

「読む型」を実践！

STEP 3
解説を読んでさらに「型」を定着させる

「例題」と「練習問題」に取り組んだ後は、［解説］のページで答え合わせをします。特に、不正解の問題、勘で答えてしまった問題は解説をじっくり読み、わからなかった英単語やフレーズは語句解説で基礎固めをします。「読む型」のステップに沿った解説を読むことで問題ごとの得点力がアップしていきます。また、理解できない語彙を減らしていくことで、着実に英語力がアップしていきます。

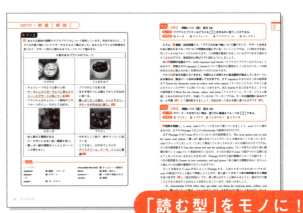

「読む型」をモノに！

「読む型」から「解く型」へ

7

偶数DAY

STEP 1
早く正確に正答を導く「解く型」をインストールする

どんな順番で目と頭を働かせて問題に取り組めばよいのか、という悩みと同じくらい、複数の文書や図表・グラフなどの内容と英文を照合させて解く設問にどう答えるか、また、読み取った情報と正解の選択肢をどうつなげるか、迷う受験生が多いのも事実です。Day 02以降の偶数日の冒頭2ページでは、スムーズに正答を選べるよう、設問ごとの最適な取り組み方（型）を伝授します。

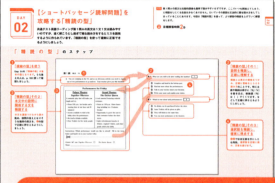

スピーディーに正解を見つける！

STEP 2
「解く型」を使って過去問にチャレンジする

学んだ「型」を用いて過去問に挑戦します（偶数日は、2023年に実施された共通テストを使用しています）。奇数日同様、「例題」と「練習問題」の2題です。「例題」は本試験（2023年1月14日実施）、「練習問題」は追試験（2023年1月28日実施）の問題を取り上げます。「型」を使って過去問に取り組むことで、実践力を高めることができます。

「解く型」を実践！

8　リーディング

本書の特長と使い方

STEP 3
「解く型」の理解を深め、しっかり定着させる

過去問に挑戦した後は、[解説] ページで確認。不正解の問題、勘で答えてしまった問題は、「型」を使った解法や語句解説をじっくり読んで理解を深めてください。「解く型」を定着させ、語彙力を高めることで、スピーディーに正答を選べるようになります。

「解く型」をモノに！

20日間プログラムの総仕上げ

THE LAST STEP
別冊「実戦模擬試験」で仕上げる！

それでは、「学習カレンダー」に日付を書き込み、
目標スコア獲得のための学習をスタートしましょう！

DAY 01 【ショートパッセージ読解問題】を攻略する「視線の型」

共通テスト英語リーディング第１問Aでは、短めの情報を読み取る問題が出題されます。ここでの視線の型が他の問題にも応用できる基本形になるので、比較的易しい英文で構成されているこのDay 01の問題で、着実に「視線の型」を習得しましょう。

「視線の型」のステップ

① 場面・状況をイメージする

問題にあたる前に設定の説明を読み、場面や状況をイメージしましょう。英文がスーッと頭に入ってくるようになります。

③ シッカリと最初から本文を読む

設問で問われている該当箇所を探す姿勢で、最初から本文を読みます。読み飛ばすと文脈がつかめず、逆に読むスピードが落ちるので要注意。明らかに文脈が切れている、内容が分かれている、といった場合に限り、関係ないパートはまるっと飛ばして大丈夫ですが、その場合でも、該当箇所のパートは１文目からしっかり読むようにしましょう。

④ 先読みした問いに対する答えに見当をつける

該当箇所を見つけても、**すぐ選択肢を見るのではなく、自分で「こういう答えになるのでは」**と見当をつけてみます。そうすると、不正解の選択肢で迷いません。

第１問　(配点　10)

A　You are studying about Brazil in the international club at your senior high school. Your teacher asked you to do research on food in Brazil. You find a Brazilian cookbook and read about fruits used to make desserts.

Popular Brazilian Fruits

Cupuaçu
- Smells and tastes like chocolate
- Great for desserts, such as cakes, and with yogurt
- Brazilians love the chocolate-flavored juice of this fruit.

Jabuticaba
- Looks like a grape
- Eat them within three days of picking for a sweet flavor.
- After they get sour, use them for making jams, jellies, and cakes.

Pitanga
- Comes in two varieties, red and green
- Use the sweet red one for making cakes.
- The sour green one is only for jams and jellies.

Buriti
- Orange inside, similar to a peach or a mango
- Tastes very sweet, melts in your mouth
- Best for ice cream, cakes, and jams

10　リーディング

内容 第1問Aは、テキストメッセージを読み取る問題や複数の箇条書きの情報を比較・整理しながら目的に合った情報を探し読みをする問題、先生からの配布資料から情報を読み取る問題など、**高校生にとって身近な素材で、1文1文は短めの英文**が出題されます。最初で出鼻をくじかれぬよう、まずはこの第1問Aを素早く確実に仕留めましょう。

Day 01

⧖ 目標解答時間 **2**分

※共通テスト2022年本試験に掲載された写真とは異なります。

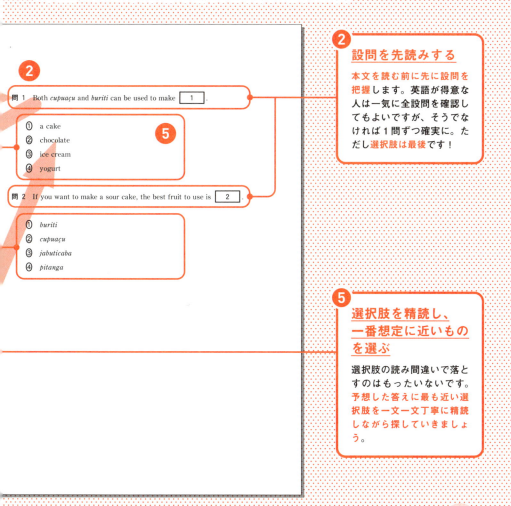

② 設問を先読みする

本文を読む前に先に設問を把握します。英語が得意な人は一気に全設問を確認してもよいですが、そうでなければ1問ずつ確実に。ただし**選択肢は最後**です!

⑤ 選択肢を精読し、一番想定に近いものを選ぶ

選択肢の読み間違いで落とすのはもったいないです。**予想した答えに最も近い選択肢を一文一文丁寧に精読**しながら探していきましょう。

それでは、この「視線の型」を使って、次ページの問題に取り組みましょう!

11

DAY 01 > 例 題

 目標解答時間 **2**分

第 1 問 (配点 10)

A You are studying about Brazil in the international club at your senior high school. Your teacher asked you to do research on food in Brazil. You find a Brazilian cookbook and read about fruits used to make desserts.

Popular Brazilian Fruits	
 **Cupuaçu**	 **Jabuticaba**
・Smells and tastes like chocolate ・Great for desserts, such as cakes, and with yogurt ・Brazilians love the chocolate-flavored juice of this fruit.	・Looks like a grape ・Eat them within three days of picking for a sweet flavor. ・After they get sour, use them for making jams, jellies, and cakes.
 **Pitanga**	 **Buriti**
・Comes in two varieties, red and green ・Use the sweet red one for making cakes. ・The sour green one is only for jams and jellies.	・Orange inside, similar to a peach or a mango ・Tastes very sweet, melts in your mouth ・Best for ice cream, cakes, and jams

共通テスト2022年本試験に掲載された写真とは異なります。

問 1 Both *cupuaçu* and *buriti* can be used to make 　1　.

① a cake

② chocolate

③ ice cream

④ yogurt

問 2 If you want to make a sour cake, the best fruit to use is 　2　.

① *buriti*

② *cupuaçu*

③ *jabuticaba*

④ *pitanga*

DAY 01 > 例題 [解 説]

問 1 - 2

訳 あなたは高校の国際クラブでブラジルについて研究しています。先生があなたに、ブラジルの食べ物についてリサーチをするよう頼みました。あなたはブラジルの料理本を見つけて、デザート作りに使われるフルーツについて読みます。

人気のあるブラジルのフルーツ	
 クプアス	 ジャボチカバ
・チョコレートのような香りと味 ・ケーキにしたりヨーグルトに添えたりといったデザートに向いている 問1 ・ブラジル人はチョコレート風味のこのフルーツのジュースがとても好き。	・ブドウのような見た目 ・甘みを味わうには摘んでから3日以内に食べる。 ・酸っぱくなった後は、ジャムやゼリーやケーキを作るのに使う。 問2
 ピタンガ	 ブリティ
・赤と緑の2種類がある ・ケーキ作りには甘い赤い種類を使う。 ・酸っぱい緑の種類はジャムとゼリーにしか使わない。	・中がオレンジ色で、桃やマンゴーに似ている ・とても甘く、口の中でとろける ・アイスクリーム、ケーキ、ジャムに最適 問1

語句

[リード文]
research	名	調査、リサーチ
dessert	名	デザート

[表]
yogurt	名	ヨーグルト
chocolate-flavored	形	チョコレート風味の
flavor	名	風味、味わい
come in ~	熟	~の形で供給される
variety	名	種類

| 問1 | **正解①** 問題レベル【易】 配点 2点 | Day 01 |

設問 クプアスとブリティはどちらも □1□ を作るのに使うことができる。

選択肢 ① ケーキ ② チョコレート ③ アイスクリーム ④ ヨーグルト

　まずは、❶**場面・状況把握**です。「**ブラジルの食べ物について調べていて、デザートを作るために使われるフルーツについて料理本を読んでいる**」ということですね。この時点で写真に写っているのはフルーツだとわかります。この情報が最初にわかっているだけでかなり読みやすくなるはずです。場面設定は飛ばさずに読むようにしましょう。

　次に❷**設問の先読み**です。both *cupuaçu* and *buriti*「クプアスとブリティはどちらも」とあるので、問題文中の cupuaçu と buriti について書かれた箇所から「これらのフルーツが何を作るために使えるのか」を探せばいいのだとわかります。

　それでは❸**本文を読んでいきます**。今回のような明らかに該当箇所が独立しているパートにある場合は、**該当パート以外は無視して大丈夫**です。まず cupuaçu の方には 2 つ目の説明書きで Great for desserts, such as cakes, and with yogurt「ケーキにしたりヨーグルトに添えたりといったデザートに向いている」とあります。次に buriti の方に目をやると、3 つ目の説明書きで Best for ice cream, cakes, and jams「アイスクリーム、ケーキ、ジャムに最適」とあるのがわかります。共通しているのは「ケーキ」ですね。**ケーキが選択肢にあるのでは、と予測**（❹）して選択肢をみましょう。自信を持って①を正解に選べるはずです（❺）。

| 問2 | **正解③** 問題レベル【易】 配点 2点 |

設問 サワーケーキを作りたい場合、使うのに最適なフルーツは □2□ である。

選択肢 ① ブリティ ② クプアス ③ ジャボチカバ ④ ピタンガ

　❷**設問を精読**し、a sour cake にチェックを入れて探していきましょう。sour という語があるのは、左下の Pitanga と右上の Jabuticaba の説明の中だけです。

　まず Pitanga の方で sour が入っている 3 つ目の説明書きで、The sour green one is only for jams and jellies.「酸っぱい緑の方はジャムとゼリーにしか使わない」と言っています。only にチェックしましょう。「しか」と限定していることからケーキには使わなさそうですね。2 つ目の説明書きで Use the sweet red one for making cakes.「ケーキ作りには甘い赤い種類を使う」と cake という単語が出ているので、3 つ目の項目の sour と結びつけて正解に見えてしまった人もいるかもしれませんが、Pitanga の中でも別の種類のフルーツの話です。1 つ目の説明書き Comes in two varieties, red and green「赤と緑の 2 種類がある」をちゃんと読んでいれば頭の整理ができていたはずです。

　ざっと全体をみて sour が目に入って Pitanga かも、とあたりをつけるのはいいですが、sour の周辺だけさっと読んで判断しようとせず、落ち着いて**その 1 つ目の説明書きから精読するべきです**（❸）。「**急がば回れ**」です。第 1 問 A はサクッと終わらせようと一部分だけで解こうとすると足をすくわれるような作りになっています。気をつけましょう。

　一方、Jabuticaba の方は After they get **sour**, use them for making jams, jellies, and cakes.「酸っぱくなった後は、ジャムやゼリーやケーキを作るのに使う」とあるので、ばっちり（❹）。③が正解です（❺）。

2022年度：共通テスト本試験 第 1 問 A 15

DAY 01 > 練習問題

 目標解答時間 **2**分

第1問 (配点 10)

A You are studying at a senior high school in Alberta, Canada. Your classmate Bob is sending you messages about the after-school activities for this term.

> Hey! How are you doing?

> Hi Bob. I'm great!

> Did you hear about this? We've got to choose our after-school activities for this term.

> Yes! I'm going to join the volunteer program and tutor at an elementary school.

> What are you going to tutor?

> They need tutors for different grades and subjects. I want to help elementary school kids learn Japanese. How about you? Are you going to sign up for this program?

> Yes, I'm really interested in the volunteer program, too.

> You are good at geography and history. Why don't you tutor the first-year senior high school students?

I don't want to tutor at a senior high school. I was thinking of volunteering at an elementary school or a kindergarten, but not many students have volunteered at junior high schools. So, I think I'll tutor there.

Really? Tutoring at a junior high school sounds difficult. What would you want to teach there?

When I was in junior high school, math was really hard for me. I'd like to tutor math because I think it's difficult for students.

問 1 Where does Bob plan to help as a volunteer? 1

① At a junior high school
② At a kindergarten
③ At a senior high school
④ At an elementary school

問 2 What is the most appropriate response to Bob's last message? 2

① My favorite subject was math, too.
② We will tutor at the same school then.
③ Wow, that's a great idea!
④ Wow, you really love Japanese!

DAY 01 › 練習問題［解説］

問 1 - 2

訳 あなたはカナダのアルバータの高校で勉強しています。クラスメートのボブが、今学期の放課後活動の件でメッセージを送っています。

ボブ① : こんにちは！　元気？
あなた① : こんにちは、ボブ。元気だよ！
ボブ② : この話聞いた？　今学期の放課後活動を選択しなくちゃいけないんだよ。
あなた② : うん！　自分はボランティアプログラムに参加して小学校でチューターをするつもり。
ボブ③ : 何のチューターをするの？
あなた③ : いろいろな学年と教科のチューターが募集されてる。小学校の生徒たちが日本語を勉強するのを手伝いたいな。君は？　このプログラムに申し込む？
ボブ④ : そうだな、僕もそのボランティアプログラムにすごく興味がある。
あなた④ : 地理と歴史が得意だよね。高校１年生に教えたらどう？
ボブ⑤ : 高校でチューターはしたくないんだ。小学校か幼稚園でのボランティアを考えてたんだけど、中学校でボランティアをする生徒があまり多くない。だから、そこでチューターをしようと思う。 問1
あなた⑤ : 本当に？　中学校でのチューターは大変そうだけど。そこで何を教えようと思ってるの？ 問2 - 1
ボブ⑥ : 自分が中学生だったとき、数学にすごく苦労したんだ。生徒には難しいだろうから数学を教えたいと思ってる。 問2 - 2
あなた⑥ : ２

語句

[リード文]
term	名 学期

[メッセージ]
tutor ～	自 チューター（個人指導）をする 他 ～を個人指導する 名 チュータ ー、個人指導員

elementary school	熟 小学校
grade	名 学年
sign up for ～	熟 ～に申し込む
geography	名 地理（学）
kindergarten	名 幼稚園
math	名 数学

問1 正解① 問題レベル【易】 配点 2点

設問 ボブはどこでボランティアとして手伝うつもりか。 `1`

選択肢 ① 中学校で ② 幼稚園で
③ 高校で ④ 小学校で

Day 01

まずは、❶**場面・状況把握**です。「**カナダの高校で勉強していて、クラスメートのボブから今学期の放課後活動の件でメッセージを受け取った**」ということですね。「放課後の活動について」とわかるだけでだいぶ英文が読みやすくなるはずです。場面設定は飛ばさずに読むようにしましょう。

❷**設問を先読み**します。主語の Bob にチェックです。2つ目のメッセージで「Hi, Bob.」と右側にあることからも、Bob は左側から吹き出しが出ている方ですね。また設問の plan にもチェックしましょう。Bob が未来のことを語っている箇所に要注意です。

では**本文を読んでいきます（❸）。文脈をたどるために1文目からちゃんと読んでいきましょう**。「Bob のメッセージ」かつ「未来について言及している言葉」を見つけようと思いながら読んでいくと、Bob の5つ目のメッセージの中で、So, I think I'll tutor there.「だからそこでチューターをしようと思う」というセリフにたどりつきます。there が指すのは直前の junior high schools でしょう（❹）。よって①が正解です（❺）。

問2 正解③ 問題レベル【易】 配点 2点

設問 最後のボブのメッセージに対して最もふさわしい応答はどれか。 `2`

選択肢 ① 自分も好きな教科は数学だったよ。
② じゃあ同じ学校で教えることになるね。
③ すごいね、それはいい考えだね！
④ すごいね、本当に日本語が好きなんだね！

返答を予測する問題です。❸**しっかり本文を読み**、流れを追えば「普通ならこういう返答するな」という見当がつきます。こういった問題で共通テストは思考力を測ろうとしています。解答のためには、基本的に「**本文すべて読む**」つもりでいてください。❷設問を先読みしているのは、決して飛ばし読みの推奨ではなく、**注目すべき箇所をじっくり読み、そうではない情報は流し読みする**、という濃淡をつけた読み方をするためです。

空所の直前の情報を整理すると、「何を教えるの？」→「自分も数学が苦手だったから数学を教えようと思っている。生徒にとって数学は難しいだろうから」という流れです（❸）。ここであなたならどう返答するでしょうか。Bob は素敵なことを言っていますよね。自然な返答としては、「いいね！」「素晴らしいね！」「数学教えるの頑張って！」などでしょうか。ふわっとでもいいので自分なりに「こういう返答かな」と予測しておきましょう（❹）。その上で選択肢を見ると③「すごいね、それはいい考えだね！」がぴったりだとわかります（❺）。

念のため他の選択肢も確認しておきます。①は自分「も」好きな教科が数学だった、ということですが、Bob は「苦手だった」と言っているので流れがおかしいです。②は「あなた」は小学校、Bob は中学校で教える予定なので矛盾しています。④は数学ではなく日本語の話にすり替わっているので、ここでの自然な返答とは言えません。

2022年度：共通テスト追試験 第1問A 19

DAY 02

【ショートパッセージ読解問題】を攻略する「精読の型」

共通テスト英語リーディング第1問Aの英文は1文1文は読みやすいのですが、速く解こうとし過ぎて雑な読み方をするとミスを誘発するように作られています。「精読の型」を使って確実に正答できるようにしましょう。

「精読の型」のステップ

①「視線の型」を使う

Day 01の「視線の型」が基本の型となります。うろ覚えの人は、p.10に戻って確認しましょう。

③「精読の型」その2: 本文中の設問に関係する文を精読する

本文を濃淡つけながら読み進め、設問の答えとなりそうな箇所の英文を、②の型で正確に押さえるようにしましょう。

第1問 （配点 10） ①

A You are studying in the US, and as an afternoon activity you need to choose one of two performances to go and see. Your teacher gives you this handout.

③

Performances for Friday

Palace Theater	Grand Theater
Together Wherever	**The Guitar Queen**
A romantic play that will make you laugh and cry	A rock musical featuring colorful costumes
▶ From 2:00 p.m. (no breaks and a running time of one hour and 45 minutes)	▶ Starts at 1:00 p.m. (three hours long including two 15-minute breaks)
▶ Actors available to talk in the lobby after the performance	▶ Opportunity to greet the cast in their costumes before the show starts
▶ No food or drinks available	▶ Light refreshments (snacks & drinks), original T-shirts, and other goods sold in the lobby
▶ Free T-shirts for five lucky people	

Instructions: Which performance would you like to attend? Fill in the form below and hand it in to your teacher today.

✂ -

Choose (✔) one: *Together Wherever* ☐　　*The Guitar Queen* ☐

Name: _____

20　リーディング

内容 第1問Aの英文は比較的語彙も簡単で読みやすいはずですが、ここでいつも間違えてしまう、と相談をしにくる生徒は少なくありません。たいていその原因は文法的に雑な読み方をしてしまっていることにあります。今回は「精読の型」を使って、より解答の精度を上げていく練習をします。

Day 02

⏳ **目標解答時間 2分**

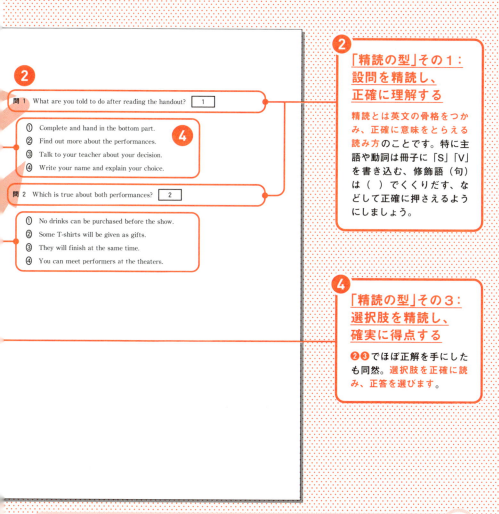

❷「精読の型」その1：設問を精読し、正確に理解する

精読とは英文の骨格をつかみ、正確に意味をとらえる読み方のことです。特に主語や動詞は冊子に「S」「V」を書き込む、修飾語（句）は（ ）でくくりだす、などして正確に押さえるようにしましょう。

❹「精読の型」その3：選択肢を精読し、確実に得点する

❷❸でほぼ正解を手にしたも同然。選択肢を正確に読み、正答を選びます。

では、「視線の型」を活かしつつ、「精読の型」を使って、次ページの問題に取り組みましょう！ 👉

21

DAY 02 ▶ 例題

第 1 問 (配点 10)

A You are studying in the US, and as an afternoon activity you need to choose one of two performances to go and see. Your teacher gives you this handout.

Performances for Friday

Palace Theater	**Grand Theater**
Together Wherever	*The Guitar Queen*
A romantic play that will make you laugh and cry	A rock musical featuring colorful costumes
▶ From 2:00 p.m. (no breaks and a running time of one hour and 45 minutes)	▶ Starts at 1:00 p.m. (three hours long including two 15-minute breaks)
▶ Actors available to talk in the lobby after the performance	▶ Opportunity to greet the cast in their costumes before the show starts
▶ No food or drinks available	
▶ Free T-shirts for five lucky people	▶ Light refreshments (snacks & drinks), original T-shirts, and other goods sold in the lobby

Instructions: Which performance would you like to attend? Fill in the form below and hand it in to your teacher today.

✂ -

Choose (✔) one: *Together Wherever* ☐   *The Guitar Queen* ☐

Name: _____

問 1 What are you told to do after reading the handout? ▢1

① Complete and hand in the bottom part.

② Find out more about the performances.

③ Talk to your teacher about your decision.

④ Write your name and explain your choice.

問 2 Which is true about both performances? ▢2

① No drinks can be purchased before the show.

② Some T-shirts will be given as gifts.

③ They will finish at the same time.

④ You can meet performers at the theaters.

DAY 02 › 例題 ［ 解 説 ］

問 1 - 2

訳 あなたはアメリカ留学中で、午後の活動として2つの公演のうち1つを選んで見に行く必要があります。先生から次のようなプリントをもらいました。

金曜日の公演

パレス劇場 『いつまでも一緒に』	グランド劇場 『ギター・クイーン』
笑ったり泣いたりさせられる恋愛劇 ・午後2時開演（休憩なしで、上演時間は1時間45分） ・上演後、ロビーで俳優たちと話ができます 問 2 - 1 ・食べ物や飲み物は売っていません ・無料Tシャツを幸運な5名様に	色とりどりの衣装が見どころのロック・ミュージカル ・午後1時開演（15分の休憩2回を含めて長さ3時間） ・開演前に衣装を着けたキャストとあいさつする機会あり 問 2 - 2 ・軽食（スナック・飲み物）、オリジナルTシャツ、その他のグッズをロビーにて販売

指示：どちらの公演を観覧したいですか。下の用紙に書き込んで今日中に担任に提出すること。 問 1

✂ -

1つ選んでください：『いつまでも一緒に』□　『ギター・クイーン』□

名前：＿＿＿＿＿＿＿＿＿＿＿＿＿＿＿＿＿＿＿

語句

[リード文]

handout	名 配布資料、プリント

[プリント]

running time	熟 上演時間

feature 〜	他 〜を特徴とする、〜が呼び物である
instruction	名 （〜sで）指示
fill 〜 in / fill in 〜	熟 〜を記入する
hand 〜 in / hand in 〜	熟 〜を提出する

24　リーディング

問 1	正解① 問題レベル【普通】 配点 2点

設　問 プリントを読んだ後に何をするよう言われているか。 1

選択肢 ① 下の部分に記入して提出する。
　　　　② 公演についてさらに調べる。
　　　　③ 自分の判断を先生に話す。
　　　　④ 自分の名前を書いて自分の選択について説明する。

語句 complete ～ 他 ～の空所を埋める、～に記入する

Day
02

　基本の❶「視線の型」を使いながら、今回は「精読の型」も意識しましょう。まずは❷設問の**精読**からです。

　What are you told to do（after reading the handout）?

　（　）でくくりだした after reading the handout は前置詞句で「プリントを読んだ後に」。このように修飾語句はくくりだしておくと全体の主語・動詞を中心とした文の骨格が見えやすくなります。What は do の目的語なので「何を」と訳します。are you told to do（← you are you told to do）は tell you to do「あなたに～するよう言う」の受身形です。まとめると「あなたはプリントを読んだ後、何をするよう言われていますか」という意味になります。プリント下の方の Instructions「指示」のところに❸**答えが書かれてありそうなのでここを精読します。**

　Which performance would you like to attend? <u>Fill in</u> the form below and <u>hand it in</u> to your teacher today.

　1文目は、Which performance が目的語（O）、you が主語（S）、like to attend が動詞（V）で「あなたはどちらの公演を観覧したいですか」という意味になります。2文目は Fill という動詞から始まる命令文です。and で fill と hand の2つの動詞を繋いでいるため、「～しなさい、そして～しなさい」と指示が2つあるようですね。この部分が「言われている」内容でよさそうです。fill ～ in / fill in ～「～を記入する」、hand ～ in / hand in ～「～を提出する」さえわかればここは「下の用紙を記入し今日中に担任の先生に提出しなさい」という意味だとわかります。切り取りマークの下には観覧したい公演のチェック欄と名前を記入する欄があります。

　それでは❹**選択肢を精読**しましょう。fill in を complete に、the form below を the bottom part に書き換えた①が正解ですね。②は find out more が誤り、③は talk to your teacher が誤りです。④ Write your name and explain your choice. は前半が正しいので選びたくなるかもしれませんが、and 以下の explain your choice は誤りです。観覧したい公演をチェックするだけなので、explain「説明する」わけではありません。該当箇所がわかった方も選択肢の吟味で間違えてしまうことが多いのが第1問です。試験が始まったばかりなので高揚した気分でスイスイ次にいってしまいたくなるかもしれませんが、答えがすぐに見つかった、と思った時ほど慎重に。精読を怠らないようにしましょう。

2023年度：共通テスト本試験　第1問A　25

> **問2** 　**正解 ④**　問題レベル【易】　配点 2点
>
> **設 問**　両方の公演について正しいのはどれか。 ２
> **選択肢**　① 開演前に飲み物を買うことはできない。
> 　　　　　② Tシャツが何着かプレゼントされる。
> 　　　　　③ 同じ時間に終わる。
> 　　　　　④ 劇場で出演者に会える。
> **語句**　purchase ～ 他 ～を購入する

　基本の❶「視線の型」を使いながら、今回は「精読の型」も意識しましょう。まずは❷設問の精読からです。

　Which is true about <u>both</u> performances?

　both にチェックしましょう。両方の公演について当てはまるものを選ぶ問題です。このままだと狙い読みができないため、選択肢でキーワードを先に確認します。①は「飲み物の購入可否」、②は「Tシャツのプレゼントの有無」、③は「終わる時間が同じか」、④は「出演者に会えるかどうか」です。では、❸本文の該当箇所をひとつずつ精読していきます。

　①「飲み物」に関しては左側（Palace Theater）の方では下から2つ目のチェック項目でNo food or drinks available「食べ物や飲み物は売っていません」とありますが、右側（Grand Theater）の方では一番下のチェック項目で Light refreshments (snacks & drinks) ... sold in the lobby「スナックや飲み物など軽食はロビーで売られている」とあるので選択肢①は誤りです。

　②「Tシャツ」に関しては左側（Palace Theater）の方では一番下のチェック項目で Free T-shirts「無料のTシャツ」とありますが、右側（Grand Theater）の方ではこれまた一番下のチェック項目で ..., original T-shirts, ... sold in the lobby「オリジナルTシャツはロビーで売られている」とあり、given as gifts とは言えないので選択肢②も誤りです。

　③「終わる時間」に関しては左側（Palace Theater）の方では一番上のチェック項目で2時開演で休憩時間なし（no breaks）の1時間45分公演とあるので、3時45分に終わると予想されます。一方右側（Grand Theater）の方では一番上のチェック項目で1時開演で2回の15分休憩を含む（including two 15-minute breaks）3時間公演とあります。4時終わりとなり、閉演時間は異なるので③も誤りです。

　④「出演者」に関しては左側（Palace Theater）の方では2つ目のチェック項目で Actors available to talk「俳優たちと話ができる」、右側（Grand Theater）の方では2つ目のチェック項目で Opportunity to greet the cast「キャストとあいさつできる機会」とあるので選択肢④ You can meet performers at the theaters.「劇場で出演者に会える」が正解です。本文の actors、cast が選択肢では performers と言い換えられていました。

26　　リーディング

DAY 02 ＞ 練習問題

問題番号は実際の番号のままです。

第1問 （配点 10）

A　You are waiting in line for a walking tour of a castle and are asked to test a new device. You receive the following instructions from the staff.

Audio Guide Testing
for the Westville Castle Walking Tour

Thank you for helping us test our new audio guide. We hope you will enjoy your experience here at Westville Castle.

How to use
When you put the device on your ear, it will turn on. As you walk around the castle, detailed explanations will automatically play as you enter each room. If you want to pause an explanation, tap the button on the earpiece once. The device is programmed to answer questions about the rooms. If you want to ask a question, tap the button twice and whisper. The microphone will pick up your voice and you will hear the answer.

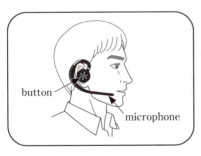

Before you leave
Drop the device off at the collection desk to the left of the exit, then fill in a brief questionnaire, and hand it to the staff. In return, you will receive a discount coupon to use at the castle's souvenir shop.

問 1　The device is most likely to be able to answer questions about the

　　　[1].

　　① interiors of the castle

　　② length of the walking tour

　　③ mechanism of the device

　　④ prices at the souvenir shop

問 2　To get the coupon, you must [2].

　　① ask the staff a question about the device

　　② give some feedback about the device

　　③ leave through the exit on the left

　　④ submit your completed audio guide test

DAY 02 ▶ 練習問題［解説］

問 1-2

訳 あなたは、あるお城の徒歩ツアーの列に並んで待っていると、新しいデバイスのテストをしてほしいと頼まれます。スタッフから次のような説明書を受け取ります。

ウエストビル城徒歩ツアー用
オーディオガイド・テスト

新しいオーディオガイドのテストにご協力いただきありがとうございます。ここウエストビル城での体験をどうぞお楽しみください。

使い方
デバイスを耳に装着すると、スイッチが入ります。あなたが城の中を歩き回るのに合わせ、それぞれの部屋に入ると自動的に詳しい解説が流れます。解説を一時停止したいときは、イヤーピースのボタンを1度押してください。このデバイスは部屋に関する質問に答えるようプログラムされています。 問1　質問したいときは、ボタンを2度押して小声で話しかけてください。マイクがあなたの声を拾って、あなたは答えを聞くことになります。

お帰りの前に
出口の左にある回収デスクにデバイスを返却し、簡単なアンケートを書いてスタッフに渡してください。 問2　お礼に、城の土産物店で使える割引クーポンを差し上げます。

語句

[リード文]
- **device** 名 デバイス、(小型の) 機器
- **instruction** 名 (〜sで) 指示、説明書

[説明書]
- **explanation** 名 説明、解説
- **automatically** 副 自動的に
- **tap 〜** 他 〜を軽くたたく、〜 (ボタンなど) を押す
- **whisper** 自 ささやく、小声で話す
- **drop 〜 off / drop off 〜** 熟 〜を置いていく
- **fill 〜 in / fill in 〜** 熟 〜に書き込む
- **brief** 形 短い、簡潔な
- **questionnaire** 名 質問表、アンケート
- **in return** 熟 引き換えに
- **souvenir** 名 記念品、土産物

2023年度：共通テスト追試験　第1問A

問1 　**正解①**　問題レベル【易】　配点 2点

設　問　デバイスは　[1]　に関する質問に答えられる可能性が最も高い。

選択肢　① 城の内装
　　　　　② 徒歩ツアーの長さ
　　　　　③ デバイスの仕組み
　　　　　④ 土産物店の値段

語句　interior　**名** 内部、内装　　　　　mechanism　**名** メカニズム、仕組み

　基本の**❶「視線の型」を使いながら**、今回は「精読の型」も意識しましょう。**❷設問を精読し、正確に理解**すれば、「デバイスが何に関する質問に答えるか」を探し読みすればいいのだとわかります。How to use の4文目に answer questions とあるので、**❸この文を精読**しましょう。The device is programmed to answer questions about the rooms. 「このデバイスは部屋に関する質問に答えるようプログラムされています」とあるので、やはりここが該当箇所ですね。rooms にチェックを入れ**❹選択肢を精読**すると、選択肢① interiors of the castle 「城の内装」が正解だとわかります。たとえ the rooms が何の部屋のことかイメージが湧いていなくても、① interiors「内装」、② length「長さ」、③ mechanism「仕組み」、④ prices「値段」と比較検討すれば、①が最も rooms に近そうだとわかるはずです。

　このように選択肢が名詞のカタマリになっている場合は、最初の1語だけを正確に捉えて比較すると余計な情報が入らず、速く正解にたどりつけることがあります。

30　　リーディング

問2 　正解 ②　問題レベル【易】　配点 2点

設問 クーポンをもらうためには　2　なければならない。

選択肢 ① スタッフにデバイスに関する質問をし
② デバイスに関するフィードバックをし
③ 左側の出口を通って帰ら
④ 記入済みのオーディオガイド・テストを提出し

語句 feedback　名 反応、感想、意見　complete ～　他 ～を完成させる、～（書
submit ～　他 ～を提出する　　　　　　　　　類など）に記入する

Day
02

基本の❶「視線の型」を使いながら、今回は「精読の型」も意識しましょう。まずは❷設問の精読からです。

To get the coupon, you must ...

To get the coupon は「クーポンを手に入れるために」です。SV（you must ...）より前にある不定詞のかたまりはふつう副詞的用法で「目的」を表していると解釈します。must は「しなければならない」でいいでしょう。本文最後の 1 文で In return, you will receive a discount coupon「お返しに割引クーポンを受け取れる」とあるので、❸この前の文に答えがあると考え精読します。..., then fill in a brief questionnaire, and hand it to the staff「簡単なアンケートを書いてスタッフに渡してください」ですね。それでは❹選択肢の精読です。

① ask the staff a question about the device は「スタッフにデバイスに関する質問をする」なので違います。この選択肢を選んでしまった人は本文の questionnaire「アンケート」の意味を取り違えてしまったのかもしれません。② give some feedback about the device は「デバイスに関するフィードバックをする」でこれが正解です。アンケートを記入するということはフィードバックをするということですね。「左側の出口から出ること」がクーポンがもらえる条件ではないので③は不正解、④の「記入済みのオーディオガイド・テストの提出」に関しては本文で触れられていないので不正解です。

2023年度：共通テスト追試験　第 1 問A　31

DAY 03

【告知文読解問題】を攻略する「視線の型」

第1問Bではウェブサイトなどから情報を読み取る問題が出題され、第1問Aと比べるとやや分量が多くなり、情報読み取りの難易度も上がります。今回はチラシやポスターなども含む、「告知文」の情報を素早く読み取る「視線の型」をマスターしましょう。

「視線の型」のステップ

① 場面・状況をイメージする

問題にあたる前に設定の説明を読み、場面や状況をイメージしましょう。また、表がある場合は**先に表のざっくりとした概要だけでもつかんでおく**といいでしょう。内容把握がスムーズになります。

③ 該当箇所を探しながら読む

告知文に関しては、Day 01と02のメッセージ文と違って本文1文目からすべてを丁寧に読んでいく必要はありません。告知文は各情報がそれを必要とする読者に届くよう、目立つ形で掲載されており、さらに、多くの場合、設問も各情報の掲載順になっているので、**問いの該当箇所を見つけやすい**からです。該当箇所が見えにくい場合のみ1文目からじっくり読む、とスイッチを切り替えてください。

---

①

B You are looking at the website for the City Zoo in Toronto, Canada and you find an interesting contest announcement. You are thinking about entering the contest.

Contest! Name a Baby Giraffe

③

Let's welcome our newest animal to the City Zoo!

A healthy baby giraffe was born on May 26 at the City Zoo.
He's already walking and running around!
He weighs 66 kg and is 180 cm tall.
Your mission is to help his parents, Billy and Noelle, pick a name for their baby.

How to Enter

- Click on the link here to submit your idea for his name and follow the directions. → **Enter Here**
- Names are accepted starting at 12:00 a.m. on June 1 until 11:59 p.m. on June 7.
- Watch the baby giraffe on the live web camera to help you get ideas. → **Live Web Camera**
- Each submission is $5. All money will go towards feeding the growing baby giraffe.

Contest Schedule

June 8	The zoo staff will choose five finalists from all the entries. These names will be posted on the zoo's website by 5:00 p.m.
June 9	How will the parents decide on the winning name? Click on the live stream link between 11:00 a.m. and 12:00 p.m. to find out! → **Live Stream** Check our website for the winning name after 12:00 p.m.

Prizes

All five contest finalists will receive free one-day zoo passes valid until the end of July.
The one who submitted the winning name will also get a special photo of the baby giraffe with his family, as well as a private Night Safari Tour!

内容 第1問Bは「告知文」を読み取る問題が出題される傾向にあります。「告知」とは文字通り「告げ知らせる」こと。告知を出す側には必ず知らせたいメッセージがあり、それをわかりやすく伝える努力がなされています。そもそも告知文を読む時は「知りたい情報」があって、それを探そうと目を動かしながら読みますよね。今から見ていく「視線の型」はそういったごく自然な視線の流れでもあります。

⏳ **目標解答時間3分**

Day
03

2

問1　You can enter this contest between ☐ 3 ☐.

① May 26 and May 31

② June 1 and June 7

③ June 8 and June 9

④ June 10 and July 31

問2　When submitting your idea for the baby giraffe's name, you must ☐ 4 ☐.

① buy a day pass

② pay the submission fee

③ spend five dollars at the City Zoo

④ watch the giraffe through the website

問3　If the name you submitted is included among the five finalists, you will ☐ 5 ☐.

① get free entry to the zoo for a day

② have free access to the live website

③ meet and feed the baby giraffe

④ take a picture with the giraffe's family

2

設問を先読みする

本文を読む前に先に問いを把握します。3問以上問題がある場合は特に、1問ごとに、問1→本文→解答→問2→本文→解答、の流れで、確実に正解していきましょう。なお、ここでも選択肢は最後です！

では、この「視線の型」を使って、次ページの問題に取り組みましょう！　👉

DAY 03 > 例題

B You are looking at the website for the City Zoo in Toronto, Canada and you find an interesting contest announcement. You are thinking about entering the contest.

Contest!
Name a Baby Giraffe

Let's welcome our newest animal to the City Zoo!

A healthy baby giraffe was born on May 26 at the City Zoo.
He's already walking and running around!
He weighs 66 kg and is 180 cm tall.
Your mission is to help his parents, Billy and Noelle, pick a name for their baby.

How to Enter

- ◆ Click on the link here to submit your idea for his name and follow the directions. → **Enter Here**
- ◆ Names are accepted starting at 12:00 a.m. on June 1 until 11:59 p.m. on June 7.
- ◆ Watch the baby giraffe on the live web camera to help you get ideas. → **Live Web Camera**
- ◆ Each submission is $5. All money will go towards feeding the growing baby giraffe.

Contest Schedule

June 8	The zoo staff will choose five finalists from all the entries. These names will be posted on the zoo's website by 5:00 p.m.
June 9	How will the parents decide on the winning name? Click on the live stream link between 11:00 a.m. and 12:00 p.m. to find out! → **Live Stream** Check our website for the winning name after 12:00 p.m.

Prizes

All five contest finalists will receive free one-day zoo passes valid until the end of July.
The one who submitted the winning name will also get a special photo of the baby giraffe with his family, as well as a private Night Safari Tour!

問題番号は実際の番号のままです。

問 1 You can enter this contest between ☐ 3 ☐ .

① May 26 and May 31
② June 1 and June 7
③ June 8 and June 9
④ June 10 and July 31

問 2 When submitting your idea for the baby giraffe's name, you must ☐ 4 ☐ .

① buy a day pass
② pay the submission fee
③ spend five dollars at the City Zoo
④ watch the giraffe through the website

問 3 If the name you submitted is included among the five finalists, you will ☐ 5 ☐ .

① get free entry to the zoo for a day
② have free access to the live website
③ meet and feed the baby giraffe
④ take a picture with the giraffe's family

2022年度：共通テスト本試験　第1問B　35

DAY 03 > 例題 [解 説]

問 1-3

訳 あなたはカナダのトロントにある市立動物園のウェブサイトを見ていて、面白いコンテストの告知を見つけました。あなたはコンテストに参加することを考えています。

コンテスト！
赤ちゃんキリンに名前をつけよう
市立動物園の新入り動物を歓迎しましょう！

市立動物園で5月26日、元気な赤ちゃんキリンが生まれました。
もう歩いたり走り回ったりしています！
体重66kg、身長180cm です。
皆さんの任務は、その両親であるビリーとノエルが赤ちゃんの名前を決めるのを手伝うことです。

参加方法

◆ ここのリンクをクリックして名前の案を提出し、指示に従ってください。
　　　　　　　　　　　　　　　　　　　　　　　　→ここから入る
◆ 名前の受付は6月1日午前12時にスタートし、6月7日午後11時59分までです。 問1
◆ ライブ中継のウェブカメラで赤ちゃんキリンを見て、アイデアを出すのに役立ててください。　　　　　　　　　　　　　　→ライブ中継のウェブカメラ
◆ 提案1回につき5ドルです。 問2 　全額が、成長する赤ちゃんキリンの餌代に使われます。

コンテスト日程

6月8日	動物園スタッフが全エントリーから5つの最終候補を選びます。それらの名前は午後5時までに動物園のウェブサイトに掲示されます。
6月9日	両親は勝ち抜く名前をどうやって決めるのでしょうか。午前11時から午後12時の間にライブ配信のリンクをクリックして、確かめてください！　　　　　　　　→ライブ配信 勝ち抜いた名前は、午後12時以降、当園ウェブサイトで確認してください。

賞品

5つのコンテスト最終候補すべてに、7月末日まで有効の動物園の無料一日券を差し上げます。 問3
勝ち抜いた名前を提案した方にはさらに、赤ちゃんキリンが家族と一緒にいる特製の写真と、貸し切り夜間サファリツアーもプレゼントします！

語句

［リード文］

contest	名	コンテスト
announcement	名	告知

［告知］

name ～	他	～に名前をつける
giraffe	名	キリン
weigh	自	～の重さである
mission	名	指令、任務
submit ～	他	～を提出する
submission	名	提出

go towards ～	熟	（お金が）～に使われる
feed ～	他	～に餌をやる、～を養う
finalist	名	最終候補
post ～	他	～を（ウェブサイトに）掲載する
live stream	熟	ライブ配信
valid	形	有効な
private	形	特定の人だけの、貸し切りの

Day 03

問 1 **正解②** 問題レベル【易】 配点 2点

設問 あなたは $\boxed{3}$ の間にこのコンテストに参加できる。

選択肢 ① 5月26日から5月31日
② 6月1日から6月7日
③ 6月8日から6月9日
④ 6月10日から7月31日

まずは、❶**場面・状況把握**です。「動物園のウェブサイトを見ていて、興味深いコンテストの告知を見つけ、参加することを検討している」ということです。本当に参加する気持ちになると解答しやすくなるので、ウェブサイトのタイトルも一緒に見てしまいましょう。すると「赤ちゃんキリンに名前をつけよう」とありますね。告知文は設問を読む前にここまで把握しておく必要があります。**設定場面に没入しましょう。**

次に❷**設問を先読み**すると、You can enter this contest between とあり、選択肢に日付が並んでいます（選択肢を精読する必要はないですが、今回のように選択肢同士に共通する特徴がある場合はヒントと考え、チラ見しておきましょう）。「コンテストに参加可能な日」を探しに本文にいきます（❸）。

ここで**上からがむしゃらに探さないこと**。告知文の作り手は、上から読まないと理解できない作りにしたり、情報をわかりにくいところに隠したりはしません。告知を出す側は知らせたいメッセージをわかりやすく伝える努力をしているはずです。試験でもそこは変わりません。作成部会は「実際のコミュニケーション」に即した問題を作成すると明言しています。「**コンテストに参加可能な日を知りたい」という気持ちになって「どこに書いてありそうか」考えてみてください（❸）。**すると中項目 How to Enter「参加方法」のところを読めばわかりそうだ、と気づくはずです。その2項目に、Names are accepted starting at 12:00 a.m. on June 1 until 11:59 p.m. on June 7. とあるので、選択肢②が正解となります。

2022年度：共通テスト本試験 第1問B

問 2	正解 ②	問題レベル【易】 配点 2点

設問 赤ちゃんキリンの名前の案を提出する時には、 **4** ことが必要だ。

選択肢 ① 一日券を買う　　　　　　② 参加費を払う
　　　　 ③ 市立動物園で 5 ドル使う　④ ウェブサイトでキリンを見る

語句

submission fee **熟** 提出手数料、参加費

　まず設問を先読みします（❷）。you must「しないといけない」とあることから、問1と同じように参加条件を聞かれているのだと判断します。しかし設問からはそれ以上の探すべきポイントがわかりません。**このような場合は選択肢を先に頭に入れておくと解きやすいです。**①一日券を買う必要があるのか、②参加費を払う必要があるのか、③動物園で 5 ドル使う必要があるのか、④ウェブサイトでキリンを見る必要があるのか、ですね。探すべき情報を頭に入れて中項目 How to Enter「参加方法」を見ていくと（❸）、最後の項目で「提案 1 回につき 5 ドルかかる」と説明があるので②が正解とわかります。①「一日券」に関してはコンテストの最終候補のプレゼントとして書かれているだけ、③「5 ドル」は提案 1 回あたりの参加費であって「動物園で使う」わけではなく、④「ビデオ視聴」に関しては 3 つ目の項目で to help you get ideas「アイデアを出すのに役立てるために」見るよう書かれていますが、参加する時にマストという書かれ方ではないのでそれぞれ不可です。

問 3	正解 ①	問題レベル【易】 配点 2点

設問 あなたの提案した名前が 5 つの最終候補に含まれていたら、あなたは **5** 。

選択肢 ① 動物園の一日無料入場が得られる
　　　　 ② ライブ中継のウェブサイトに無料でアクセスできる
　　　　 ③ 赤ちゃんキリンに会って餌をあげられる
　　　　 ④ キリンの家族と一緒に写真が撮れる

語句

entry **名** 入場、入園

　❷設問を確認して❸該当箇所にあたりをつけます。設問に five finalists「5 つの最終候補」とありますが、どのあたりに書かれていそうか、見当はつきますか。視線の型❸に、「多くの場合、設問は各情報の掲載順になっている」とあったのを思い出してください。今回は一番下の中項目 Prizes とある**補足情報に注目します。**1 文目に five contest finalists が登場し、free one-day zoo passes「動物園の無料一日券」がもらえると書いてあります。それを言い換えている選択肢①が正解です。

　告知文中の最後の方に出てくる補足項目は、必ずといっていいほど問題で問われます。ふだん広告などを見るときは読み飛ばしているかもしれませんが、こういった問題に取り組む際にはむしろ注目するようにしてください。

38　リーディング

DAY 03 > 練習問題

B You are a senior high school student and thinking about studying abroad. You find an advertisement for an online event where you can learn about studying and working in the US.

Online Study Abroad and Career Information Sessions 2022
The American Students' Network is planning three Virtual Sessions.

Session Date/Time*	Details
Study: Senior High School (for junior and senior high school students)	
Virtual Session 1 July 31 3 p.m.-5 p.m.	What is it like to study at an American senior high school? ➢ Classes, homework, and grades ➢ After-school activities and sports ☆ You will hear from students all over the US. Take a chance to ask questions!
Study: University (for senior high school students)	
Virtual Session 2 August 8 9 a.m.-12 p.m.	What can you expect while studying at a university in the US? ➢ Advice for succeeding in classes ➢ Campus life and student associations ☆ Listen to a famous professor's live talk. Feel free to ask questions!
Work: Careers (for senior high school and university students)	
Virtual Session 3 August 12 1 p.m.-4 p.m.	How do you find a job in the US? ➢ Job hunting and how to write a résumé ➢ Meet a wide range of professionals including a flight attendant, a chef, an actor, and many more! ☆ Ask questions about their jobs and work visas.

*Central Standard Time (CST)

Click here to register by July 29, 2022. → **Session Registration**

Please provide your full name, date of birth, email address, name of your school, and indicate the virtual session(s) you're interested in.

問 1   On which day can you listen to a lecture?   3

① July 29
② July 31
③ August 8
④ August 12

問 2   You should attend Sessions 1 and 2 to   4 .

① find out about application procedures
② get information about studying in the US
③ share your study abroad experiences
④ talk to people with different jobs

問 3   To register for any of these virtual sessions, you need to supply   5 .

① questions you have
② your birthday
③ your choice of career
④ your home address

40   リーディング

DAY 03 › 練習問題［解説］

問 1 – 3

訳 あなたは高校生で留学を考えています。あなたは、アメリカで学んだり働いたりすることに関して学べるオンラインイベントの広告を見つけます。

留学・キャリア情報オンライン説明会2022

米国学生ネットワークが3種類のオンライン説明会を計画しています。

説明会日時 *	詳細
留学：高校（中学生・高校生向け） 問 2 - 1	
オンライン説明会1 7月31日 午後3時〜午後5時	アメリカの高校に通うってどんな感じ？ 問 2 - 2 ・授業、宿題、学年 ・放課後活動とスポーツ ☆アメリカ各地の学生から話が聞けます。思い切って質問してみましょう！
留学：大学（高校生向け） 問 2 - 3	
オンライン説明会2 8月8日 午前9時〜正午	アメリカの大学に留学中、何が期待できる？ 問 2 - 4 ・授業でいい成績を取るためのアドバイス ・キャンパスライフと学生団体 ☆有名な教授のお話をライブで聞きましょう。 問 1 　遠慮なく質問をどうぞ！
仕事：キャリア（高校生・大学生向け）	
オンライン説明会3 8月12日 午後1時〜午後4時	アメリカで仕事を見つける方法は？ ・就職活動と履歴書の書き方 ・客室乗務員やシェフ、俳優などなど、多岐にわたる職種の人と会ってみよう！ ☆彼らの仕事や就労ビザについて質問してみましょう。

* 中部標準時（CST）

登録は2022年7月29日までにこちらをクリック。→ **説明会申し込み**
フルネームと生年月日、メールアドレス、学校名を記入し、希望するオンライン説明会を明示してください。 問 3

語句

[リード文]
advertisement 名 広告
[広告]
career 名 キャリア、職歴

take a chance 熟 思い切ってやってみる
association 名 協会、団体
feel free to (V) 熟 遠慮なくVする

2022年度：共通テスト追試験　第1問B　41

job hunting	熟 就職活動		registration	名 登録
résumé	名 履歴書		indicate ~	他 ~を示す、~を表明する
a wide range of ~	熟 幅広い~			

問1 **正解③** 問題レベル【易】 配点 2点

設問 講義が聞けるのはどの日か。 [3]

選択肢 ① 7月29日
② 7月31日
③ 8月8日
④ 8月12日

まずは、**❶場面・状況把握**。留学を考えていて、アメリカでの留学と仕事について学べるオンラインイベントに関する広告を読んでいるところです。広告のタイトルも「オンラインによる留学・キャリア情報セッション」とあります。この場面に自分自身を重ねることができたでしょうか。「留学について聞きたいだけだから仕事の話は自分にはあまり関係ないな、でも参考程度に聞いておこうかな、もしかしたら将来そのまま海外で働くことになるかもしれないし」くらい頭によぎっていたら立派に没入できている証拠です。問題を解き始める前に、このような感じでできるだけ「自分事」にしてください。英文が頭に入ってくるスピードがまるで違うはずです。

次に**設問を先読み**（**❷**）すると、listen to a lecture とあるので、講義を聞くならいつかな、と考えながら本文から情報を探していきます（**❸**）。**まずこの広告の構成を把握しましょう**。3日に渡って異なるイベントがあり、それぞれテーマが決まっていて、それぞれの詳細の説明ではポイントが列挙されてあり、☆マークで形式の特徴が書かれています。がむしゃらに上から読む前に、このようにまず全体像を把握した方が該当箇所が早く見つかります。「講義があるかどうか」は☆マークに書いてありそうですね。Virtual Session 2の☆マークに Listen to a famous professor's live talk. とあるのでここで講義が聞けることがわかります。Virtual Session 2が開催されるのは8月8日であることを確認し、選択肢③を正解に選びましょう。

問 2

正解 ② 　**問題レベル【易】 配点 2点**

設問 　 4 　ためにはセッション１と２に参加する必要がある。

選択肢 　① 申し込み手続きに関して知る
　　　　　② アメリカ留学に関する情報を得る
　　　　　③ 自分の留学経験を共有する
　　　　　④ さまざまな職業の人と話をする

語句 　application 　名 応募、申し込み　　　　procedure 　名 手順

　設問より（②）Session 1と2の**共通点が問われている**のだと判断します。本文の Session 1
と2のイベントテーマを確認する（③）と、いずれも大きく Study とあり、アメリカで勉強す
る情報を得られそうです（そもそも「あなた」は留学したくて広告をみていますし ね）。よっ
て②が正解となります。③にも study　abroad とあるので悩んだ人もいるかもしれませんが、
設問が精読できていればおかしいと気づくはずです。設問で空所になっている箇所は不定詞の
かたまりですが、不定詞の主語は全体の主語と同じになります。つまり、「あなたがあなたの
留学経験を共有するためにあなたが参加するべき」となり、自分が共有する側なのはおかしい
ですね。

問 3

正解 ② 　**問題レベル【易】 配点 2点**

設問 　これらのバーチャルセッションのどれかに登録するためには、 5 　を提供する
必要がある。

選択肢 　① 自分の感じている疑問
　　　　　② 誕生日
　　　　　③ 自分の選択した職業
　　　　　④ 自宅住所

語句 　register for 〜 　熟 〜に登録する　　　　supply 〜 　他 〜を提供する

　何よりもまず設問を先読みします（②）。「登録するために提供する必要があるもの」を探せ
ばいいことがわかります。どのあたりに書いてありそうか、見当はつきますか。やはり今回も
一番下の補足情報に注目します（③）。最終文に Please provide 〜「どうか〜を提供してく
ださい」とあり、supply が provide の言い換えだと気づければ、あとはこの文を精読して照
らし合わせるだけです。本文中の date of birth「生まれた日」を言い換えた、選択肢② your
birthday が正解です。

2022年度：共通テスト追試験　第1問B　43

DAY 04

【告知文読解問題】を攻略する「言い換えの型」

本文や表の中にある解答の根拠となる表現が選択肢ではよく「言い換え」られます。ここでは、Day 03「視線の型」を踏まえつつ「言い換えの型」をマスターし、より素早く正確に解けるようにしていきましょう。

「言い換えの型」のステップ

❶ 「視線の型」を使う

Day 03の「視線の型」が基本の型となります。読む際の目の動きを再度確認しておいてください。

❸ 「言い換えの型」その２：該当箇所を「自分の言葉にする」

該当箇所を見つけたら、これまた答えとなっている部分を自分の言葉で説明できる状態にします。例えば、return a callを、直訳の「電話を戻す」で捉えていると、言い換えの選択肢call backを選ぶのに時間がかかります。最初から、return a callを見た時点で、「電話をリターンする？ あ、『かけ直す』か」と自分の言葉にしておくと、対応する英語表現と合致させやすくなります。

---

❶

B You are a senior high school student interested in improving your English during the summer vacation. You find a website for an intensive English summer camp run by an international school.

GIS
Intensive English Summer Camp

Galley International School (GIS) has provided intensive English summer camps for senior high school students in Japan since 1989. Spend two weeks in an all-English environment!

Dates: August 1-14, 2023
Location: Lake Kawaguchi Youth Lodge, Yamanashi Prefecture
Cost: 120,000 yen, including food and accommodation (additional fees for optional activities such as kayaking and canoeing)

Courses Offered

◆**FOREST**: You'll master basic grammar structures, make short speeches on simple topics, and get pronunciation tips. Your instructors have taught English for over 20 years in several countries. On the final day of the camp, you'll take part in a speech contest while all the other campers listen.

◆**MOUNTAIN**: You'll work in a group to write and perform a skit in English. Instructors for this course have worked at theater schools in New York City, London, and Sydney. You'll perform your skit for all the campers to enjoy on August 14.

◆**SKY**: You'll learn debating skills and critical thinking in this course. Your instructors have been to many countries to coach debate teams and some have published best-selling textbooks on the subject. You'll do a short debate in front of all the other campers on the last day. (Note: Only those with an advanced level of English will be accepted.)

❸

44　リーディング

内容 「言い換え」は今回題材に扱う第１問Ｂだけでなく、あらゆる種類の問題で目にすることになります。「言い換えの型」を使って言い換えを見抜く力を養いましょう。

目標解答時間 3分

Day 04

❷「言い換えの型」その１：設問を「自分の言葉にする」

まず設問を読む段階で、問われている内容をしっかりと理解するようにしましょう。直訳して理解した気にならず、自分の言葉で「探す情報はつまりこういうこと」と説明できる状態になっていることが大事です。例えばOn what day was he born?とあったら、「何の日に彼は生まれたのか」と直訳した後、「つまり彼の『誕生日』を探せばいいんだな」と腹落ちする言葉にしておきましょう。選択肢を先に読む必要がある時は、選択肢も同様に自分の言葉にしておきます。設問を読んだはずなのにすぐ内容を忘れたり、設問と本文を何度も往復したりする傾向がある人は、このわずかな工夫で劇的に時短できることがあります。試してみてください。

❹「言い換えの型」その３：選択肢にも「自分の言葉」で訳語をあてる

第１問Ｂの選択肢は短い文やフレーズが多いです。１〜５単語程度の場合もあります。数語の短いフレーズの選択肢では文法的な誤訳はしないかもしれませんが、**「わかった気になりやすい」という怖さがあります。** Day 03の選択肢、get free entry to the zoo for a dayも「一日間動物園へのフリーエントリーを手に入れる」という直訳では、なんのことやら、ですよね。「一日動物園に無料で入れる」と、自分の言葉にしておけば、本文のreceive free one-day zoo passes「動物園の無料１日パスを受け取る」と同じことを言っていることに気づきやすくなります。

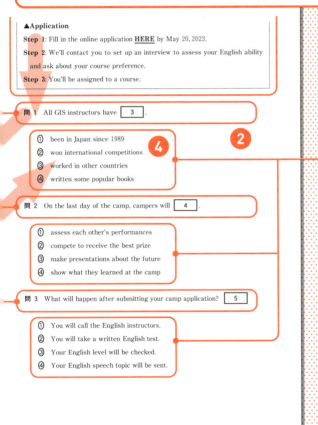

▲Application
Step 1: Fill in the online application **HERE** by May 20, 2023.
Step 2: We'll contact you to set up an interview to assess your English ability and ask about your course preference.
Step 3: You'll be assigned to a course.

問 1　All GIS instructors have ☐3☐ .

① been in Japan since 1989
② won international competitions
③ worked in other countries
④ written some popular books

問 2　On the last day of the camp, campers will ☐4☐ .

① assess each other's performances
② compete to receive the best prize
③ make presentations about the future
④ show what they learned at the camp

問 3　What will happen after submitting your camp application? ☐5☐

① You will call the English instructors.
② You will take a written English test.
③ Your English level will be checked.
④ Your English speech topic will be sent.

では、この「言い換えの型」を使って、次ページの問題に取り組みましょう！

DAY 04 ▶ 例題

B You are a senior high school student interested in improving your English during the summer vacation. You find a website for an intensive English summer camp run by an international school.

Intensive English Summer Camp

Galley International School (GIS) has provided intensive English summer camps for senior high school students in Japan since 1989. Spend two weeks in an all-English environment!

Dates: August 1-14, 2023
Location: Lake Kawaguchi Youth Lodge, Yamanashi Prefecture
Cost: 120,000 yen, including food and accommodation (additional fees for optional activities such as kayaking and canoeing)

Courses Offered

◆**FOREST**: You'll master basic grammar structures, make short speeches on simple topics, and get pronunciation tips. Your instructors have taught English for over 20 years in several countries. On the final day of the camp, you'll take part in a speech contest while all the other campers listen.

◆**MOUNTAIN**: You'll work in a group to write and perform a skit in English. Instructors for this course have worked at theater schools in New York City, London, and Sydney. You'll perform your skit for all the campers to enjoy on August 14.

◆**SKY**: You'll learn debating skills and critical thinking in this course. Your instructors have been to many countries to coach debate teams and some have published best-selling textbooks on the subject. You'll do a short debate in front of all the other campers on the last day. (Note: Only those with an advanced level of English will be accepted.)

問題番号は実際の番号のままです。

▲**Application**

Step 1: Fill in the online application **HERE** by May 20, 2023.

Step 2: We'll contact you to set up an interview to assess your English ability
and ask about your course preference.

Step 3: You'll be assigned to a course.

問 1　All GIS instructors have ⬚3⬚ .

  ① been in Japan since 1989

  ② won international competitions

  ③ worked in other countries

  ④ written some popular books

問 2　On the last day of the camp, campers will ⬚4⬚ .

  ① assess each other's performances

  ② compete to receive the best prize

  ③ make presentations about the future

  ④ show what they learned at the camp

問 3　What will happen after submitting your camp application? ⬚5⬚

  ① You will call the English instructors.

  ② You will take a written English test.

  ③ Your English level will be checked.

  ④ Your English speech topic will be sent.

2023年度：共通テスト本試験　第 1 問 B　　47

DAY 04 > 例題 [解説]

問 1-3

訳 あなたは夏休みの間に英語力を上げたいと考えている高校生です。インターナショナル・スクールが主催する短期集中英語サマーキャンプのウェブサイトを見つけます。

短期集中英語サマーキャンプ

ギャリー・インターナショナル・スクール（GIS）では、1989年以来、日本で高校生向けの短期集中英語サマーキャンプを主催しています。英語だけの環境で2週間過ごしてみましょう！

期間：2023年8月1日～14日
場所：山梨県 河口湖ユースロッジ
費用：12万円　食事代と宿泊費含む（カヤックやカヌーなどのオプション活動は費用が追加されます）

ご用意のコース

◆フォレスト：基本の文法構造を身につけ、簡単なトピックに関して短いスピーチをし、発音のコツを教わります。インストラクターは複数の国で20年以上英語を教えた経験があります。 問1-1　キャンプ最終日には、スピーチコンテストに参加し、他のキャンプ参加者全員に聞いてもらいます。 問2-1

◆マウンテン：グループの一員として英語の寸劇を書いて演じる作業をします。このコースのインストラクターは、ニューヨークやロンドンやシドニーの演劇学校に勤めていた経験があります。 問1-2　8月14日に寸劇の上演をしてキャンプ参加者の皆に楽しんでもらいます。 問2-2

◆スカイ：このコースではディベートの仕方と批判的思考を学びます。インストラクターは数々の国でディベートのチームを指導した経験を持ち 問1-3 、中にはこのテーマでベストセラーの教本を出した人もいます。最終日には他のキャンプ参加者全員の前で短いディベートを行います。 問2-3 （注：英語レベルが上級の人しか参加できません）

▲申し込み
ステップ1：2023年5月20日までにこちらのオンライン申込書に記入してください。
ステップ2：英語力を査定しコースの希望を聞く目的の面接を設定するため、こちらからご連絡します。 問3
ステップ3：コースの割り振りが行われます。

語句

[リード文]

intensive	形	短期集中型の
run 〜	他	〜を運営する

[ウェブサイト]

[案内]

environment	名	環境
accommodation	名	宿泊設備
additional	形	追加の
optional	形	オプションの、別途選択できる
kayak	自	カヤックに乗る
canoe	自	カヌーに乗る

[コース説明]

structure	名	構造、構文
pronunciation	名	発音
tip	名	コツ、助言
take part in 〜	熟	〜に参加する
skit	名	寸劇、短い芝居
debate	自	討論する
critical thinking	熟	批判的思考
advanced	形	上級の
application	名	申し込み
assess 〜	他	〜を査定する、〜を評価する
preference	名	好み、希望
be assigned to 〜	熟	〜に割り当てられる

Day
04

問 1　正解③　問題レベル【易】　配点 2点

設問 GIS の全インストラクターが ☐3☐ 。

選択肢
① 1989年から日本にいる
② 国際大会で優勝経験がある
③ 外国で働いた経験がある
④ 人気の本を執筆している

語句 competition 名 コンテスト

　まずは、**❶視線の型**です。設問訳は上記のとおりですが、**自分の言葉にして理解しやすくしておきます（❷）**。例えば「全インストラクター」は「先生たちの共通点」とした方がわかりやすいかもしれません。意味を変えない程度に、自分の腑に落ちる訳で頭に入れてください。そして設問が have で終わっていて選択肢は過去分詞から始まっているので、現在完了形になっていることにも気づいてください。経験など先生がこれまでしてきたことを探せばいいのだなとわかります（**共通テストでは文法問題が出ない代わりに、設問やポイントとなる文で重要な文法事項が問われることが多いです**）。

　では、該当箇所を探していきましょう。Courses Offered のところに「フォレスト」「マウンテン」「スカイ」の3コースがあり、先生についての紹介はいずれも2文目にあります。「フォレスト」の先生は Your instructors have taught English for over 20 years in several countries.「複数の国で英語を20年以上教えてきた」、「マウンテン」の先生は Instructors for this course have worked at theater schools in New York City, London, and Sydney.「ニューヨーク、ロンドン、シドニーの演劇学校で働いてきた」、「スカイ」の先生は Your instructors have been to many countries to coach debate teams「多くの国でディベートのチームを指導したことがある」とあります。共通点は「海外で教えた経験」ですね（**❸**）。このように自分の言葉でしっかり表現できていると、正解の③ worked in other countries を迷わず選べます。

2023年度：共通テスト本試験　第 1 問 B　49

問 2 **正解④** 問題レベル【普通】 配点 2点

設問 キャンプ最終日に、キャンプ参加者は □4□ 。

選択肢 ① お互いの実績を評価し合う
② 最優秀賞をもらうため競う
③ 将来についてのプレゼンテーションをする
④ キャンプで学んだことを見せる

語句 compete 自 競う

設問に on the last day of the camp「キャンプ最終日」とあり、最終日とは本文冒頭に、Dates: August 1-14, 2023 とあるので、8月14日のことです。campers will とあるので、どのコースの参加者も共通して行うことがあるのかなと推測し、本文を確認していきます（❷）。

いずれのコースも最終文に該当箇所がありました。「フォレスト」では On the final day of the camp, you'll take part in a speech contest while all the other campers listen.「キャンプ最終日には、スピーチコンテストに参加し、他のキャンプ参加者全員に聞いてもらいます」とあり、「マウンテン」では You'll perform your skit for all the campers to enjoy on August 14「8月14日に寸劇の上演をしてキャンプ参加者の皆に楽しんでもらいます」、「スカイ」では You'll do a short debate in front of all the other campers on the last day.「最終日には他のキャンプ参加者全員の前で短いディベートを行います」とありました。共通点は「皆の前で発表」ですね（❸）。では選択肢を見ていきましょう。① は each other's performances「お互いの実績」が近いと感じるかもしれませんが、assess「評価する」とは書いてありませんでした。② も compete「競争する」が不正解、③ は about the future「将来についての」が不正解です。④ show what they learned at the camp「キャンプで学んだことを見せる」が該当箇所をうまく言い換えており正解になります。

問 3 **正解③** 問題レベル【易】 配点 2点

設問 キャンプの申込書を提出した後、何があるか。 □5□

選択肢 ① 英語のインストラクターにあなたから電話する。
② あなたが英語の筆記試験を受ける。
③ あなたの英語レベルがチェックされる。
④ あなたの英語スピーチのトピックが送られてくる。

語句 submit ～ 他 ～を提出する

設問の after submitting your camp application「キャンプの申込書を提出した後」を「申し込んだ後に」などと自分の言葉で理解しておきましょう（❷）。最後の Application「申込み」のあたりに書かれていそうですね。ステップ1が Fill in the online application「オンライン申込書に記入してください」なのでこの次です。ステップ2で We'll contact you to set up an interview to assess your English ability and ask about your course preference.「英語力を査定しコースの希望を聞く目的の面接を設定するためご連絡します」とあります。「レベルチェックとコース決めのための面接があるのだな」と自分の言葉で置き換えて理解し（❸）、その上で選択肢をチェックしましょう。③ Your English level will be checked がバッチリですね。①②④は、本文中どこにも記載がないので不正解です。

B Your English teacher has given you a flyer for an international short film festival in your city. You want to attend the festival.

Star International Short Film Festival 2023
February 10 (Fri.)-12 (Sun.)

We are pleased to present a total of 50 short films to celebrate the first decade of the festival. Below are the four films that were nominated for the Grand Prize. Enjoy a special talk by the film's director following the first screening of each finalist film.

Grand Prize Finalist Films

 *My Pet Pigs*, USA (27 min.) This drama tells a heart-warming story about a family and their pets.	 *Chase to the Tower*, France (28 min.) A police chase ends with thrilling action at the Eiffel Tower.
▶ Fri. 7 p.m. and Sat. 2 p.m. ▶ At Cinema Paradise, Screen 2	▶ Fri. 5 p.m. and Sun. 7 p.m. ▶ At Cinema Paradise, Screen 1
Gold Medal Girl, China (25 min.) This documentary highlights the life of an amazing athlete.	*Inside the Cave*, Iran (18 min.) A group of hikers has a scary adventure in this horror film.
▶ Sat. and Sun. 3 p.m. ▶ At Movie House, Main Screen	▶ Fri. 3 p.m. and Sat. 8 p.m. ▶ At Movie House, Screen 1

Festival Passes	
Type	Price (yen)
3-day	4,000
2-day	3,000
1-day	2,000

▸ Festival Passes are available from each theater. The theaters will also sell single tickets for 500 yen before each screening.
▸ Festival Pass holders are invited to attend the special reception in the lobby of Cinema Paradise on February 12 (Sun.) at 8 p.m.

For the complete schedule of the short films showing during the festival, please visit our website.

問1　If you are free on Sunday evening, which finalist film can you see?　　3

① *Chase to the Tower*
② *Gold Medal Girl*
③ *Inside the Cave*
④ *My Pet Pigs*

問2　What will happen at Cinema Paradise on the last night of the festival?　　4

① An event to celebrate the festival will take place.
② Nominations will be made for the Grand Prize.
③ One of the directors will talk about *Chase to the Tower*.
④ The movie *My Pet Pigs* will be screened.

問3　What is true about the short film festival?　　5

① Four talks by film directors will be held.
② Passes can be bought through the website.
③ Reservations are necessary for single tickets.
④ The finalist films can be seen on the same day.

52　リーディング

DAY 04 > 練習問題［解説］

問 1 - 3

訳 英語の先生が、市内で行われる国際ショートフィルム・フェスティバルのチラシをくれました。あなたはフェスティバルに行きたいと思っています。

スター国際ショートフィルム・フェスティバル 2023
2月10日（金）〜12日（日）

フェスティバル10周年を祝して計50本のショートフィルムを上映します。グランド・プライズにノミネートされたのは以下の4作品です。それぞれの最終選考作品の1回目の上映後に、その作品の監督によるスペシャルトークをお楽しみください。 問3

グランド・プライズ最終選考作品

『私のペットのブタたち』アメリカ（27分）このドラマ作品は、ある一家とそのペットたちの心温まる物語を紡ぎます。▶金曜午後7時と土曜午後2時▶シネマパラダイス、スクリーン2にて	『塔への追跡』フランス（28分）警察の追跡の行き着く先は、エッフェル塔でのスリリングなアクションです。▶金曜午後5時と日曜午後7時 問1▶シネマパラダイス、スクリーン1にて
『金メダルの少女』中国（25分）このドキュメンタリーは、驚異的なアスリートの生活に光を当てます。▶土曜と日曜の午後3時▶ムービーハウス、メインスクリーンにて	『洞窟の中』イラン（18分）このホラー映画ではハイキングをしているグループが恐ろしい冒険をします。▶金曜午後3時と土曜午後8時▶ムービーハウス、スクリーン1にて

2023年度：共通テスト追試験 第1問B

フェスティバル・パス	
種類	値段（円）
3日間	4,000
2日間	3,000
1日	2,000

▶ フェスティバル・パスは各劇場でお買い求めいただけます。また、劇場では1回券も上映前に500円で販売いたします。

▶ <u>フェスティバル・パスをお持ちの方は、2月12日（日）午後8時、シネマパラダイスのロビーでの特別レセプションにご参加いただけます。</u> 問2

フェスティバル期間中のすべてのショートフィルムの上映スケジュールをご覧になるには、ウェブサイトをご訪問ください。

語句

[リード文]
flyer　　　　　名 チラシ、ビラ

[チラシ]
celebrate ~　他 ~を祝う
decade　　　　名 10年
nominate ~　他 ~を候補に選ぶ
director　　　名 監督

screening　　　名 上映、映写
finalist　　　　名 決勝出場者、最終選考作品
highlight ~　　他 ~に光を当てる、~を大きく取り上げる
amazing　　　　形 驚異的な、素晴らしい
cave　　　　　名 洞窟、洞穴
reception　　　名 祝賀会、レセプション

問 1 　正解① 　問題レベル【易】 配点 2点

設　問 日曜日の夜に時間がある場合、どの最終選考作品を見ることができるか。 3

選択肢 ①『塔への追跡』　②『金メダルの少女』
　　　　　③『洞窟の中』　　④『私のペットのブタたち』

設問を読む（❷）と、Sunday evening「日曜日の夜」を探せばいいことがわかります。evening を「夕方」と覚えている人は注意しましょう。「夕方」は一般的には日が沈み始めて夜になるまでの間を指しますが、evening はだいたい日が沈んでから寝るまでの時間を指すため「夜」と訳した方がいいこともあります。本文を確認すると、日曜日に見られるのは右上の *Chase to the Tower* と左下の *Gold Medal Girl* です（設問の Sunday が Sun. と短縮形で表記されており、これも言い換えの一種です（❸））が、この *Gold Medal Girl* の方は3 p.m.「午後3時」とあり evening とは言えません。よって① *Chase to the Tower* が正解です。

問 2 　正解① 　問題レベル【普通】 配点 2点

設　問 フェスティバル最終日の夜にシネマパラダイスで何があるか。 4

選択肢 ① フェスティバルを祝うイベントが開催される。
　　　　　② グランド・プライズのノミネーションが行われる。
　　　　　③ 監督の一人が『塔への追跡』について話す。
　　　　　④ 映画『私のペットのブタたち』が上映される。

54　　リーディング

設問に on the last night of the festival「フェスティバル最終日の夜」とありますが、最終日とは本文の始めの方に February 10 (Fri.) -12 (Sun.) とあるので、2月12日のことですね。What will happen とあるため「何が起きるんだろう」と思いながら本文を探していきます（❷）。

最後の方の料金表の横の項目2つ目に on February 12 (Sun.) at 8 p.m. とあり、まさしく「フェスティバル最終日の夜」なのでこの部分を精読しましょう。Festival Pass holders are invited to attend the special reception in the lobby of Cinema Paradise on February 12 (Sun.) at 8 p.m.「フェスティバル・パスをお持ちの方は、2月12日（日）午後8時、シネマパラダイスのロビーでの特別レセプションにご参加いただけます」とあります。この部分を「何が起きるのか」の答えと捉え、「何かイベントが催されるのだな」のように**自分の言葉で言い換えておきましょう**（❸）。その上で選択肢を見ると An event ... will take place「……イベントが開催される」とある①が正解だとわかります。

問 3 **正解①** 問題レベル【普通】 配点 2点

設 問 ショートフィルム・フェスティバルに関して正しいのはどれか。 **5**

選択肢 ① 監督によるトークが4回行われる。
② パスはウェブサイトで買うことができる。
③ 1回ごとのチケットは予約が必要だ。
④ 最終選考作品を同じ日に見ることができる。

語句 reservation 名 予約

設問から狙い読みができないタイプの問題です。選択肢を一つずつ確認していきましょう。① Four talks by film directors will be held.「監督によるトークが4回行われる」は「監督が話す」ということなどでそれらしい箇所を探していくと（❷）、最初の段落3文目に Enjoy a special talk by the film's director following the first screening of each finalist film.「それぞれの最終選考作品の1回目の上映後に、その作品の監督によるスペシャルトークをお楽しみください」とあります。「それぞれの最終選考作品」とは何を指すのでしょうか。each finalist film とは前文に Below are the four films that ...「……な4本の映画が以下にあります」とあるように、イラスト付きで紹介されている4本の映画のことです（❸）。つまり「監督によるトークは4回行われる」ことがわかります。よって①が正解です。このように**自分の言葉でパッと言い換えができないときは、読んだ箇所だけでは情報が不足している可能性が高いです。曖昧な場合は、前後に書かれていることから情報を特定するくせをつけましょう。**

②の選択肢 Passes can be bought through the website.「パスはウェブサイトで買うことができる」を選んだ人は本文の最後の文で please visit our website「ウェブサイトに来てください」を見て勘違いしてしまったかもしれません。この文の始まりは For the complete schedule ...「すべての上映スケジュールをご覧になるためには……」でパスの購入の話ではありません。「最後の問題は最後にあるはず」という思い込みで解こうとする人を引っかける罠なので注意しましょう。料金表の隣の項目1つ目に Festival passes are available from each theater. とあるようにパスは劇場で購入できます。また③はどこにも記載ありませんし、④も映画上映曜日によると4つの全作品を一気に見られる日はなさそうなので不正解です。

2023年度：共通テスト追試験　第1問B 55

DAY 05

【事実／意見問題】を攻略する「視線の型①」

第２問Ａでは出題される英文タイプは固定されていませんが、今までの出題で共通しているのは「意見」と「事実」の混在です。設問の先読みでは第２問Ａから対応できない問題も増えてくるので、そのような時の対処も含めた「視線の型」をここで導入します。

「視線の型」のステップ

❶ 場面・状況をイメージする

ここまでの「視線の型」と同じように、問題に当たる前に設定を読み、場面や状況をイメージしましょう。

❷ 図表のタイトル、サブタイトルから本文全体の流れを把握する

図表のタイトルやサブタイトルを読んで本文の全体像を把握します。どこにどんな情報があるのかをあらかじめ把握しておくことで、解くスピードが劇的に上がります。

第２問 （配点 20）

A　You are on a *Future Leader* summer programme, which is taking place on a university campus in the UK. You are reading the information about the library so that you can do your coursework.

Abermouth University Library
Open from 8 am to 9 pm
2022 Handout

Library Card: Your student ID card is also your library card and photocopy card. It is in your welcome pack.

Borrowing Books
You can borrow a maximum of eight books at one time for seven days. To check books out, go to the Information Desk, which is on the first floor. If books are not returned by the due date, you will not be allowed to borrow library books again for three days from the day the books are returned.

Using Computers
Computers with Internet connections are in the Computer Workstations by the main entrance on the first floor. Students may bring their own laptop computers and tablets into the library, but may use them only in the Study Area on the second floor. Students are asked to work quietly, and also not to reserve seats for friends.

Library Orientations
On Tuesdays at 10 am, 20-minute library orientations are held in the Reading Room on the third floor. Talk to the Information Desk staff for details.

Comments from Past Students
- The library orientation was really good. The materials were great, too!
- The Study Area can get really crowded. Get there as early as possible to get a seat!
- The Wi-Fi inside the library is quite slow, but the one at the coffee shop next door is good. By the way, you cannot bring any drinks into the library.
- The staff at the Information Desk answered all my questions. Go there if you need any help!
- On the ground floor there are some TVs for watching the library's videos. When watching videos, you need to use your own earphones or headphones. Next to the TVs there are photocopiers.

---

❹-1 「キーワードあり設問」は該当箇所を狙い撃ちで探しに本文へ

該当箇所を探しに本文にいきましょう。選択肢を先に読んでも時間の無駄になることが多く、また、出題者の誘導にハマりやすくなるので、極力選択肢は見ずに本文に該当箇所を探しにいきましょう。

内容 第2問Aではこれまで「図表読解問題」「案内文」「広告文」など、さまざまな英文のタイプが出題されていますが、全体を俯瞰しながら、設問の種類ごとに柔軟に解き方を変えることが求められています。Day 05では、第2回共通テスト（2022年実施）を使ってこれまでの「視線の型」をパワーアップさせていきます。

目標解答時間 7分

※第2問Aは3ページ構成ですが、ここでは3ページ目を割愛しています。

Day 05

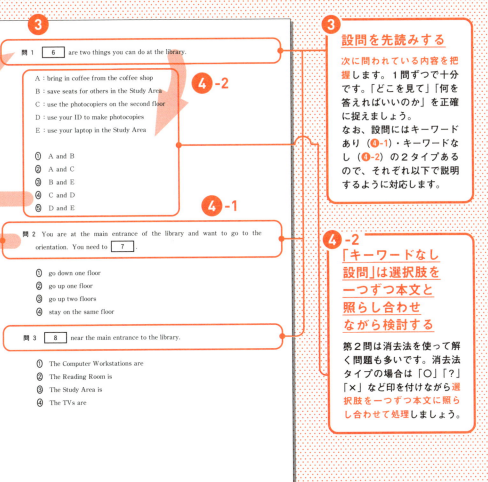

では、この「視線の型」を使って、次ページの問題に取り組みましょう！

DAY 05 ＞ 例 題

第 2 問 （配点 20）

A You are on a *Future Leader* summer programme, which is taking place on a university campus in the UK. You are reading the information about the library so that you can do your coursework.

Abermouth University Library
Open from 8 am to 9 pm
2022 Handout

Library Card: Your student ID card is also your library card and photocopy card. It is in your welcome pack.

Borrowing Books
You can borrow a maximum of eight books at one time for seven days. To check books out, go to the Information Desk, which is on the first floor. If books are not returned by the due date, you will not be allowed to borrow library books again for three days from the day the books are returned.

Using Computers
Computers with Internet connections are in the Computer Workstations by the main entrance on the first floor. Students may bring their own laptop computers and tablets into the library, but may use them only in the Study Area on the second floor. Students are asked to work quietly, and also not to reserve seats for friends.

Library Orientations
On Tuesdays at 10 am, 20-minute library orientations are held in the Reading Room on the third floor. Talk to the Information Desk staff for details.

Comments from Past Students
- The library orientation was really good. The materials were great, too!
- The Study Area can get really crowded. Get there as early as possible to get a seat!
- The Wi-Fi inside the library is quite slow, but the one at the coffee shop next door is good. By the way, you cannot bring any drinks into the library.
- The staff at the Information Desk answered all my questions. Go there if you need any help!
- On the ground floor there are some TVs for watching the library's videos. When watching videos, you need to use your own earphones or headphones. Next to the TVs there are photocopiers.

問 1 　6　 are two things you can do at the library.

A : bring in coffee from the coffee shop

B : save seats for others in the Study Area

C : use the photocopiers on the second floor

D : use your ID to make photocopies

E : use your laptop in the Study Area

① A and B

② A and C

③ B and E

④ C and D

⑤ D and E

問 2 You are at the main entrance of the library and want to go to the orientation. You need to 　7　 .

① go down one floor

② go up one floor

③ go up two floors

④ stay on the same floor

問 3 　8　 near the main entrance to the library.

① The Computer Workstations are

② The Reading Room is

③ The Study Area is

④ The TVs are

問 4 If you borrowed three books on 2 August and returned them on 10 August,
you could   9   .

① borrow eight more books on 10 August

② borrow seven more books on 10 August

③ not borrow any more books before 13 August

④ not borrow any more books before 17 August

問 5 One **fact** stated by a previous student is that   10   .

① headphones or earphones are necessary when watching videos

② the library is open until 9 pm

③ the library orientation handouts are wonderful

④ the Study Area is often empty

DAY 05 › 例 題 ［ 解 説 ］

問 1 - 5

訳 あなたは「未来のリーダー」夏期プログラムに参加していて、それはイギリスの大学構内で開催されています。あなたは講習課題をするために図書館の情報を読んでいます。

アバーマス大学図書館
午前8時から午後9時まで開館
2022年資料

図書カード：学生証が図書カードとコピーカードを兼ねます。 `問1-1` ウェルカムパックに入っています。

本の貸し出し
一度に最大8冊まで、7日間借りられます。 `問4-1` 本の貸し出し手続きをするには、2階のインフォメーションデスクに行ってください。期限までに本が返却されなかった場合、返却した日から3日間、図書館の本を借りることができません。 `問4-2`

コンピューターの利用
インターネットに接続したコンピューターが、2階の正面玄関脇のコンピューター作業スペースにあります。 `問2-1` `問3` 学生が自分のノートパソコンやタブレットを図書館に持ち込むこともできますが、使用できるのは3階の学習エリアのみです。 `問1-2` 学生は静かに作業し、また、友だちの分の席を取っておくことがないようお願いします。

図書館オリエンテーション
火曜日の午前10時から、20分間の図書館オリエンテーションが4階の読書室で開催されます。 `問2-2` 詳しくはインフォメーションデスクの係員に問い合わせてください。

卒業生からのコメント
- 図書館オリエンテーションはとても良かった。資料も素晴らしかったです！
- 学習エリアはとても混み合うことがあります。できるだけ早く行って席を取りましょう！
- 図書館のWi-Fiはかなり速度が遅いけれど、隣のコーヒーショップのWi-Fiは良好です。ちなみに、図書館に飲み物の持ち込みはできません。
- インフォメーションデスクのスタッフは私の質問にすべて答えてくれました。手伝いが必要になったらそこへ行きましょう！
- 1階には図書館の映像資料を見るためのテレビが何台かあります。映像を見るときは、自分のイヤフォンかヘッドフォンを使う必要があります。 `問5` テレビの隣にはコピー機があります。

語句

[リード文]

programme	名 プログラム：米表記は program	first floor	熟 （イギリス英語で）2階
take place	熟 開催される、行われる	due date	熟 期日
coursework	名 講座の勉強、学習課題	workstation	名 （コンピューターの）作業スペース

[情報]

handout	名 配布資料	laptop computer	熟 ノートパソコン
photocopy	名 コピー	reserve ~	他 ~を取っておく
maximum	名 最大限度	material	名 資料
check ~ out	熟 ~（本）を借り出す	ground floor	熟 （イギリス英語で）1階
		photocopier	名 コピー機

問1　正解⑤　問題レベル【易】　配点 2点

設問 ⌈6⌉ が、図書館でしてもいい2つのことだ。

A：コーヒーショップからコーヒーを持ち込む
B：学習エリアで他の人のための席を取る
C：3階のコピー機を使う
D：自分のIDを使ってコピーを取る
E：学習エリアで自分のノートパソコンを使う

選択肢
① AとB
② AとC
③ BとE
④ CとD
⑤ DとE

　まずは❶**場面・状況把握**から。「イギリスの大学にいて、課題をするために図書館の情報を読んでいる」とあります。UK「イギリス」とあるのは、英文がイギリス英語であることを暗に示しています。共通テストでは、場面設定によってイギリス英語も使用されます。今回はアメリカ英語だとprogramになるところをprogrammeとしたり、ground floor「（イギリス英語で）1階」という表現を使ったりすることでイギリス英語感を出しています（イギリス英語に関しては404ページ）。

　さて、図書館の情報という前提で案内文の**小見出しを先読み**してから（❷）、**設問を確認しましょう**（❸）。「図書館でできること」を2つ答えればいいようです。しかし、それ以上の情報が設問にないので、これは**選択肢を一つひとつ本文と照合させる「消去法タイプ」の問題だと判断します**（❹-2）。選択肢からキーワードを拾っていきます。A「コーヒー持ち込みがOKか」、B「他の人のために席取りしてもいいか」、C「コピー機は3階にあるのか」（コピー機があるということは使用自体はいいはずなのでここではコピー機の場所を問われていると判断します）、D「IDを使ってコピーをするのか」、E「学習エリアでノートパソコンを使えるのか」ですね。

　これらを探そうと本文を読んでいきます。忘れそうなら一つずつでもいいですが、効率をあ

62　リーディング

げるためにできるだけ頭に入れてください。自分ごとにすると覚えやすいです。「図書館でコーヒー飲みながらノートパソコンを持ち込んで勉強したい。友だちと一緒に勉強したいから席取りしたい。コピー機を使いたいけどIDカードで使えるのかな……」と、実際にイギリスにいる自分を妄想してみましょう。

それでは、最初の項目Library Card「図書カード」から読んでいきます。身分証に関する説明のようなので、ここでD「IDを使ってコピーできるのか」がわかりそうですね。読むと「学生証（ID）が図書カードとコピーカードを兼ねる」とあるので早速Dは1つめの正解だとわかります。

次にBorrowing Books「本の貸し出し」ですが、今は関係なさそうなので飛ばして、3つめのUsing Computers「コンピューターの利用」に視線をやります。ここでE「学習エリアでノートパソコンを使えるのか」がわかりそうですね。読んでいくと、2文目にStudents may bring their own laptop computers ..., but may use them only in the Study Area「学生は自分のノートパソコンを持ってきてもいいが、学習エリアでだけ使用可」とあるので、ここでEが正解だとわかります。

2つ正解が出たのでこの問題はこれで終わりです。すべての選択肢を検討せずにすぐに答えが出てしまった場合は不安かもしれませんが、ちゃんと検討しているのであれば、不安になり過ぎず次に進んで大丈夫です。心配であればチェックしておいて、最後に時間が余ったら戻って「不正解の選択肢が不正解になる根拠」を探せばいいです。ここで時間を費やして後半で時間切れになり、解けたはずの問題が解けないようなことになってはいけません。共通テストのような時間勝負の試験では完璧主義は禁物です。すぐに答えを見つけた場合は「ラッキー」と考え先に進む勇気を持ちましょう。

なお、A「コーヒーの持ち込み」に関しては、Comments from Past Students「卒業生からのコメント」の項目にある3つ目のコメントで、you cannot bring any drinks into the library「図書館に飲み物の持ち込みはできません」とあるので不正解。B「席取り」に関しては「コンピューターの利用」の最終文でStudents are asked ... not to reserve seats for friends.「友だちのために席を確保しないように求められている」とあるので不正解。C「コピー機は3階か」に関しては、Comments from Past Students「卒業生からのコメント」にある5つ目のコメントでテレビがon the ground floor「1階」にあり、テレビの隣にコピー機があると書かれているので、これも不正解です。

2022年度：共通テスト本試験　第2問A

問 2　正解 ③　問題レベル【易】　配点 2点

設　問　あなたは図書館の正面玄関にいて、オリエンテーションに行きたい。あなたは □7□ 必要がある。

選択肢　① 階を 1 つ下りる　② 階を 1 つ上がる
　　　　③ 階を 2 つ上がる　④ その同じ階にいる

　まず設問を見て（❸）、main entrance と orientation にチェックを入れ**該当箇所を本文か**ら探します（❹-1）。

　Using computers「コンピューターの利用」の 1 文目に the main entrance on the first floor「2 階の正面玄関」とあり、Library Orientations「図書館オリエンテーション」の 1 文目で the third floor「4 階」の読書室で開催される、とあるので、正面玄関からオリエンテーションに行くには階を 2 つ上がればいいことがわかります。よって③が正解です。

　ちなみに今回は知らなくても答えに影響が出ないように問題が作られていましたが、イギリス英語では階数の数え方がアメリカ英語や日本人の発想と異なり、ground floor が「1 階」、first floor が「2 階」、second floor が「3 階」といったようになります。

問 3　正解 ①　問題レベル【普通】　配点 2点

設　問　□8□ が、図書館の正面玄関近くにある。

選択肢　① コンピューター作業スペース　② 読書室
　　　　③ 学習エリア　　　　　　　　　④ テレビ

　設問から（❸）、near the main entrance「正面玄関近く」を本文から探せばよいことがわかります（❹-1）。問 2 を解くときに読んでいると思いますが、Using computers「コンピューターの利用」の 1 文目に、the Computer Workstations by the main entrance とあります。この by は「〜のそばに、〜の脇に」という意味の前置詞で near の言い換えと考えられます。ここから①が正解となります。

問 4　正解 ③　問題レベル【普通】　配点 2点

設　問　もし 8 月 2 日に本を 3 冊借りて 8 月 10 日に返却したら、□9□。

選択肢　① 8 月 10 日にさらに 8 冊借りられる
　　　　② 8 月 10 日にさらに 7 冊借りられる
　　　　③ 8 月 13 日まで追加の本は借りられない
　　　　④ 8 月 17 日まで追加の本は借りられない

　設問をまず読んで（❸）、該当箇所の予測をしましょう（❹-1）。本の貸出期間の話をしているので、Borrowing Books「本の貸し出し」のところにありそうです。

　1 文目に for seven days「7 日間」の貸出可能期間の話があり、3 文目に If books are not returned by the due date, you will not be allowed to borrow library books again for three days from the day the books are returned.「期限までに本が返却されなかった場合、返却した日から 3 日間、図書館の本を借りることができません」とあります。設問の設定では

8日間本を借りていることになり、貸出可能期間の7日間を過ぎているため、この罰則が適用されると考えられます。返却したのが10日なので、13日までは新たに本が借りられないと考え、③が正解となります。

問 5　　**正解①**　　問題レベル【普通】　配点 2点

設問　これまでの学生が述べている事実の一つは □10□ ということだ。

選択肢　① 映像を見るときにはヘッドフォンかイヤフォンが必要だ
　　　　② 図書館は午後9時まで開いている
　　　　③ 図書館のオリエンテーション資料は素晴らしい
　　　　④ 学習エリアが無人であることが多い

語句　previous　形 以前の、過去の

　設問を読むと（❸）、「学生が述べている事実」とあるので、Comments from Past Students「卒業生からのコメント」を見ればよいことがわかります（❹-1）が、それ以上の情報は設問にないので、選択肢を一つひとつ検討するしかありません（❹-2）。

　まず選択肢①から、「ヘッドフォン」や「イヤフォン」というキーワードを探すと、5つ目のコメントに When watching videos, you need to use your own earphones or headphones「映像を見るときは、自分のイヤフォンかヘッドフォンを使う必要があります」とあり、you need to use ... が選択肢中では necessary と言い換えられています。

　かつこれはイチ学生の「意見」ではなく「事実」だろうと思われるので、選択肢①が早速正解です（意見として言っているのであれば図書館に対するコメントとしてここに残すのはおかしい）。残りも見ていくと、選択肢②は「事実」ですが、「学生が述べている事実」ではないので不正解。選択肢③の wonderful「素晴らしい」は意見なので不正解。④は書いてあれば事実として正解になりますが、記載がないので不正解です。③を選んでしまった人は、Day 06やDay 08で扱う「意見・事実読み取りの型」で「事実」と「意見」の違いを確認しておきましょう。

2022年度：共通テスト本試験　第2問A　65

DAY 05 ▸ 練 習 問 題

第 2 問 （配点 20）

A You are an exchange student in the UK. Your host family is going to take you to Hambury for a weekend to experience some culture. You are looking at the information about what you can do near the hotel and the reviews of the hotel where you will stay.

White Horse Hotel
In Hambury Square

Things to do & see near the hotel:
- Hambury Church: It's only 10 minutes on foot.
- The farmers' market: It's held in the square every first and third weekend.
- The Kings Arms: Have lunch in the oldest building in Hambury (just across from the hotel).
- East Street: You can get all your gifts there (15-minute walk from the hotel).
- The Steam House: It's next to Hambury Railway Museum, by the station.
- The walking tour (90 minutes): It starts in the square at 11 am every Tuesday and Saturday.
- The stone circle: Every Tuesday lunchtime there is live music (just behind the church).
- The old castle (admission: £5): See the play *Romeo and Juliet* every Saturday night. (Get your tickets at the castle gate, across from the station, for £15.)

Become a member* of the White Horse Hotel and get:
- a free ticket to the railway museum
- tickets to the play for only £9 per person
- a discount coupon for Memory Photo Studio (get a photo of you wearing traditional Victorian clothes). Open every day, 9.00 am–5.30 pm.

*Membership is free for staying guests.

Most popular reviews:

We will be back
It's a nice hotel in the centre of the town with a great breakfast. Though the shops are limited, the town is pretty and walking to the beautiful church only took 5 minutes. The tea and cakes at the Steam House are a must. Sally

Lovely Town
Our room was very comfortable, and the staff were kind. Coming from Australia, I thought the play in the castle was great, and the walking tour was very interesting. I also recommend the stone circle (if you don't mind a 10-minute walk up a hill). Ben

問題番号は実際の番号のままです。

問 1 　 6 　 is the closest to the White Horse Hotel.

① East Street
② Hambury Church
③ The Kings Arms
④ The stone circle

問 2 　 7 　 is one combination of activities you can do if you visit Hambury on the third Saturday of the month.

A：go on a walking tour
B：have your photo taken
C：listen to the live music
D：shop at the farmers' market

① A，B，and C
② A，B，and D
③ A，C，and D
④ B，C，and D

問 3 You want to get cheaper tickets for *Romeo and Juliet*. You will 　 8 　.

① become a member of the hotel
② buy your tickets at the castle
③ get free tickets from the hotel
④ wear traditional Victorian clothes

2022年度：共通テスト追試験　第2問A　67

問 4　One advantage of the hotel the reviews do **not** mention is the ⏹9⏹.

① comfort

② discounts

③ food

④ service

問 5　Which best reflects the opinions of the reviewers? ⏹10⏹

① The activities were fun, and the shops good.

② The hotel room was pretty, and the photo studio great.

③ The music was good, and the activities interesting.

④ The sightseeing was exciting, and the hotel conveniently placed.

DAY 05 > 練習問題［解説］

問 1 - 5

訳 あなたはイギリスに来ている交換留学生です。あなたのホストファミリーが週末、文化体験のためにハンベリーに連れて行ってくれます。あなたはホテル近くでできることの情報と、宿泊するホテルのレビューを見ています。

ホワイトホース・ホテル
ハンベリー広場

ホテル近くで体験＆見学できること：
◆ハンベリー教会：徒歩でほんの10分です。問1②
◆ファーマーズマーケット：毎月第1・第3週末に開催されます。問2-1
◆キングスアームス：ハンベリー最古の建物でランチをどうぞ（ホテルのすぐ向かい問1③）。
◆イースト通り：お土産はすべてここで買えます（ホテルから歩いて15分問1①）。
◆スチームハウス：駅のすぐそば、鉄道博物館の隣です。
◆徒歩ツアー（90分）：毎週火曜日と土曜日、午前11時に広場を出発します。問2-2
◆ストーンサークル：毎週火曜日のお昼に生演奏があります問2-3 （教会のすぐ裏問1④）。
◆古城（入場料5ポンド）：毎週土曜夜の劇『ロミオとジュリエット』を鑑賞しましょう。（駅の向かいの城門で、15ポンドのチケットを購入してください問3-1）。

ホワイトホース・ホテルの会員＊になると得られるもの：
◆鉄道博物館の無料チケット
◆劇のチケットが1人わずか9ポンドに問3-2
◆記念写真スタジオの割引クーポン（ビクトリア時代の伝統衣装を着て写真を撮りましょう）。毎日午前9時〜午後5時30分営業。問2-4
＊宿泊中のお客様は入会費無料。問3-3

よく見られているレビュー：

また来ます
町の中心にある素敵なホテル問5-1 で、朝食もおいしいです問4③。お店の数は限られていますが、町はきれいで、美しい教会まで歩いて5分しかかかりませんでした。問5-2 スチームハウスでのお茶とケーキは外せません。サリー

美しい町
部屋はとても快適問4① で、スタッフも親切でした問4④。オーストラリアから来た私は、お城での劇は素晴らしい問5-3 と思いましたし、徒歩ツアーもとても面白かったです。問5-4 また、ストーンサークルもお勧めです問5-5 （丘を登って10分歩くのが気にならなければ）。ベン

2022年度：共通テスト追試験　第2問A　69

語句

[リード文]

exchange student	熟 交換留学生

[レビュー]

on foot	熟 徒歩で
farmers' market	熟 ファーマーズマーケット、農産物直売所

admission	名 入場料
traditional	形 伝統的な
centre	名 中心（イギリス式つづり）
must	名 不可欠なもの

問 1 　**正解 ③** 　問題レベル【易】 配点 2点

設　問　 6 　がホワイトホース・ホテルに一番近い。

選択肢　① イースト通り
　　　　　② ハンベリー教会
　　　　　③ キングスアームス
　　　　　④ ストーンサークル

　まずは**❶場面・状況把握**からです。「**イギリスにいる交換留学生のあなたは、週末ホストファミリーが文化体験のために連れて行ってくれるところの、ホテル近くでできることの情報と宿泊する予定のホテルのレビューを見ている**」という状況です。知らないところに、週末、泊りがけでいくイメージを膨らませてください。「どんなところかな」「どんなホテルかな」とわくわくしながら読み進めていくと、書かれている内容が自分ごととして頭に入ってきます。**まず項目で全体像を確認する**（**❷**）と、はじめに「ホテルの近くで体験できること」があり、次に「ホテルの会員になると得られるもの」があり、最後にレビューが書いてあります。

　次に**設問を見る**（**❸**）と、closest という単語があるので「ホテルから最も近いもの」を探せばいいとわかります（**❹-1**）。「場所」に関係がある表現を探しながら本文を読んでいきましょう。

　まず目につくのは Hambury Church です。「徒歩でたった10分」（only 10 minutes on foot）とあります。次に The Kings Arms ですね。ホテルのすぐ向かい（just across from the hotel）とあり、こちらの方が Hambury Church より近そうです。East Street は「ホテルから徒歩15分」（15-minute walk from the hotel）なので明らかに Hambury Church より遠いです。The stone circle は「教会のすぐ裏」（just behind the church）とあり、ここでいう教会は先ほどの Hambury Church しかなく、徒歩10分はかかるので The Kings Arms よりは遠そうです。よって正解は③ The Kings Arms となります。

70　リーディング

問 2

正解② 問題レベル【普通】 配点 2点

設問 もしその月の第3土曜日にハンベリーを訪れたら、できる活動の組み合わせの一つは [7] である。

A：徒歩ツアーに行く
B：写真を撮ってもらう
C：ライブ音楽を聴く
D：ファーマーズマーケットで買い物をする

選択肢 ① AとBとC
② AとBとD
③ AとCとD
④ BとCとD

Day 05

設問を見て（❸）、the third Saturday「第3土曜日」という表現に注目しながら今度は「日時」に関係する表現を探し読みしましょう（❹-1）。The farmers' market のところに third weekend とあるのでDは OK、The walking tour のところに every Saturday とあるのでAも OK です。「ホワイトホース・ホテルの会員になると得られるもの（メンバー特典）」（Become a member of the White Horse Hotel and get）の3つ目の特典で写真撮影がありますが、ここに Open every day とあるのでBも OK です。よって②が正解です。

Cのライブ音楽については The stone circle のところに記載がありますが、Every Tuesday とあるので土曜日は live music は聞けないことがわかります。

2022年度：共通テスト追試験 第2問A 71

問3 **正解①** 問題レベル【普通】 配点 2点

設問 あなたは『ロミオとジュリエット』の割引チケットが欲しい。あなたは □8□ 。

選択肢 ① ホテルの会員になる
② お城でチケットを買う
③ ホテルから無料券をもらう
④ ビクトリア時代の伝統衣装を着る

まず設問です（**❸**）。cheaper tickets「より安いチケット」という表現より、今度は「お金」に関する表現を探しながら本文を読んでいきます（**❹-1**）。まずThe old castleの箇所から『ロミオとジュリエット』の劇のチケットは15ポンドで手に入ることがわかります。cheaper「より安い」いうからには2つ以上料金の候補があるはずです。他にも料金に関する記載がないか探していくと、ホテルの会員特典の2つ目に「その劇（＝『ロミオとジュリエット』）のチケット1人たった9ポンド」とあります。しかも宿泊客は会員費無料です（Membership is free for staying guests.）。よってホテルの会員になることが安いチケットを手に入れる道だと言えるので正解は①です。

問4 **正解②** 問題レベル【易】 配点 2点

設問 レビューに言及されていないホテルの長所の一つは □9□ だ。

選択肢 ① 快適さ ② 割引 ③ 食事 ④ サービス

語句 advantage 名 利点、長所

本文に言及されていないものを探すnot問題は、選択肢を先に見て消去法を使うのが早いです（**❹-2**）。まず① comfort は右側のレビュー1文目に very comfortable と書いてあるので消えます。次に② discounts はどこにも「割引がうれしかった」などのコメントはないので保留。③ food は左側のレビュー1文目に a great breakfast とあるので消去。④ service は右側のレビュー1文目に the staff were kind とあるので消去。よって先ほど保留にしておいた②を正解とします。

| 問 5 | 正解 ④ 問題レベル【普通】 配点 2点 |

設　問 レビューした人の意見を最もよく表しているのはどれか。□10

選択肢 ① 活動は楽しく、店は良かった。
② ホテルの部屋はきれいで、写真スタジオは素晴らしかった。
③ 音楽はすてきで、活動は面白かった。
④ 観光は楽しく、ホテルは便利な立地だった。

語句 reflect ~ 他 ~を反映する、~を表　sightseeing 名 観光
す　conveniently 副 便利に

Day
05

　設問を読むと（③）、「レビューした人の意見」とあるので、Most popular reviews「よく見られているレビュー」を見ればよいことがわかります（④-1）。まず左側のレビューには、1文目で a nice hotel in the centre of the town「町の中心の素敵なホテル」、2文目で the town is pretty and walking to the beautiful church only took 5 minutes「町はきれいで、美しい教会まで歩いて5分しかかかりませんでした」と言っていることから、主に立地を褒めています。

　次に右側のレビューでは、2文目 the play in the castle was great「お城での劇は素晴らしかった」、the walking tour was very interesting「徒歩ツアーもとても面白かった」、3文目 recommend the stone circle「ストーンサークルもお勧め」と、主に滞在中に体験したことを褒めています。よって、以上のレビューを最も反映している選択肢は④です。①は左側のレビューで the shops are limited とネガティブな評価がされているので不正解。②は the photo studio が、③は the music がそれぞれレビューの中に出てきていないので不正解です。

2022年度：共通テスト追試験　第2問A　73

DAY 06

【事実／意見問題】を攻略する「意見読み取りの型」

「事実」と「意見」を区別する問題で確実に得点するために、「意見読み取りの型」と「事実読み取りの型」を、Day 06とDay 08に分けて扱います。ここでは「意見読み取りの型」をマスターしていきましょう。

「意見読み取りの型」のステップ

❶「視線の型」を使う

Day 05の「視線の型」が基本の型となります。

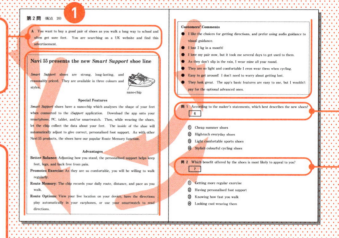

❷「意見読み取りの型」その1:「意見」問題だと気付く

「意見」と「事実」の区別を問う場合、2023年までの共通テストでは設問内のopinionまたはfactの文字を太字にし、かつ下線を引いて目立たせてありましたが、今後もそれが続くとは限りません。また明らかな「事実/意見」問題ではなくても、設問によっては「これは意見を問われているのだな」と気付けば該当箇所が早く見つかることがあります。まずは設問から「意見を答える問題だ」と気が付くことが大切です。

内容 第2問Aでは毎回与えられた情報が誰かの「意見」なのか、それとも客観的な「事実」なのかを判断させる問題が出題されています。最近は見極めが難しい問題が出題されなくなってきている傾向にありますが、HP上の報告書などを見るに、**共通テスト問題作成部会が「事実」「意見」の見極めを軽視し始めているというわけではありません。問い方を工夫し形を変えて出題され続けることが予想されるため、依然見極めは重要です。**Day 06では、「意見読み取りの型」を中心に扱います。

目標解答時間 7分

「意見読み取りの型」その2:「主観表現」に反応する

「意見が割れる」「意見を戦わせる」などというように、「意見」とは「あることに対する考え」で100人いれば100通りの意見があります。賛同者の数は関係ありません。**99人が同意しても1人でも「違うと思う」と言う人がいそうならそれは意見です。**
例えば「戦争は絶対にしてはいけない」という主張をしようと、いかに事実を元に意見を組み立てたとしても、「だからダメだ」という最後の結論は意見です。同じ事実を元に「だから時には戦争が必要なこともある」という意見もありうるからです。結局は「主観的な考え」なのです。よって意見を述べる時は、主観を表明する合図として、
①思考動詞（think「思う」やseem「ようだ」など）
②助動詞（could「かも」やshould「すべき」など）
③主観・感情を表す語（necessary「必要だ」やinterestingly「興味深いことに」など）
などがよく使われるので覚えておきましょう。
※このような「主観表現」が事実を述べる文の中で使われている場合もあるので、最終的には文脈で判断する必要があります。

では、この「意見読み取りの型」を使って、次ページの問題に取り組みましょう！

DAY 06 ＞ 例題

第 2 問 （配点 20）

A You want to buy a good pair of shoes as you walk a long way to school and often get sore feet. You are searching on a UK website and find this advertisement.

Navi 55 presents the new *Smart Support* shoe line

Smart Support shoes are strong, long-lasting, and reasonably priced. They are available in three colours and styles.

nano-chip

Special Features

Smart Support shoes have a nano-chip which analyses the shape of your feet when connected to the *iSupport* application. Download the app onto your smartphone, PC, tablet, and/or smartwatch. Then, while wearing the shoes, let the chip collect the data about your feet. The inside of the shoe will automatically adjust to give correct, personalised foot support. As with other Navi 55 products, the shoes have our popular Route Memory function.

Advantages

Better Balance: Adjusting how you stand, the personalised support helps keep feet, legs, and back free from pain.

Promotes Exercise: As they are so comfortable, you will be willing to walk regularly.

Route Memory: The chip records your daily route, distance, and pace as you walk.

Route Options: View your live location on your device, have the directions play automatically in your earphones, or use your smartwatch to read directions.

Customers' Comments

● I like the choices for getting directions, and prefer using audio guidance to visual guidance.

● I lost 2 kg in a month!

● I love my pair now, but it took me several days to get used to them.

● As they don't slip in the rain, I wear mine all year round.

● They are so light and comfortable I even wear them when cycling.

● Easy to get around! I don't need to worry about getting lost.

● They look great. The app's basic features are easy to use, but I wouldn't pay for the optional advanced ones.

問 1　According to the maker's statements, which best describes the new shoes? 　6

① Cheap summer shoes

② High-tech everyday shoes

③ Light comfortable sports shoes

④ Stylish colourful cycling shoes

問 2　Which benefit offered by the shoes is most likely to appeal to you? 　7

① Getting more regular exercise

② Having personalised foot support

③ Knowing how fast you walk

④ Looking cool wearing them

問 3　One **opinion** stated by a customer is that 　8　.

① the app encourages fast walking

② the app's free functions are user-friendly

③ the shoes are good value for money

④ the shoes increase your cycling speed

問 4　One customer's comment mentions using audio devices.　Which benefit is this comment based on?　9

① Better Balance

② Promotes Exercise

③ Route Memory

④ Route Options

問 5　According to one customer's opinion, 　10　 is recommended.

① allowing time to get accustomed to wearing the shoes

② buying a watch to help you lose weight

③ connecting to the app before putting the shoes on

④ paying for the *iSupport* advanced features

DAY 06 › 例 題 ［ 解 説 ］

問 1 - 5

訳 あなたは徒歩で長距離通学をしていて足が痛くなることが多いので、いいシューズを買いたいと思っています。イギリスのウェブサイトを検索していて次のような広告を見つけます。

ナビ 55から新しく「スマートサポート」シューズのシリーズが登場

「スマートサポート」シューズは強くて長持ち、しかもお手頃な価格です。色とスタイルが3種類あります。

ナノチップ

特色

「スマートサポート」シューズにはナノチップが搭載されていて、「アイサポート」アプリに接続するとあなたの足の形を分析します。 **問1** スマホや PC、タブレット、スマートウォッチにアプリをダウンロードしてください。そして、靴を履いた状態で、チップに足のデータを収集させましょう。シューズの内部が自動的に、ぴったりとその人に合わせた足の支えになるよう調節してくれます。他のナビ55製品同様、シューズには人気のルートメモリー機能が付いています。

長所

バランス改善：個人に合わせた支えが、あなたの立ち方を調整するので、足先や脚部や腰の痛みから解放されます。 **問2**

運動推進：とても快適なので、定期的に歩きたくなります。

ルートメモリー：チップがあなたの毎日のルート、距離、歩くペースを記録します。

ルートオプション：ご自身のデバイスでその時々の位置情報を確認したり、イヤフォンで自動的に道案内を流したり **問4-2**、スマートウォッチで道順の確認をしたりできます。

お客さまからのコメント

● 道案内機能が気に入りました。目で見る案内よりも音声案内の方が好きです。 **問4-1**

● 1カ月で2キロ体重が落ちました！

● 今は自分のシューズが気に入っていますが、慣れるまで数日かかりました。 **問5**

● 雨でも滑らないので、年中履いています。

● 軽くて快適なのでサイクリングの時にも履いています。

● 歩き回るのが楽！　道に迷う心配もありません。

● 見た目がとてもいいです。アプリの基本機能も使いやすいのですが、オプションの拡張機能にお金を出そうとは思いません。 **問3**

2023年度：共通テスト本試験　第2問A　79

語句

[リード文]

sore feet	熟	（靴擦れなどによる）足の痛み
advertisement	名	広告、宣伝

[広告]

line	名	商品ライン、シリーズ
long-lasting	形	長持ちする
reasonably	副	（値段などが）手頃で

[特色]

analyse ～	他	～を分析する（イギリス式つづり）

application	名	（コンピューターの）アプリケーション、アプリ（= app）
automatically	副	自動的に
adjust ～	他	～を調節する
personalise ～	他	～を個人に合わせる（イギリス式つづり）
as with ～	熟	～と同様に
function	名	機能

[長所]

location	名	所在地、位置
direction	名	（～sで）道順、道案内

問 1 **正解②** 問題レベル【易】 配点 2点

設問 メーカーの記述に従って、新製品のシューズを最もよく説明しているのはどれか。 6

選択肢 ① 安価な夏用シューズ
② ハイテクな日常シューズ
③ 軽くて快適なスポーツシューズ
④ おしゃれでカラフルなサイクリングシューズ

　まずは**視線の型**で**場面・状況把握**から（**❶**）。状況の説明文には、You want to buy a good pair of shoes as you walk a long way to school and often get sore feet「あなたは徒歩で長距離通学をしていて足が痛くなることが多いので、いいシューズを買いたいと思っています」とあります。この前提をしっかり頭に入れて問題を解いていきましょう。問1は「最もよく製品を説明しているのは」という問題です。広告の"Special Features"「特色」とある箇所を注意深く読みましょう。**英語では段落1文目に「その段落のまとめ」と言える文がくることが多い**です。1文目に特に力を入れて読解しましょう（DAY 18「論理的読解の型」でも詳しく扱います）。1文目に*Smart Support* shoes have a nano-chip which analyses the shape of your feet when connected to the *iSupport* application. とあります。要するに「ナノチップが搭載されていて、アプリに接続する靴」で、これがこの製品の特徴です。ナノチップの場所を示すイラストまでついています。選択肢を見ると High-tech「ハイテク」とある②が正解だとわかります。

　①は広告1文目に reasonably priced「お手頃な価格の」とあり cheap がその言い換えかと思ったかもしれませんが、summer が不可です。どこにも夏履きの靴だとはありません。③の comfortable は"Advantages"「長所」や"Customers　Comments"「お客様からのコメント」にありましたが、sports　shoes「スポーツシューズ」という説明はありませんでした。④も広告1文目で three colours and styles と色とスタイルについての言及はありましたが、cycling shoes「サイクリングシューズ」ではありません。

　今回のような問題は、選択肢一つひとつの粗を探して消去法で解くやり方だと時間がかかってしまうので注意しましょう。あくまで、「該当箇所と思われるところを精読して（余計なと

80　　リーディング

ころは読まずに）すぐに**選択肢と照らし合わせる**」が正攻法です。今回は"Special Features"の１文目を集中して読んですぐに選択肢を見れば、他の選択肢に目もくれず②を正解として選べます。

なお、設問に According to the maker's statement とあるので、購入者のコメントに解答の根拠を求めないよう気を付けましょう。

問 2　　**正解** ②　問題レベル【易】　配点 2点

> **設　問**　このシューズで得られる利点のうち、どれがあなたに**最も魅力的でありそう**か。
> 　　　　　　**7**
>
> **選択肢**　① 定期的な運動が増えること　　② 個人に合わせて足が支えられること
> 　　　　　　③ 自分の歩く速さがわかること　　④ それを履くとおしゃれに見えること
>
> **語句**　benefit　名 有益なこと、メリット

Day 06

視線の型（❶）により、設問から「あなたに最も魅力的である可能性が高いもの」を答えるのだとまず把握します。そもそも「あなた」がこの広告に目を通している理由はリード文にあったように「徒歩で長距離通学をしていて足が痛くなることが多い」からでした。長距離通学にも向いている、足が痛くならない靴がいいですね。そう考えて選択肢を見るだけでもだいぶ絞れます。今回は"Advantages"の１つ目の項目、Adjusting how you stand, the personalised support helps keep feet, legs, and back free from pain.「個人に合わせた支えが、あなたの立ち方を調整するので、足先や脚部や腰の痛みから解放されます」より、② Having personalised foot support「個人に合わせて足が支えられること」が正解だとわかります。

問 3　　**正解** ②　問題レベル【易】　配点 2点

> **設　問**　客が述べている意見の一つは、**8**　ということだ。
>
> **選択肢**　① アプリが速く歩くことを促す
> 　　　　　　② アプリの無料機能が利用しやすい
> 　　　　　　③ このシューズが値段の割にいいものである
> 　　　　　　④ このシューズでサイクリングのスピードが上がる

視線の型（❶）により、設問を読むと客のコメントから答えを探すことがわかります。「**事実**」「**意見**」を識別する問題で、今回は意見を選ぶ方です（❷）。まず設問だけからは狙い読みができないので選択肢を先に読みます。選択肢①や④は製品の性能っぽいので（性能であれば事実）後回しにしましょう。②の user-friendly「利用しやすい」や③の good value for money「値段の割にいい」は共に主観形容詞が使われており明らかな意見なので、どちらかが書かれてあれば正解となりえます（❸）。

それでは「お客さまからのコメント」を探し読みします。まず一番下のコメント（７つ目）に The app's basic features are very easy to use とあり easy to use = user-friendly なので、この文が②「アプリの無料機能が利用しやすい」に該当するのでは、とあたりをつけましょう。ここを読んだだけでは basic feature が「無料」なのか判断がつきませんが、そのまま読んでいくと、but I wouldn't pay for the optional advanced ones.「でもオプションの拡張機能にお金を出そうとは思いません」とあるので、basic feature は無料なのだとわかりま

2023年度：共通テスト本試験　第２問A　81

す。これより②が正解です。③の「値段の割にいい」というコメントはどこにもありません。広告文自体には1文目に reasonably priced とありますが、設問に One opinion stated by a customer とあるのでコメント以外は見ないようにしましょう。

問4 **正解④** 問題レベル【易】 配点2点

設問 1人の客がオーディオ機器の利用に言及している。そのコメントはどの利点についてのものか。 **9**

選択肢 ① バランス改善 ② 運動推進 ③ ルートメモリー ④ ルートオプション

　視線の型により、まず設問を読む（❶）と、客のコメントの中からオーディオ機器について言及している箇所を探せばいいのだとわかります。1つ目のコメント I like the choices for getting directions, and prefer using audio guidance to visual guidance.「道案内機能が気に入りました。目で見る案内よりも音声案内の方が好きです」にありますね。getting directions の話から音声案内の方が好き、という流れなので、今度は getting directions の機能を広告の"Advantages"から探すと4つ目の"Route Options"のところに have the directions play automatically in your earphones「イヤフォンで自動的に案内を流す」とあります。ここから④が正解だとわかります。

問5 **正解①** 問題レベル【普通】 配点2点

設問 1人の客の意見では、 **10** が薦められている。

選択肢 ① シューズの着用に慣れるための時間を考慮に入れること
② 体重を減らす役に立つよう腕時計を買うこと
③ シューズを履く前にアプリに接続すること
④「アイサポート」拡張機能を使うための料金を払うこと

語句 allow time to (V)　熟 Vする時間を考慮する　　get accustomed to ～　熟 ～に慣れる

　視線の型（❶）により、これも客のコメントの中から該当箇所を探す問題だとわかります。何が薦められているか、ということなので「意見」を狙い読みする問題（❷）ですね。読者に行動を促すコメントを狙い読みしていきましょう。3つ目のコメント、I love my pair now, but it took me several days to get used to them.「今は自分のシューズが気に入っていますが、慣れるまで数日かかりました」より、① allowing time to get accustomed to wearing the shoes が正解です。この選択肢は理解しづらかったかもしれません。この allow は「許可する」の意味ではなく「考慮する」の意味。一見定番の allow O to do の形に見えますが、to get ～は time にかかる形容詞的用法の不定詞です。また、get accustomed to ～「～に慣れる」はコメント内の get used to の言い換えとなっています。コメント3つ目の「慣れるまで数日かかった」というコメントから、「慣れる時間を考慮に入れることが薦め」られていると考えられます。

　②は2つ目のコメントに「体重が落ちた！」とありましたが、「靴のおかげで体重が落ちた」ということであり a watch「腕時計」は関係ないので不正解です。③④はそのようなコメントはなかったので不正解です。

DAY 06 ▶ 練習問題

第 2 問 （配点 20）

A You are a member of a school newspaper club and received a message from Paul, an exchange student from the US.

I have a suggestion for our next issue. The other day, I was looking for a new wallet for myself and found a website selling small slim wallets which are designed to hold cards and a few bills. Weighing only 60 g, they look stylish. As I mainly use electronic money, this type of wallet seemed useful. I shared the link with my friends and asked them what they thought. Here are their comments:

- I use a similar wallet now, and it holds cards securely.
- They look perfect for me as I walk a lot, and it would be easy to carry.
- I'd definitely use one if the store near my house accepted electronic money.
- Cards take up very little space. Cashless payments make it easier to collect points.
- I use both electronic money and cash. What would I do with my coins?
- Interesting! Up to 6 cards can fit in it, but for me that is a card-holder, not a wallet.
- I like to keep things like receipts in my wallet. When I asked my brother, though, he told me he wanted one!
- They are so compact that I might not even notice if I lost mine.

When I talked with them, even those who don't like this type of wallet pointed out some merits of using cards and electronic money. This made me wonder why many students still use bills and coins, and I thought this might be a good topic for our newspaper. What do you think?

問 1　Which question did Paul probably ask his friends?　　6

① Do you carry a wallet?

② Do you use electronic money?

③ What do you keep in your wallet?

④ What do you think about these wallets?

問 2　A **fact** about a slim wallet mentioned by one of Paul's friends is that it
7 .

① can hold half a dozen cards

② can slip out of a pocket easily

③ is ideal for walkers

④ is lighter than 80 g

問 3　One response shows that one of Paul's friends　　8 .

① finds slim wallets cool but doesn't want to use one

② prefers the capacity of a regular wallet

③ thinks slim wallets will be less popular in the future

④ uses a slim wallet with another wallet for coins

問 4　According to Paul's friend, using the wallet with electronic money makes it
easier to　　9 .

① carry safely

② receive benefits

③ record receipts

④ use at any shop

84　リーディング

問 5　Paul wants to find out more about ☐ 10 ☐.

① different types of electronic money

② students' reasons for using cash

③ the benefits of slim wallets for young people

④ the differences between small and large wallets

DAY 06 > 練習問題［解説］

問 1-5

訳 あなたは学校の新聞部員で、アメリカからの交換留学生ポールからメッセージを受け取りました。

次の号の提案があります。この前、自分用の新しい財布を探していて、カードを何枚かとお札を数枚入れられるようになっているスリムな財布を売っているウェブサイトを見つけました。重さわずか60グラムで、見た目もおしゃれです。僕は主に電子マネーを使っているので、このタイプの財布は便利に思えました。友人にリンクをシェアして彼らの意見を聞いてみました。問1 次のようなコメントがありました：

- 今、同じような財布を使ってるけど、カードはしっかり収まるよ。
- たくさん歩く自分にはちょうど良さそうに見える、それに持ち歩きやすそう。
- 家の近所の店で電子マネーが使えたら絶対に自分でもこういうのを使うんだけどな。
- カードは場所を取らない。キャッシュレス決済はポイントを集めるのが楽になる。問4
- 自分は電子マネーと現金の両方を使ってる。硬貨はどうしたらいい？
- 面白い！ カードを6枚まで収納できるんだね問2、でも僕からするとこれは財布というよりカード入れだな。
- 私はレシートみたいなものも財布に入れておきたい。問3 でも弟に聞いてみたら、こういうのが欲しいって言ってたよ！
- とてもコンパクトだから、なくしたとしても気付かないかもしれない。

彼らと話していると、このタイプの財布が好みでない人もカードや電子マネーを使うメリットを指摘していました。このことから、多くの学生がまだ紙幣や硬貨を使っているのはなぜなのか不思議に感じた問5 のですが、これは新聞のいいトピックになるかもしれないと思いました。どう思いますか？

語句

[リード文]
- exchange student　熟　交換留学生

[メッセージ]
[第1段落]
- issue　名　（定期刊行物の）号
- be designed to (V)　熟　Vするよう作られている、Vするようになっている
- electronic money　熟　電子マネー

[コメント]
- securely　副　しっかりと
- definitely　副　間違いなく、絶対に
- take up ~　熟　~（場所）を占める
- receipt　名　レシート、領収書

[第2段落]
- bill　名　紙幣、札

問 1

正解④ 問題レベル【易】 配点 2点

設問 ポールは友人たちにどの質問をしたと思われるか。 **6**

選択肢 ① あなたは財布を持ち歩きますか。
② あなたは電子マネーを使っていますか。
③ あなたは財布に何を入れていますか。
④ こういう財布についてどう思いますか。

まずは**視線の型**（**❶**）です。設問は「ポールは友だちにおそらくどんな質問をしたか」ということなので、コメントの直前を確認すればいいことがわかります。I shared the link with my friends and asked them what they thought. Here are their comments:「友人にリンクをシェアして彼らの意見を聞いてみました。次のようなコメントがありました」とあります。が、ここだけでは何についての意見を聞いたかわからないのでさらにその前にさかのぼると、this type of wallet seemed useful.「このタイプの財布は便利に思えた」とあるため、イラストにあるようなカードとお札を挟むタイプの財布についての意見を聞いているのだとわかります。よって答えは④です。

問 2

正解① 問題レベル【普通】 配点 2点

設問 ポールの友人の一人が述べているスリムな財布に関する<u>事実</u>は、それが **7** ということだ。

選択肢 ① カードを半ダース入れられる
② ポケットから滑り落ちやすい
③ 歩く人にとって理想的だ
④ 80グラムよりも軽い

語句 ideal 形 理想的な

視線の型（**❶**）により、設問から友人のコメントから答えを探すことがわかります。さあ、「**事実**」「**意見**」の識別が必要な問題（**❷**）です。今回は意見ではなく事実を選ぶことに注意しましょう。狙い読みができないので選択肢を先に読みます。選択肢②の easily や③の ideal は主観表現で意見寄りなので後回しにしましょう（**❸**）。一方、① can hold half a dozen cards「カードを半ダース入れられる」や④ is lighter than 80 g「80グラムよりも軽い」は数字なので事実寄りです（「事実読み取りの型」は Day 08で詳しく扱います）。なお dozen は12を指すので、half a dozen cards は「6枚のカード」という意味。これは6つ目のコメントの、Up to 6 cards can fit in it「最大6枚のカードが収納できる」に一致します。よって①が正解です。④に関してはポールが第1段落3文目で Weighing only 60 g「たった60グラムの重さ」と言っているので事実ですが、友人のコメントではないので不正解です。

2023年度：共通テスト追試験　第2問A　87

問 3　**正解②**　問題レベル【普通】　配点 2点

設　問　一つの反応から、ポールの友人の一人が　8　ことがわかる。

選択肢　① スリムな財布はかっこいいと思うが使いたいとは思っていない

　　② 普通の財布の容量の方を好んでいる

　　③ スリムな財布は今後人気がなくなるだろうと思っている

　　④ スリムな財布と硬貨用にもう一つ財布を使っている

語句　capacity　名 収容能力、容量

　視線の型（❶）により、設問から友人のコメントから答えを探すことがわかります。狙い読みができないので選択肢を先に読みます。すると選択肢は全て「意見」だとわかります（❷）。今回はスリムな財布に好意的な意見と否定的な意見が混在しているので、このような場合は**どちら側かを整理しながら解く**と速く解けたことと思います。

　選択肢①は「スリムな財布はかっこいいけど使いたくない」なので結局は否定的。②「普通の財布の容量が好き」、③「スリムな財布は今後人気がなくなる」も否定的です。④「両方使っている」はスリムな財布も使っているという点からは好意的、ですね。

　ではコメントを見ていきます。今回選択肢の意見の4分の3を占めていた否定的な意見は5つ目と7つ目に見られます。ここを読むと、7つ目の「レシートを入れたい」という発言から、普通の財布の容量（=capacity）を気に入っていると言えるので、正解は②だとわかります。なお、どちらのコメントも cool というようなことは言っていないため①は不正解、どちらも人気については言及していないため③は不正解、④はコメント5つ目に「電子マネーと現金どちらも使う」という発言はありますが、2つの財布を使っている、とは言っていないので不正解です。

問 4
正解② 問題レベル【普通】 配点 2点

設　問 ポールの友人によると、電子マネーを入れた財布を使うと ☐9☐ ことが簡単になる。

選択肢 ① 安全に持ち運ぶ
② 特典を受け取る
③ レシートの記録をする
④ あらゆる店で使う

　視線の型により、まず設問を読みましょう（❶）。今回は狙い読みができそうです。電子マネーを使うと何が簡単になるのか、を友人のコメントから探します。**設問中の easier という主観形容詞に注目しましょう**（❸）。〜 make it easier to (V) は「〜によって V することがより簡単になる」という意味です（make + O + C「O を C にする」文型で、形式目的語 it が to 不定詞以下を指しています）。スリムな財布に好意的な意見から該当箇所を探します。

　まず 2 つ目のコメントで、it would be easy to carry「運びやすい」とあります。選択肢を見ると①が該当しそうだと思うかもしれませんが引っかけですね。safely「安全に」とは言っていません。ここでは答えが出なさそうなので別の該当箇所を探しに戻ると、4 つ目のコメントで make it easier to collect points「ポイントを集めるのが楽になる」とあります。選択肢② receive benefits「特典を受け取る」が言い換えとして適切ですね。正解は②です。

問 5
正解② 問題レベル【易】 配点 2点

設　問 ポールは ☐10☐ についてもっと知りたいと思っている。

選択肢 ① さまざまな種類の電子マネー
② 学生たちが現金を使う理由
③ スリムな財布の若者にとっての利点
④ 小型の財布と大型の財布の違い

　視線の型により、まず設問を読みましょう（❶）。今回も狙い読みができそうです。「ポールがもっと知りたいと思っていること」を本文から探します。今度はポールの主観を追う問題ですね（❸）。最後の段落の 2 文目で This made me wonder why many students still use bills and coins「このことから、多くの学生がまだ紙幣や硬貨を使っているのはなぜなのか不思議に感じた」とあります。ここにあたりをつけて選択肢を見ていくと、② students' reasons for using cash「学生たちが現金を使う理由」がピッタリですね。正解は②となります。

2023年度：共通テスト追試験　第 2 問 A

DAY 07

【事実／意見問題】を攻略する「視線の型②」

第2問Bでは学生にとって身近ながらも賛否が分かれるような、議論の余地があるテーマに関する英文が出題される傾向にあります。このタイプの問題に、正確にスピーディーに対応するための「視線の型」を今回は扱います。

「視線の型」のステップ

① 場面・状況をイメージする

問題に当たる前に設定の説明を読み、場面や状況をイメージしましょう。すべての「視線の型」で説明しているとおり、「こういう背景でこの英文を読んでいるんだ」と理解することで本文が読みやすくなります。

② 「テーマ」を把握する

意見対立型問題の場合はディスカッションの素材（誰かの意見や記事など）をまず理解する必要があります。タイトルが付いていなかったり、タイトルだけではテーマがわからなかったりする場合は、「こういうこと」と自分で説明できるまで読み進めます。

① ②

B. You are the editor of a school English paper. David, an exchange student from the UK, has written an article for the paper.

Do you like animals? The UK is known as a nation of animal-lovers; two in five UK homes have pets. This is lower than in the US, where more than half of homes have pets. However, Australia has the highest percentage of homes with pets!

Why is this so? Results of a survey done in Australia give us some answers.

Pet owners mention the following advantages of living with pets:

➤ The love, happiness, and friendship pets give (90%);
➤ The feeling of having another family member (over 60% of dog and cat owners);
➤ The happy times pets bring. Most owners spend 3-4 hours with their 'fur babies' every day and around half of all dog and cat owners let their pets sleep with them!

One disadvantage is that pets have to be cared for when owners go away. It may be difficult to organise care for them; 25% of owners take their pets on holidays or road trips.

These results suggest that keeping pets is a good thing. On the other hand, since coming to Japan, I have seen other problems such as space, time, and cost. Still, I know people here who are content living in small flats with pets. Recently, I heard that little pigs are becoming popular as pets in Japan. Some people take their pig(s) for a walk, which must be fun, but I wonder how easy it is to keep pigs inside homes.

④-1 「キーワードあり設問」は該当箇所を狙い撃ちで探しに本文へ

設問を読んで該当箇所を探しに本文にいきましょう。意見対立型問題では最初から読んで論理関係を把握する必要があるので、濃淡を付けつつも1文目からしっかり読んで、ちゃんと理解しながら該当箇所を探していきましょう。

内容 第2問Bではこれまで、「ある学校の方針についての賛否」「学生のアルバイトの是非」「学校での携帯電話の使用の是非」、といった比較的学生にとって身近な話題で「賛成」「反対」の意見を読み取るタイプの問題が出題されてきました。ここではそのような【意見対立型問題】を題材に【事実／意見問題】を攻略する「視線の型②」をマスターしていきましょう。

目標解答時間 7分

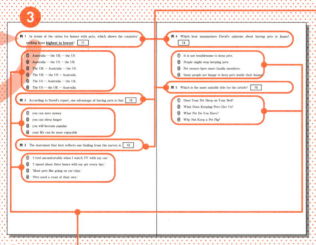

③ 設問を先読みする

続けて問われている内容を**把握**します。1問ずつで大丈夫です。「どこを見て」「何を答えればいいのか」を正確にとらえましょう。Day 05の「視線の型」と同様、設問のタイプによって対応の仕方は、**④-1**と**④-2**に分かれます。

④-2 「キーワードなし設問」は選択肢を一つずつ本文と照らし合わせながら検討する

消去法タイプの場合は「〇」「?」「×」など印をつけながら、**選択肢を一つひとつ本文に照らし合わせて処理**していきましょう。

では、この「視線の型」を使って、次ページの問題に取り組みましょう！

DAY 07 › 例題

B You are the editor of a school English paper. David, an exchange student from the UK, has written an article for the paper.

Do you like animals? The UK is known as a nation of animal-lovers; two in five UK homes have pets. This is lower than in the US, where more than half of homes have pets. However, Australia has the highest percentage of homes with pets!

Why is this so? Results of a survey done in Australia give us some answers.

Pet owners mention the following advantages of living with pets:
- The love, happiness, and friendship pets give (90%);
- The feeling of having another family member (over 60% of dog and cat owners);
- The happy times pets bring. Most owners spend 3-4 hours with their 'fur babies' every day and around half of all dog and cat owners let their pets sleep with them!

One disadvantage is that pets have to be cared for when owners go away. It may be difficult to organise care for them; 25% of owners take their pets on holidays or road trips.

These results suggest that keeping pets is a good thing. On the other hand, since coming to Japan, I have seen other problems such as space, time, and cost. Still, I know people here who are content living in small flats with pets. Recently, I heard that little pigs are becoming popular as pets in Japan. Some people take their pig(s) for a walk, which must be fun, but I wonder how easy it is to keep pigs inside homes.

問題番号は実際の番号のままです。

問 1 In terms of the ratios for homes with pets, which shows the countries' ranking from **highest to lowest**? ☐ 11 ☐

① Australia — the UK — the US

② Australia — the US — the UK

③ The UK — Australia — the US

④ The UK — the US — Australia

⑤ The US — Australia — the UK

⑥ The US — the UK — Australia

問 2 According to David's report, one advantage of having pets is that ☐ 12 ☐ .

① you can save money

② you can sleep longer

③ you will become popular

④ your life can be more enjoyable

問 3 The statement that best reflects one finding from the survey is ☐ 13 ☐

① 'I feel uncomfortable when I watch TV with my cat.'

② 'I spend about three hours with my pet every day.'

③ 'Most pets like going on car trips.'

④ 'Pets need a room of their own.'

2022年度：共通テスト本試験　第2問B　　93

問 4 Which best summarises David's opinions about having pets in Japan?

14

① It is not troublesome to keep pets.

② People might stop keeping pets.

③ Pet owners have more family members.

④ Some people are happy to keep pets inside their homes.

問 5 Which is the most suitable title for the article? 15

① Does Your Pet Sleep on Your Bed?

② What Does Keeping Pets Give Us?

③ What Pet Do You Have?

④ Why Not Keep a Pet Pig?

DAY 07 › 例 題 ［ 解 説 ］

問 1 - 5

訳 あなたは学校の英語新聞の編集長です。イギリスからの交換留学生であるデイビッド が新聞のための記事を書いてくれました。

[本文前半] あなたは動物が好きですか。イギリスは動物好きの国として知られています。 イギリスの家庭の5分の2がペットを飼っています。これは、半分以上の家庭がペット を飼っているアメリカよりは低い数字です。でも、ペットのいる家庭の割合が一番高い のはオーストラリアなのです！ 問1

それはなぜでしょう。オーストラリアで行われた調査の結果がいくつかの答えを示し ています。

[枠内第1段落] ペットの飼い主は、ペットと生活することの次のような利点を挙げまし た：

- ペットからもらえる愛情、幸福感、友情 問2-1 （90パーセント）
- 家族が増えたような気持ち（犬と猫の飼い主の60パーセント以上）
- ペットがもたらす楽しい時間。 問2-2 ほとんどの飼い主は毎日「毛皮のある子」と 3〜4時間を過ごしています 問3 し、犬や猫の全飼い主のうちほぼ半数が一緒に寝る ことを許しています！

[枠内第2段落] 欠点の一つとして、ペットは飼い主が留守にする際にも世話をしてもらわ なければいけません。世話をしてもらう手配をするのが難しいこともあります。飼い 主の25パーセントが、休日やドライブ旅行にペットを連れて行きます。

[本文後半] これらの結果は、ペットを飼うのはいいことだと示しています。一方で、日 本に来てから、私はスペースや時間や費用といった他の問題も目にしてきました。それ でも、狭いマンションでペットとともに暮らすことに満足しているこの国の人たちを私 は知っています。 問4 最近、日本で小さなブタがペットとして人気になっていると聞 きました。ブタを散歩に連れていく人もいて、それはきっと楽しそうですが、家の中で ブタを飼うのは楽なのだろうかと不思議に思います。

語句

[リード文]

editor	名	編集長
exchange student	熟	交換留学生
article	名	記事

[記事]

[本文前半]

percentage	名	割合、（百分）率
survey	名	調査

[枠内第2段落]

organise 〜	他	〜を手配する：米表記 はorganize

[本文後半]

on the other hand	熟	その一方で
content	形	満足した、受け入れた
flat	名	（イギリス英語で）ア パート、マンション

2022年度：共通テスト本試験　第2問B

問 1　　**正解 ②**　　問題レベル【易】　配点 2点

設 問 ペットのいる家庭の割合に関して、国の順位を<u>高い方から低い方に</u>表しているのはどれか。 11

選択肢 ① オーストラリア ― イギリス ― アメリカ
② オーストラリア ― アメリカ ― イギリス
③ イギリス ― オーストラリア ― アメリカ
④ イギリス ― アメリカ ― オーストラリア
⑤ アメリカ ― オーストラリア ― イギリス
⑥ アメリカ ― イギリス ― オーストラリア

語句 in terms of ～　熟 ～に関して　　　　ratio　　名 比率、割合

　まずは❶場面・状況把握です。学校新聞の編集者として、**イギリスからの交換留学生デビッド**が書いた記事を読んでいるところのようです。続けて❷テーマの把握を行います。1文目に Do you like animals?「あなたは動物が好きですか」とあります。1文目の疑問文はふつうテーマに関心を持たせるための注意喚起です。「動物」だけでは範囲が広すぎるので続けて読み進めるとペットの話だとわかります。**今回のテーマは「ペットについての是非」なのだと予測をし、設問の確認に移りましょう（❸）。**

　設問を見る（❸）と、国別にペットのいる家庭の割合が書かれている箇所を探せばいいとわかります（❹-1）。本文前半2～4文目で、イギリスには5分の2の割合で家庭にペットがいること、半分以上の家庭がペットを飼っているアメリカよりは低いこと、そしてオーストラリアが最も高い割合を占めていることが書かれています。ここから「オーストラリア→アメリカ→イギリス」であることがわかり、②が正解となります。

問 2　　**正解 ④**　　問題レベル【普通】　配点 2点

設 問 デビッドのレポートによると、ペットを飼う利点の一つは 12 ことである。

選択肢 ① お金を節約できる　　　　② より長い時間寝られる
③ 人気者になる　　　　　　④ 人生がもっと楽しくなる

　設問を先読みする（❸）と、「ペットを飼う利点」を探せばいいとわかります（❹-1）。本文を見ると、真ん中の枠内前半に advantage が、後半に disadvantage があります。ここで利点を先に読んだ上で選択肢を見る方が早いか、4つの選択肢を先読みしてポイントを本文から探す方が早いか、ご自身で判断してください。結果はどちらでも同じですが、選択肢の方がすっきりしていて読みやすそうです（❹-2）。①お金の節約、②長く眠れる、③人気者になる、④人生が楽しくなる、いずれも覚えやすいですね。**そのどれかがあるはずだという意識をもって本文を読む**と、枠内1つ目の項目の The love, happiness, and friendship pets give「ペットからもらえる愛情、幸福感、友情」や、枠内3つ目の項目の冒頭 The happy times pets bring.「ペットがもたらす楽しい時間」から、選択肢④ your life can be more enjoyable「人生がもっと楽しくなる」がぴったりです。happy → enjoyable の**言い換えに反応**しましょう。

96　　リーディング

問3

正解② 問題レベル【易】 配点 2点

設問 調査の結果の一つを最もよく反映している発言は [13] である。

選択肢 ①「猫と一緒にテレビを見ていると落ち着かない気分です」
②「私は毎日約3時間ペットと過ごします」
③「ほとんどのペットは自動車の旅が好きです」
④「ペットには彼ら専用の部屋が必要です」

語句 reflect ~　他 ～を反映する　　　uncomfortable　形 快適でない、落ち着
finding　　　名 調査結果　　　　　　　　　　　　　かない

設問を先読みする（**❸**）と、「調査結果を反映している発言」なので、**該当箇所は問2と同じ枠内にある**とわかります（**❹–1**）。しかしそれ以上は該当箇所の見つけようがないので、今回も選択肢を先に読んだ方が見つけやすそうです（**❹–2**）。

①は uncomfortable から disadvantage なので、枠内の後半の段落（One disadvantage is ～）を読めばよさそうです。②はペットの過ごす時間が「毎日約3時間」と具体的に書いてあります。ここだけでは advantage か disadvantage かわからないですが、数字なので見つけやすそうです。③はペットが車の旅が好きか、④はペットが自分の部屋を必要とするか、③も④も advantage か disadvantage かの判断は難しいですが覚えやすい情報ですね。

では**以上4点を意識して本文枠内を読んでいきましょう**。すると、利点の方の3つめの項目で Most owners spend 3-4 hours with their 'fur babies' every day「ほとんどの飼い主は毎日『毛皮のある子』と3～4時間を過ごしています」とあります。ここから選択肢② I spend about three hours with my pet every day.「私は毎日約3時間ペットと過ごします」は調査結果を反映してそうだと判断しましょう。なお fur babies「毛皮のある子」はここでは pet の言い換えとして使われています。

問4

正解④ 問題レベル【普通】 配点 2点

設問 日本でペットを飼うことについてのデイビッドの意見を最もよく要約しているのはどれか。 [14]

選択肢 ① ペットを飼うことが面倒ではない。
② 人々はペットの飼育をやめてしまうかもしれない。
③ ペットの飼い主は家族の人数が多い。
④ 家の中でペットを飼って満足している人もいる。

語句 summary　　名 要約、要旨　　　troublesome　形 面倒の多い

設問を先読みする（**❸**）と、デイビッドの日本のペットについての意見についての問題だとわかります。本文を見ていきましょう。**デイビッドはこの記事の書き手なので、I think ... などと第一人称が使われているのではと予測しておくと発見が早いです。**

枠の下、最後の段落に I「私は」で始まる英文が多いですね。ここをしっかり読んでいきます（**❹–1**）。デイビッドの意見らしい記述は大きく2つです。1つは日本にはスペースや時間や費用といった問題があるとしながらも、Still, I know people here who are content living in small flats with pets.「それでも、狭いマンションでペットとともに暮らすことに満足し

2022年度：共通テスト本試験　第2問B　　97

ているこの国の人たちを私は知っています」という意見。もう１つは little pigs are becoming popular as pets in Japan「日本で小さなブタがペットとして人気になっている」ということに言及し、ブタとの散歩は楽しいに違いないと言いながらも、but I wonder how easy it is to keep pigs inside homes.「しかし家の中でブタを飼うのは楽なのだろうかと不思議に思う」という意見です。

選択肢を見ると④の Some people are happy to keep pets inside their homes.「家の中でペットを飼って満足している人もいる」がデイビッドの１つ目の意見と合致します。本文中 content「満足している」→ 選択肢④の happy の**言い換え**に気づけるかがポイントでした。

選択肢①の not troublesome を最終文 easy と結び付けてしまった人がいるかもしれませんが、デイビッドの but I wonder how easy ... は「楽しいに違いない」と肯定的な見解をした上で「しかし……」という流れで出てきた文なので、「簡単ではないのではないか」と否定的な意見を持っている、もしくは少なくとも疑問を抱いていると考えられます。さらに、本文のこの箇所はペットとしてのブタに関する記述です。選択肢①の無冠詞複数形で書かれた pets は一般論なので「ペット全般」という意味になり、その点からも①は答えとなりえません。

なお、この問題を選択肢先読みで取り組んだ人もいたかもしれませんが、問２や問３のような、列挙されている複数の意見の中から探し出す問題と違って、**筆者の主張を答える今回のような問題は該当段落をまず読み、筆者のスタンスを把握してから選択肢を読んだ方が早く正確に解けます。**

問 5 **正解②** 問題レベル【普通】 配点 2点

設　問 この記事に最もふさわしいタイトルはどれか。 **15**

選択肢 ① あなたのペットはあなたのベッドで眠りますか
② ペットを飼うことで得られるものは何か
③ あなたはどんなペットを飼っていますか
④ ペット用のブタを飼いませんか

語句 suitable 形 ふさわしい

設問（③）より、タイトルを答える問題だとわかります。タイトルとは大抵、**最初から最後まで貫かれているテーマを端的に示したもの**になります。このタイプの問題が苦手な人は、先に選択肢を見ずにもう一度全体（特に第１段落）をさっと読み直した方が正解率が上がるかもしれません。まずよくある間違いが、**最後の方に書いてある英文から推測してしまうことです。**日本人は「起承転結」を重んじるので、最後に結論が書いてあると考えてしまいがちですが、英語ではそのような「最後以外はすべてフリ」のような書き方はされません。今回も、最終段落後半で「日本ではブタを飼う人がいる」と書かれているので、④を選びたくなる人がいるのではないでしょうか。**英語では最初の方から一貫して文章全体のテーマに言及していくのが普通です。**今回は２文目にある animal-lovers「動物好きな人」がテーマだと考えましょう。研究結果でも「ペットの利点」が中心に書かれています。よって②が正解です。①は具体的過ぎてタイトルにふさわしくありません。ペットの種類に焦点をあてた話はほぼ扱われていないので③もタイトルとして不適切です。

98　リーディング

B Your English teacher has given you this article to read to prepare for a class debate.

When I was in elementary school, my favorite time at school was when I talked and ran around with my friends during recess, the long break after lunch. Recently, I learned that some elementary schools in the US have changed the timing of recess to before lunch. In 2001, less than 5% of elementary schools had recess before lunch. By 2012, more than one-third of schools had changed to this new system. Surveys were conducted to find out more about this change. Here are the results.

It's good to have recess before lunch because:
- Students get hungrier and want to eat.
- Students don't rush meals to play outside after lunch.
- Students are calmer and focus better in the afternoon.
- Less food is wasted.
- Fewer students say they have headaches or stomachaches.
- Fewer students visit the school nurse.

However, there are some challenges to having recess before lunch:
- Students may forget to wash their hands before eating.
- Students may get too hungry as lunch time is later.
- Schools will have to change their timetables.
- Teachers and staff will have to alter their schedules.

This is an interesting idea and more schools need to consider it. As a child, I remember being very hungry before lunch. You might say having lunch later is not practical. However, some say schools can offer a small healthy morning snack. Having food more often is better for students' health, too. What about washing hands? Well, why not make it part of the schedule?

問 1　Which question are you debating?　In schools, should 　11 　?

   ① 　break be made shorter

   ② 　food waste be reduced

   ③ 　lunches be made healthier

   ④ 　recess be rescheduled

問 2　One advantage of having recess before lunch is: Students 　12 　.

   ① 　do not need morning snacks

   ② 　have a longer break

   ③ 　study more peacefully

   ④ 　wash their hands better

問 3　One concern with having recess before lunch is: 　13 　.

   ① 　Schools may need more school nurses

   ② 　Schools may need to make new schedules

   ③ 　Students may spend more time inside

   ④ 　Students may waste more food

問 4 Which of the following problems could be solved by the author's suggestion? 14

① School schedules will need changing.

② School staff will have to eat later.

③ Students will be less likely to wash their hands.

④ Students will leave their lunch uneaten.

問 5 In the author's opinion, more schools should help students 15 .

① adopt better eating habits

② enjoy eating lunch earlier

③ not visit the school nurse

④ not worry about changes in the timetable

DAY 07 › 練習問題 [解説]

問 1 - 5

訳 あなたの英語の先生が、クラスのディベートの準備として読んでおくようにと次の記事をくれました。

私が小学生時代に学校で大好きだった時間は、recess という昼食後の長い休憩時間に友達とおしゃべりしたり走り回ったりしていた時だった。最近、一部のアメリカの小学校でこの休憩時間のタイミングが昼食前に変わっているということを知った。**問1** 2001年には昼食前に休憩を入れていた小学校は5％未満だった。2012年までに、3分の1以上の学校がこの新しい方式に移行した。この変化を詳しく調べるための調査が行われた。結果は次の通り。

昼食前に休憩を取るのが良い理由：
・生徒たちがおなかをすかせるので食欲が出る。
・生徒たちが昼食後に外で遊ぶための早食いをしなくなる。
・生徒たちが午後、落ち着いて集中することができる。**問2**
・無駄になる食べ物が減る。
・頭痛や腹痛を訴える生徒が減る。
・保健室に行く生徒が減る。

一方で、昼食前に休憩を取ることにはいくつか課題もある：
・生徒たちが食事前の手洗いを忘れるかもしれない。
・昼食が遅くなるので生徒たちが空腹になり過ぎるかもしれない。
・学校が時間割を変更する必要が出てくる。**問3**
・教職員がスケジュールを変更する必要が出てくる。

これは面白いアイデアで、もっと多くの学校が検討すべきだ。**問5-1** 子どもの頃、私は昼食前にとてもおなかがすいていた記憶がある。昼食時間を遅くするのは実際的でないと言う人もいるかもしれない。しかし、学校で午前中にちょっとした健康的なおやつを出せばいいと言う人もいる。**問5-2** 食事の回数を増やすのは生徒の健康に良いことでもある。**問5-3** 手洗いはどうだろう？ では、それも時間割に組み入れてはどうだろうか。**問4**

語句

[記事]
recess	名 休憩時間	challenge	名 課題、難しさ
survey	名 調査	timetable	名 時間割
conduct 〜	他 〜を実施する	alter 〜	他 〜を変更する
stomachache	名 腹痛	consider 〜	他 〜をよく考える、
visit the school nurse	熟 保健室に行く		〜を検討する

102　リーディング

問1 　正解 ④ 　問題レベル【易】 配点 2点

設問 ディベートするのはどの問題か。「学校では 11 べきか」

選択肢 ① 休憩時間を短くする　　② 食べ物の無駄を減らす
　　　　　③ 昼食を健康的にする　　④ 休憩の時間を変更する

語句 reduce ～ 　他 ～を減らす　　　　　reschedule ～ 他 ～のスケジュールを変更する

　まずは❶**場面・状況把握**です。リード文によれば、「英語のクラスのディベートの準備」のために記事を読む、という状況です。**そのままそのディベートの「テーマ」を把握しに本文を読み進めます**（❷）。意見対立型問題は、テーマをつかんでようやくスタート地点です。遅かれ早かれテーマを把握しないといけなくなりますし、**テーマがわかった上で設問を見た方が設問自体も理解しやすい**はずです。

Day
07

　まず1文目では「筆者が小学生時代に好きだった昼食後の長い休憩時間」について書かれています。これだけだとディベートのテーマにならないので「前置き」だろう、と考え2文目にいきます。すると Recently, I learned that some elementary schools in the US have changed the timing of recess to before lunch.「最近、一部のアメリカの小学校でこの休憩時間のタイミングが昼食前に変わっているということを知った」とあります。筆者の小学生時代の前置きとの対比から「昼食後の長い休み時間」（the long break after lunch）V.S.「昼食前の長い休み時間」（before lunch）の対立だとつかめます。ここを雑に読むと後で大変です。**テーマをつかむまではしっかり精読してください**。

　さて**設問を見る**（❸）と、「どの問題をディベートするか」で、まさに今つかんだテーマを問う問題です。④を入れた文、In schools, should recess be rescheduled?「学校では休憩の時間を変更すべきか」が今回のディベートテーマです。

問2 　正解 ③ 　問題レベル【易】 配点 2点

設問 休憩を昼食前にする長所の一つは：生徒が 12 。

選択肢 ① 午前のおやつを必要としない
　　　　　② 休憩を長く取れる
　　　　　③ 穏やかに勉強する
　　　　　④ 手をよく洗う

　設問を先読みする（❸）と、advantage とあるのでメリットが書いてある箇所を探せばよいことがわかります（❹-1）。第1段落のすぐ後に It's good to have recess before lunch because ...「昼食前に休憩時間をもつことはいいことだ、なぜなら～」とあるので、ここを確認して選択肢と照らし合わせます。このような、列挙されているものから正解を見つけ出す問題は、本文の列挙を先に読んでも、選択肢を先に読んでもどちらでも大丈夫です。早く正確に答えられそうな視線の動きで解きましょう。

　本文から読むメリットは「すべて正しい情報」なので安心して精読できることです。読む英文に不信感があると心が淀んで時間がかかってしまうものです。その点では多少読む量が多そうでも、本文を読み切った方が早いかもしれません。

2022年度：共通テスト追試験　第2問B　103

一方、選択肢から読むメリットは、狙いを定められる点です。先に4つの選択肢を頭に入れてその4つを意識しながら読めば、より早く該当箇所に反応できるかもしれません。最終的には選択肢の長さや選ぶ正解の数、読みやすそうかどうか、などから柔軟に判断しましょう。

正解は、リスト3つ目 Students are calmer and focus better in the afternoon.「生徒たちが午後、落ち着いて集中することができる」に該当する選択肢③です。more peacefully が calmer の言い換えになっています。

なお、However, there are some challenges to ... 以下にあるデメリットのリスト1つ目に「手洗いを忘れるかもしれない」とあることから、④ wash their hands better「手をよく洗う」を選んだ人がいるかもしれません。しかし「手をよく洗うかどうか」というのは手洗いの程度の問題で、忘れるかどうかに関係ありません。また、①も②もメリットのところに記述がないので不正解です。

問3　**正解②**　**問題レベル【易】**　**配点 2点**

設問　昼食前に休憩を取ることの懸念の一つは：[13]。

選択肢　① 学校が養護教諭を増やす必要があるかもしれない
② 学校が新しくスケジュールを組む必要があるかもしれない
③ 生徒たちが屋内で過ごす時間が増えるかもしれない
④ 生徒たちが無駄にする食べ物が増えるかもしれない

語句　concern　名 懸念、心配事

設問を先読みする（❸）と concern とあるので、デメリットが書いてある箇所を探しましょう。問2で見たメリットのすぐ後に However, there are some challenges とあり、ここが該当箇所だとわかります（❹-1）。リスト3つ目 Schools will have to change their timetables.「学校が時間割を変更する必要が出てくる」に該当する選択肢②が正解です。①、③、④はデメリットのところに記述がありません。④に関しては、メリットのリスト4つ目に Less food is wasted.「無駄になる食べ物が減る」と真逆の記載すらあります。

問4　**正解③**　**問題レベル【普通】**　**配点 2点**

設問　次のうちどの問題が筆者の提案によって解決できそうか。[14]

選択肢　① 学校の時間割に変更が必要になる。
② 学校職員の食事時間が遅くなる。
③ 生徒たちの手を洗う確率が低くなる。
④ 生徒たちが昼食を食べ残す。

語句　author　名 著者、筆者　　　　　　　uneaten　形 食べられていない、食べ残された

設問を読む（❸）と、「筆者の提案」を探せばいいとわかります（❹-1）。提案なので、suggest や recommend など「提案する」という意味の動詞や、good / important / necessary などの「よい・重要だ・必要だ」などの形容詞、もしくは should / must などの助動詞、why not ～?「～してはどうか」などの提案表現を予測します。すると最終段落最終文に why not make it part of the schedule?「それも時間割に組み入れてはどうだろうか」

104　リーディング

とあり、これが筆者の提案だと反応できます。このように、**設問から具体的な予測をして該当箇所を素早く見つけることで解くスピードが上がります**。it「それ」とは前文の washing hands「手洗い」を指します。問3で見たデメリットのリスト1つ目に Students may forget to wash their hands before eating.「生徒たちは食事の前に手洗いを忘れるかもしれない」という懸念がありました。その解決策として筆者は、「手洗いを時間割に組み込むことで手洗いをしない生徒がいなくなるのでは」という提案をしているのです。よって答えは③ Students will be less likely to wash their hands.「生徒たちの手を洗う確率が低くなる」です。

この問題のように、複数の情報を照合しないと解けない問題は、部分部分しか読まないような読み方をしていると、その情報を読み飛ばしてしまっていた場合に解くのに時間がかかってしまいます。問題タイプにもよりますが、**該当箇所を探す時には、飛ばし、飛ばし、で縦読みで単語を探すような読み方をするのではなく、きちんと左から右に視線を動かし、なんとなくでも文単位で内容をつかみながら探すようにしましょう**。

問5　**正解①**　問題レベル【普通】　配点 2点

設問　筆者の意見では、生徒が \[15\] ようにもっと多くの学校が手を貸すべきだ。

選択肢　① より良い食習慣を身につける
② 早めに昼食を楽しむ
③ 保健室に行かない
④ 時間割の変更を心配しない

語句　adopt ～　他 ～を取り入れる、～を身につける

設問（③）より筆者が学校に何を求めているのか、が問われているので、問4で見たように筆者の意見が書かれてある最終段落を読めばいいのだとわかります（❹-1）。**主張をつかむ問題は選択肢の先読みは禁物です**。該当段落を1文目からしっかり読み、筆者のスタンスを読み取っていきましょう。

まず最終段落1文目に This is an interesting idea and more schools need to consider it.「これは面白いアイデアで、もっと多くの学校が検討すべきだ」と言っているので、今回のテーマ（昼食の前に休憩時間をとること）に肯定的だとわかります。2文目 As a child, I remember being very hungry before lunch.「子どもの頃、私は昼食前にとてもおなかがすいていた記憶がある」、3文目 You might say having lunch later is not practical.「昼食時間を遅くするのは実際的でないと言う人もいるかもしれない」と否定的な意見を出していますが、これはあくまで譲歩です。4文目 However, some say schools can offer a small healthy morning snack.「しかし、学校で午前中にちょっとした健康的なおやつを出せばいいと言う人もいる」でお腹がすくかもしれないことへの対応策を提示しています。さらに、5文目 Having food more often is better for students' health, too.「食事の回数を増やすのは生徒の健康に良いことでもある」と健康面からも morning snack を学校が出すことに肯定的です。ここからわかる筆者の学校に求めるスタンスは、時間割の変更そのものを超えて、「生徒に健康的な食事をさせてほしい」ということだとわかります。ここから選択肢① adopt better eating habits「より良い食習慣を身につける」を正解に選びます。

2022年度：共通テスト追試験　第2問B　105

DAY 08

【事実／意見問題】を攻略する「事実読み取りの型」

Day 07では事実／意見問題の「視線の型」を見ていきましたが、ここでは事実／意見問題に出題される「事実読み取りの型」を深めていきます。

「事実読み取りの型」のステップ

① 「視線の型」を使う

問題を解くに当たっては、Day 07の「視線の型」が基本の型となります。どのような流れで設問を解いていけばいいのか、不安の残る人は、p. 90に戻って確認しましょう。

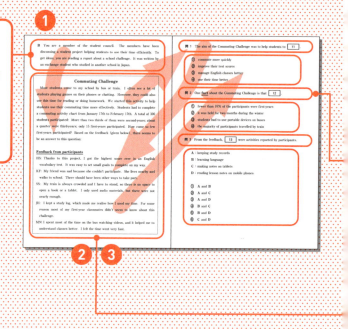

106 リーディング

内容 第2問Bでは毎回与えられた情報が誰かの「意見」なのか、それとも客観的な「事実」なのかを判断させる問題が出題されています。Day 08では、「事実読み取りの型」を中心に扱います。

目標解答時間 7分

❷「事実読み取りの型」その1：「事実」と「意見」の切り替えを意識して読む

「雪が降っている。今日は寒い。気温は氷点下2度。こんな日は家でこたつの中にいるのが一番だ」という文は事実→意見→事実→意見となっていますが、このように「事実」と「意見」が交錯して出てくる英文を読む時は、その切り替えに意識的になるようにしましょう。

「事実」とは誰から見ても明らかな客観的なこと。この「誰から見てもそうだ」というのが最もわかりやすいのは**「科学的に明らかにされていること」**です。「水は0℃で凍り始める」は明らかに事実と言えます。また、**データなど数字を含む文や、動詞が現在形になっている文は「事実」として扱われがち**なので覚えておきましょう。

❸「事実読み取りの型」その2：わかりにくい場合は相対的に判断する

中には判断が難しいものもあります。例えば「未開封のペットボトルの水は長持ちする」はどうでしょう。未開封であれば雑菌が入らないため数年もつという「科学的根拠」があるため、現代社会においてこれはある程度「事実」と見なしてもいいでしょう。
しかし、「長い」は主観形容詞であるため、「明らかな事実」とは言い難いでしょう。「長いかどうか」は人によるからです。実際、第1回共通テスト（二次日程）において「未開封のボトルの水は長持ちする」を「事実」とする問題が出題されました。このような紛らわしいものは近年出題されなくなっていますが、他の選択肢と比較して相対的に判断するしかないことがある、ということを覚えておきましょう。
インターネット上に情報があふれる時代です。高度なAIの発達で発信者が人間かどうかもわからなくなってきており、ますます「事実」と「意見」の見極めが重要さを増してきています。この「事実」「意見」を識別させる問題は、問われ方は変わるかもしれませんが、どこかで出題され続けることが予想されます（難問と評されている2023年度実施の第3回共通テスト第6問Bの問5もこの延長線上ではないでしょうか）。共通テスト問題作成部会からの、「現代社会を生き抜くにはこのような判断力・思考力が大事ですよ」というメッセージとして受け止め、しっかり対策していきましょう。

では、この「事実読み取りの型」を使って、次ページの問題に取り組みましょう！

DAY 08 > 例 題

B You are a member of the student council. The members have been discussing a student project helping students to use their time efficiently. To get ideas, you are reading a report about a school challenge. It was written by an exchange student who studied in another school in Japan.

Commuting Challenge

Most students come to my school by bus or train. I often see a lot of students playing games on their phones or chatting. However, they could also use this time for reading or doing homework. We started this activity to help students use their commuting time more effectively. Students had to complete a commuting activity chart from January 17th to February 17th. A total of 300 students participated: More than two thirds of them were second-years; about a quarter were third-years; only 15 first-years participated. How come so few first-years participated? Based on the feedback (given below), there seems to be an answer to this question:

Feedback from participants

HS: Thanks to this project, I got the highest score ever in an English vocabulary test. It was easy to set small goals to complete on my way.

KF: My friend was sad because she couldn't participate. She lives nearby and walks to school. There should have been other ways to take part.

SS: My train is always crowded and I have to stand, so there is no space to open a book or a tablet. I only used audio materials, but there were not nearly enough.

JH: I kept a study log, which made me realise how I used my time. For some reason most of my first-year classmates didn't seem to know about this challenge.

MN: I spent most of the time on the bus watching videos, and it helped me to understand classes better. I felt the time went very fast.

問題番号は実際の番号のままです。

問 1 The aim of the Commuting Challenge was to help students to ☐11☐ .

① commute more quickly

② improve their test scores

③ manage English classes better

④ use their time better

問 2 One **fact** about the Commuting Challenge is that ☐12☐ .

① fewer than 10% of the participants were first-years

② it was held for two months during the winter

③ students had to use portable devices on buses

④ the majority of participants travelled by train

問 3 From the feedback, ☐13☐ were activities reported by participants.

A : keeping study records

B : learning language

C : making notes on tablets

D : reading lesson notes on mobile phones

① **A** and **B**

② **A** and **C**

③ **A** and **D**

④ **B** and **C**

⑤ **B** and **D**

⑥ **C** and **D**

2023年度：共通テスト本試験　第2問B　109

問 4 One of the participants' opinions about the Commuting Challenge is that
| 14 | .

① it could have included students who walk to school

② the train was a good place to read books

③ there were plenty of audio materials for studying

④ watching videos for fun helped time pass quickly

問 5 The author's question is answered by | 15 | .

① HS

② JH

③ KF

④ MN

⑤ SS

DAY 08 › 例題 ［ 解 説 ］

問 1 - 5

訳 あなたは生徒会の会員です。会員たちは、生徒たちが時間を効率的に使うのに役立つような生徒プロジェクトについて話し合ってきました。アイデアを求めて、あなたはスクールチャレンジのレポートを読んでいます。それは日本の別の学校に通っていた交換留学生が書いたものでした。

通学チャレンジ

　私の学校の大半の生徒はバスか電車で通学している。大勢の生徒がスマホでゲームをしたりおしゃべりをしたりしているのをよく見掛ける。しかし、その時間を読書や宿題に使うこともできるはずだ。私たちは、生徒たちに通学時間をもっと有効に活用してもらうため、この活動を始めた。**問1** 生徒たちは１月17日から２月17日にかけて、通学活動表の記入をすることになった。合計300人の生徒が参加した。**問2-1** ３分の２以上が２年生で、約４分の１が３年生、１年生は15人しか参加しなかった。**問2-2** １年生の参加者がこんなに少なかったのはなぜだろうか。感想（下記）を参考にすると、その疑問の答えがあるようだ。**問5-1**

参加者からの感想

HS：このプロジェクトのおかげで、英語の語彙力テストでこれまでの最高点を取りました。**問3-1** 通学中に達成できるちょっとした目標を設定するのは簡単でした。

KF：友人が参加できなくて残念そうでした。彼女は近くに住んでいて徒歩通学です。参加方法が他にもあれば良かったと思います。**問4**

SS：私の乗る電車はいつも混んでいて立っていなくてはいけないので、本やタブレットを開くスペースがありません。音声素材だけを利用していましたが、とても十分とは言えませんでした。

JH：学習記録をつけていたので、それで自分の時間の使い方が自覚できました。**問3-2** どういうわけか１年生の同級生のほとんどがこのチャレンジのことを知らないようでした。**問5-2**

MN：バスの乗車時間のほとんどを、動画を見て過ごしましたが、授業をよく理解する助けになりました。時間が早く過ぎるように感じました。

▶語句

［リード文］

student council	熟	生徒会
efficiently	副	効率的に
exchange student	熟	交換留学生

［レポート本文］

commuting	名	通勤、通学
effectively	副	効果的に、有効に
chart	名	表、グラフ
participate	自	参加する
how come	熟	どうして、なぜ
based on ～	熟	～を基に、～を参考にして

2023年度：共通テスト本試験　第２問B　111

feedback	名 反応、感想	not nearly ~	熟 ~には程遠い、とても ~とは言えない
participant	名 参加者	log	名 日誌、記録
［参加者からの感想］		for some reason	熟 何らかの理由で、どう いうわけか
thanks to ~	熟 ~のおかげで		
material	名 素材、題材		

問 1 　正解④ 　問題レベル【易】 配点 2点

（設　問）通学チャレンジの狙いは、生徒たちが ⬛11 のを助けるためだった。

（選択肢）① もっと短時間で通学する
② 試験の点数を上げる
③ 英語のクラスでもっとうまくやる
④ 時間をもっとうまく使う

　まずは❶視線の型です。リード文によると、「生徒たちが時間を効率的に使うことに役立つプロジェクトのヒントをもらおうとしてあるレポートを読んでいる」ということです。次にCommuting Challenge というタイトルをチェック。可能であればここで「通学時間を有効に使おうということなのかな」と内容の予測をして、問 1 の設問にいきます。「通学チャレンジの目的は」ということですが、commuting の意味がわからなかったとしても、すでにリード文にあるように「時間を効率的に使うのに役立つプロジェクト」なのではと予測がつきますね。念のため本文を確認すると、第 1 段落 4 文目に We started this activity to help students use their commuting time more effectively.「私たちは、生徒たちに通学時間をもっと有効に活用してもらうため、この活動を始めた」とあります。正解は④です。more effectively が better と**言い換え**られています。

問 2 　正解① 　問題レベル【普通】 配点 2点

（設　問）通学チャレンジに関する事実の一つは、⬛12 ことである。

（選択肢）① 1 年生が参加者の10パーセント未満だった
② 冬の間の 2 カ月間、実施された
③ 生徒たちがバスで携帯デバイスを使う必要があった
④ 参加者の大半が電車通学だった

（語句）portable 形 持ち運びできる、携帯用の

　設問を**先読みする**（❶）と、事実を探せばいいことがわかります。第 1 段落を読んでいくと、5 文目に実施期間、6 文目以降で参加人数が書かれており、このあたりは「事実」として捉えてよさそうです（❷）。ここからは選択肢を一つひとつ照らし合わせていきましょう。①は 1 年生の参加人数についてですね。これについては 6 文目後半に only 15 first-years participated.「1 年生はたった15人しか参加しなかった」とあります。6 文目前半で全部で300人、とあったので、300人中の15人は明らかに10パーセント未満ですね。よって①が正解となります。②は 5 文目から実施期間は 1 月17日から 2 月17日までの 1 カ月間なので不正解、③と④についてはどこにも書いてありません。

問 3　正解①　問題レベル【普通】　配点 2点

設問 感想を見ると、 13 が参加者の報告にある活動だった。

　A：学習記録を取ること

　B：外国語の勉強をすること

　C：タブレットでノートを取ること

　D：携帯電話で授業のノートを読むこと

選択肢 ① A と B

　　　② A と C

　　　③ A と D

　　　④ B と C

　　　⑤ B と D

　　　⑥ C と D

　設問を先読みする（❶）と、参加者のフィードバック（感想）から該当箇所を探せばいいとわかります。しかしそれだけでは狙い読みは難しそうなので、選択肢を先に確認しましょう。まず A の keeping study records「学習記録を取る」は上から4つ目の JH のフィードバックに I kept a study log「学習記録をつけた」とあることから正しいとわかります。次に B の learning language「外国語の勉強をする」は1つ目のフィードバックに Thanks to this project, I got the highest score ever in an English vocabulary test.「このプロジェクトのおかげで、英語の語彙力テストでこれまでの最高点を取りました」とあることから、外国語の学習をしているとわかるのでこれも正しいことになります。よって選択肢①が答えです。

問 4　正解①　問題レベル【やや難】　配点 2点

設問 通学チャレンジに関する参加者の意見の一つは、 14 ということである。

選択肢 ① 徒歩通学の生徒も含めるようにできたのではないか

　　　② 電車は読書にいい場所だった

　　　③ 学習用の音声素材がたくさんあった

　　　④ 楽しむために動画を見ていると時間のたつのが早くなる

　設問を先読みする（❶）と、フィードバックの中から意見を探せばいいことがわかります。これも狙い読みは難しいので選択肢を一つずつ照らし合わせていきましょう。① it could have included students who walk to school「徒歩通学の生徒も含めるようにできたのではないか」は少し訳が難しかったかもしれません。could have 過去分詞で「〜できただろうに（だが実際にはしなかった）」という意味になります。これは2つ目の KF のコメントで、My friend was sad because she couldn't participate. She lives nearby and walks to school. There should have been other ways to take part.「友人が参加できなくて残念そうでした。彼女は近くに住んでいて徒歩通学です。参加方法が他にもあれば良かったと思います」とあります。最後の1文は There is/are 〜「〜がある」に should have 過去分詞「〜すべきだったのに（だが実際にはしなかった）」という表現が組み合わさった表現です。「他の参加方法があるべきだったのに」という意味で、ここでは徒歩通学の生徒も参加できる方法があるべきだった、ということなので選択肢①の言い換えとしてぴったりです。正解は①ですね。

Day 08

2023年度：共通テスト本試験　第 2 問 B　113

④は最後の MN のフィードバック I spent most of the time on the bus watching videos, and it helped me to understand classes better. I felt the time went very fast.「バスの乗車時間のほとんどを、動画を見て過ごしましたが、授業をよく理解する助けになりました。時間が早く過ぎるように感じました」が紛らわしかったかもしれませんが、ここでは授業動画のことを言っているのに対し、選択肢では for fun「楽しみを求めて」とエンタメ系の動画のことを言っているので違います。

問 5　**正解 ②**　問題レベル【普通】　配点 2点

（設　問）筆者の疑問に答えているのは [15] だ。

（選択肢）① HS
② JH
③ KF
④ MN
⑤ SS

（語句）author 名 著者、筆者

　設問を先読みする（❶）と、2つの離れた情報を照合する問題だとわかります。まずは The author's question が何を指すのかを正確につかみましょう。第1段落最終文とその前文、How come so few first-years participated? Based on the feedback (given below), there seems to be an answer to this question「1年生の参加者がこんなに少なかったのはなぜだろうか。感想（下記）を参考にすると、その疑問の答えがあるようだ」とあるように、1年生の参加人数がなぜ少なかったのか The author's question で、その答えがフィードバックの中にあるようです。4つ目の JH のフィードバックの中に、For some reason most of my first-year classmates didn't seem to know about this challenge.「どういうわけか1年生の同級生のほとんどがこのチャレンジのことを知らないようでした」とあり、ここがその疑問の答えになっていますね。要は「ほとんどの1年生は知らなかったから」参加人数が少なかったのです。正解は②となります。

114　リーディング

DAY 08 > 練習問題

目標解答時間 **7**分

問題番号は実際の番号のままです。

B You are reading the following article as you are interested in studying overseas.

Summer in Britain

Chiaki Suzuki

November 2022

This year, I spent two weeks studying English. I chose to stay in a beautiful city, called Punton, and had a wonderful time there. There were many things to do, which was exciting. I was never bored. It can get expensive, but I liked getting student discounts when I showed my student card. Also, I liked window-shopping and using the local library. I ate a variety of food from around the world, too, as there were many people from different cultural backgrounds living there. Most of the friends I made were from my English school, so I did not practice speaking English with the locals as much as I had expected. On the other hand, I came to have friends from many different countries. Lastly, I took public transport, which I found convenient and easy to use as it came frequently.

If I had stayed in the countryside, however, I would have seen a different side of life in Britain. My friend who stayed there had a lovely, relaxing experience. She said farmers sell their produce directly. Also, there are local theatres, bands, art and craft shows, restaurants, and some unusual activities like stream-jumping. However, getting around is not as easy, so it's harder to keep busy. You need to walk some distance to catch buses or trains, which do not come as often. In fact, she had to keep a copy of the timetables. If I had been in the countryside, I probably would have walked around and chatted with the local people.

I had a rich cultural experience and I want to go back to Britain. However, next time I want to connect more with British people and eat more traditional British food.

2023年度：共通テスト追試験 第2問B

問 1　According to the article, Chiaki ⬚11 .

① ate food from different countries
② improved her English as she had hoped
③ kept notes on cultural experiences
④ worked in a local shop

問 2　With her student ID, Chiaki was able to ⬚12 .

① enter the local library
② get reduced prices
③ join a local student band
④ use public transport for free

問 3　Chiaki thinks ⬚13 in Punton.

① it is easy to experience various cultures
② it is easy to make friends with the local people
③ there are many restaurants serving British food
④ there are many unusual local events

問 4　One **fact** Chiaki heard about staying in the countryside is that ⬚14 .

① local people carry the bus timetable
② people buy food from farms
③ the cost of entertainment is high
④ there are fewer interesting things to do

問 5　Which best describes Chiaki's impression of her time in Britain? ⬚15

① Her interest in craft shows grew.
② She enjoyed making lots of local friends.
③ She found the countryside beautiful.
④ Some of her experiences were unexpected.

116　リーディング

DAY 08 › 練習問題［解説］

問 1 - 5

訳 あなたは留学に興味があるので、以下の記事を読んでいます。

イギリスの夏

チアキ・スズキ
2022年11月

［第1段落］

今年、私は英語を学びながら2週間過ごした。プントンという美しい都市に滞在することにして、そこで素晴らしい時を過ごした。<u>することがたくさんあり、それは楽しかった。</u> **問3-1** 退屈することがなかった。お金がかかることもあるが、<u>学生証を見せると学生割引が受けられるので良かった。</u> **問2** また、ウィンドウショッピングをしたり地元の図書館を利用したりするのも好きだった。<u>世界中のさまざまな料理も食べた</u> **問1** **問3-2** 、というのも、いろいろな文化的背景を持つ人たちがたくさんそこに住んでいたからだ。友だちになったのはほとんどが英語学校の仲間だったので、<u>地元の人を相手に英会話を実践することは、予想していたほどはなかった。</u> **問5-2** その一方で、<u>いろいろな出身国の友だちを作ることができた。</u> **問3-3** 最後に、私は公共交通機関を使ったが、それが頻繁に来るので便利で使いやすいと思った。

［第2段落］

しかし、もし地方に滞在していたなら、イギリス生活の別の側面を目にしただろう。そこに滞在した友人は気持ちよくリラックスできる経験をした。<u>農家の人たちが作物を直接売っていたという。</u> **問4** また、地元の劇場やバンド、美術工芸の見本市、レストラン、そして小川飛び越えのような珍しいアクティビティーもある。とはいえ、移動があまり楽ではないので、スケジュールを詰め込むのは難しい。バスや電車に乗るにはかなりの距離を歩く必要があるし、それらは頻繁には来ない。実際、友人は時刻表のコピーを常備しなければならなかった。もし私が地方に行っていたら、たぶん歩き回って地元の人たちとおしゃべりしていただろう。

［第3段落］

<u>豊かな文化体験をしたので、またイギリスに行きたい。</u> **問3-4** ただし、<u>次回はもっとイギリスの人たちとつながりを持って、伝統的なイギリス料理をもっと食べてみたい。</u> **問5-1**

語句

［記事］
［第1段落］

cultural background	熟	文化的背景
come to (V)	熟	Vするようになる
public transport	熟	公共交通機関

［第2段落］

produce	名	農産物、農作物
theatre	名	劇場（イギリス式つづり）

Day 08

2023年度：共通テスト追試験　第2問B　117

問1　正解① 問題レベル【易】 配点 2点

設　問　記事によると、チアキは 11 。

選択肢　① さまざまな国の料理を食べた　　② 望んでいた通り英語を上達させた
③ 文化体験をノートに記録した　　④ 地元の店で働いた

　まずは❶視線の型です。リード文とタイトルから「留学の話だな」と予測し、問1の設問を見ます。しかし今回は設問だけだと狙い読みができないので、選択肢を先にチェックしておきましょう。本文を読み進めると第1段落7文目 I ate a variety of food from around the world「世界中のさまざまな料理を食べた」より、選択肢①が正解とわかります。from around the world が from different countries に**言い換え**られていました。

問2　正解② 問題レベル【易】 配点 2点

設　問　学生証を使って、チアキは 12 ことができた。

選択肢　① 地元の図書館に入る　　② 値引きを受ける
③ 地元の学生バンドに参加する　　④ 公共交通機関を無料で利用する

　まずは❶視線の型です。設問より「学生証を使ってできたこと」を狙い読みしましょう。第1段落5文目に I liked getting students discounts when I showed my student card.「学生証を見せると学生割引が受けられるので良かった」とあります。ここから選択肢②が正解です。問1の該当箇所よりも前にあるため、順々に解いていた人は該当箇所を探すのに手間取ったかもしれません。このようなことを避けるために、最初に設問全部を先読みしておくのも有効です。特に今回のような、図表やビジュアル的な工夫もなく、3つしか段落がないシンプルな英文構成に対して設問が5つもあるような場合は、設問の順番を散らすことで難易度を上げてきます。「解きやすそうだ」と思った時ほど設問全体を先読みしておいた方がいいかもしれません。

問3　正解① 問題レベル【易】 配点 2点

設　問　プントンでは 13 とチアキは思っている。

選択肢　① さまざまな文化を簡単に体験することができる
② 地元の人と簡単に友だちになることができる
③ イギリス料理を出すレストランがたくさんある
④ 珍しい地元のイベントがたくさんある

　まずは❶視線の型です。チアキの過ごしたプントンについての感想なので、第1段落だけに注目すればいいことが分かります（❷）まず第1段落では Chiaki が「いろいろな文化を経験する」ことで留学を楽しむ様子が書かれていました（3文目 many things to do、7文目 a variety of food や different cultural backgrounds、9文目 many different countries など）。第2段落は友人の話で Chiaki の Punton での体験とは関係ないのでここで選択肢を見ていきます。

　選択肢① it is easy to experience various cultures がぴったりですね。Chiaki は留学先の Punton で「いろんな異文化体験を通して」留学生活をエンジョイしていました。第3段落

118　リーディング

1文目でも I had a rich cultural experience and I want to go back to Britain.「豊かな文化経験をしたので、イギリスに戻りたい」と言っています。

第1段落8文目に I did not practice speaking English with the locals as much as I had expected「地元の人を相手に英会話を実践することは、予想していたほどはなかった」とあるように、地元の人との交流は少なかったようなので②は不可、③や④も Chiaki が Punton で体験したこととして書かれていないので不正解です。

問 4　正解②　問題レベル【普通】　配点 2点

設　問 チアキが聞いた地方滞在に関する事実の一つは、|14| ということだ。

選択肢 ① 地元の人たちが時刻表を持ち歩いている
　　　　　② 人々が農場から食べ物を買っている
　　　　　③ 娯楽の費用が高い
　　　　　④ 面白い活動が少ない

　まず**設問を見る**（❶）と、「地方滞在に関して聞いた話」なので第2段落に答えがあることがわかります。今回は事実を探す問題です。事実に注目して第2段落を読んでいきましょう。3文目に She said farmers sell their produce directly.「農家の人たちは作物を直接売っていると言っていた」とありますが、ここで sell が現在形になっていることに注目してください（❷）。She said と過去の文脈のはずなのにここで現在形が使われているのはその時だけでなく「慣習としてふだん行われている行為」だからです。ここの箇所を言い換えた② people buy food from farms「人々が農場から食べ物を買っている」が正解です。主語を変えて「売る」⇔「買う」を逆にした**言い換え**になっています。①は第2段落5文目に getting around is not as easy「移動はあまり楽ではない」とあることから選びたくなるかもしれませんが、時刻表を持ち歩かなければならなかったのは友人で（7文目）、地元の人たちがそうだとは書いてありません。

問 5　正解④　問題レベル【普通】　配点 2点

設　問 チアキのイギリス滞在期間の感想を最もよく表しているのはどれか。|15|

選択肢 ① 工芸の見本市に対する関心が高まった。　② 地元の友人をたくさん作った。
　　　　　③ 地方は美しいと思った。　　　　　　　　④ 経験のいくつかは想定外だった。

　まずは❶視線の型です。設問の her time をチェックできているでしょうか。今回は都会に行った Chiaki と地方に行った友人の2パターンの留学生活が描かれていたので、どちらのことかをはっきりさせておかないと混乱します。この her は直前の Chiaki を指しています。本文の最後に next time I want to connect more with British people and eat more traditional British food「次回はもっとイギリスの人たちとつながりを持って、伝統的なイギリス料理をもっと食べてみたい」と締めくくっているように、今回の留学では少し後悔が残ったようです。よって選択肢の中で唯一ネガティブな感情を表している、④ Some of her experiences were unexpected.「経験のいくつかは想定外だった」が正解です。イギリスの人たちと予想していたほど話せなかったことは第1段落8文目にもありました。

Day
08

2023年度：共通テスト追試験　第2問B　119

DAY 09

【ビジュアル照合型問題】を攻略する「視線の型」

第3問Aでは、英文と図（ビジュアル）の情報を照らし合わせて解くタイプの問題が出題されます。今回はこのような「ビジュアル照合型問題」に対応する「視線の型」を練習していきましょう。

「視線の型」のステップ

❶ 場面・状況をイメージする

問題に当たる前に設定の説明を読み、場面や状況をイメージしましょう。毎回言っていますがここを飛ばさないようにしましょう。直接問題に関係していなくても、英文が断然読みやすくなります。

❷ 英文のタイトルや図（ビジュアル）の全体像を把握する

❶につながりますが、あらかじめ全体像を把握しておくことで内容がつかみやすくなります。

第 3 問　（配点　15）　❶

A　You are interested in how Japanese culture is represented in other countries. You are reading a young UK blogger's post.

❷

　Emily Sampson
Monday, 5 July, 8.00 pm

On the first two Sundays in July every year, there is an intercultural event in Winsfield called A Slice of Japan. I had a chance to go there yesterday. It is definitely worth visiting! There were many authentic food stands called *yatai*, hands-on activities, and some great performances. The *yatai* served green-tea ice cream, *takoyaki*, and *yakitori*. I tried green-tea ice cream and *takoyaki*. The *takoyaki* was especially delicious. You should try some!

I saw three performances. One of them was a *rakugo* comedy given in English. Some people were laughing, but somehow I didn't find it funny. It may be because I don't know much about Japanese culture. For me, the other two, the *taiko* and the *koto*, were the highlights. The *taiko* were powerful, and the *koto* was relaxing.

I attended a workshop and a cultural experience, which were fun. In the workshop, I learnt how to make *onigiri*. Although the shape of the one I made was a little odd, it tasted good. The *nagashi-somen* experience was really interesting! It involved trying to catch cooked noodles with chopsticks as they slid down a bamboo water slide. It was very difficult to catch them.

If you want to experience a slice of Japan, this festival is for you! I took a picture of the flyer. Check it out.

内容 第3問Aではこれまで、「ある場所への行き方」「遊園地やイベントでの経験」「キャンプの準備」など、身近なテーマが図と共に出題されています。ここではそのような「ビジュアル照合型問題」を正しく早く読み取る「視線の型」をマスターしていきましょう。

目標解答時間 3分

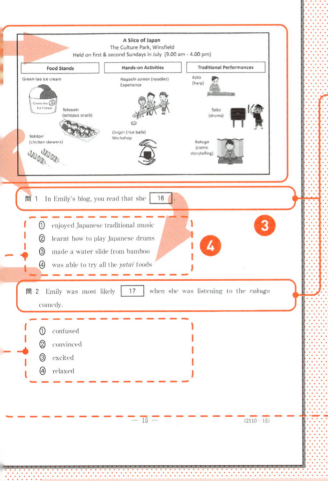

❸ 設問を先読みする

問われている内容を把握します。設問にあまりにも情報（狙い読みのキーワード）が少ない場合は、一通り選択肢を先読みしてキーワードをつかんでおくと素早く該当箇所を見つけることができるので、解答時間を短縮できます。

❹ 該当箇所を探しに本文・図（ビジュアル）へ

設問（や場合によっては選択肢も）を読んだら該当箇所を探しに本文にいきましょう。1文目からしっかり読んで、濃淡をつけつつもちゃんと理解しながら該当箇所を探します。その際、図に関係していそうであれば図も照合しながら読んでください（具体的な方法はDay 10 [p. 132] で述べます）。

では、この「視線の型」を使って、次ページの問題に取り組みましょう！

DAY 09 > 例題

第3問 (配点 15)

A You are interested in how Japanese culture is represented in other countries. You are reading a young UK blogger's post.

 Emily Sampson
Monday, 5 July, 8.00 pm

On the first two Sundays in July every year, there is an intercultural event in Winsfield called A Slice of Japan. I had a chance to go there yesterday. It is definitely worth visiting! There were many authentic food stands called *yatai*, hands-on activities, and some great performances. The *yatai* served green-tea ice cream, *takoyaki*, and *yakitori*. I tried green-tea ice cream and *takoyaki*. The *takoyaki* was especially delicious. You should try some!

I saw three performances. One of them was a *rakugo* comedy given in English. Some people were laughing, but somehow I didn't find it funny. It may be because I don't know much about Japanese culture. For me, the other two, the *taiko* and the *koto*, were the highlights. The *taiko* were powerful, and the *koto* was relaxing.

I attended a workshop and a cultural experience, which were fun. In the workshop, I learnt how to make *onigiri*. Although the shape of the one I made was a little odd, it tasted good. The *nagashi-somen* experience was really interesting! It involved trying to catch cooked noodles with chopsticks as they slid down a bamboo water slide. It was very difficult to catch them.

If you want to experience a slice of Japan, this festival is for you! I took a picture of the flyer. Check it out.

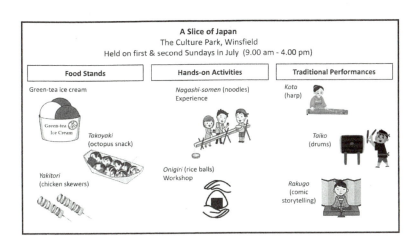

問 1 In Emily's blog, you read that she 16 .

① enjoyed Japanese traditional music
② learnt how to play Japanese drums
③ made a water slide from bamboo
④ was able to try all the *yatai* foods

問 2 Emily was most likely 17 when she was listening to the *rakugo* comedy.

① confused
② convinced
③ excited
④ relaxed

DAY 09 ▶ 例題 ［解説］

問 1-2

訳 あなたは日本文化が外国でどう説明されているのか興味があります。あなたはイギリスの若いブロガーの投稿を読んでいます。

エミリー・サンプソン
7月5日（月）午後8時

[第1段落] 毎年7月初めの2回の日曜日には、ウィンズフィールドで「日本の一端」と呼ばれる異文化交流イベントがあります。昨日そこに行くことができました。訪れる価値は間違いなくあります！　たくさんの「屋台」という本場の食べ物の露店、体験型活動、いくつかの素晴らしいパフォーマンスがありました。屋台では抹茶アイスクリームとタコ焼きと焼き鳥が出されていました。私は抹茶アイスクリームとタコ焼きを食べてみました。タコ焼きは特においしかったです。皆さんも試してみるべきです！

[第2段落] パフォーマンスは3つ見ました。その一つは英語で語られた「落語」というコメディーです。笑っている人もいましたが、私にはどうも面白いとは思えませんでした。
問2　私が日本の文化をあまり知らないせいかもしれません。私にとっては、他の2つ、太鼓と琴が最大の見ものでした。太鼓は力強く、琴はリラックスできました。 **問1**

[第3段落] ワークショップと文化体験に参加しましたが、それらは楽しかったです。ワークショップではおにぎりの作り方を習いました。私の作ったものの形は少し変でしたが、味はおいしかったです。流しそうめん体験は本当に面白かったです！　ゆでた麺が竹のウォータースライドを流れてくるのに合わせて箸でキャッチしようとするものです。キャッチするのはとても難しかったです。

[第4段落] 日本の一端を体験してみたいなら、このフェスティバルはあなたに向いています！　チラシを写真に撮りました。見てみてください。

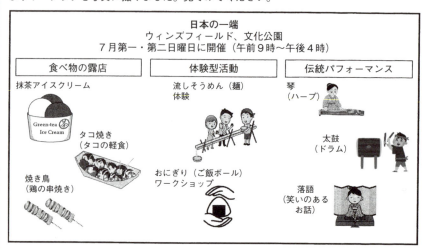

語句

[リード文]

represent 〜	他	〜を表現する、〜を説明する
post	名	投稿

[投稿]

[第1段落]

intercultural	形	異文化間の
a slice of 〜	熟	一切れの〜、〜の一端
definitely	副	間違いなく
authentic	形	本物の、本場の
hands-on	形	実際に体験できる

[第2段落]

somehow	副	どういうわけか、どことなく
highlight	名	見どころ、最大の見もの

[第3段落]

learn 〜	他	〜を学ぶ（過去形・過去分詞のlearntはイギリス式つづり）
odd	形	奇妙な、変な
involve 〜	他	〜を含む、〜を要する
chopstick	名	（〜sで）箸

[チラシ]

traditional	形	伝統的な

問 1　正解① 問題レベル【易】 配点 3点

設問 エミリーのブログで、彼女が 16 ことが読み取れる。

選択肢
① 日本の伝統音楽を楽しんだ
② 和太鼓の演奏を習った
③ 竹からのウォータースライドを作った
④ 屋台の食べ物全部を食べてみることができた

Day 09

　まずは**場面・状況をイメージします（❶）**。リード文によれば、外国で日本文化がどう紹介されているのかに興味があって、あるイギリス人の書いたブログを読んでいるところのようです。次に**英文のタイトルや図（ビジュアル）で全体像を把握（❷）**します。図によれば何か日本文化に関する催し物が開催されたみたいですね。今回は2問とも図を使わなくても解ける問題だったのですが、状況を素早くつかむため、ビジュアルをさっとでも見ておくことには大いに価値があります。

　次に**設問を先読みする（❸）**と、設問だけで該当箇所を探せないタイプの問題だとわかります。こういう場合は**選択肢を先読み**しておきましょう。選択肢①「（エミリー＝書き手が）日本の伝統音楽を楽しんだ」と②「和太鼓の演奏を習った」、は図の右側 Traditional Performances「伝統パフォーマンス」に琴や太鼓もあるのでイメージしやすいと思います。③「竹からのウォータースライド」はどうでしょうか。これも図と照合すると真ん中の Hands-on Activities「体験型活動」にある流しそうめんのことだとわかります。④「屋台の食べ物」、も図の左側 Food Stands「食べ物の露店」でイメージしやすいです。all「全部」にチェックしておきましょう。100%を表す表現はひっかけの選択肢としてよく使われるので注意が必要です。

　以上4つの情報を**探そうと意識しながら本文を読んでいきましょう（❹）**。第2段落最終文 The taiko were powerful, and the koto was relaxing.「太鼓は力強く、琴はリラックスできました」とあることから、選択肢①が正解です。「太鼓」や「琴」が Japanese traditional music「日本の伝統音楽」に**言い換えられています**が図を確認しておくと気づきやすいです。④は焼き鳥を食べていないので all が不正解、②や③は記載がないので不正解です。

2022年度：共通テスト本試験　第3問A　**125**

問2 **正解①** **問題レベル【易】** **配点 3点**

設問 エミリーは落語を聞いたとき 17 可能性が最も高い。

選択肢 ① 混乱した ② 納得した ③ わくわくした ④ リラックスした

設問を先読みします（❸）。選択肢はすべて「感情表現」で、設問の most likely「可能性が最も高い」からエミリーの感情を推測する問題だとわかります。when she was listening to the *rakugo* comedy「落語を聞いたとき」とあるので、まず該当箇所を本文から探しましょう（❹）。

「落語を聞いたとき」の話は第 2 段落に出てきます。3 文目に ... somehow I didn't find it funny.「私にはどうも面白いとは思えませんでした」とあるように、エミリーは落語の面白さを理解できなかったようです。その状況をしっかりイメージして選択肢を見ると、① confused「混乱した」が最も状況を表しているとわかります。②③④はいずれも肯定的な感情を表す語なので、どれも不正解です。

126　リーディング

DAY 09 ▶ 練習問題

第3問 (配点 15)

A Your English teacher from the UK writes a blog for her students. She has just written about an Expo that is being held in your city, and you are interested in it.

 Tracy Pang
Monday, 10 August, 11.58 pm

Last weekend, I went to the International Save the Planet Expo held at the Convention Centre. There were a lot of creative ideas that we could try at home. No wonder there were so many people taking part.

The exhibition on remaking household items was particularly inspiring. It was amazing to see how things we normally throw away can be remade into useful and stylish items. They looked nothing like the original products. The workshops were excellent, too. Some sessions were in English, which was perfect for me (and for you, too)! I joined one of them and made a jewellery box from an egg carton. We first chose the base colour, and then decided on the materials for decoration. I had no confidence in making something usable, but it turned out lovely.

If you are interested, the Expo is on until 22 August. I strongly suggest that you avoid the weekend crowds, though. The calendar below shows the dates of the Expo and the workshops.

International Save the Planet Expo (August 4-22)						
Sunday	Monday	Tuesday	Wednesday	Thursday	Friday	Saturday
						1
2	3	4	5 W★	6	7	8 W★
9 W	10 W★	11	12 W	13	14	15 W
16 W	17 W	18	19 W★	20	21	22 W★
23	24	25	26	27	28	29
30	31					

W＝workshop (★ in English)

問 1 Tracy attended the workshop to learn about ☐16☐ .

① combining colours creatively
② decreasing household food waste
③ redecorating rooms in a house
④ transforming everyday items

問 2 Based on Tracy's recommendation, the best date for you to attend a workshop in English is on ☐17☐ .

① 12 August
② 16 August
③ 19 August
④ 22 August

DAY 09 > 練習問題 [解説]

問 1-2

訳 イギリス出身の英語の先生が、生徒のためのブログを書いています。彼女はあなたの市で開催されている博覧会について書いたところで、あなたはそれに興味を持っています。

 トレイシー・パン
8月10日（月）午後11時58分

[第1段落]
先週末、コンベンション・センターで開かれている国際セーブ・ザ・プラネット博に行きました。家で試すことのできそうな工夫されたアイデアがたくさんありました。多くの人が参加していたのも納得です。

[第2段落]
家庭用品をリメイクする展示が特に興味をそそりました。普通なら捨ててしまうような物が、便利でおしゃれなものに作り変えられる様子を見ると驚きます。元の品物とは似ても似つかないのです。ワークショップもとても良かったです。英語で行われる時間もあって、私にはぴったりでした（そして皆さんにも）！ そのうちの一つに参加して卵ケースをジュエリーケースに作り変えました。 問1 最初にベースとなる色を選んでから、飾りの素材を決めていきます。私は使えるものを作る自信がまったくなかったのですが、素敵なものになりました。

[第3段落]
皆さんも興味があれば、この博覧会は8月22日まで開催しています。ただし、週末の混雑は避けるよう強くお勧めします。 問2-2 下のカレンダーは博覧会とワークショップの日程を載せたものです。

| 国際セーブ・ザ・プラネット博（8月4日〜22日） ||||||||
日曜日	月曜日	火曜日	水曜日	木曜日	金曜日	土曜日
						1
2	3	4	5 W★	6	7	8 W★
9 W	10 W★	11	12 W	13	14	15 W
16 W	17 W	18	19 W★	20	21	22 W★
23	24	25	26	27	28	29
30	31					

W＝ワークショップ（★は英語） 問2-1

語句

[リード文]
blog　　　　名 ブログ
Expo　　　　名 博覧会

[ブログ]
[第1段落]
creative　　　形 独創的な、工夫された
no wonder SV　熟 SVなのも不思議はない

2022年度：共通テスト追試験　第3問A

take part	熟 参加する			うな
[第2段落]		amazing	形	驚異的な、素晴らしい
exhibition	名 展示	carton	名	箱、紙パック
remake ～	他 ～をリメイクする、～を作	confidence	名	自信
	り変える	usable	形	使用できる
household	形 家庭の	[第3段落]		
inspiring	形 刺激的な、興味をそそるよ	avoid ～	他	～を避ける

問 1　　**正解 ④**　　問題レベル【普通】 配点 3点

設問　トレイシーは [16] について学ぶためにワークショップに参加した。

選択肢　① 独創的な色の組み合わせ
　　　　② 家庭での食品の無駄を減らすこと
　　　　③ 家の中の部屋の模様替え
　　　　④ 日用品を作り変えること

語句　decrease ～　他 ～を減少させる　　　　transform ～　他 ～を変形させる、～を
　　　　　　　　　　　　　　　　　　　　　　　　　　　　　　　変身させる

　まずは**場面・状況をイメージ**（❶）します。リード文によると、イギリス出身の英語の先生が書いた博覧会についてのブログに興味を持っているとのこと。

　次に**英文のタイトルや図（ビジュアル）で全体像を把握**（❷）します。タイトルはなく、カレンダーのような図がありますが、ぱっと内容がわからないので本文で説明があることを期待して流します。**設問を先読み**（❸）すると、**書き手がワークショップに参加した目的を探せばよさそうだ**とわかります。

　それでは本文を読んでいきましょう（❹）。第2段落1文目で The exhibition on remaking household items「家庭用品をリメイクする展示」とあるので、ここからこの博覧会の内容がわかります。ただ少し抽象的なのでわかりにくい場合は、次の文 It was amazing to see how things we normally throw away can be remade into useful and stylish items.「普通なら捨ててしまうような物が、便利でおしゃれなものに作り変えられる様子を見ると驚きます」まで読むとよりはっきりイメージできます。このように段落1文目は抽象的な表現でわかりにくいことが多いですが、たいてい次の文で具体的説明があります。4文目で The workshops were excellent, too. とワークショップの話が出てきます。もうこの時点でなんのワークショップか予測がつくかもしれませんが、一応ワークショップの内容を確認しに読み進めると、6文目で I joined one of them and made a jewellery box from an egg carton.「そのうちの一つに参加して卵ケースをジュエリーケースに作り変えました」とあります。やはり博覧会で展示されているようなリメイクした日用品を実際に作ってみるワークショップのようです。正解は ④ transforming everyday items「日用品を作り変えること」です。made ... from ～が transforming に**言い換え**られています。また、選択肢の everyday items「日用品」は本文 an egg carton「卵ケース」の**上位概念の言い換え**です。

130　リーディング

問 2

正解 ③ 　問題レベル【普通】　配点 3点

設問 トレイシーの助言に基づくと、英語のワークショップに参加するのに最も良い日は 　17　 である。

選択肢 ① 8月12日　② 8月16日　③ 8月19日　④ 8月22日

語句 based on ～　　熟 ～に基づいて　　　recommendation 名 提言、助言

　設問（❸）に「最も良い日」とあるので、この問題のビジュアルであるカレンダーを照合して解く問題だとわかります。設問にある「英語のワークショップ」という**キーワードを探しにいきましょう**（❹）。カレンダー下部を見ると英語で開催される日には★マークがあることがわかります。さらに、第3段落2文目で I strongly suggest that you avoid the weekend crowds「週末の混雑は避けるよう強くお勧めします」とあるので土曜日は候補から外します。選択肢にある日にちを一つずつ検討すると、③が英語で開催される、かつ平日なのでベストな日だとわかります。

Day
09

2022年度：共通テスト追試験　第3問A　131

【ビジュアル照合型問題】を攻略する「照合の型」

Day 09ではビジュアル照合型問題の「視線の型」を見ていきました。ここでは照合問題の解き方にフォーカスし、「照合の型」を深めていきます。

「照合の型」のステップ

①「視線の型」を使う

問題を解くに当たっては、Day 09の「視線の型」が基本の型となります。
p. 120で説明した型を確実にものにしておきましょう。

第3問　(配点　15)

①

A　You are studying at Camberford University, Sydney. You are going on a class camping trip and are reading the camping club's newsletter to prepare.

②

Going camping? Read me!!!

Hi, I'm Kaitlyn. I want to share two practical camping lessons from my recent club trip. The first thing is to divide your backpack into three main parts and put the heaviest items in the middle section to balance the backpack. Next, more frequently used daily necessities should be placed in the top section. That means putting your sleeping bag at the bottom; food, cookware and tent in the middle; and your clothes at the top. Most good backpacks come with a "brain" (an additional pouch) for small easy-to-reach items.

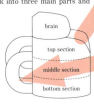

Last year, in the evening, we had fun cooking and eating outdoors. I had been sitting close to our campfire, but by the time I got back to the tent I was freezing. Although I put on extra layers of clothes before going to sleep, I was still cold. Then, my friend told me to take off my outer layers and stuff them into my sleeping bag to fill up some of the empty space. This stuffing method was new to me, and surprisingly kept me warm all night!

I hope my advice helps you stay warm and comfortable. Enjoy your camping trip!

内容 第3問Aは何らかの図（ビジュアル）が混じって出題されます。ここでは本文と図（ビジュアル）、そして、設問を照合して正答をスムーズに導き出すための「照合の型」を扱います。

⏳ 目標解答時間 **3**分

「照合の型」：書き込みをしながら問題を解く

頭の中だけで処理しようとすると、ミスにつながります。共通テストは書き込み禁止の試験ではありません。照合を正確に行うために、積極的に書き込みをしましょう。具体的には、
① 設問で問われているキーワードはビジュアル（地図やイラスト）の中から探して〇で囲んでおく
② 図や表の中に書かれていない情報（特に数字）が英文中に出てきたら、図や表の該当箇所に書き込む
③ 選択肢の英文中に「？」「〇」「×」などを書き込んだり、本文中の重要そうな英文に線を引いたりする

などです。これはすべての問題で言えることですが、特にこの「ビジュアル照合型問題」で重要なので、ここで「型」として取り上げておきます。スマートに解こうとしてミスをしてしまっては元も子もありません。手を動かすことで脳が活性化し、理解力も高まるので結果的にスピードも上がります。ガンガン書き込みながら照合問題で確実に得点しましょう。

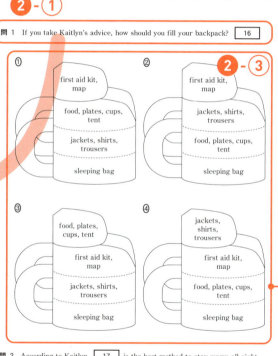

問1 If you take Kaitlyn's advice, how should you fill your backpack? [16]

問2 According to Kaitlyn, [17] is the best method to stay warm all night.

① avoiding going out of your tent
② eating hot meals beside your campfire
③ filling the gaps in your sleeping bag
④ wearing all of your extra clothes

それでは、「照合の型」を使ってまず次ページの問題に取り組みましょう！

DAY 10　例　題

第 3 問　（配点　15）

A　You are studying at Camberford University, Sydney. You are going on a class camping trip and are reading the camping club's newsletter to prepare.

Going camping? Read me!!!

Hi, I'm Kaitlyn. I want to share two practical camping lessons from my recent club trip. The first thing is to divide your backpack into three main parts and put the heaviest items in the middle section to balance the backpack. Next, more frequently used daily necessities should be placed in the top section. That means putting your sleeping bag at the bottom; food, cookware and tent in the middle; and your clothes at the top. Most good backpacks come with a "brain" (an additional pouch) for small easy-to-reach items.

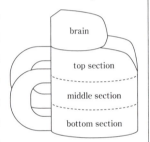

Last year, in the evening, we had fun cooking and eating outdoors. I had been sitting close to our campfire, but by the time I got back to the tent I was freezing. Although I put on extra layers of clothes before going to sleep, I was still cold. Then, my friend told me to take off my outer layers and stuff them into my sleeping bag to fill up some of the empty space. This stuffing method was new to me, and surprisingly kept me warm all night!

I hope my advice helps you stay warm and comfortable. Enjoy your camping trip!

問 1　If you take Kaitlyn's advice, how should you fill your backpack?　16

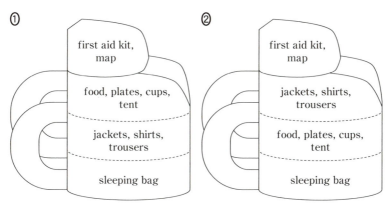

問 2　According to Kaitlyn, 17 is the best method to stay warm all night.

① avoiding going out of your tent
② eating hot meals beside your campfire
③ filling the gaps in your sleeping bag
④ wearing all of your extra clothes

DAY 10 > 例題 ［ 解 説 ］

問 1 – 2

訳 あなたはシドニーのキャンバーフォード大学に通っています。クラスのキャンプ旅行に行くので、準備としてキャンピング部のニュースレターを読んでいます。

キャンプに行く？　これを読んで!!!

[第1段落]
こんにちは、私はケイトリンです。最近の部活の旅行からの実用的な教訓を2つ、お伝えしたいと思います。1つは、バックパックを大きく3分割して、バックパックのバランスを取るために一番重いものを真ん中部分に入れることです。次に、よく使う日用品は上の部分に入れるべきです。<u>つまり、寝袋が一番下、食料、調理用具とテントが真ん中、衣服が一番上になるように入れます。</u> 問1　いいバックパックにはたいてい、細かいものが取り出しやすいように「ブレイン」（追加の小型収納）が付いています。

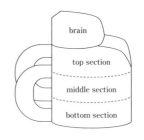

[第2段落]
去年、夜に屋外で楽しく料理をして食事をしていました。キャンプファイアの近くに座っていましたが、テントに戻ったときには凍えそうでした。寝る前に余分に重ね着したのですが、それでも寒いのです。<u>すると友達が、外側に着ているものを脱いで寝袋に詰め、隙間を埋めるようにと言いました。こんなふうに詰め込むやり方は初めてでしたが、驚くことに一晩中暖かく過ごすことができました！</u>
問2

[第3段落]
私のアドバイスが、暖かく快適に過ごすためのお役に立てばと思います。キャンプの旅を楽しんでください！

語句

[ニュースレター]
[第1段落]

share ~	他 ~（情報）を共有する、~を伝える
practical	形 実用的な、実際に役立つ
divide ~	他 ~を分ける、~を分割する
frequently	副 頻繁に、しばしば
necessity	名（~-ies で）生活必需品
cookware	名 調理器具
come with ~	熟 ~が付属する
pouch	名 パウチ、ポーチ、小袋

[第2段落]

put on layers of clothes	熟 重ね着する
fill up ~	熟 ~（隙間）をふさぐ

問 1 　正解 ② 　問題レベル【易】 配点 3点

設問 ケイトリンのアドバイス通りにすると、バックパックをどう荷造りするか。

16

選択肢 ① 救急セット、地図／食べ物、皿、カップ、テント／上着、シャツ、ズボン／寝袋
② 救急セット、地図／上着、シャツ、ズボン／食べ物、皿、カップ、テント／寝袋
③ 食べ物、皿、カップ、テント／救急セット、地図／上着、シャツ、ズボン／寝袋
④ 上着、シャツ、ズボン／救急セット、地図／食べ物、皿、カップ、テント／寝袋

　まずは❶視線の型です。リード文に、「クラスでキャンプに行く予定でそのための準備として読んでいる」とあります。タイトルも Going Camping? Read me!!! とわかりやすいですね。タイトル右下のイラストだけ見ても何のイラストかわからないですが、問1に同じようなイラストがあることがすぐ目に入るので、気にせず問1の設問に進みましょう。「バックパックにどう詰めるべきか」とあるので、このイラストがバックパックだとわかります。では本文に戻っていきましょう。第1段落3〜4文目に put the heaviest items in the middle section「一番重いものを真ん中部分に入れる」、more frequently used daily necessities should be placed in the top section「よく使う日用品は上の部分に入れるべきです」とありますが、まだ抽象的ではっきりしないのでそのまま読み進めます。すると5文目に、That means putting your sleeping bag at the bottom; food, cookware and tent in the middle; and your clothes at the top.「つまり、寝袋が一番下、食料、調理用具とテントが真ん中、衣服が一番上になるように入れます」と具体的にあります。**ミスを防ぐため、本文のイラストに一つひとつ書き込みましょう**（❷-②）。例えば一番下の bottom section に sleeping bag で「s/b」、下から二番目の middle　section に food... なので「food」、上から二番目の top　section に clothes なので「服」などと書き込みます。書き込み方は自分がわかればいいので、頭文字だけ書く、複数ある場合は最初の1つだけ書く、見やすさを重視して日本語で書く、など段々「マイルール」ができてくるといいですね。選択肢と照らし合わせて②を正解に選びます。

> **Day 10**

問 2 　正解 ③ 　問題レベル【易】 配点 3点

設問 ケイトリンによると、一晩中暖かく過ごす最も良い方法は 17 だ。

選択肢 ① テントから出ないこと　② キャンプファイアの近くで温かい食事をとること
③ 寝袋の隙間を埋めること　④ 余分な服を全部着ること

　設問の先読みから入りましょう（❶）。「一晩中暖かく過ごす方法」を探すのですね。本文第2段落を読んでいくと、4〜5文目に Then, my friend told me to take off my outer layers and stuff them into my sleeping bag to fill up some of the empty space. This stuffing method was new to me, and surprisingly kept me warm all night!「すると友達が、外側に着ているものを脱いで寝袋に詰め、隙間を埋めるようにと言いました。こんなふうに詰め込むやり方は初めてでしたが、驚くことに一晩中暖かく過ごすことができました！」とあります。精読で、「寝袋の空きスペースに服を詰め込むと暖かいのだな」と理解した上で選択肢を見ると③が正解だとわかります。empty space を gap「隙間」と言い換えていました。

2023年度：共通テスト本試験　第3問A　137

DAY 10 ▶ 練 習 問 題

第3問 (配点 15)

A　The exchange student in your school is a koi keeper. You are reading an article he wrote for a magazine called *Young Fish-Keepers*.

My First Fish

Tom Pescatore

I joined the Newmans Koi Club when I was 13, and as part of my club's tradition, the president went with me to buy my first fish. I used money I received for my birthday and purchased a 15 cm baby ghost koi. She now lives with other members' fish in the clubhouse tank.

I love my fish, and still read everything I can about ghosts. Although not well known in Japan, they became widely owned by UK koi keepers in the 1980s. Ghosts are a hybrid type of fish. My ghost's father was a Japanese ogon koi, and her mother was a wild mirror carp. Ghosts grow quickly, and she was 85 cm and 12 kg within a couple of years. Ghosts are less likely to get sick and they can survive for more than 40 years. Mine is now a gorgeous, four-year-old, mature, platinum ghost koi.

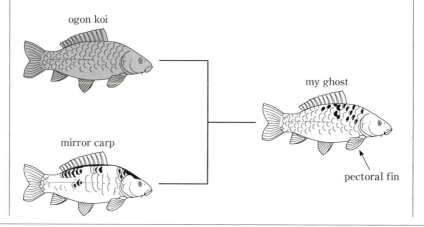

Ghosts are not considered as valuable as their famous "pure-bred" Japanese cousins, so usually don't cost much. This makes them affordable for a 13 year old with birthday present money. The most striking parts of my ghost are her metallic head and flashy pectoral fins that sparkle in the sunlight. As the name "ghost koi" suggests, these fish can fade in and out of sight while swimming. They are super-cool fish, so why not start with a ghost?

問 1　From the article, you know that Tom's fish is **not** ▭16▭ .

① adult

② cheap

③ pure-bred

④ tough

問 2　The species was named "ghost koi" because ▭17▭ .

① their appearance is very frightening

② their shadowy fins flash when they swim

③ they can live secretly for a long time

④ they seem to mysteriously vanish in water

DAY 10 > 練習問題 [解説]

問 1 - 2

訳 あなたの学校の交換留学生は鯉の愛好者です。あなたは、『ヤング・フィッシュキーパー』という雑誌に彼が書いた記事を読んでいます。

僕の初めての魚

トム・ペスカトーレ

[第1段落]
僕は13歳のときにニューマンズ・コイ・クラブに入りましたが、クラブの伝統の一部として、僕が初めての魚を飼うときに会長が同行してくれました。僕は誕生日にもらったお金を使って15センチのゴーストコイの稚魚を買いました。この子は今、他のメンバーの魚と一緒にクラブハウスの水槽で暮らしています。

[第2段落]
僕は自分の魚が大好きなので、今もゴーストに関して読めるものは何でも読みます。日本ではあまり知られていませんが、この魚は1980年代にイギリスの鯉愛好者に広く飼われるようになりました。<u>ゴーストは交雑種の魚です。</u> 問1 僕のゴーストの父親は日本の黄金鯉、母親は野生の鏡鯉です。ゴーストは成長が早く、この子は2年ほどで85センチ、12キログラムになりました。ゴーストは病気になりにくく、40年以上生き抜くこともあります。僕のは今、立派な4歳の成魚となったプラチナ色のゴーストコイです。

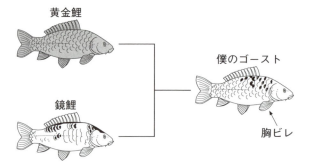

[第3段落]
ゴーストは有名な「純血種の」日本のいとこたちのように貴重とは見なされないので、普通はあまり高価ではありません。このため、13歳の子が誕生日プレゼントのお金で買えるほど手頃なのです。僕のゴーストの一番すてきなところは、メタリックな頭部と、日の光にきらめくキラキラした胸ビレです。<u>「ゴーストコイ」という名前が示す通り、この魚は泳いでいる間に姿を現したり見えなくなったりします。</u> 問2 すごくクールな魚なので、ゴーストから始めてみてはどうですか？

語句

[記事]

[第2段落]

hybrid	形	交配の、交雑の
mature	形	成熟した、大人の
platinum	形	プラチナ（色）の

[第3段落]

pure-bred	形	純血種の
affordable	形	値段が手頃な
pectoral fin	熟	胸ビレ
sparkle	自	きらめく

問 1

正解 ③ 問題レベル【易】 配点 3点

設問 記事からトムの魚は [16] ないとわかる。

選択肢 ① 大人で ② 安く ③ 純血種で ④ 丈夫で

まずは❶視線の型です。設問を先読みすると、not 問題だとわかります。not 問題は選択肢を先にチェックしておきましょう。① adult「大人」、② cheap「安い」、③ pure-bred「純血」、④ tough「丈夫」。どれかがトムの魚に当てはまらないということです。イラストがあるので本文を読み始める前に確認しておきます。右側の魚が my ghost ですね。今回ポイントになっているのはこの魚なので、ここに丸を付けておきます（❷-①）。では本文を確認していきましょう。

第1段落は魚を買うまでの流れで魚の詳細はあまり書かれてないですが、baby ghost koi とあります。ゴーストというのはコイの種類のようですね。なお、baby とありますがここでは飼った当時の話をしており、今は大人です（第2段落最終文に mature とあります）。第2段落にいきます。読み進めると3文目に Ghosts are a hybrid type of fish.「ゴーストは交雑種の魚です」とあり、ここから「純血種」ではないことがわかります。正解は③です。

今回の問題はイラストをヒントにかなり解きやすかったはずです。選択肢の pure-bred や本文の hybrid type of fish だけだと、受験生にとって難し過ぎるという判断からきたイラストだと思います。このように、**イラストはただのおまけではなく、理解の助けになっていることが多い**ので、積極的に活用するようにしましょう。

問 2

正解 ④ 問題レベル【普通】 配点 3点

設問 この魚が「ゴーストコイ」と名付けられた理由は [17] からだ。

選択肢 ① その外見がとても恐ろしい ② 影のようなヒレが泳ぐと光る
③ 長い間ひっそりと生きることができる ④ 神秘的に水中に消えるように見える

語句

species	名	（生物の）種	shadowy	形	影のような、謎めいた
appearance	名	外見、見た目	vanish	自	消える、見えなくなる

設問より（❶）、「ゴーストコイ」という名前の由来が聞かれているのだとわかります。本文に探しにいくと、第3段落4文目に As the name "ghost koi" suggests, these fish can fade in and out of sight while swimming.「『ゴーストコイ』という名前が示す通り、この魚は泳いでいる間に姿を現したり見えなくなったりします」とあり、ここから正解は④だとわかります。fade in and out of sight が vanish に言い換え**られていました。

2023年度：共通テスト追試験 第3問A　141

DAY 11

【ストーリー型記事読解問題】を攻略する「視線の型」

第3問Bでは、出来事を流れに添って叙述するストーリー型の英文が出題されます。ここでは出来事の順番も問われるため、時系列を正確に把握する力が要求されています。今回はこのような「ストーリー型記事読解問題」の対策を練っていきます。

「視線の型」のステップ

① 場面・状況をイメージする

問題に当たる前に設定の説明を読み、場面や状況をイメージしましょう。全体像をつかむことで英文が読みやすくなることが狙いです。

② 英文のタイトルを確認する

タイトルは英文内容を最も端的に要約したものです。無視せずちゃんと読んで「こういう内容かな」と想像した上で読解に入りましょう。

---

①

B   You enjoy outdoor sports and have found an interesting story in a mountain climbing magazine.

②

Attempting the Three Peaks Challenge

By John Highland

Ben Nevis (▲1344 m)
Scafell Pike (▲977 m)
Snowdon (▲1085 m)

Last September, a team of 12 of us, 10 climbers and two minibus drivers, participated in the Three Peaks Challenge, which is well known for its difficulty among climbers in Britain.   The goal is to climb the highest mountain in Scotland (Ben Nevis), in England (Scafell Pike), and in Wales (Snowdon) within 24 hours, including approximately 10 hours of driving between the mountains.   To prepare for this, we trained on and off for several months and planned the route carefully.   Our challenge would start at the foot of Ben Nevis and finish at the foot of Snowdon.

We began our first climb at six o'clock on a beautiful autumn morning.   Thanks to our training, we reached the summit in under three hours.   On the way down, however, I realised I had dropped my phone.   Fortunately, I found it with the help of the team, but we lost 15 minutes.

We reached our next destination, Scafell Pike, early that evening.   After six hours of rest in the minibus, we started our second climb full of energy.   As it got darker, though, we had to slow down.   It took four-and-a-half hours to complete Scafell Pike.   Again, it took longer than planned, and time was running out.   However, because the traffic was light, we were right on schedule when we started our final climb.   Now we felt more confident we could complete the challenge within the time limit.

Unfortunately, soon after we started the final climb, it began to rain heavily and we had to slow down again.   It was slippery and very difficult to see ahead.   At 4.30 am, we realised that we could no longer finish in 24 hours.

142   リーディング

内容 第3問Bでは、出来事を起こった順番に並べ替える問題が出題されます。短時間で時系列や因果関係をつかみながら本文を正確に読むのは至難の業です。選択肢を先読みし、該当箇所を探し読みする「視線の型」がここでも大きな力を発揮します。

目標解答時間 5分

Nevertheless, we were still determined to climb the final mountain. The rain got heavier and heavier, and two members of the team decided to return to the minibus. Exhausted and miserable, the rest of us were also ready to go back down, but then the sky cleared, and we saw that we were really close to the top of the mountain. Suddenly, we were no longer tired. Even though we weren't successful with the time challenge, we were successful with the climb challenge. We had done it. What a feeling that was!

問1 Put the following events (①〜④) into the order they happened.

 18 → 19 → 20 → 21

① All members reached the top of the highest mountain in Scotland.
② Some members gave up climbing Snowdon.
③ The group travelled by minibus to Wales.
④ The team members helped to find the writer's phone.

問2 What was the reason for being behind schedule when they completed Scafell Pike? 22

① It took longer than planned to reach the top of Ben Nevis.
② It was difficult to make good progress in the dark.
③ The climbers took a rest in order to save energy.
④ The team had to wait until the conditions improved.

問3 From this story, you learnt that the writer 23 .

① didn't feel a sense of satisfaction
② reached the top of all three mountains
③ successfully completed the time challenge
④ was the second driver of the minibus

---

③ 設問を先読みする

問われている内容を把握します。「出来事の並べ替え問題」は選択肢をすべて先読みしキーワードを押さえておくと解きやすいです。その他の問題は設問だけで大丈夫ですが、設問にあまりにも情報が少ない場合は一通り選択肢を先読みしてキーワードをつかんでおく必要があります。英文を読み始める前に一気にすべての問題を確認しておくと解きやすいでしょう。

④ 該当箇所を探しに本文へ

該当箇所を探しに本文へ。「出来事の並べ替え問題」は特に注意しながら1文目からしっかり読んでいきます。先に出てきた英文が先に起こった出来事とは限らないので安易に順番を決めつけないように注意しましょう（具体的には「並べ替えの型」をDay 12で扱います）。

Day 11

では、この「視線の型」を使って、次ページの問題に取り組みましょう！

143

B You enjoy outdoor sports and have found an interesting story in a mountain climbing magazine.

Attempting the Three Peaks Challenge

By John Highland

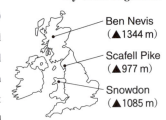

Last September, a team of 12 of us, 10 climbers and two minibus drivers, participated in the Three Peaks Challenge, which is well known for its difficulty among climbers in Britain. The goal is to climb the highest mountain in Scotland (Ben Nevis), in England (Scafell Pike), and in Wales (Snowdon) within 24 hours, including approximately 10 hours of driving between the mountains. To prepare for this, we trained on and off for several months and planned the route carefully. Our challenge would start at the foot of Ben Nevis and finish at the foot of Snowdon.

We began our first climb at six o'clock on a beautiful autumn morning. Thanks to our training, we reached the summit in under three hours. On the way down, however, I realised I had dropped my phone. Fortunately, I found it with the help of the team, but we lost 15 minutes.

We reached our next destination, Scafell Pike, early that evening. After six hours of rest in the minibus, we started our second climb full of energy. As it got darker, though, we had to slow down. It took four-and-a-half hours to complete Scafell Pike. Again, it took longer than planned, and time was running out. However, because the traffic was light, we were right on schedule when we started our final climb. Now we felt more confident we could complete the challenge within the time limit.

Unfortunately, soon after we started the final climb, it began to rain heavily and we had to slow down again. It was slippery and very difficult to see ahead. At 4.30 am, we realised that we could no longer finish in 24 hours.

問題番号は実際の番号のままです。

Nevertheless, we were still determined to climb the final mountain. The rain got heavier and heavier, and two members of the team decided to return to the minibus. Exhausted and miserable, the rest of us were also ready to go back down, but then the sky cleared, and we saw that we were really close to the top of the mountain. Suddenly, we were no longer tired. Even though we weren't successful with the time challenge, we were successful with the climb challenge. We had done it. What a feeling that was!

問 1　Put the following events (①～④) into the order they happened.

18 → 19 → 20 → 21

① All members reached the top of the highest mountain in Scotland.

② Some members gave up climbing Snowdon.

③ The group travelled by minibus to Wales.

④ The team members helped to find the writer's phone.

問 2　What was the reason for being behind schedule when they completed Scafell Pike? 22

① It took longer than planned to reach the top of Ben Nevis.

② It was difficult to make good progress in the dark.

③ The climbers took a rest in order to save energy.

④ The team had to wait until the conditions improved.

問 3　From this story, you learnt that the writer 23 .

① didn't feel a sense of satisfaction

② reached the top of all three mountains

③ successfully completed the time challenge

④ was the second driver of the minibus

Day 11

2022年度：共通テスト本試験　第3問B　145

DAY 11 > 例題 [解 説]

問 1 - 3

訳 あなたはアウトドアスポーツが好きで、山登りの雑誌で面白い話を見つけました。

スリー・ピークス・チャレンジ

ジョン・ハイランド著

[第1段落] 昨年9月、私たち12人――登山家10人とミニバス運転手2人――からなるチームが、スリー・ピークス・チャレンジに参加した。これはイギリスの登山家の間でその難しさがよく知られている。目標は、スコットランド(ベン・ネビス)、イングランド(スカフェル・パイク)、ウェールズ(スノードン)の最高峰に24時間以内に登るもので、それには山から山の間の約10時間の車移動も含まれる。準備のために、私たちは数カ月間トレーニングを重ね、ルートを慎重に計画した。私たちのチャレンジはベン・ネビスの麓からスタートし、スノードンの麓でゴールすることになっていた。 問1

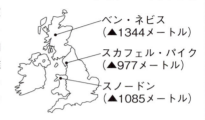

ベン・ネビス
(▲1344メートル)
スカフェル・パイク
(▲977メートル)
スノードン
(▲1085メートル)

[第2段落] 私たちは最初の登山を、美しい秋の朝6時に開始した。トレーニングのおかげで、山頂まで3時間かからずに到達した。 問1① 問3-1 ところが下山途中で、私はスマホを落としてしまったことに気付いた。幸い、チームの協力があって見つかったが、私たちは15分を失ってしまった。 問1④

[第3段落] 夕方早い時間に次の目的地、スカフェル・パイクに到着した。ミニバスで6時間休息した後、私たちは元気いっぱいで第二の登山を開始した。だが、暗くなるにつれ、速度を落とさねばならなくなった。 問2 スカフェル・パイクを制覇するのには4時間半かかった。 問3-2 またもや、計画より長くかかってしまい、時間がなくなってきた。けれど、交通量が少なかったために、最後の登山を開始したときはちょうど予定どおりだった。 問1③ これでタイムリミット内にチャレンジを達成できる自信が増してきた。

[第4段落] 運の悪いことに、最後の登山を開始した後すぐに、激しい雨が降り始め、私たちは再び速度を落とさざるを得なかった。滑りやすく、前もよく見えなかった。午前4時半に、私たちはもう、24時間以内にゴールすることはできないとわかった。それでも、私たちはまだ最後の山に登る決意をしていた。雨はますます激しくなり、チームのメンバー2人がミニバスに戻ることに決めた。 問1② 疲れ果てて惨めな気持ちになり、残りのメンバーも戻って下山しようとしていたが、その時、空が晴れ上がり、実は山の頂上が近いのだとわかった。急に、もう疲れを感じなくなった。時間制限のチャレンジは成功しなかったにしても、登山のチャレンジには成功したのだ。 問3-3 私たちはやり遂げた。何とも言えない気持ちだった!

> **語句**

[話]
[第 1 段落]

participate in ～	熟	～に参加する	
difficulty	名	難しさ	
approximately	副	おおよそ、約	
on and off	熟	断続的に、何度も繰り返して	
foot	名	麓	

[第 2 段落]

summit	名	頂上、山頂

[第 3 段落]

destination	名	目的地、行き先
full of energy	熟	元気いっぱいで

complete ～	他	～を達成する
run out	熟	尽きる、足りなくなる
on schedule	熟	予定どおりで

[第 4 段落]

slippery	形	滑りやすい
nevertheless	副	それでもなお
determined	形	決意した、覚悟した
be ready to (V)	熟	今にもVしようとしている
clear	自	晴れ上がる
even though SV	熟	たとえSVとしても

問 1　正解 18 ① 19 ④ 20 ③ 21 ②

問題レベル【普通】 配点 3点（すべて正解で）

設　問 次の出来事（①～④）を起こった順番に並べなさい。

18 → 19 → 20 → 21

選択肢 ① メンバー全員がスコットランド最高峰の山頂に到達した。

② 一部のメンバーがスノードンの登山を諦めた。

③ 一行がミニバスでウェールズに移動した。

④ チームメンバーが著者のスマホを探す手助けをした。

> **語句** give up (V)ing 熟 Vすることを諦める

Day 11

まずは**場面・状況を把握**（❶）しましょう。リード文によれば、これから読むのは「山登りの雑誌で見つけた面白い話」だとわかります。**英文のタイトルとイラストを確認**（❷）すると、「3つの山登りに挑戦する」ことがわかります。

続けて、**設問の先読み**（❸）です。「出来事の並べ替え問題」は**選択肢をすべて先読みして**おきましょう。スッと頭に入ってこなければキーワードを押さえるだけでも大丈夫です。キーワードは①スコットランド、②スノードン、③ウェールズ、④スマホ、あたりでしょうか。

それでは第1段落から読んでいきます（❹）。ベン・ネビスはスコットランド、スカフェル・パイクはイングランド、スノードンはウェールズにある山だということですが、**地図には山の名前しかないので、地図の山の名前の横にそれぞれS、E、Wなど、地名の頭文字だけでも書き込みながら読むと頭の整理がしやすい**と思います。さらに第1段落最終文に、「ベン・ネビスから始まってスノードンで終わる」とあるので、**S→E→Wと矢印を書き込み、全体像を頭に入れて**読み進めていきましょう。

第2段落に入ります。1文目の「最初の登山」は、スコットランドのベン・ネビスです。スコットランドは選択肢①のキーワードだったので、改めて選択肢①を読むと All members reached the top of the highest mountain in Scotland.「メンバー全員がスコットランド最高峰の山頂に到達した」とあります。全員が到達したのかどうかを確認しましょう。2文目で

2022年度：共通テスト本試験　第3問B　147

we reached the summit「山頂まで到達した」とあるので、まず①が最初の出来事で間違いなさそうです。選択肢①の隣に「1」とチェックを入れ、そのまま読み進めます。すると3文目で I realised I had dropped my phone. とスマホをなくした流れになります。選択肢④のキーワードなので、ここで選択肢④を読み直すと The team members helped to find the writer's phone.「チームメンバーが著者のスマホを探す手助けをした」とあり、手伝ってくれたのがいつなのか、を探しに続きから読み進めます。早速4文目で I found it with the help of the team「チームの協力があって見つかった」とあるので選択肢④の隣に「2」とチェックを入れます。

ここで全体の流れを確認しましょう。S → E → W の順でしたね。つまり次は England の Scafell Pike、そして最後に Wales の Snowdon です。残りの選択肢②と③を改めて確認すると。**選択肢②では Snowdon（山の名前）、③では Wales（地名）を使い、わかりにくくしていますが、どちらも同じ「最後に登る山」の内容です。**②は「一部のメンバーが最後の登山を諦める」ということ、③は「最後の山にミニバスで移動する」ということです。そのどちらが先か、という問題だということを頭の中で整理してから読み進めましょう。

では第3段落に入ります。6文目で2つ目の山から最後の山に向かったことがわかり、この時点までで誰かが諦めたというような記載がなかったので、③の方が先ではと予測しましょう。そのまま読み進めると、第4段落5文目で「2人のメンバーがミニバスに戻った」とあるので、①→④→③→②が起こった出来事の順番とわかります。

問2 | **正解②** | 問題レベル【普通】 配点 3点

設問 スカフェル・パイクを制覇したときに予定より遅れていた理由は何か。 `22`

選択肢
① ベン・ネビスの山頂に到達するのに計画よりも時間がかかった。
② 暗い中で順調に進むのが難しかった。
③ エネルギー温存のために登山者たちが休息を取った。
④ チームは状況が好転するまで待たねばならなかった。

語句 behind schedule　熟 予定より遅れて　improve　自 改善する
make good progress　熟 順調に進む

設問を先読みします（❸）。Scafell Pike（＝2つ目の山）を登り終わったときに、behind schedule「予定より遅れて」いた、その理由は何か、という問題です。**該当箇所を狙い読みできそうです（❹）。**第3段落4文目で「Scafell Pike を制覇した」とあります。その前の文（3文目）に、As it got darker, though, we had to slow down.「だが、暗くなるにつれ、速度を落とさねばならなくなった」とあるので、暗くなったことが時間がかかった原因だとわかります。選択肢② It was difficult to make good progress in the dark.「暗い中で順調に進むのが難しかった」がきれいに**言い換え**られており、これが正解です。

148　リーディング

問 3 　正解 ②　問題レベル【普通】　配点 3点

設問 この話から、著者が $\boxed{23}$ ことがわかる。

選択肢 ① 満足感を覚えていない
② 3つの山すべての山頂に到達した
③ 時間制限のチャレンジを成功裏に達成した
④ ミニバスの2人目の運転手であった

語句 satisfaction 名 満足

設問を先読みする（❸）と、the writer（著者）に当てはまる選択肢を選ばなければならない、とだけあり、**設問からだけでは該当箇所を探せないタイプの問題**だとわかります。選択肢まで読んで、**著者を含んでいる We で語られる箇所を中心に一つひとつ探していく必要があります**（❹）。

まず① (the writer) didn't feel a sense of satisfaction「（著者は）満足感を覚えていない」はどうでしょうか。感情に関しては最後の段落最終文で What a feeling that was!「何とも言えない気持ちだった！」と目立つので該当箇所はわかりやすかったかもしれません。その前を読むと Even though we weren't successful with the time challenge, we were successful with the climb challenge.「時間制限のチャレンジは成功しなかったにしても、登山のチャレンジには成功したのだ」とあるので満足感は得ていそうですね。①は違います。

② (the writer) reached the top of all three mountains「3つの山すべての山頂に到達した」はどうでしょうか。今確認した文の後半で we were successful with the climb challenge「登山のチャレンジには成功した」とあり、この we から著者もすべての山に登っていることがわかります。ただ念のため、最後の山を諦めたメンバーの中に著者は含まれていないことを確認しておきましょう。2人のメンバーがミニバスに戻ったというくだりは第4段落5文目でした。6文目に Exhausted and miserable, **the rest of us** were also ready to go back down, but the sky cleared, and we saw that we were really close to the top of the mountain.「疲れ果てて惨めな気持ちになり、**残りの私たちも**戻って下山しようとしていたが、その時、空が晴れ上がり、実は山の頂上が近いのだとわかった」とあり、そのまま登り切ったという流れになります。ここにある the rest of us「残りの私たち」は間違いなく著者を含んでいます。著者は最後の山を登り切っていると判断できるので、②は正解です。なお、第4段落8文目前半で we weren't successful with the time challenge「時間制限のチャレンジは成功しなかった」といっているので③は不正解、④のような記述はどこにもないので④も不正解です。

Day 11

2022年度：共通テスト本試験　第3問B　149

DAY 11 ▶ 練習問題

B Your British friend shows you an interesting article about dogs in the UK.

A Dog-Lover's Paradise

A visit to Robert Gray's dog rescue shelter in Greenfields will surprise you if your idea of a dog shelter is a place where dogs are often kept in crowded conditions. When I was asked to visit there last summer to take photographs for this magazine, I jumped at the chance. I will never forget how wonderful it was to see so many healthy, happy dogs running freely across the fields.

At the time of my visit, around 70 dogs were living there. Since then, the number has grown to over 100. For these dogs, the shelter is a safe place away from their past lives of neglect. The owner, Robert Gray, began taking in homeless dogs from the streets of Melchester in 2008, when dogs running wild in the city were a growing problem. Robert started the shelter in his back garden, but the number of dogs kept increasing day by day, quickly reaching 20. So, in the summer of 2009, he moved the shelter to his uncle's farm in Greenfields.

Although what I saw in Greenfields seemed like a paradise for the dogs, Robert told me that he has faced many difficulties in running the shelter. Since the very early days in Melchester, the cost of providing the dogs with food and medical treatment has been a problem. Another issue concerns the behaviour of the dogs. Some neighbouring farmers are unhappy about dogs wandering onto their land and barking loudly, which can frighten their farm animals. Most of the dogs are actually very friendly, though.

The number of dogs continues to grow, and Robert hopes that visitors will find a dog they like and give it a permanent home. One adorable dog named Muttley followed me everywhere. I was in love! I promised Muttley that I would return soon to take him home with me.

Mike Davis (January, 2022)

問 1 Put the following events (①~④) into the order they happened.

18 → 19 → 20 → 21

① The dog shelter began having financial problems.

② The dog shelter moved to a new location.

③ The number of dogs reached one hundred.

④ The writer visited the dog shelter in Greenfields.

問 2 The dog shelter was started because 22 .

① in Melchester, there were a lot of dogs without owners

② people wanted to see dogs running freely in the streets

③ the farmers in Greenfields were worried about their dogs

④ there was a need for a place where people can adopt dogs

問 3 From this article, you learnt that 23 .

① Robert's uncle started rescuing dogs in 2008

② the dogs are quiet and well behaved

③ the shelter has stopped accepting more dogs

④ the writer is thinking of adopting a dog

DAY 11 > 練習問題［解説］

問 1 - 3

訳 イギリス人の友達が、イギリスの犬に関する面白い記事を見せてくれます。

愛犬家のパラダイス

[第1段落]
犬の保護施設に、犬が詰め込まれて飼われている場所というイメージを持っているとしたら、グリーンフィールドにあるロバート・グレイの保護犬シェルターを訪れると驚くだろう。当雑誌の写真を撮るために昨夏そこを訪れるよう依頼があったとき、私はそのチャンスに飛びついた。 問1④　あんなにたくさんの健康的で幸せそうな犬たちが野原を自由に駆け回っているのを見たときの素晴らしさは決して忘れない。

[第2段落]
私が訪れたときは70頭ほどの犬がそこで暮らしていた。それ以降、その数は100頭以上にまで増えている。 問1③　この犬たちにとって、そのシェルターは、見捨てられていた過去の暮らしとかけ離れた安全な場所だ。オーナーのロバート・グレイは2008年にメルチェスターの路上にいた野良犬たちを引き取り始めたが、当時その町を勝手に走り回る犬たちが大きな問題となっていた。 問2　ロバートは自宅の裏庭でシェルターを始めたが、犬の数は日に日に増え続け、あっという間に20頭に達した。そこで、2009年の夏に、彼はシェルターをグリーンフィールドにある叔父の農場に移した。 問1②

[第3段落]
私がグリーンフィールドで見た光景は犬たちにとってのパラダイスのように思えたが、ロバートはシェルター運営で多くの困難に直面してきたと語ってくれた。メルチェスターでのごく早い時期から、犬に食べ物と医療を施す費用が問題となっていた。 問1①　もう一つの問題は犬の行動に関するものだ。近所の農家の一部は、犬が自分たちの土地に迷い込んで大きく吠え、そのせいで農場の動物たちが脅えるのではと不満に感じている。実際はとても人懐こい犬がほとんどなのだが。

[第4段落]
犬の数が増え続けており、ロバートは、訪れる人たちが気に入った犬を見つけて永住先を提供してくれることを願っている。マトリーというかわいらしい犬が、私がどこへ行ってもついてきた。私は恋に落ちてしまった！　私はマトリーに、すぐまた戻ってきて家に連れていくと約束したのだ。 問3

マイク・デイビス（2022年1月）

語句

[記事]
[第1段落]

rescue	名	救助、保護
shelter	名	保護施設、シェルター

[第2段落]

neglect	名	ネグレクト、養育放棄
take in ~	熟	~を引き取る

[第3段落]

face ~	他	~に直面する
difficulty	名	困難
run ~	他	~を運営する

medical treatment	熟	医療、治療
concern ~	他	~に関係する
behaviour	名	振る舞い、行動（イギリス式つづり）
neighbouring	形	隣の、近所の（イギリス式つづり）
wander	自	さまよう、徘徊する
frighten ~	他	~を怖がらせる

[第4段落]

permanent	形	永続的な、永住できる
adorable	形	かわいらしい

問 1

正解 18 ① 19 ② 20 ④ 21 ③

問題レベル【普通】 配点 3点（すべて正解で）

設問 次の出来事（①～④）を起こった順番に並べなさい。

18 → 19 → 20 → 21

選択肢 ① 保護犬シェルターが資金問題を抱え始めた。
② 保護犬シェルターが新しい場所に移った。
③ 犬の数が100頭に達した。
④ 筆者がグリーンフィールドの保護犬シェルターを訪れた。

語句 financial 形 経済的な、金銭的な　　location 名 場所、所在地

Day
11

　まず場面・状況をイメージ（❶）します。リード文でこれから読むのが、「イギリスの犬に関する面白い記事」であることを理解したら、**英文のタイトルを確認（❷）**し内容を想像します。今回は A Dog-Lover's Paradise だけではあまり内容の想像はできないかもしれませんが、A Dog-Lover から「犬好きの人の話なのかな」くらいで十分です。

　次に**設問を先読みする**（❸）と、「出来事の並べ替え問題」だとわかります。この問題は**選択肢をすべて先読みしてキーワードだけでもつかんでおく**といいでしょう。①資金問題、②新しい場所へ引っ越し、③100頭、④グリーンフィールドに筆者が訪問、あたりにチェックを入れて本文を読み進めていきます（❹）。

　まず第1段落1文目で、A visit to Robert Gray's dog rescue shelter in Greenfields will surprise you「グリーンフィールドにあるロバート・グレイの保護犬シェルターを訪れると驚くだろう」と、保護犬シェルターの話題が持ち出され、2文目に When I was asked to visit there last summer to take photographs for this magazine, I jumped at the chance.「当雑誌の写真を撮るために昨夏そこを訪れるよう依頼があったとき、私はそのチャンスに飛びついた」とあるので、筆者が訪れたのは「去年の夏（以降）」だとわかります。選択肢④の隣に last summer とメモをし、読み進めます。

　次に第2段落1～2文目に At the time of my visit, around 70 dogs were living there. Since then, the number has grown to over 100.「私が訪れたときは70頭ほどの犬がそこで

2022年度：共通テスト追試験　第3問B　153

暮らしていた。それ以降、その数は100頭以上にまで増えている」とあるので、筆者が訪れた後に100頭になったことがわかります。④→③とメモを入れ、読み進めます。

　第2段落最終文に So, in the summer of 2009, he moved the shelter to his uncle's farm in Greenfields.「そこで、2009年の夏に、彼はシェルターをグリーンフィールドにある叔父の農場に移した」とあります。一応「今」が何年なのかを確認すると、英文の最後に Mike Davis（January, 2022）とあるように、この英文が書かれたのが2022年だとわかり、筆者が訪れたのは last summer なので2021年のことだとわかります。選択肢②に「2009」とメモを入れます。ここまでは②→④→③です。

　さらに読み進めると、第3段落2文目に Since the very early days in Melchester, the cost of providing the dogs with food and medical treatment has been a problem.「メルチェスターでのごく早い時期から、犬に食べ物と医療を施す費用が問題となっていた」とありますが、メルチェスターはグリーンフィールドに引っ越す前の場所なので、選択肢①の「資金問題が始まった」のが一番最初の出来事だと判断できます。よって、①→②→④→③が正解の並びです。

問 2　**正解①**　問題レベル【普通】　配点 3点

（設　問）保護犬シェルターが始まった理由は [22] からだ。

（選択肢）① メルチェスターに飼い主のいない犬がたくさんいた
　　　　　② 人々が路上で犬が自由に走り回るのを見たがった
　　　　　③ グリーンフィールドの農家が自分たちの犬の心配をした
　　　　　④ 人々が犬を引き取りに行ける場所が必要とされた

（語句）adopt 〜　他 〜を養子にする、〜を家に迎え入れる

　設問を先読みする（❸）と、保護犬シェルターを始めた理由を探せばいいことがわかります（❹）。問1を解きながら全体を読んでいるはずなので、第2段落あたりにあったことを思い出してほしいところですがいかがでしょうか。改めて第2段落を読むと4文目に , ... began taking in homeless dogs from the streets of Melchester in 2008, when dogs running wild in the city were a growing problem「2008年にメルチェスターの路上にいた野良犬たちを引き取り始めたが、当時その町を勝手に走り回る犬たちが大きな問題となっていた」とあります。when 以下が理由となっていることがわかります。dogs running wild を dogs without owners と**言い換えた**選択肢①が正解です。

154　リーディング

問 3 **正解 ④** 問題レベル【普通】 配点 3点

設 問 この記事から、 23 ことがわかる。

選択肢 ① ロバートの叔父が2008年に犬の保護を始めた
② 犬たちはおとなしくて行儀が良い
③ シェルターはこれ以上犬を受け入れることをやめた
④ 筆者は犬を迎え入れることを考えている

語句 well behaved 熟 行儀のいい

設問を先読み（❸）します。設問からだけでは該当箇所を探せないタイプの問題なので、選択肢を読み、一つひとつ検討していきましょう（❹）。

①は「ロバートの叔父」が始めたわけではないので不正解です。問2で読んでいますが、第2段落4文目にあるように始めたのはロバート自身です。②は「静かで行儀が良い」とはどこにも書いていないので不正解です。第3段落最終文に「ほとんどの犬はとてもフレンドリーだ」とありますが、「犬がフレンドリー」とはむしろ人懐っこいことを意味するので、「静かで行儀が良い」とは一致しません。③はどこにも書いてないので不正解です。④は最終段落最終文で I promised Muttley that I would return soon to take him home with me. 「私はマトリーに、すぐまた戻ってきて家に連れていくと約束したのだ」とあり、筆者が犬を一匹引き取ろうと考えていることが書かれているのでこれが正解になります。

Day
11

2022年度：共通テスト追試験　第3問B　155

DAY 12

【ストーリー型記事読解問題】を攻略する「並べ替えの型」

Day 11では、出来事を流れに沿って叙述する、ストーリー型の記事を読み解く問題の「視線の型」を見ていきました。ここでは、出来事が発生した順番をしっかり読んで理解できているかを問う、並べ替え問題に焦点を当てていきます。

「並べ替えの型」のステップ

① 「視線の型」を使う

問題を解く際には、Day 11の「視線の型」が基本の型となります。p. 142で説明した型を確実にものにしておきましょう。

---

①

B Your English club will make an "adventure room" for the school festival. To get some ideas, you are reading a blog about a room a British man created.

②

Create Your Own "Home Adventure"

Last year, I took part in an "adventure room" experience. I really enjoyed it, so I created one for my children. Here are some tips on making your own.

Key Steps in Creating an Adventure: theme → storyline → puzzles → costumes

First, pick a theme. My sons are huge Sherlock Holmes fans, so I decided on a detective mystery. I rearranged the furniture in our family room, and added some old paintings and lamps I had to set the scene.

Next, create a storyline. Ours was *The Case of the Missing Chocolates*. My children would be "detectives" searching for clues to locate the missing sweets.

The third step is to design puzzles and challenges. A useful idea is to work backwards from the solution. If the task is to open a box locked with a three-digit padlock, think of ways to hide a three-digit code. Old books are fantastic for hiding messages in. I had tremendous fun underlining words on different pages to form mystery sentences. Remember that the puzzles should get progressively more difficult near the final goal. To get into the spirit, I then

156　リーディング

内容 これまでのところ第3問Bでは毎年ストーリーを時系列で並べ替える問題が出題されています。ここではそのような問題に対処するための「並べ替えの型」を習得していきましょう。

⌛ **目標解答時間5分**

had the children wear costumes. My eldest son was excited when I handed him a magnifying glass, and immediately began acting like Sherlock Holmes. After that, the children started to search for the first clue.

This "adventure room" was designed specifically for my family, so I made some of the challenges personal. For the final task, I took a couple of small cups and put a plastic sticker in each one, then filled them with yogurt. The "detectives" had to eat their way to the bottom to reveal the clues. Neither of my kids would eat yogurt, so this truly was tough for them. During the adventure, my children were totally focused, and they enjoyed themselves so much that we will have another one next month.

問1 Put the following events (①~④) into the order in which they happened.

| 18 | → | 19 | → | 20 | → | 21 |

① The children ate food they are not fond of.
② The children started the search for the sweets.
③ The father decorated the living room in the house.
④ The father gave his sons some clothes to wear.

問2 If you follow the father's advice to create your own "adventure room," you should 22 .

① concentrate on three-letter words
② leave secret messages under the lamps
③ make the challenges gradually harder
④ practise acting like Sherlock Holmes

Day 12

② **「並べ替えの型」：選択肢を先読みし、言い換え箇所を追っていく**

並べ替え問題を正しくスピーディーに解くには、**本文を読みながら「ここがポイントだ」と反応していく必要があります。** そのためには、並べ替える選択肢をあらかじめ先読みし、各出来事の情景をくっきりイメージしておきましょう。その上で本文を読んでいくと、該当箇所（たいていは言い換えられています）に出会った瞬間、反応できるようになり、解くスピードが上がります。

それでは、「並べ替えの型」を使ってまず次ページの問題に取り組みましょう！ 👉

157

B Your English club will make an "adventure room" for the school festival. To get some ideas, you are reading a blog about a room a British man created.

Create Your Own "Home Adventure"

Last year, I took part in an "adventure room" experience. I really enjoyed it, so I created one for my children. Here are some tips on making your own.

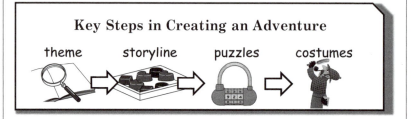

First, pick a theme. My sons are huge Sherlock Holmes fans, so I decided on a detective mystery. I rearranged the furniture in our family room, and added some old paintings and lamps I had to set the scene.

Next, create a storyline. Ours was *The Case of the Missing Chocolates*. My children would be "detectives" searching for clues to locate the missing sweets.

The third step is to design puzzles and challenges. A useful idea is to work backwards from the solution. If the task is to open a box locked with a three-digit padlock, think of ways to hide a three-digit code. Old books are fantastic for hiding messages in. I had tremendous fun underlining words on different pages to form mystery sentences. Remember that the puzzles should get progressively more difficult near the final goal. To get into the spirit, I then

問題番号は実際の番号のままです。

had the children wear costumes. My eldest son was excited when I handed him a magnifying glass, and immediately began acting like Sherlock Holmes. After that, the children started to search for the first clue.

This "adventure room" was designed specifically for my family, so I made some of the challenges personal. For the final task, I took a couple of small cups and put a plastic sticker in each one, then filled them with yogurt. The "detectives" had to eat their way to the bottom to reveal the clues. Neither of my kids would eat yogurt, so this truly was tough for them. During the adventure, my children were totally focused, and they enjoyed themselves so much that we will have another one next month.

問 1　Put the following events (①～④) into the order in which they happened.

$$\boxed{18} \rightarrow \boxed{19} \rightarrow \boxed{20} \rightarrow \boxed{21}$$

① The children ate food they are not fond of.

② The children started the search for the sweets.

③ The father decorated the living room in the house.

④ The father gave his sons some clothes to wear.

問 2　If you follow the father's advice to create your own "adventure room," you should 　22　.

① concentrate on three-letter words

② leave secret messages under the lamps

③ make the challenges gradually harder

④ practise acting like Sherlock Holmes

Day 12

2023年度：共通テスト本試験　第3問B　159

問 3 From this story, you understand that the father 23 .

① became focused on searching for the sweets

② created an experience especially for his children

③ had some trouble preparing the adventure game

④ spent a lot of money decorating the room

DAY 12 > 例題 ［解 説］

問 1-3

訳 あなたのいる英語部は学園祭で「アドベンチャー・ルーム」を作ります。アイデアを求めて、あなたはイギリスの男性が作ったアドベンチャー・ルームに関するブログを読んでいます。

自分だけの「ホーム・アドベンチャー」を作ろう

[第1段落]
去年、私は「アドベンチャー・ルーム」体験に参加した。とても楽しかったので、子どもたちのために作ってみた。自作する際のコツを以下に紹介する。
［図］

[第2段落]
最初にテーマを選ぶ。うちの息子たちはシャーロック・ホームズの大ファンなので、推理ミステリーに決めた。居間の家具を並べ替えて 問1③ 、持っていた古い絵やランプを加え、場面設定をした。

[第3段落]
次に、ストーリーを作る。わが家の場合は『消えたチョコレート事件』だ。子どもたちが、消えたお菓子を見つけ出すための手掛かりを探す「探偵」となる。
問1②-1

[第4段落]
3番目のステップは謎と課題を考えることだ。やりやすい考え方は、答えからさかのぼって作ることだ。課題が3桁の数字の南京錠のかかった箱を開けることであれば、3桁の数字を隠す方法を考えるのだ。古い本はメッセージを隠すのにとてもいい。謎の文を作るためにあちこちのページの単語に下線を引くのはとても楽しかった。最終ゴールに近づくにつれ謎が徐々に難しくなるようにするのを忘れてはいけない。 問2 雰囲気を出すため、ここで子どもたちに衣装を着せた。
問1④ 私が虫眼鏡を渡すと長男は喜んで、すぐにシャーロック・ホームズのまねを始めた。その後、子どもたちは最初の手掛かりを探し始めた。 問1②-2

[第5段落]
この「アドベンチャー・ルーム」は家族向けに特別に作ったもの 問3 なので、課題の一部を個人的なものにした。最後の課題として、小さなカップを用意してそれぞれにプラスチックシールを貼り、ヨーグルトを入れた。 問1①-2 手掛か

りを明らかにするために「探偵たち」は底まで食べ切らなければならない。どの子もヨーグルトを食べたがらないので、彼らにとってこれはとても大変だった。

問1①-1 　アドベンチャーの間中、子どもたちはすっかり集中していたし、とても楽しんでくれたので、来月もまた開催する予定だ。

語句

[ブログ]		
[図]		
theme	名	テーマ
puzzle	名	謎
[第2段落]		
huge	形	とても大きな、熱烈な
detective	形	探偵物の、推理の
	名	探偵
rearrange 〜	他	〜を並べ替える
[第3段落]		
clue	名	手掛かり
locate 〜	他	〜を探し当てる
[第4段落]		
solution	名	解答
task	名	課題
〜-digit	形	〜桁の

padlock	名	南京錠
fantastic	形	素晴らしい、とても良い
tremendous	形	とても大きな、途方もない
progressively	副	徐々に、だんだんと
get into the spirit	熟	雰囲気を満喫する、その気になる
eldest	形	一番年上の、最年長の
magnifying glass	熟	拡大鏡、虫眼鏡
[第5段落]		
sticker	名	ステッカー、シール
reveal 〜	他	（隠れていた）〜を明らかにする
focused	形	集中した

問1

正解 18 ③ 　 19 ④ 　 20 ② 　 21 ①

問題レベル【やや難】　配点 3点（すべて正解で）

設問 次の出来事（①〜④）を起こった順番に並べなさい。

18 → 19 → 20 → 21

選択肢
① 子どもたちが、好きでない食べ物を食べた。
② 子どもたちがお菓子を探し始めた。
③ 父親が家のリビングの飾り付けをした。
④ 父親が息子たちに着る服を渡した。

語句 be fond of 〜 　熟 〜を好む　　　　　decorate 〜 　他 〜を飾り立てる

　まずは❶視線の型です。リード文とタイトルから、「adventure room を作ること」がテーマであることを確認し、設問にあたります。起こった順番に出来事を並び替える問題です。**選択肢を先読みしましょう（❷）**。①は be fond of 〜「〜が好き」がわかれば、「子どもたちが好きではない食べ物を食べた」と理解できたと思います。food と they の間に関係代名詞が省略されています。②は大丈夫ですね。「子どもたちがお菓子を探し始めた」、①も②も主語は子どもたちで、どちらも食べ物に関することです。③は「父親がリビングの飾り付けをした」、④は「父親が息子たちに服を渡した」とあり、主語はどちらも父親です。本文を読む前にこの4つの場面をしっかりイメージしておきましょう。

①は子どもが苦手な食べ物を食べてしかめっ面をしているイメージ、

②は子どもが目をキラキラさせて一生懸命お菓子を探しているイメージ、

③は父親が子どものためにせっせとリビングの飾り付けをしているイメージ、

④は父親が「これを着てみて！」とワクワクしながら息子たちに服を渡しているイメージ、ですね。イメージ化することで、該当箇所にすぐに反応できるようになります。「並べ替えの型」における選択肢先読みというのは、**ただ目を通すだけでなく、情景を頭に浮かばせる行為**のことだと思ってください。

それでは本文をみていきます。まず第1段落2文目の I created one for my children より、書き手は父親のようですね。I=Father として読み進めます。早速第2段落3文目に I rearranged the furniture in our family room「居間の家具を並び替えた」とあります。これは選択肢③ですね。選択肢では rearranged → decorated に、family room → living room に**言い換え**られていました。後でひっくり返る可能性もありますが、とりあえず選択肢③のところに「1」と書いておきましょう。

次に出てくるのは父親が子どもに服を渡す場面です。第4段落7文目に To get into the spirit, I then had the children wear costumes.「雰囲気を出すため、ここで子どもたちに衣装を着せた」とあります。選択肢④ですね。本文の had the children wear costumes が選択肢では gave his sons some clothes to wear と**言い換え**られていました。選択肢④の隣に「2」と書いておきます。

そして第4段落9文目に After that, the children started to search for the first clue.「その後、子どもたちは最初の手掛かりを探し始めた」とあります。第3段落3文目 My children would be "detectives" searching for clues to locate the missing sweets.「子どもたちが、消えたお菓子を見つけ出すための手掛かりを探す『探偵』となる」より、この the first clue は「お菓子を探す最初の手掛かり」のことだとわかります。つまりお菓子を探し始めた、ということでここまでは選択肢③→④→②の流れでバッチリだと思います。

残った選択肢①の該当箇所を探しに本文に戻ると、最終段落4文目で Neither of my kids would eat yogurt「どの子もヨーグルトを食べたがらない」とあります。嫌いな食べ物はヨーグルトだったのですね。同段落2文目で For the final task としてヨーグルトを出しているので、これは最後の出来事だとわかります。よって正解は③→④→②→①です。

Day 12

2023年度：共通テスト本試験　第3問B

問 2 正解 ③ 問題レベル【普通】 配点 3 点

設　問 あなたがこの父親の助言に従って自分の「アドベンチャー・ルーム」を作るとしたら、 **22** べきだ。

選択肢 ① 3 文字の単語に注意を集中する
② ランプの下に秘密のメッセージを置いておく
③ 課題を徐々に難しくする
④ シャーロック・ホームズの演技を練習する

語句 concentrate on ~ 熟 ~に集中する　　practise ~ 他 ~を練習する（イギリス式つづり）

設問の father's advice や you should という表現から、「提案・要求・命令表現」を探せばいいのだと考えます（❶）。第 4 段落 6 文目 Remember that the puzzles should get progressively more difficult near the final goal. 「最終ゴールに近づくにつれ謎が徐々に難しくなるようにするのを忘れてはいけない」という命令文に注目しましょう。正解は③ make the challenges gradually harder「課題を徐々に難しくする」です。progressively が gradually に、more difficult が harder に言い換えられています。この問題は設問から求められているものがわかりやすかったので、本文を読み始める前に問 2 の設問を頭に入れておくと、該当箇所にきた時に気づきやすかったと思います。ただ、問 1 の選択肢を 4 つも頭に入れたうえで問 2 まで目を通すのは負担だという人は、一通り本文を読んで問 1 を解答した後、再度最初から読み直すのも手です。このあたりの順番は、本文の読みやすさ、設問のわかりやすさ、選択肢の長さなどによって変わってきますので、柔軟に変えていきましょう。

問 3 正解 ② 問題レベル【易】 配点 3 点

設　問 この話から、この父親が **23** ことがわかる。

選択肢 ① お菓子を探すのに夢中になった
② 自分の子どもたちのためだけの経験を作り上げた
③ アドベンチャー・ゲームを準備するのに苦労した
④ 部屋の飾り付けに大金を使った

語句 have trouble (V)ing 熟 V するのに苦労する、うまく V できない

設問から、「父親がしたこと」について探せばいいとわかりますが、この情報だけでは狙い読みができないので、**選択肢を先に読みましょう**（❶）。まず①お菓子を探すのに夢中になった、は違うことがわかると思います。お菓子を探していたのは子どもたちです。②自分の子どもたちのためだけの経験を作った、つまり自分の子ども用にオリジナルにしたということですね。これはどうでしょうか。最後の段落の 1 文目に This "adventure room" was designed specifically for my family とありますね。これが正解です。specifically が especially に言い換えられていました。③準備に苦労した、や④部屋の飾りつけにお金がかかった、はどこにも書かれていませんでした。

164　リーディング

B You have entered an English speech contest and you are reading an essay to improve your presentation skills.

Gaining Courage

Rick Halston

In my last semester in college, I received an award for my final research presentation. I wasn't always good at speaking in front of people; in fact, one of my biggest fears was of making speeches. Since my primary school days, my shy personality had never been ideal for public speaking. From my first day of college, I especially feared giving the monthly class presentations. I would practise for hours on end. That helped somewhat, but I still sounded nervous or confused.

A significant change came before my most important presentation when I watched a music video from my favourite singer's newly released album. I noticed it sounded completely different from her previous work. She had switched from soft-rock to classical jazz, and her style of clothes had also changed. I thought she was taking a huge professional risk, but she displayed such confidence with her new style that I was inspired. I would change my sound and my look, too. I worked tirelessly to make my voice both bolder and calmer. I wore a suit jacket over my shirt, and with each practice, I felt my confidence grow.

When I started my final presentation, naturally, I was nervous, but gradually a sense of calm flowed through me. I was able to speak with clarity and answer the follow-up questions without tripping over my words. At that moment, I actually felt confident. Right then, I understood that we can either allow anxiety to control us or find new ways to overcome it. There is no single clear way to become a confident presenter, but thanks to that singer I realised that we need to uncover and develop our own courage.

問 1　Put the following events (①~④) into the order in which they happened.

18 → 19 → 20 → 21

① He felt nervous at the start of his final presentation.

② He made short presentations on a regular basis.

③ He was given a prize for his presentation.

④ He was motivated to take a risk and act more confidently.

問 2　Rick was moved by his favourite singer and 22 .

① accepted his own shy personality

② decided to go to her next concert

③ found new ways of going to class

④ learnt from her dramatic changes

問 3　From the essay, you learnt that Rick 23 .

① began to deal with his anxiety

② decided to change professions

③ improved his questioning skills

④ uncovered his talent for singing

166　リーディング

DAY 12 ▶ 練習問題［解説］

問 1-3

訳 あなたは英語スピーチコンテストに参加申し込みをしていて、自分の発表力を伸ばすため、あるエッセーを読んでいます。

勇気を出すこと

リック・ハルストン

[第1段落]
大学での最終学期に、私は期末の研究発表で賞をもらった。問1③ 私は人前で話すことが必ずしも得意ではなかった。むしろ、最大の恐怖の一つがスピーチをすることだった。小学校時代から、私の内気な性格は人前で話すことに向いているとは決して言えなかった。大学の初日から、毎月、授業で発表することが特に怖かった。問1② 何時間もかけて練習していた。それは多少の役には立ったが、それでも緊張やドギマギが声に出ていた。

[第2段落]
大きな変化が起きたのは最も大事な発表の前のことで、その時私は大好きな歌手が新しく出したアルバムのミュージックビデオを見ていた。それが彼女のそれ以前の作品と全く違っていることに私は気付いた。ソフトロックからクラシックジャズに転換して、彼女の衣装のスタイルも変わっていた。キャリアの上で大きな冒険をしていると思ったが、彼女は新しいスタイルに自信たっぷりな様子だったので、私は触発された。私も声と見た目を変えてみよう。問2 私は自分の声が力強くかつ落ち着いた響きになるよう懸命に努めた。シャツの上にスーツジャケットを着て、練習を重ねるごとに自信が大きく感じられるようになっていった。問1④

[第3段落]
期末の発表を始めると、当然のことだが緊張を感じた問1①、が、徐々に落ち着きが体の中を流れていった。私ははっきりと話すことができたし、終了後の質疑にも言葉につかえることなく答えることができた。そのときには心から自信を感じていた。その瞬間に理解したのだ、私たちは不安に自分をコントロールされてしまうこともあれば、それを克服する新しい道を見つけ出すこともあるのだと。自信ある発表者になるために一つだけの明確な道があるのではないが、あの歌手のおかげで私は、人は自分で自分の勇気を探し出し高めていかなければならないのだと理解できた。

語句

[リード文]
enter ～ 　他 ～に参加する、～（競技会など）に出場する

[エッセー]
[第1段落]
semester 　名 学期
award 　名 賞

2023年度：共通テスト追試験　第3問B

in fact	熟 むしろ、実際は	confidence	名 自信
primary school	熟 （イギリスの）小学校	inspire ～	他 ～を触発する
		tirelessly	副 辛抱強く、休むことなく
practise ～	他 ～を練習する（イギリス式つづり）	bold	形 力強い、堂々とした
on end	熟 立て続けに、連続で	[第3段落]	
confused	形 混乱した	gradually	副 次第に、だんだんと
[第2段落]		with clarity	熟 はっきりと、明確に
significant	形 意義深い、著しい	trip over one's words	熟 言葉につかえる、口ごもる
favourite	形 お気に入りの（イギリス式つづり）	overcome ～	他 ～を克服する
take a risk	熟 リスクを取る、思い切ってやってみる	realise ～	他 ～とわかる（イギリス式つづり）
professional	形 職業上の	uncover ～	他 ～（隠れていたもの）を見つけ出す
display ～	他 ～を見せる		

問 1　正解　18 ②　　19 ④　　20 ①　　21 ③

問題レベル【普通】　配点 3点（すべて正解で）

設　問 次の出来事（①〜④）を起こった順番に並べなさい。

　　18 → 19 → 20 → 21

選択肢 ① 彼は期末プレゼンテーションの始めに緊張を感じた。

　　② 彼は定期的に短いプレゼンテーションをした。

　　③ 彼はプレゼンテーションで賞をもらった。

　　④ 彼は思い切ってもっと自信のある態度を取ろうという気持ちになった。

語句 on a regular basis 熟 定期的に　　　be motivated to (V) 熟 Vする気になる

　まずは❶**視線の型**です。リード文から「英語・プレゼンのスキル」に関連する話であること、タイトルから「勇気を出すこと」がテーマであることを確認し、設問にあたります。起こった順番に出来事を並び替える問題ですね。**選択肢を先読みしましょう（❷）。**

　①はプレゼンの出だしで不安で**泣きそうになっている**イメージ、

　②は定期的にプレゼンをして**頑張っている**イメージ、

　③はプレゼンで賞をもらって**喜んでいる**イメージ、

　④はモチベーションが上がって**燃えている**イメージ、

です。①〜④の太字部分は勝手に付け加えたのですが、状況を頭に思い浮かべるというのは言語化するとこんな感じです。記憶にとどめ続けるには登場人物の表情が見えなければいけません。読みながら「今、主人公どんな顔してる？」といきなり横から聞かれても即答できるのが理想です。

　では本文です。第1段落1文目で早速「大学の最終学期のプレゼンで賞をとった」と選択肢③の内容がありますが、エッセーはこのあと小学校、大学の初日、とさかのぼっているので保留です。最初に出てきたからといって出来事の一番目とは限りません。起承転結で話すのを好む日本人からすると信じがたいかもしれませんが、英語では結論を先に言ってから説明していくスタイルが多いです。

168　リーディング

読み進めていくと、4文目に giving the monthly class presentations「毎月のクラスのプレゼン」とあります。まずここが選択肢②に該当します。monthly が選択肢では on a regular basis と言い換えられていました。

次に第2段落で、お気に入りの歌手がリスクをとって頑張っているのを見たのがきっかけで、見た目や声を変えて自信をつけていきます。ここが選択肢④です。

続けて見ていくと、第3段落1文目で「期末プレゼンで緊張していた」とあります。選択肢①です。そしてその後賞をもらうわけですから最初に戻って、選択肢③が最後、つまり②→④→①→③が正解です。

問2 **正解④** 問題レベル【普通】 配点 3点

設問 リックは好きな歌手に感動して、 **22** 。

選択肢 ① 自分の内気な性格を受け入れた
② 彼女の次のコンサートに行こうと決心した
③ 授業に行く新しい方法を見つけた
④ 彼女の劇的な変化から学んだ

語句 learn ~ 他 ~を学ぶ（learnt は過去形・過去分詞のイギリス式つづり）

❶視線の型で解いていきましょう。設問から第2段落を読めばわかりそうだと判断できます。4～5文目、she displayed such confidence with her new style that I was inspired. I would change my sound and my look, too.「彼女は新しいスタイルに自信たっぷりな様子だったので、私は触発された。私も声と見た目を変えてみよう」から好きな歌手に影響をうけて自分も変わろうと決心した様子がわかります。ここから ④ learnt from her dramatic changes が正解です。

Day 12

問3 **正解①** 問題レベル【普通】 配点 3点

設問 このエッセーから、リックは **23** ことがわかる。

選択肢 ① 自分の不安に対処するようになった　② 職業を変える決心をした
③ 質問をする能力を向上させた　④ 自分の歌の才能を発見した

語句 deal with ~ 熟 ~に対処する　　　profession 名 職業

設問に情報量が少ないので、選択肢を先読みしキーワードを拾っておくと解きやすいでしょう。①「不安に対処し始めた」、②「職業を変えることを決めた」、③「質問する能力を向上させた」、④「歌の才能を発見した」とざっくりつかんで本文へいきますが、すでにこの時点で全文読み終わっている場合はすぐに答えが出ますね。「Rick は元々プレゼンが苦手だったが、ある歌手に影響を受けて、自信をもってプレゼンすることができるようになった」という内容なので、②③④は的外れです。正解は① began to deal with anxiety です。最後の問題だからといって、最終段落だけを何となく読むと、2文目 I was able to ... answer the follow-up questions から③を、最終文 thanks to that singer I realised that we need to uncover and develop our own courage から②や④を選びたくなるかもしれません。このようなストーリー系は全体の流れをつかむことが重要です。部分読み・飛ばし読みはしないようにしましょう。

2023年度：共通テスト追試験　第3問B　169

DAY 13

【マルチプルパッセージ+図表問題】を攻略する「視線の型」

第4問では、マルチプル（複数）の文書や図表を照らし合わせて設問に答える問題が出題されます。このような「マルチプルパッセージ+図表問題」は複数の箇所を照らし合わせて理解する必要があるため、今までと少し異なる「視線の型」が必要です。

「視線の型」のステップ

① 場面・状況をイメージする

問題に当たる前に設定の説明を読み、場面や状況をイメージしましょう。「マルチプルパッセージ+図表問題」は、状況設定が複雑な時がありますが、ここでしっかりと自分の言葉で説明できるくらいまでに理解しておくと、話の流れにスッとのれます。

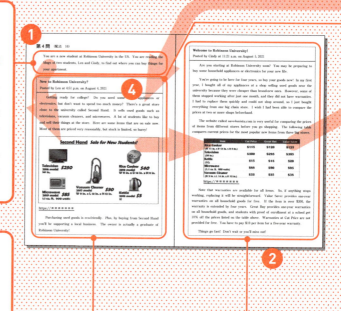

② 英文や図表のタイトル、複数のパッセージの関係性を確認する

「マルチプルパッセージ+図表問題」では、タイトルだけでなく、文書同士や文書と図表がどう関連しているかの確認を先にしておきましょう。

内容 第4問ではこれまで「メールのやりとり」や「共通のテーマに関する2人の異なった見解」、など複数の文書や図表を照らし合わせる問題が出題されました。ここでは「マルチプルパッセージ+図表問題」に対応する「視線の型」をマスターしていきましょう。

目標解答時間 10分

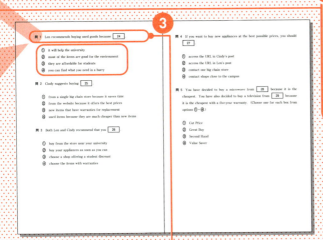

④ 該当箇所を探しに本文へ

該当箇所を探しに本文にいきましょう。情報が多いため、複数の文章・図表を照らし合わせて一つひとつ丁寧に問題を解いていきます。

③ 設問を先読みする

できるだけすべての設問を先に把握しておきましょう。ここがこれまでの「視線の型」と大きく異なる点です。キーワードの把握だけであれば、すべての設問を確認してもそこまで負担にならないはずです。すべてを先読みすると情報が多すぎて混乱してしまう、という人は1問ずつの方が解きやすいかもしれませんが、設問をすべて先に把握し、問われる内容をあらかじめ頭に入れた状態で読んでいくのが理想です。これまでも、本文を読み始める前にチェックしておくことで該当箇所が見つけやすくなる設問が後半で出題されています。

では、この「視線の型」を使って、次ページの問題に取り組みましょう！

DAY 13 > 例 題

目標解答時間 **10**分

第4問 (配点 16)

You are a new student at Robinson University in the US. You are reading the blogs of two students, Len and Cindy, to find out where you can buy things for your apartment.

New to Robinson University?
Posted by Len at 4:51 p.m. on August 4, 2021

    Getting ready for college? Do you need some home appliances or electronics, but don't want to spend too much money? There's a great store close to the university called Second Hand. It sells used goods such as televisions, vacuum cleaners, and microwaves. A lot of students like to buy and sell their things at the store. Here are some items that are on sale now. Most of them are priced very reasonably, but stock is limited, so hurry!

Second Hand *Sale for New Students!*

Television
2016 model
50 in.
$250

Vacuum Cleaner
2017 model
W 9 in. x L 14 in. x H 12 in.
$30

Rice Cooker
2018 model
W 11 in. x D 14 in. x H 8 in.
$40

Microwave
2019 model
1.1 cu. ft. 900 watts
$85

Kettle
2018 model
1ℓ
$5

https://secondhand.web

    Purchasing used goods is eco-friendly. Plus, by buying from Second Hand you'll be supporting a local business. The owner is actually a graduate of Robinson University!

問題番号は実際の番号のままです。

Welcome to Robinson University!

Posted by Cindy at 11:21 a.m. on August 5, 2021

Are you starting at Robinson University soon? You may be preparing to buy some household appliances or electronics for your new life.

You're going to be here for four years, so buy your goods new! In my first year, I bought all of my appliances at a shop selling used goods near the university because they were cheaper than brand-new ones. However, some of them stopped working after just one month, and they did not have warranties. I had to replace them quickly and could not shop around, so I just bought everything from one big chain store. I wish I had been able to compare the prices at two or more shops beforehand.

The website called save4unistu.com is very useful for comparing the prices of items from different stores before you go shopping. The following table compares current prices for the most popular new items from three big stores.

Item	Cut Price	Great Buy	Value Saver
Rice Cooker (W 11 in. x D 14 in. x H 8 in.)	$115	$120	$125
Television (50 in.)	$300	$295	$305
Kettle (1ℓ)	$15	$18	$20
Microwave (1.1 cu. ft. 900 watts)	$88	$90	$95
Vacuum Cleaner (W 9 in. x L 14 in. x H 12 in.)	$33	$35	$38

https://save4unistu.com

Note that warranties are available for all items. So, if anything stops working, replacing it will be straightforward. Value Saver provides one-year warranties on all household goods for free. If the item is over $300, the warranty is extended by four years. Great Buy provides one-year warranties on all household goods, and students with proof of enrollment at a school get 10% off the prices listed on the table above. Warranties at Cut Price are not provided for free. You have to pay $10 per item for a five-year warranty.

Things go fast! Don't wait or you'll miss out!

Day
13

2022年度：共通テスト本試験　第4問　173

問 1　Len recommends buying used goods because 　24　.

① it will help the university

② most of the items are good for the environment

③ they are affordable for students

④ you can find what you need in a hurry

問 2　Cindy suggests buying 　25　.

① from a single big chain store because it saves time

② from the website because it offers the best prices

③ new items that have warranties for replacement

④ used items because they are much cheaper than new items

問 3　Both Len and Cindy recommend that you 　26　.

① buy from the store near your university

② buy your appliances as soon as you can

③ choose a shop offering a student discount

④ choose the items with warranties

問 4　If you want to buy new appliances at the best possible prices, you should ⬚27⬚ .

① access the URL in Cindy's post
② access the URL in Len's post
③ contact one big chain store
④ contact shops close to the campus

問 5　You have decided to buy a microwave from ⬚28⬚ because it is the cheapest. You have also decided to buy a television from ⬚29⬚ because it is the cheapest with a five-year warranty. (Choose one for each box from options ①〜④.)

① Cut Price
② Great Buy
③ Second Hand
④ Value Saver

DAY 13 > 例題 [解 説]

問 1 – 5

訳 あなたはアメリカにあるロビンソン大学の新入生です。アパートで使う物をどこで買えばいいか調べるため、レンとシンディーという2人の学生のブログを読んでいます。

[1つ目のブログ]
ロビンソン大学の新入生？
投稿者：レン　2021年8月4日午後4時51分投稿
[第1段落] 大学生活の準備中ですか。家電製品や電子機器が必要だけれど、あまりお金を使いたくないと思っていますか。 問1-1 　大学の近くに「セカンドハンド」という、いいお店があります。テレビや掃除機、電子レンジなどの中古商品を売っています。多くの学生がこの店で物を買ったり売ったりしています。現在セールになっている品物をいくつか紹介します。ほとんどがとても手頃な値段になっています 問1-2 が、在庫には限りがあるので、急いでください！ 問3-1

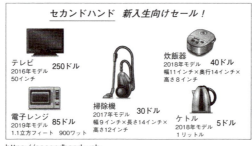

[第2段落] 中古商品を使うのは環境に優しいことです。さらに、「セカンドハンド」で買うことで地元ビジネスの支援になります。ご店主は実はロビンソン大学の卒業生なのです！

[2つ目のブログ]
ロビンソン大学へようこそ！
投稿者：シンディー　2021年8月5日午前11時21分投稿
[第1段落] もうじきロビンソン大学に入学ですか。新生活のための家電製品や電子機器を買おうと準備中かもしれませんね。
[第2段落] ここには4年間いることになるので、新しい品物を買いましょう！　私は最初の年に、新品より安かったので、大学近くの中古品を売る店で全部の家電を買いました。ところが、そのうちのいくつかはわずか1カ月で動かなくなり、保証書も付いていませんでした。 問2 　急いで買い替えなければいけなかったので、買うものを見て回ることもできず、大手のチェーン店1カ所でまとめて買いました。複数の店であらかじめ値段を見比べることができていたら良かったのにと思います。

[第3段落] save4unistu.com というウェブサイトは、買い物に行く前にいろいろな店の品物の価格を比較するのにとても便利です。下の表は、最も人気のある新製品の現行価格を大手三店で比べたものです。 問4

品目	カットプライス	グレートバイ	バリューセーバー
炊飯器 （幅11インチ×奥行14インチ×高さ8インチ）	115ドル	120ドル	125ドル
テレビ （50インチ）	300ドル	295ドル	305ドル
ケトル （1リットル）	15ドル	18ドル	20ドル
電子レンジ （1.1立方フィート、900ワット）	88ドル	90ドル	95ドル
掃除機 （幅9インチ×長さ14インチ×高さ12インチ）	33ドル	35ドル	38ドル

https://save4unistu.com

[第4段落] すべての商品に保証が付けられることに注目しましょう。つまり、何か動かなくなったら、交換が簡単にできます。「バリューセーバー」ではすべての家電に無料の1年保証を提供しています。商品価格が300ドル以上であれば、保証は4年間延長されます。 問5④ 「グレートバイ」はすべての家電製品に1年保証を提供していて、学校への入学を証明するものを持っている学生は上の表に載った価格から10パーセント値引きされます。 問5② 「カットプライス」の保証は無料ではありません。品物ごとに5年保証料金10ドルを払う必要があります。 問5①

[第5段落] 物はどんどん売れていきます！ ぐずぐずしないで、でないと買い損ねますよ！ 問3-2

語句

[1つ目のブログ]

[第1段落]

home appliance	熟 家電製品
electronics	名 （～sで）電子機器
goods	名 （～sで）商品
vacuum cleaner	熟 （電気）掃除機
microwave	名 電子レンジ
reasonably	副 手頃な価格で
stock	名 在庫

[第2段落]

purchase ～	他 ～を購入する
eco-friendly	形 環境に優しい
plus	副 その上、さらに
graduate	名 卒業生

[2つ目のブログ]

[第1段落]

household appliance	熟 家電製品

[第2段落]

brand-new	形 新品の
work	自 機能する、作動する
warranty	名 保証（書）
replace ～	他 ～を取り替える、～を買い替える
beforehand	副 事前に、あらかじめ

[第3段落]

table	名 表
current	形 現在の、現行の

[第4段落]

straightforward	形 簡単な、面倒のない
extend ～	他 ～を延長する
proof	名 証拠、証明できるもの
enrollment	名 入学、在籍

[第5段落]

wait	自 ぐずぐずする
miss out	熟 買い損ねる

Day 13

2022年度：共通テスト本試験 第4問

まずは**場面・状況を把握しましょう**（❶）。リード文から、「アパートで使う物を買うお店を調べるため、2人の学生のブログを読んでいる」のだとわかります。次に**英文や図表のタイトル、複数のパッセージの関係性を確認**（❷）します。ほぼ同日（8月4日と8月5日）に書かれた2つのブログがあり、後に書かれた Cindy のブログの始まりの1文、Are you starting at Robinson University soon?「もうじきロビンソン大学に入学ですか」から、この2つのブログは独立したもので相互に関係し合っているわけではなさそうです。どちらのブログでもいくつかの電化製品と料金が表示されている図表があります。

では**設問の先読み**（❸）です。できるだけすべての設問で何が問われているかを把握しておきましょう。問1「レン（1つ目のブログ書き手）が、なぜ中古品を買うように勧めているか」、問2「シンディー（2つ目のブログ書き手）が、どこで何を買うよう勧めているか」、問3「2人とも勧めていることは何か」、問4「新品の家具をできるだけ安く買いたい場合どうすべきか」、問5「買うことを決めた電化製品とその理由の関係性」ですね。問1〜問3はまとめて、**2人の書き手が読者に促していることやその理由を押さえていけばよさそうで、問4と問5は料金に関係していそうです。このように問われていることをざっくりとでも押さえておけば、後で読み直しが激減**します。それでは1問ずつ確認していきましょう。

問 1 　**正解 ③**　問題レベル【普通】　配点 3点

　設 問　レンが中古品を買うよう勧める理由は ┃24┃ からだ。

　選択肢　① それが大学の助けになる
　　　　　② 品物のほとんどが環境に優しい
　　　　　③ 学生にとって手頃な価格である
　　　　　④ 必要なものを急いで探すことができる

　語句　recommend 〜　他 〜を勧める　affordable　形 手頃な価格の

　設問をあらためて確認する（❸）と「レンが中古の品を勧めた理由」を問われています。**該当箇所を探して本文を読んでいきます**（❹）。レンのブログ第1段落2文目で don't want to spend too much money?「あまりお金を使いたくないと思っていますか」とあります。また、同段落最終文で Most of them are priced very reasonably「ほとんどがとても手頃な値段になっている」とあり、商品と料金を掲載した表を見せてくれています。ここから、**価格の安さが勧める理由**だとわかります。よって正解は選択肢③ they are affordable for students「学生にとって手頃な価格である」です。affordable は「手頃な価格の」という意味で、cheap や reasonable の**言い換え**としてよく登場するので覚えておきましょう（「お金」に関する重要表現は408ページ）。

　なお、第2段落1文目 Purchasing used goods is eco-friendly.「中古品の購入は環境に優しい」や2文目 you'll be supporting a local business「地元ビジネスの支援になります」とありますが、これらは中古品を買うことを後押しするただのおまけ、サブ的な理由として書かれています（最後に短く列挙されているだけなのでサブと判断できます）。今回の設問には one of the reasons「理由の一つ」や、partly because「一部には〜だから」のような、「理由として書かれているものはすべて正解の可能性がある」ことを暗示する表現は含まれていません。Len recommends buying used goods because ┃24┃.「**レンが中古品を買うよう勧める理由は ┃24┃ からだ**」という、理由をストレートに示した英文です。空所には「一番大きな

178　リーディング

メインの理由」がくるはず。ここから選択肢 ② most of the items are good for the environment「ほとんどの中古品は環境にいい」は正解っぽくないと考えてください。また、「ほとんどの中古品」ということは「環境に優しくない中古品もある」という意味になり、書かれていない情報に言及している点でもおかしいです。

問 2 　正解③　問題レベル【普通】　配点 3点

設　問 シンディーは [25] 買うよう勧めている。

選択肢 ① 時間の節約になるので大手チェーン店 1 店だけで
② 最安値で提供されているのでウェブサイトで
③ 交換できる保証が付いている新品を
④ 新品よりずっと安いので中古品を

設問を読む（❸）と「シンディーは……」とあるので、2 つ目のシンディーが書いたブログに該当箇所があることがわかります（❹）。シンディーは第 2 段落 1 文目で、buy your goods new! と新しい家電を買うよう勧めています。この時点で選択肢を見ても③が正解だとわかりますが、選択肢にはその理由も含まれているため、念のため理由も確認しておきましょう。

本文に戻り（❹）、理由が書かれていることを期待して読み進めると、第 2 段落 2 ～ 3 文目に、I bought all of my appliances at a shop selling used goods... However, some of them stopped working after just one month, and they did not have warranties.「私は中古品を売る店で全部の家電を買いました（中略）ところが、そのうちのいくつかはわずか 1 カ月で動かなくなり、保証書も付いていませんでした」と、中古を買ったらすぐに故障してしまい、保証書（warranties）もなくて困った、とあります。これが新品を勧める理由のようです。よって、あらためて選択肢③が正解だとわかります。

問 3 　正解②　問題レベル【普通】　配点 3点

設　問 レンとシンディーの両方とも、あなたに [26] よう勧めている。

選択肢 ① 大学近くの店で買う
② 家電製品をできるだけ早く買う
③ 学生割引のある店で買う
④ 保証の付いている品物を選ぶ

Day 13

説明によると（❸）、レンとシンディーの 2 人が勧めていることが問われています。先に正解を言うと、2 人そろって勧めていることは「急いで買う」ことなので②が正解です。本文を読む前にこの設問を先にチェックしていた人は、答えを見つけやすかったはずです。該当箇所（❹）は、レンに関しては 1 つ目のブログ第 1 段落最終文 stock is limited, so hurry!「在庫には限りがあるので、急いでください！」、シンディーは 2 つ目のブログ最終文 Don't wait or you'll miss out!「ぐずぐずしないで、でないと買い損ねますよ！」です。なお、「何を筆者は勧めているのか」を問う問題があるときは、本文から、命令文や You should ～、I recommend ～、Why don't you ～? などの提案表現を拾うようにしておきましょう。

2022年度：共通テスト本試験　第4問　179

| 問 **4** | 正解① | 問題レベル【普通】 | 配点 3点 |

設　問 新品の家電をできるだけ安く買いたい場合、 27 べきである。

選択肢 ① シンディーの投稿にある URL にアクセスする
② レンの投稿にある URL にアクセスする
③ 大手チェーン店一店に問い合わせる
④ 大学キャンパス近くの店に問い合わせる

　設問より（❸）、new appliances「新品の家電」と best possible price「できるだけ安い価格」がキーワードです。新品の家電についてなので、2つ目のシンディーのブログから該当箇所を探しましょう（❹）。シンディーのブログ第3段落1文目に、The website called ... is very useful for comparing the prices of items from different stores before you go shopping.「～というウェブサイトは、買い物に行く前にいろいろな店の品物の価格を比較するのにとても便利です」とあり、表とそのウェブサイトのリンクが載っています。ここから、できるだけ安く買いたい場合はそのサイトで比較検討する必要があるとわかります。よって①が正解です。

| 問 **5** | 正解 28 ② 29 ④ | 問題レベル【やや難】 | 配点各2点 |

設　問 あなたは、最も安いという理由で電子レンジを 28 で買うことにした。また、5年保証を付けて最安値になるという理由でテレビは 29 で買うことにした。（それぞれの空欄に入るものを①～④の選択肢から選びなさい。）

選択肢 ① カットプライス
② グレートバイ
③ セカンドハンド
④ バリューセーバー

語句 option 名 選択肢

　設問を読む（❸）と、「最安値の電子レンジ」と「5年保証付きの最安値のテレビ」を買えるお店が問われていることがわかります。

　まずは最も安く電子レンジを買えるお店を探します（❹）。**決め手は料金だけなので、中古品も新品も関係なく、料金に該当する箇所だけを拾い読みしていきましょう。**まずレンがお勧めしている中古の方は表より85ドルとわかります。$85にチェックを入れて、今度はシンディーの比較表を確認します。左から順に、「カットプライス」は88ドル、「グレートバイ」は90ドル、「バリューセーバー」は95ドル、です。この時点では中古の85ドルが最安ですが、表の下の説明もしっかり読んでおきましょう。今回は料金に関係ありそうなところだけで大丈夫です。すると5文目に、Great Buy provides one-year warranties on all household goods, and students with proof of enrollment at a school get 10% off the prices listed on the table above.「グレートバイはすべての家電製品に1年保証を提供していて、学校への入学を証明するものを持っている学生は上の表に載った価格から10パーセント値引きされます」とあります。リード文より読み手は学生という状況なので、この学割は適用されそうです。10パーセントの値引きなので、「グレートバイ」に関しては90ドル→81ドルになり、最も安いと

わかります。よって 28 は②「グレートバイ」が正解です。**表の外に追加説明があるのはよくあることです。**本番の試験では見落とさないように気をつけましょう。

　次に5年保証付きのテレビを最安値で買うにはどこで買えばいいか、ですね。**まず「保証付き」という時点でレンが紹介している中古品販売店は外れます。**シンディーの表のテレビの価格比較を見ると（**❹**）、左から順に、「カットプライス」は300ドル、「グレートバイ」は295ドル、「バリューセーバー」は305ドル、です。**次に5年保証を確認しましょう。**現時点で「グレートバイ」が最安値。かつ先ほど確認したようにこの店は学割が利くのでダントツで安そうです。5年保証を付けてくれれば「グレートバイ」で決定ですが、表の下の段落5文目前半で Great Buy provides one-year warranties on all household goods「『グレートバイ』はすべての家電製品に1年保証を提供」とあるので、5年保証の条件を満たせず候補から外れます。次に安いのは「カットプライス」ですが、6～7文目に Warranties at Cut Price are not provided for free. You have to pay \$10 per item for a five-year warranty.「『カットプライス』の保証は無料ではありません。品物ごとに5年保証料金10ドルを払う必要があります」とあります。5年の保証で10ドル払う必要があるため、「カットプライス」の合計は300ドル＋10ドル＝310ドルとなり、「バリューセーバー」の305ドルより高くなることがわかります。最後にバリューセーバーに保証が付くかを確認すると、3～4文目に Value Saver provides one-year warranties on all households goods for free. If the item is over \$300, the warranty is extended by four years.「『バリューセーバー』ではすべての家電に無料の1年保証を提供しています。商品価格が300ドル以上であれば、保証は4年間延長されます」とあります。テレビは305ドルで、300ドル以上に当たるため、無料の1年保証に4年延長が付いて5年保証の条件を満たします。よって、 29 の正解は④「バリューセーバー」となります。

Day
13

2022年度：共通テスト本試験　第4問　181

DAY 13 ▶ 練習問題

第4問 (配点 16)

To make a schedule for your homestay guest, Tom, you are reading the email exchange between your family and him.

Hi Tom,

Your arrival is just around the corner, so we are writing to check some details. First, what time will you land at Asuka International Airport? We'd like to meet you in the arrivals area.

While you are staying with us, we'll eat meals together. We usually have breakfast at 7:30 a.m. and dinner at 7 p.m. on weekdays. Do you think that will work, or would another time suit you better?

We would like to show you around Asuka. There will be a neighborhood festival on the day after you arrive from noon to 4 p.m. You can join one of the groups carrying a portable shrine, called a *mikoshi*. After the festival, at 8 p.m., there will be a fireworks display by the river until 9 p.m.

Also, we would like to take you to a restaurant one evening. Attached is some information about our favorite places. As we don't know what you like, please tell us which looks best to you.

Restaurants	Comments	Notes
Asuka Steak	A local favorite for meat lovers	Closed Tue.
Kagura Ramen	Famous for its chicken ramen	Open every day
Sushi Homban	Fresh and delicious seafood	Closed Mon.
Tempura Iroha	So delicious!	Closed Wed.

Finally, according to your profile, you collect samurai figures. Chuo Dori, the main street in our town, has many shops that sell them. There are also shops selling food, clothes, computer games, stationery, etc. You can have a great time there. What do you think? Would you like to go there?

See you soon,
Your Host Family

The email below is Tom's reply to your family.

Dear Host Family,

Thank you for your email. I'm really looking forward to my visit to Japan. You don't have to come to the airport. Hinode University is arranging transportation for us to the campus. There will be a welcome banquet till 7 p.m. in Memorial Hall. After the banquet, I will wait for you at the entrance to the building. Would that be all right?

I think I need half a day to recover from the flight, so I might like to get up late and just relax in the afternoon the next day. The fireworks at night sound exciting.

Starting Monday, my language lessons are from 8 a.m., so could we eat breakfast 30 minutes earlier? My afternoon activities finish at 5 p.m. Dinner at 7 p.m. would be perfect.

Thank you for the list of restaurants with comments. To tell you the truth, I'm not fond of seafood, and I don't eat red meat. I have no afternoon activities on the 10th, so could we go out to eat on that day?

As for shopping, Chuo Dori sounds like a great place. While we're there I'd like to buy some Japanese snacks for my family, too. Since my language classes finish at noon on the 12th, could we go shopping on that afternoon?

Can't wait to meet you!
Tom

[Your notes for Tom's schedule]

Day/Date	With Family	School
Sat. 6th	Arrival & pick up at $\boxed{24}$	Reception
Sun. 7th	$\boxed{25}$	• Language classes
Mon. 8th		8 a.m. – 3 p.m.
Tue. 9th		(until noon on Fri.)
Wed. 10th	Dinner at $\boxed{26}$	• Afternoon activities until
Thurs. 11th		5 p.m.
Fri. 12th	Shopping for $\boxed{27}$ & $\boxed{28}$	(except Wed. & Fri.)
Sat. 13th	Departure	
*Mon. – Fri. Breakfast $\boxed{29}$ Dinner 7 p.m.		

問 1　Where will your family meet Tom?　$\boxed{24}$

  ① Asuka International Airport

  ② the Banquet Room

  ③ the entrance to Memorial Hall

  ④ the main gate of Hinode University

問 2　Choose what Tom will do on Sunday.　$\boxed{25}$

  ① Attend a welcome banquet

  ② Carry a portable shrine

  ③ Go to a festival

  ④ Watch fireworks

問 3　Choose the restaurant where your family will take Tom.　26

　　① Asuka Steak

　　② Kagura Ramen

　　③ Sushi Homban

　　④ Tempura Iroha

問 4　Choose what Tom will shop for.　27 ・ 28 （The order does not matter.)

　　① Action figures

　　② Clothes

　　③ Computer games

　　④ Food

　　⑤ Stationery

問 5　You will have breakfast with Tom at　29

　　① 6:30 a.m.

　　② 7:00 a.m.

　　③ 7:30 a.m.

　　④ 8:00 a.m.

2022年度：共通テスト追試験　第4問　185

DAY 13 › 練習問題［解説］

問 1 - 5

訳 ホームステイに来るトムのスケジュールを組むため、あなたは自分の家族と彼とのメールのやりとりを読んでいます。

[1つ目のメール]
こんにちは、トム

[第1段落]
あなたの到着がもうすぐなので、いくつか細かいことを確認するためメールを書いています。まず、アスカ国際空港には何時に到着しますか。到着エリアで出迎えたいと思っています。 問 1 - 1

[第2段落]
あなたがうちに滞在している間、一緒に食事をします。うちでは普段、平日は朝食を午前7時半 問 5 - 1、夕食を午後7時に取ります。それで大丈夫でしょうか、それとも違う時間のほうが都合がいいでしょうか。

[第3段落]
アスカをご案内したいと思っています。あなたの到着の翌日、お昼から午後4時まで、地域のお祭りがあります。 問 2 - 2 神輿と呼ばれる、運搬式の祭壇を担ぐグループの一つに参加してもらえます。お祭りの後、午後8時から午後9時まで川の近くで花火大会があります。

[第4段落]
また、どの晩にかレストランへ連れていきたいと思っています。添付は私たちの気に入っているいくつかの店の情報です。あなたの好みがわからないので、どこが一番良さそうか教えてください。

レストラン	説明	注
アスカ・ステーキ	地元の肉好きの人気店 問 3 - 4	火曜定休
カグラ・ラーメン	鶏ラーメンで有名	年中無休
スシ・ホンバン	新鮮でおいしいシーフード 問 3 - 5	月曜定休
テンプラ・イロハ	すごくおいしい！	水曜定休 問 3 - 2

[第5段落]
最後に、プロフィールによると、あなたはサムライのフィギュアを集めていますね。この街のメインの通りである中央通りに、そういうものを売る店がたくさんあります。 問 4 - 1 また、食べ物や服やコンピューターゲームや文具などを売っている店もあります。そこで楽しく過ごせるかもしれません。どう思いますか。行ってみたいですか。

間もなく会えますね、
ホストファミリーより

186 リーディング

[2つ目のメール]
次のメールはトムから家族への返事です。

ホストファミリーの皆さんへ
[第1段落]
メールをありがとうございました。日本に行くのが本当に楽しみです。空港まで来てくださる必要はありません。ヒノデ大学がキャンパスまでの交通手段を手配してくれています。午後7時まで、記念ホールで歓迎会があります。歓迎会の後、建物の入り口でお待ちしています。 問1-2 　それで大丈夫でしょうか。
[第2段落]
飛行機の旅から回復するのに半日は必要だと思うので、次の日は遅く起きて午後ものんびり過ごしたくなるかもしれません。夜の花火は楽しそうです。 問2-3
[第3段落]
月曜日からは、語学の授業が午前8時からなので、朝食を30分早く食べることはできるでしょうか。 問5-2 　午後の活動は5時に終わります。午後7時の夕食でちょうどいいです。
[第4段落]
説明付きのレストランのリストをありがとうございました。実を言うと僕はシーフードが苦手で、赤身の肉も食べません。 問3-3 　10日は午後の活動がないので、その日に食事に出掛けてもいいですか。
[第5段落]
買い物については、中央通りは楽しそうな場所に思えます。 問4-2 　そこに行ったときに自分の家族のために日本のスナックも買いたいです。 問4-3 　語学の授業が12日のお昼で終わるので、その日の午後に買い物に行ってもいいでしょうか。

皆さんに会うのが待ちきれません！
トム

[メモ]
トムのスケジュールのためのあなたのメモ

曜日／日付	家族と	学校
土、6日	到着 & 24 に迎えに行く 問2-1	歓迎会
日、7日	25	・語学の授業 午前8時〜午後3時 （金曜日は正午まで） ・午後5時まで午後の活動 （水曜と金曜日は除く）
月、8日		
火、9日		
水、10日	26 で夕食 問3-1	
木、11日		
金、12日	27 と 28 の買い物	
土、13日	出発	
*月〜金　朝食 29 夕食午後7時		

Day
13

2022年度：共通テスト追試験　第4問　187

語句

[リード文]

exchange	名	やりとり

[1つ目のメール]
[第1段落]

around the corner	熟	すぐそこで、もうすぐで
land ～	他	～に着陸する

[第2段落]

work	自	うまくいく、都合がよい

[第3段落]

show A around B	熟	AにBを案内する
portable	形	運搬できる
shrine	名	神社、祭壇
firework	名	(～sで) 花火 (大会)
display	名	展示、見物会

[第4段落]

attached	形	添付された

[第5段落]

profile	名	プロフィール、人物紹介
stationery	名	文房具

[2つ目のメール]
[第1段落]

look forward to ～	熟	～を楽しみにする
transportation	名	移動手段、交通手段
banquet	名	宴会、パーティー

[第4段落]

to tell you the truth	熟	実を言うと
be fond of ～	熟	～を好む
red meat	熟	(牛、羊などの) 赤身の肉

[第5段落]

as for ～	熟	～に関しては

[スケジュールメモ]

reception	名	祝賀会、歓迎会
departure	名	出発

　まずは**場面・状況を把握しましょう**（❶）。リード文から、「ホームステイに来るトムのスケジュールを組むため、あなたは自分の家族と彼とのメールのやりとりを読んでいる」のだとわかります。次に**英文や図表のタイトル、複数のパッセージの関係性を確認**（❷）します。1本目のメールは、あなたの家族がトムに送ったもので、途中にある表にはレストランの名前、コメント、メモが書かれています。2本目のメールは、トムからの返信です。最後に付された表は、タイトルから「トムのスケジュールのためのメモ」だとわかります。穴がたくさんあり、**このスケジュールを埋めていくように設問に答えていく**のだとわかります。

　では**設問の先読み**（❸）です。できるだけすべての設問で何が問われているかを把握しておきましょう。問1「あなたの家族がどこでトムと会うのか」、問2「日曜日にトムは何をするのか」、問3「あなたの家族がトムを連れていくレストランはどれか」、問4「トムの買いたいものはどれか」、問5「トムと朝食を食べる時間はいつか」ですね。いずれの質問もはっきりしていてわかりやすいので狙い読みできそうです。このように問われていることをざっくりとでも押さえておけば、後で読み直しが激減します。それでは1問ずつ確認していきましょう。

188　リーディング

問 1　正解 ③　問題レベル【普通】　配点 3点

設　問　あなたの家族はトムとどこで会うか。 24

選択肢　① アスカ国際空港　　② 宴会場
　　　　　③ 記念ホールの入り口　④ ヒノデ大学の正門

設問によると（❸）、集合場所を探せばいいことがわかります。本文を読むと（❹）、ホストファミリーが第1段落3文目で We'd like to meet you in the arrivals area.「到着エリアで出迎えたいと思っています」と言っています。ここですぐ答えようとせず、トムの返信を確認することが大切です。メールのやりとりなので、**提案に対しては何らかの返答があるはず**。また、**返信文の流れは、受け取ったメールの情報の順番と一致させるのが普通**です。なのでトムの返信でも最初の方に集合場所に関する返答があるのではないかと考えて、ここですぐにトムの返信文の第1段落を確認しましょう。すると予想通り、トムの返信メール第1段落で集合場所について言及されているのがわかります。2文目 You don't have to come to the airport.「空港に来る必要はない」、同段落5文目 I will wait for you at the entrance to the building「その建物（＝記念ホール）の入り口で待っている」、とあります。よって③ the entrance to Memorial Hall が正解です。the building を前文の Memorial Hall のことだと確認しておく必要があります。**該当箇所に the/this/that+ 名詞や、it、him など代名詞が含まれている場合は、必ず指す内容を明らかにした上で選択肢の検討に入るようにしましょう。**

問 2　正解 ④　問題レベル【普通】　配点 3点

設　問　トムが日曜日にすることを選びなさい。 25

選択肢　① 歓迎会に出席する　　② 神輿を担ぐ
　　　　　③ 祭りに行く　　　　　④ 花火を見る

設問を先読み（❸）して、日曜日に着目して答えを探しましょう。「スケジュールメモ」によるとその日曜というのは**到着の翌日（7日）**のようです。ここを先に押さえておかないと本文から闇雲に「日曜日」だけを探してしまい時間がかかってしまいます。**最初にスケジュールメモと設問の関係を押さえておくこと（❷）がいかに重要か**おわかりでしょうか。

ではホストファミリーのメール第2段落（問1の続き）から読み始めます。第3段落2文目の on the day after you arrive「到着の1日後（翌日）」という表現に反応できたでしょうか。ここを精読しましょう。There will be a neighborhood festival on the day after you arrive from noon to 4 p.m.「あなたの到着の翌日、お昼から午後4時まで、地域のお祭りがあります」とあります。続く文では神輿のことや、祭りの後の夜の花火についても言及されています。ではトムの返信を確認しましょう。第2段落1文目後半〜2文目で I might like to get up late and just relax in the afternoon the next day. The fireworks at night sound exciting.「次の日は遅く起きて午後ものんびり過ごしたくなるかもしれません。夜の花火は楽しそうです」とあるので、午後の祭りや神輿は参加せずゆっくりして、夜は花火を見ることがわかります。よって正解は④です。

Day
13

2022年度：共通テスト追試験　第4問　189

問3 　正解 ② 　問題レベル【普通】 配点 3点

設問 家族がトムを連れていくレストランを選びなさい。 26

選択肢 ① アスカ・ステーキ

② カグラ・ラーメン

③ スシ・ホンバン

④ テンプラ・イロハ

設問によると（❸）、レストランに関する情報を集めればいいことがわかります。「スケジュールメモ」によると外食は10日水曜日ですね。では**本文に該当箇所を探しにいきます**（❹）。ホストファミリーのメール第4段落でレストランに連れていく話があり、「一番よさそうなところを選んで」とレストラン情報を載せています。「メモ」に定休日情報があり、「テンプラ・イロハ」は水曜日が休みなので不可です。それ以外はホストファミリーのメールからは絞れないので、トムの返信を見ていきましょう。レストランについて言及している段落を探すと第4段落だとわかります。2文目で I'm not fond of seafood, and I don't eat red meat.「シーフードが苦手で、赤身の肉も食べません」とあり、レストランリストの中の「アスカ・ステーキ」はコメントに for meat lovers「肉好きのため」とあるので不可、「スシ・ホンバン」は Fresh and delicious seafood「新鮮でおいしいシーフード」とあるので不可です。**消去法で**トムを連れていけるのは「カグラ・ラーメン」のみとわかります。選択肢②が正解です。

問4 　正解 ① ・ ④ （順不同）　問題レベル【やや難】 配点各2点

設問 トムが買うものを選びなさい。 27 ・ 28 （順不同）

選択肢 ① アクションフィギュア

② 衣服

③ コンピューターゲーム

④ 食べ物

⑤ 文房具

設問によると（❸）、トムが買いそうなものを探せばいいことがわかります。shopping がテーマとなっている段落を探しに本文に当たると（❹）、ホストファミリーのメール第5段落2文目に Chuo Dori, the main street in our town, has many shops that sell them.「この街のメインの通りである中央通りに、そういうものを売る店がたくさんあります」とあります。shop という単語からこの文に注目できた人は多いと思いますが、文中の them をちゃんとチェックしたでしょうか。**該当箇所に代名詞が含まれている場合は、必ず指す内容を明らかにしましょう。**この them は前文の samurai figure「サムライのフィギュア」です。前文でトムはサムライのフィギュアを集めていることが書かれています。そのうえで、「中央通りにはそれが買える店がたくさんあるよ」と紹介しているのです。トムはなんと返信しているでしょうか。返信メール第5段落1文目で Chuo Dori sounds like a great place「中央通りは楽しそうな場所に思えます」と関心を示しているので、おそらくサムライのフィギュアを買うつもりだと推測できます。正解の1つは①アクションフィギュアです。そして同段落2文目で I'd like to buy some Japanese snacks for my family, too.「家族に日本のお菓子も買いたい」

と言っているので、もう一つの正解は④食べ物だとわかります。

問 5 **正解** 29 ② 問題レベル【普通】 配点 3点

設問 あなたたちがトムと一緒に朝食を取る時間は 29 。

選択肢 ① 午前6時半
② 午前7時
③ 午前7時半
④ 午前8時

設問を読み（❸）、キーワードとなっている「朝食」の**情報を探しながら本文を読んでいき**ましょう（❹）。食事に関しては、ホストファミリーのメールでは第2段落で述べられています。2文目 We usually have breakfast at 7:30 a.m.「朝食は普通7時半に食べる」と言っています。一方、トムのメールでは第3段落1文目で … could we eat breakfast 30 minutes earlier?「朝食を30分早く食べていいか」とあります。7時半の30分前、つまり7時が朝食の時間となりそうです。よって正解は②となります。最後の設問ですが本文では序盤に該当箇所があり、探すのに時間がかかったかもしれません。しかし本文を読み始める前にこの設問まで先読みしていれば、他の問題を解きながらでも「あ、breakfast の話が出てきたぞ、問5ではここを参照するのかな」とチェックできるので、スピーディーに解けます。「**マルチプルパッセージ＋図表問題**」ではできるだけ先にすべての設問を把握しておきましょう。

Day
13

2022年度：共通テスト追試験　第4問　191

DAY 14

【マルチプルパッセージ+図表問題】を攻略する「言い換えの型」

ここでは複数の箇所を参照して問題を解く際に有効な「言い換えの型」を中心に説明していきます。「言い換え」は共通テストのみならず、すべての英語の試験で解答ポイントとなります。ここで改めて「言い換え」について考察していきましょう。

「言い換えの型」のステップ

❶ 「視線の型」を使う

問題を解く際には、Day 13の「視線の型」が基本の型となります。p.170で説明した型を確実にものにしておきましょう。

❷ 「言い換えの型」その1：品詞転換に敏感になる

wide「幅広い（形容詞）」→width「幅広さ（名詞）」→widen「幅広くする（動詞）」→widely「幅広く（副詞）」など、品詞を変えることで簡単に言い換え表現が作れます。語尾変化した途端、別の単語に見えてしまった、とならないよう、「品詞転換で言い換えてくる」ことを知っておきましょう。

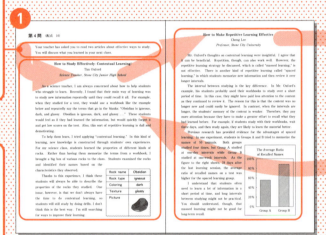

内容 第4問では図表や複数のパッセージを参照して解く問題が出題されますが、該当箇所を照合するには「言い換えの型」が有効です。すでにDay 04でも扱いましたが、今回は言い換えの特徴に焦点を当てていきます。

目標解答時間 10分

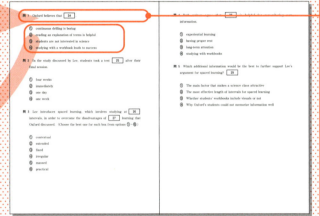

❸「言い換えの型」その2：「部分→全体」のずらしに留意する

本文中の表現が選択肢では一段階上のカテゴリー（括りや層）の言葉で言い換えられることがあります。例えばapple「りんご」→fruits「フルーツ」、dog「犬」→animal「動物」、English「英語」→language「言語」、guitar「ギター」→musical instrument「楽器」、のように、ポイントとなっている箇所は上位概念の単語もイメージしておくと言い換えに気づきやすくなります。名詞だけではありません。e-mail「メールする」→contact「連絡する」のような動詞の「部分→全体」のずらしも過去共通テストで出題されています。

❹「言い換えの型」その3：頻出類義語は覚える

例えばannually=every year「毎年」のような言い換えは超頻出です。過去の共通テスト・センター試験の問題を分析し、言い換えのパターンをリスト化しました（p. 410）。ぜひ何度も見て言い換えのパターンに気づくようにしてください。

それでは、「言い換えの型」を使ってまず次ページの問題に取り組みましょう！

DAY 14 > 例題

第4問 (配点 16)

Your teacher has asked you to read two articles about effective ways to study. You will discuss what you learned in your next class.

How to Study Effectively: Contextual Learning!
Tim Oxford
Science Teacher, Stone City Junior High School

As a science teacher, I am always concerned about how to help students who struggle to learn. Recently, I found that their main way of learning was to study new information repeatedly until they could recall it all. For example, when they studied for a test, they would use a workbook like the example below and repeatedly say the terms that go in the blanks: "Obsidian is igneous, dark, and glassy. Obsidian is igneous, dark, and glassy...." These students would feel as if they had learned the information, but would quickly forget it and get low scores on the test. Also, this sort of repetitive learning is dull and demotivating.

To help them learn, I tried applying "contextual learning." In this kind of learning, new knowledge is constructed through students' own experiences. For my science class, students learned the properties of different kinds of rocks. Rather than having them memorize the terms from a workbook, I brought a big box of various rocks to the class. Students examined the rocks and identified their names based on the characteristics they observed.

Thanks to this experience, I think these students will always be able to describe the properties of the rocks they studied. One issue, however, is that we don't always have the time to do contextual learning, so students will still study by doing drills. I don't think this is the best way. I'm still searching for ways to improve their learning.

Rock name	Obsidian
Rock type	igneous
Coloring	dark
Texture	glassy
Picture	

How to Make Repetitive Learning Effective

Cheng Lee
Professor, Stone City University

Mr. Oxford's thoughts on contextual learning were insightful. I agree that it can be beneficial. Repetition, though, can also work well. However, the repetitive learning strategy he discussed, which is called "massed learning," is not effective. There is another kind of repetitive learning called "spaced learning," in which students memorize new information and then review it over longer intervals.

The interval between studying is the key difference. In Mr. Oxford's example, his students probably used their workbooks to study over a short period of time. In this case, they might have paid less attention to the content as they continued to review it. The reason for this is that the content was no longer new and could easily be ignored. In contrast, when the intervals are longer, the students' memory of the content is weaker. Therefore, they pay more attention because they have to make a greater effort to recall what they had learned before. For example, if students study with their workbooks, wait three days, and then study again, they are likely to learn the material better.

Previous research has provided evidence for the advantages of spaced learning. In one experiment, students in Groups A and B tried to memorize the names of 50 animals. Both groups studied four times, but Group A studied at one-day intervals while Group B studied at one-week intervals. As the figure to the right shows, 28 days after the last learning session, the average ratio of recalled names on a test was higher for the spaced learning group.

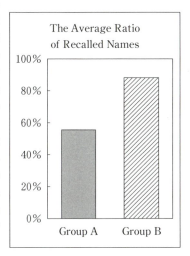

I understand that students often need to learn a lot of information in a short period of time, and long intervals between studying might not be practical. You should understand, though, that massed learning might not be good for long-term recall.

問 1 Oxford believes that ☐24☐ .

① continuous drilling is boring

② reading an explanation of terms is helpful

③ students are not interested in science

④ studying with a workbook leads to success

問 2 In the study discussed by Lee, students took a test ☐25☐ after their final session.

① four weeks

② immediately

③ one day

④ one week

問 3 Lee introduces spaced learning, which involves studying at ☐26☐ intervals, in order to overcome the disadvantages of ☐27☐ learning that Oxford discussed. (Choose the best one for each box from options ①~⑥.)

① contextual

② extended

③ fixed

④ irregular

⑤ massed

⑥ practical

196　リーディング

問 4 Both writers agree that 　28　 is helpful for remembering new information.

① experiential learning
② having proper rest
③ long-term attention
④ studying with workbooks

問 5 Which additional information would be the best to further support Lee's argument for spaced learning? 　29　

① The main factor that makes a science class attractive
② The most effective length of intervals for spaced learning
③ Whether students' workbooks include visuals or not
④ Why Oxford's students could not memorize information well

DAY 14 › 例 題 ［ 解 説 ］

問 1 - 5

訳 あなたは先生から効果的な学習法に関する2つの記事を読むよう言われました。学んだことを次の授業で論じる予定です。

[1つ目の記事]

効果的に学習する方法：文脈学習！

ティム・オックスフォード

ストーンシティ中学校 理科教師

[第1段落]

理科教師である私は、学習に苦労している生徒たちを手助けする方法に常に関心を寄せている。最近になって、彼らの主な学習法が、全部思い出せるようになるまで新しい情報を繰り返すことだ、と気付いた。例えば、テスト勉強をする際には下の例のようなワークブックを使って、各欄に入る用語を繰り返し口にする：「黒曜石は火成、黒色、ガラス状。黒曜石は火成、黒色、ガラス状……」。こういう生徒たちは新しい情報を覚えたような気になるが、すぐに忘れてテストでは低い点を取る。しかも、こうした繰り返しの覚え方は退屈でやる気が出ない。 問1

[第2段落]

彼らの学習を手助けするために、私は「文脈学習」を採用してみた。この学習法では、生徒自身の経験を通じて新しい知識が構築される。 問4-1 私の理科の授業では、生徒たちがさまざまな岩石の特徴を学んだ。ワークブックの用語を暗記させるのではなく、いろいろな岩石の入った大きな箱を授業に持ち込むことにした。生徒たちはその岩石を調べ、観察した特徴に基づいて名称を特定した。

[第3段落]

この経験のおかげで、生徒たちは自分の調べた岩石の特徴をこの先も常に説明できるはずだ。ただ、一つ問題なのは、文脈学習をする時間がいつもあるとは限らないので、生徒たちはやはりドリル学習もすることになる。それが最善の方法とは思えない。学習の改善法をまだ模索しているところだ。

岩石名称	黒曜石
岩石の種類	火成
色	黒色
質感	ガラス状
画像	

[2つ目の記事]

反復学習を効果的にする方法

チェン・リー

ストーンシティ大学 教授

[第1段落]

オックスフォード先生の文脈学習の考えは洞察力に富むものだった。これが有益であろうことには同意する。 問4-2 しかし、反復もうまく働く場合はある。とはいえ、彼が述べていた反復学習方式──「集中学習」と呼ばれるものだが──は効果的ではない。

198 リーディング

「間隔学習」と呼ばれる別のタイプの反復学習があり、その場合、生徒は新しい情報を覚えた後、長めの間隔をおいて復習する。 問3 問5

[第2段落]
　学習の間隔が大きな違いだ。オックスフォード先生の例では、恐らく短期間にワークブックを使った学習をしている。この場合、復習を続けるうちに内容に向ける注意が薄れていた可能性がある。その理由は、内容が目新しいものでなくなって軽視しやすくなっていたせいだ。一方、間隔を長くすると、内容に関する生徒の記憶は弱まる。そのため、以前学んだことを思い出すのに大きな労力が必要となるので、より注意を払うのだ。例えば、ワークブックで学習するのであれば、3日間おいてからもう一度学習すると、内容をよりよく身に付ける可能性が高い。

[第3段落]
　過去の調査でも間隔学習の効果が証明されている。ある実験では、AとBのグループの生徒が動物の名前を50覚えることになった。どちらのグループも学習を4回したが、グループAは1日おきに学習し、グループBは1週間おきに学習した。右の図が示すように、最後の学習から28日後、テストで思い出せた名前の割合は、間隔学習グループの方が高かった。 問2

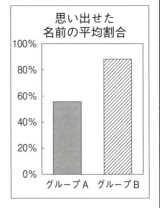

思い出せた名前の平均割合

[第4段落]
　生徒たちが短期間で多くの情報を覚えなければならないこともよくあるのは理解しているので、学習間隔を長くとるのは実用的でないかもしれない。しかし、集中学習が長期記憶には良くない可能性があることは、理解しておく必要がある。

語句

[1つ目の記事]
contextual　形 文脈の
[第1段落]
concerned　形 関心を抱いた
repeatedly　副 繰り返して
recall ～　他 ～を思い出す　名 思い出すこと
term　名 用語、言葉
obsidian　名 黒曜石
igneous　形 火成の
glassy　形 ガラス状の
as if ～　熟 あたかも～な
repetitive　形 繰り返しの、反復の
dull　形 つまらない、退屈な
demotivating　形 やる気を失わせるような
[第2段落]
construct ～　他 ～を構築する

property　名 特性、性質
identify ～　他 ～を特定する
characteristic　名 (～s で) 特徴、特質
observe ～　他 ～を観察する
[表]
texture　名 手触り、質感

[2つ目の記事]
[第1段落]
insightful　形 洞察力に富んだ
beneficial　形 有益な
repetition　名 繰り返し、反復
strategy　名 戦略、方策
massed　形 集中的な
[第2段落]
ignore ～　他 ～を無視する
in contrast　熟 対照的に、その一方で

問 1   正解 ①   問題レベル【普通】 配点 3点

設問 オックスフォードは 24 と考えている。

選択肢 ① 継続的な練習は退屈だ　　② 用語の説明を読むのは役に立つ
　　　　③ 生徒たちは理科に興味がない　　④ ワークブックでの勉強が成功につながる

　まずは視線の型（❶）です。リード文と各タイトルより「効果的な学習方法」がテーマだとわかります。問1はオックスフォード先生の意見が問われているので、まずは左側のオックスフォード先生の英文を読んでいきます。まず第1段落1文目に As a science teacher, I am always concerned about how to help students who struggle to learn.「理科教師である私は、学習に苦労している生徒たちを手助けする方法に常に関心を寄せている」とあります。ここから students who struggle to learn の具体化が続きます。study new information repeatedly until they could recall it all「全部を覚えるまで繰り返し新しい知識を勉強すること」（2文目）を、quickly forget it and get low scores on the test「すぐ忘れてテストで低い点を取る」（5文目）、this sort of repetitive learning is dull and demotivating「この種の反復学習は退屈でやる気を下げる」（6文目）と批判しています。オックスフォード先生の意見がここではっきりと表明されていますね。問1が解けそうなので選択肢を見ていきましょう。選択肢 ① continuous drilling is boring が正解です。repetitive learning が continuous drilling に、dull が boring に言い換え（❹）られています。

問 2   正解 ①   問題レベル【普通】 配点 3点

設問 リーの論じている研究では、生徒たちは最後の勉強時間の 25 後にテストを受けた。

選択肢 ① 4週間　② すぐ　③ 1日　④ 1週間

　設問より（❶）、今度はリー先生の英文を読んでから解く問題だとわかります。この時点でオックスフォード先生の論文をまだ第1段落しか読めていない人も、まずはオックスフォード先生の英文を読み切ってからリー先生の英文に移った方が内容がスッと頭に入ってくるのでいったんこの設問は飛ばして問3や問4を先に解いた方が得策かもしれません。今回は全部読んだ前提で解説していきます。研究のことなので、Previous research has...「以前行われた調査によると……」から始まる、リー先生の英文第3段落に該当箇所が出てくるはずです。設問と選択肢から、「生徒たちは final session のどのくらい後にテストを受けたのか」を狙い読みで探します。4文目で 28 days after the last learning session とありますが、ここの last が選択肢 final と同義語だと気づいたでしょうか（❹）。「28日後」ですね。これを「4週間」と言い換えた①が正解です。

問 3   正解 26 ②　 27 ⑤　 問題レベル【普通】 配点各2点

設問 リーは間隔をおいた学習を紹介しているが、それは 26 間隔での学習を伴う。オックスフォードが論じていた 27 学習の欠点を克服するためである。（それぞれの空欄に最適なものを選択肢①〜⑥から1つ選びなさい）。

選択肢 ① 文脈的な　② 長期化した　③ 固定された

200　リーディング

④ 不定期の　⑤ 集中的な　⑥ 実用的な

　設問より（❶）、リー先生とオックスフォード先生、2人の学習方法論の相違点を探す問題だとわかります。これに関してはリー先生の英文第1段落4～5文目に、However, the repetitive learning strategy he discussed, which is called "massed learning," is not effective.「とはいえ、彼が述べていた反復学習方式——『集中学習』と呼ばれるものだが——は効果的ではない」として、There is another kind of repetitive learning「別の種類の反復学習」である spaced learning を挙げ、そこでは longer intervals「より長い間隔」を空けて復習する、としています。まず一つ目の空所は、longer の**言い換え**として、選択肢② extended を正解に選びます（❹）。二つ目はオックスフォード先生が批判的に述べていた学び方なので massed learning ですね。⑤が正解です。

問 4　**正解①**　問題レベル【普通】　配点 3点

設　問 どちらの筆者も、新しい情報を覚えるのに ［28］ が有益だという点で合意している。

選択肢 ① 経験に基づく学習　② 適切に休息をとること
　　　　　③ 長期間の注目　④ ワークブックでの学習

　設問より（❶）、オックスフォード先生もリー先生も賛同しているものを選びます。リー先生の英文第1段落1～2文目に Mr. Oxford's thoughts on contextual learning were insightful. I agree that it can be beneficial.「オックスフォード先生の文脈学習の考えは洞察力に富むものだった。これが有益であろうことには同意する」とあります。オックスフォード先生は第2段落1～2文目で、文脈学習は「生徒自身の経験を通じて新しい知識が構築される」と言っているので、① experiential learning が正解です。

問 5　**正解②**　問題レベル【易】　配点 3点

設　問 リーの間隔学習の主張をさらに支えるのに最適な追加情報はどれか。［29］

選択肢 ① 理科の授業を魅力的にする主な要素
　　　　　② 間隔学習で最も効果的な間隔の長さ
　　　　　③ 生徒の使うワークブックに視覚教材が含まれるかどうか
　　　　　④ なぜオックスフォードの生徒たちが情報をうまく記憶できなかったか

Day 14

　設問より（❶）、推測が必要な問題だとわかります。選択肢を一つひとつ見ていきましょう。①は、リー先生は理科の授業に限った話をしていないので、a science class が×。②は「longer intervals が必要だ」とリー先生は主張していましたが具体的に「最適な長さ」には言及がなかったため、② The most effective length of intervals for spaced learning はリー先生の主張を強化しそうですね。これが正解です。ここでは、long「長い（形容詞）」→ length「長さ（名詞）」という品詞転換の言い換えが行われていました（❸）。なお、③は視覚教材の話は spaced learning には関係ないので不可、④は「オックスフォードの生徒たちが情報をうまく記憶できなかった理由」とありますがその答えが spaced learning そのものであり、spaced learning がよいという主張をさらに支える情報とは言えないので不可です。

2023年度：共通テスト本試験　第4問　201

DAY 14 ▶ 練 習 問 題

第 4 問 (配点 16)

You and two friends have rented a section of a community garden for the first time. Your friends have written emails about their ideas for growing vegetables in the garden. Based on their ideas, you reply to finalize the garden plans.

March 23, 2023

Our Garden Plan

Hi! Daniel here! I scanned this great planting chart in a gardening book I got from the library. The black circles show when to plant seeds directly into the soil. The black squares show when to plant seedlings, which are like baby plants. The stars show when to harvest a vegetable.

Planting Schedule

	Mar.	Apr.	May	June	July	Aug.	Sept.	Oct.	Nov.
beans		● ●	●		☆ ☆				
cabbages		● ●			☆ ☆	■ ■		☆ ☆	☆
carrots		● ●			☆ ☆				
onions				☆ ☆ ☆			● ●		
potatoes	● ●			☆ ☆		●		☆ ☆	
tomatoes		● ■ ■			☆ ☆ ☆				

It's already late March, so I think we should plant the potatoes now. We can harvest them in June, and then plant them again in August. Also, I'd like to plant the carrots at the same time as the potatoes, and the cabbages the next month. After harvesting them in July, we can put in cabbage seedlings at the same time as we plant the onions. We won't be able to eat our onions until next year! I have bought tomato seedlings and would like to give them more time to grow before planting them. Let's plant the beans toward the end of April, and the tomatoes the following month.

Let's discuss the garden layout. We will have a 6 × 6 meter area and it can be divided into two halves, north and south. Beans, cabbages, and tomatoes grow above the ground so let's grow them together. How about in the southern part? We can grow the carrots, potatoes, and onions together because they all grow underground. They will go in the northern part.

問題番号は実際の番号のままです。

March 24, 2023

Re: Our Garden Plan

Thanks, Daniel!

Rachel here. Your schedule is great, but I'd like to make some changes to your garden layout. We have six vegetables, so why don't we divide the garden into six sections?

We have to be careful about which vegetables we plant next to one another. I did a little research in a gardening book about the vegetables we'll grow. Some of our vegetables grow well together and they are called "friends." Others don't and they are "enemies." Our layout must consider this.

First, the tomatoes should go in the southern part of the garden. Tomatoes and cabbages are enemies and should be separated. Let's plant the cabbages in the southwest corner. The onions can be put in the middle because they are friends of both tomatoes and cabbages.

Next, let's think about the northern part of the garden. Let's put the beans in the western corner because beans and cabbages are friends. Carrots are friends with tomatoes so planting them in the eastern corner would be better. Potatoes can go in the middle. They are friends with beans and neutral with onions.

Well, what do you think of the layout?

2023年度：共通テスト追試験　第4問　203

March 25, 2023

Re: Re: Our Garden Plan

Hi!

It's me! Thanks for your excellent ideas! Below is the planting schedule Daniel suggested two days ago. First, we need to buy 24 kinds of seeds soon so we can plant them over the next two months!

 25

Mar.	Early Apr.	Late Apr.	May	Aug.	Sept.
−[A] −potatoes	−[B]	−[C]	−[D]	−potatoes	−onions −cabbages

I made this garden layout using Rachel's idea.

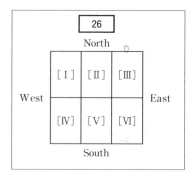

It is similar to Daniel's. The vegetables in the northern and southern halves are almost the same. Only the 27 are in different areas.

Rachel did a good job of considering friends and enemies. For our reference, I have made a chart.

 28

We have not yet discussed 29 , but I think we should.

問1 Choose the best option for 24 .

① 3
② 4
③ 5
④ 6

問2 Complete the planting schedule in your email. Choose the best option for 25 .

	[A]	[B]	[C]	[D]
①	cabbages	carrots	beans	tomatoes
②	cabbages	carrots	tomatoes	beans
③	carrots	cabbages	beans	tomatoes
④	carrots	tomatoes	cabbages	beans

問3 Complete the garden layout information in your email.

Choose the best option for 26 .

	[I]	[II]	[III]	[IV]	[V]	[VI]
①	beans	onions	tomatoes	cabbages	potatoes	carrots
②	beans	potatoes	carrots	cabbages	onions	tomatoes
③	cabbages	onions	carrots	beans	potatoes	tomatoes
④	cabbages	potatoes	tomatoes	beans	onions	carrots

Choose the best option for 27 .

① beans and onions
② cabbages and potatoes
③ carrots and tomatoes
④ onions and potatoes

問 4 Which chart should appear in 28 ?
(◎：friends, ×：enemies)

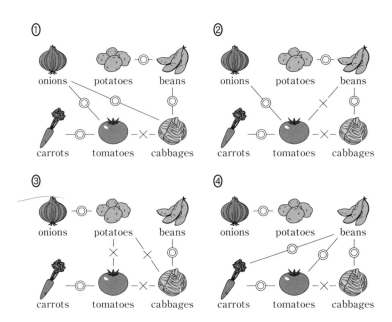

問 5 Choose the best option for ☐ 29 ☐.

① the difference between seeds and seedlings
② the responsibilities of caring for the garden
③ the timing for collecting the crops
④ vegetables that should be planted together

DAY 14 › 練習問題［解説］

問 1 - 5

訳 あなたと 2 人の友人は、地域の菜園を初めて借りました。友人たちが菜園で育てる野菜の案についてメールを書いてくれました。彼らの案を基にして、あなたが菜園計画をまとめた返信をします。

2023年3月23日

菜園計画

［第1段落］

こんにちは！　ダニエルです！　図書館から借りた園芸の本にあった、すごくいい植え付け表をスキャンしました。黒丸は土に直接、種を植える時期を表しています。 問1-2 　黒い四角は苗、つまり植物の赤ちゃんみたいなもの 問5① を植える時期を表しています。星印は野菜の収穫時期を表しています。

植え付けスケジュール 問1-3 問2-1 問5③

	3月	4月	5月	6月	7月	8月	9月	10月	11月
マメ		● ●	●		☆	☆			
キャベツ	●	●			☆	☆ ■	■ ☆	☆	☆
ニンジン		● ●			☆	☆			
タマネギ		☆	☆	☆			● ●		
ジャガイモ	● ●		☆	☆		●		☆	☆
トマト		● ■	■			☆	☆	☆	

［第2段落］

もう 3 月後半なので、今からジャガイモを植えた方がいいと思います。 問1-4 6 月に収穫したら、8 月にまた植えられます。それと、ジャガイモと同時にニンジンも植えて、翌月にはキャベツを植えたいところです。 問1-5 問2-1 　これらを 7 月に収穫したら、その後、キャベツの苗をタマネギと同時に植えられます。タマネギは来年まで食べられませんね！　トマトの苗を買いましたが、植え付けまでもう少し大きくなる時間を与えたいです。マメは 4 月の終わりごろに、 問1-6 問2-2 トマトは次の月に植えましょう。 問2-2

［第3段落］

菜園の配置の話をしましょう。6×6 メートルの区画を借りる予定なので、北と南に 2 分割できます。マメとキャベツとトマトは地上に出るので一緒に育てましょう。南側でどうでしょうか？　ニンジンとジャガイモとタマネギはどれも土の下で育つので一緒に育てましょう。北側にまとめることにしましょう。 問3-1

2023年3月24日

Re: 菜園計画

ありがとう、ダニエル！

[第1段落]
レイチェルです。あなたの立てたスケジュールは素晴らしいけど、菜園の配置は少し変更したいと思います。野菜が6種類なので、菜園も6つの部分に分けてはどうでしょうか。

[第2段落]
どの野菜を隣同士に植えるか注意する必要があります。私たちが育てる野菜について園芸の本で少し調べてみました。野菜には一緒にするとよく育つものがあって、「フレンド」と呼ばれます。 問5④ そうでないものもあって、それは「エネミー」と呼ばれます。配置にはこれを考慮する必要があります。

[第3段落]
まず、トマトを菜園の南側に入れるとします。トマトとキャベツはエネミーなので離した方がいいでしょう。キャベツは南西の隅に植えましょう。間にタマネギを植えるといいでしょう、トマトともキャベツともフレンドなので。 問3-2 問4

[第4段落]
次に、菜園の北側を考えましょう。マメとキャベツはフレンドなのでマメを西の隅に植えましょう。ニンジンはトマトとフレンドなのでこれらを東の隅に植えた方がいいでしょう。ジャガイモは真ん中でいいでしょう。 問3-3 マメとはフレンド、タマネギとはどちらでもありません。

[第5段落]
さて、この配置をどう思いますか？

2023年3月25日

Re: Re: 菜園計画

こんにちは！

[第1段落]
私です！　素晴らしい案をありがとう！　2日前にダニエルが提案してくれた植え付けスケジュールは下の通りです。まずは、これから2カ月の間に植えられる

Day 14

2023年度：共通テスト追試験　第4問　209

よう 問1-1 、すぐに 24 種類の種を買う必要がありますね！
25

	3月	4月前半	4月後半	5月	8月	9月
	- [A] - ジャガイモ	- [B]	- [C]	- [D]	- ジャガイモ	- タマネギ - キャベツ

[第2段落]
レイチェルの案を使って次のように菜園の配置をしてみました。

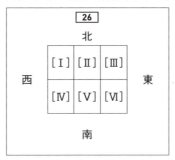

[第3段落]
ダニエルの案にも似ていますね、北半分と南半分の野菜はほとんど同じです。 27 だけが違う区画にあります。

[第4段落]
レイチェルは、フレンドとエネミーを考慮するといういい仕事をしてくれました。参照用に表を作ってみました、

28

[第5段落]
29 についてはまだ話し合っていませんが、した方がいいと思います。

語句

[リード文]
rent ~	他（料金を払って）~を借りる		
based on ~	熟 ~を基に		
finalize ~	他 ~を最終的に仕上げる、~をまとめる		

[1つ目のメール]
[第1段落]
soil	名 土壌、（地面の）土		
seedling	名 苗、苗木		
harvest ~	他 ~を収穫する		

[第3段落]
layout	名 配置		
divide A into B	熟 AをBに分割する		

[2つ目のメール]
[第1段落]
section	名 部分、区画

[第2段落]
enemy	名 敵、害を与えるもの
consider ~	他 ~を考慮する

[第4段落]
neutral	形 中立の、どちらでもない

```
［3つ目のメール］
［第4段落］
for 〜's reference  熟 〜の参考のため、〜の
                    参照用に
```

問 1 正解② 問題レベル【やや難】 配点 3点

設　問 24 に最もふさわしい選択肢を選びなさい。

選択肢 ① 3 ② 4 ③ 5 ④ 6

　まずは**視線の型**（❶）です。リード文によると「庭で植物を育てるための案を友人たちからもらって、自分が案をまとめた返信をしている」ということですね。まずはこの関係性を把握しましょう。今回は3つのパッセージがあります。友人Aと友人Bからそれぞれ案をもらい、自分が最後にまとめを作って返信しているということです。

　問1の設問を確認すると、空欄のある自分のまとめの返信（3つ目のメール）の該当箇所をまず精読する必要がありそうです。First, we need to buy 24 kinds of seeds soon so we can plant them over the next two months! とあります。この2カ月で植えることができるように、すぐに買いに行く必要がある種は何種類か、という問題ですね。日時が絡んでくる問題のようなのでメールの送信日を確認すると3月25日、とあります。ここから over the next two months ですから、3月25日〜5月25日あたりを指していると考えてください。では1つ目のメールから確認していきましょう。

　最初の段落はスケジュール表の説明ですね。●（black circle）が when to plant seeds「種を植える時期」、■（black square）が when to plant seedlings「苗を植える時期」（seedlingは難しい単語ですが直後に , which are like baby plants「植物の赤ちゃんみたいなもの」と説明があります）、☆（star）は when to harvest a vegetable「野菜の収穫時期」とあります。今回狙い読みする情報は種（seeds）ですから、●に注目するとよさそうです。

　スケジュール表の下、第2段落にいきます。まず1文目に we should plant the potatoes now とあります。表にチェックを入れていきましょう。「今」は3月後半ということなので、potatoes の Mar. の右側の●をチェックします。1種類目です。2文目は収穫や8月の話をしているので流して3文目、Also, I'd like to plant the carrots at the same time as the potatoes, and the cabbages the next month. とあります。ここから、carrots の Mar. の●と cabbages の Apr. の●にチェックします。ここまでで3種類です。読み進めると、4文目で onions は After harvesting them in July... という文脈で出てきますしそもそもスケジュールの onion のところを見ると9月に●がついているので関係なさそうです。表の onions に×を付けておきましょう。また6文目に I have bought tomato seedlings とあるのを見て tomatoes にも×をつけます。「すでに買っている」とありますし、seeds ではなく seedlings「苗」とあるので関係なさそうです。残った beans に関しては、7文目で Let's plant the beans toward the end of April とあるので beans の Apr. の右側にチェックします。以上、この2カ月で植える予定の種は4種類ですね。正解は②です。

Day 14

2023年度：共通テスト追試験　第4問　211

問 2 　正解 ③ 　問題レベル【普通】 配点 3点

設　問 あなたのメールの植え付け計画を完成させなさい。 25 に最もふさわしい選択肢を選びなさい。

選択肢
	[A]	[B]	[C]	[D]
①	キャベツ	ニンジン	マメ	トマト
②	キャベツ	ニンジン	トマト	マメ
③	ニンジン	キャベツ	マメ	トマト
④	ニンジン	トマト	キャベツ	マメ

　視線の型よりまずは設問を見て（❶）、実際に植える予定表を完成させる問題だとわかります。これに関しては問 1 で詳しく見ているので、問 1 を丁寧に解いた人であれば、もう答えが出ているも同然です。問 1 で 1 つ目のメールのスケジュール表に付けていったチェックを見ながら埋めていきましょう。3 月は carrots と potatoes にチェックが付いているはずなので（A）は carrots、4 月前半は cabbages、4 月後半は beans、最後に 5 月 tomatoes です。トマトに関しては 1 つ目のメール内にあるスケジュール表の下の段落最終文に and the tomatoes the following month「そしてトマトはその次の月（＝ 4 月）」とあります。これにより正解は③です。

問 3 　正解 26 ② 　 27 ① 　問題レベル【やや難】 配点各2点　計4点

設　問 あなたのメールの菜園の配置図を完成させなさい。
26 に最もふさわしい選択肢を選びなさい。

選択肢
	[I]	[II]	[III]	[IV]	[V]	[VI]
①	マメ	タマネギ	トマト	キャベツ	ジャガイモ	ニンジン
②	マメ	ジャガイモ	ニンジン	キャベツ	タマネギ	トマト
③	キャベツ	タマネギ	ニンジン	マメ	ジャガイモ	トマト
④	キャベツ	ジャガイモ	トマト	マメ	タマネギ	ニンジン

設　問 27 に最もふさわしい選択肢を選びなさい。

選択肢
① マメとタマネギ　　② キャベツとジャガイモ
③ ニンジンとトマト　④ タマネギとジャガイモ

　視線の型よりまずは設問を見て（❶）、菜園の配置についての問題だと把握します。配置については 1 つ目のメールの最後の段落と 2 つ目のメール第 3 段落〜第 4 段落にあります。

　まず 1 つ目のメールでは、最終段落 3 文目に Beans, cabbages, and tomatoes grow above the ground so let's grow them together. How about in the southern part?「マメとキャベツとトマトは地上に出るので一緒に育てましょう。南側でどうでしょうか？」とあり、4 文目に We can grow the carrots, potatoes, and onions together because they all grow underground. They will go in the northern part.「ニンジンとジャガイモとタマネギはどれも土の下で育つので一緒に育てましょう。北側にまとめることにしましょう」とあります。ここを読みながら、3 つ目のメールのレイアウト図の North の方にいったん car, p, o、South の方に b, cab, t などとわかるようにメモを入れておきます（cabbages と carrots はどちらも ca 始まりのため最初の3文字です）。

212　リーディング

次に2つ目のメールを見ていきます。第3段落1文目に the tomatoes should go in the southern part of the garden「トマトを菜園の南側に入れるとします」とあるのでレイアウトを確認するとトマトは元々南側の予定なのでここは変更ナシですね。2文目 Tomatoes and cabbages are enemies and should be separated.「トマトとキャベツはエネミーなので離した方がいいでしょう」とあるのでトマトとキャベツは両端にいくことになります。3文目 Let's put the cabbages in the southwest corner.「キャベツは南西の隅に植えましょう」より、左下がキャベツ、右下がトマトで決定です。真ん中には残りのマメがくるかと思いきや、4文目で The onions can be put in the middle because they are friends of both tomatoes and cabbages「間にタマネギを植えるといいでしょう、トマトともキャベツともフレンドなので」とあることから、北だったはずのタマネギがここで南に変更となることがわかります。そしてマメは必然的に北行きですね。混乱しないようにレイアウト図に矢印などを書き込みながら読んでいきましょう。

第4段落では北側の話です。2文目 Let's put the beans in the western corner because beans and cabbages are friends.「マメとキャベツはフレンドなのでマメを西の隅に植えましょう」とあります。これにより、マメは左上で確定。3文目 Carrots are friends with tomatoes so planting them in the eastern corner would be better.「ニンジンはトマトとフレンドなのでこれらを東の隅に植えた方がいいでしょう」より、ニンジンは右上に、4文目に Potatoes can go in the middle.「ジャガイモは真ん中でいいでしょう」とあるように、残ったポテトは北側の真ん中に入ります。これにより、 26 の正解は②、1つ目のメールと南北が逆になったのは beans と onions なので 27 の正解は①となります。

問4　正解① 問題レベル【やや難】 配点3点

設問 　28 　に入るべき図はどれか。
（◎：フレンド、×：エネミー）

選択肢

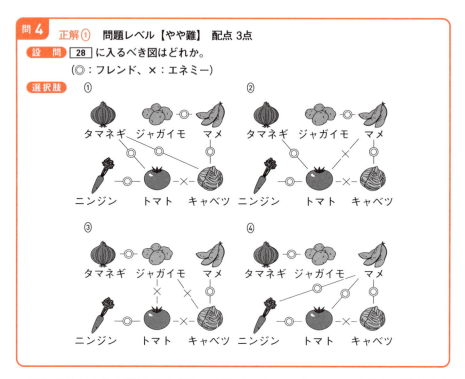

　視線の型よりまずは設問を見て（❶）、野菜同士のfriendsとenemiesを答える問題だとわかります。問3で詳しく見ているはずです。問3を丁寧に解いた人であれば、もう答えが出ているも同然です。すべてのfriends/enemiesを確認する必要はないので、イラストと英文を上から1つずつ照らし合わせていき速さ重視で解きましょう。2つ目のメール第3段落を読んでいくと4文目 The onions can be put in the middle because they are friends of both tomatoes and cabbages「間にタマネギを植えるといいでしょう、トマトともキャベツともフレンドなので」から答えはすぐに①とわかります。

問 5 正解 ② 問題レベル【普通】 配点 3点

設問 29 に最もふさわしい選択肢を選びなさい。

選択肢 ① 種と苗の違い
② 菜園を手入れする責任
③ 作物の収穫のタイミング
④ 一緒に植えるといい野菜

語句 crop 名 作物

　視線の型よりまずは設問の空所を含んだ英文を見て（❶）、まだ話し合われていないことを選べばいいのだとわかります。選択肢を一つひとつ確認していきましょう。①は1つ目のメール第1段落5文目でseedlingsの説明がありました。②に関してはどこにもありませんでした。③ the timing for collecting the crops は1つ目のメールのスケジュール表の説明で言及されていました。collect は「集める」なので harvest「収穫する」の上位概念、crops「作物」は vegetables「野菜」の上位概念と言えます（❸）。the timing for collecting the crops は when to harvest a vegetable の**言い換え**と言えるでしょう。④は friends のことなので2つ目のメールでがっつり言及されています。正解は②です。

DAY 15

【物語文・伝記文読解問題】を攻略する「視線の型」

第5問では、物語文や伝記などストーリー型の長文が出題されます。広告文や論説文などとは少し異なる、このタイプの問題を攻略するための「視線の型」を見ていきましょう。

「視線の型」のステップ

❶ 場面・状況をイメージする

問題に当たる前にリード文を読みましょう。本文を読みやすくするヒントが隠れている場合もあるので、必ず最初に読んでおいてください。

❸ 第1段落が勝負、と心得て集中して人・時・場所をとらえる

最初の段落が大事です。ここで登場人物、時代、場所の把握ができていないと第2段落から本気を出しても内容が頭に入ってきません。映画の冒頭部分を見逃してしまうとついていけなくなるのと同じです。第5問にかける全パワーの半分くらいを第1段落で使ってください。読みながら映像として登場人物の顔や背景が浮かんでくるのがベストです。

❹ 段落ごとにリフレッシュしながら読み切る

物語文・伝記文はできたら「読んでから解く」をおススメします。難しい場合はせめて段落が変わるまでは内容に集中して読み切りましょう。理由は、ストーリーに没頭するためです。途中で設問を気にして何度もストーリーから離れていると、内容から心が離れてしまい、変に冷静な頭で考えるようになります。物語文・伝記文のコツは、「解くときは冷静な頭で、読むときは熱い心で」です。ドラマや映画を見ているときに途中で話しかけられると嫌ですよね。現実に引き戻されると再度入り込むまでに時間がかかります。

とはいえ、設問がヒントになって理解が深まることもありますし、また段落の変わり目で「心情や時・場所」が変化することが多いので、段落ごとに問題をチラ見して頭を整理しながら読み進めるのもお勧めです。特に全然英文が理解できていない時（つまり物語に没入できていない時）はそうしてください。その際、解ける問題は途中で解答してもOKです。

216　リーディング

内容 論説文ばかりを読んでいる受験生にとっては、「物語文・伝記文」は読みづらいかもしれませんが、他の問題に比べて英語的に難しいわけではありません。「視線の型」で独特の論理展開に慣れ、登場人物の心情と時間・場所の移り変わりを素直に追いかけていければ大丈夫です。

目標解答時間 15分

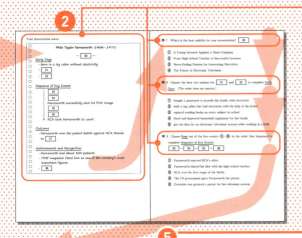

❷ まとめの表やスライドの見出し、設問を先読みする

本文を読む前に先に問われそうなポイントをかき集めます。まとめの表やスライドの穴埋め形式を取ることが多いので、表やスライドの見出しの確認をします。「見出し」は要約した短い英文で表現されているため読みにくく感じるかもしれませんが、精読して意味をとらえておきます。設問に関しては、ほとんどの場合、表やスライド中の空所を埋めるのに適切な選択肢を選ばせる問題（Choose the best option for（　）.）になっているはずなので、空所の前後と表の中での位置づけ（どんな見出しに紐づいた問題なのか）をざっくりと確認する程度で大丈夫です。なお、設問の選択肢はここで読む必要はありません。

❺ 本文を照らし合わせて解答する

読み終わった後、問題を解いていきます。空所を含む英文の精読が大事です。該当箇所を狙い打ちでスピーディーに解答していきましょう。物語文や伝記文はイメージが湧きやすく、心に残るため該当箇所を見つけやすいと思いますが、読みやすい分、文法を無視して誤訳してしまいがちです。精読を疎かにしないようにしましょう。登場する語彙は豊かで様々に言い換えられているので、言い換えにアンテナを張って選択肢を選んでいきましょう。

では、この「視線の型」を使って、次ページの問題に取り組みましょう！

DAY 15 ▶ 例題

目標解答時間 **15**分

第5問 (配点 15)

In your English class, you will give a presentation about a great inventor. You found the following article and prepared notes for your presentation.

Farnsworth in 1939

Who invented television? It is not an easy question to answer. In the early years of the 20th century, there was something called a mechanical television system, but it was not a success. Inventors were also competing to develop an electronic television system, which later became the basis of what we have today. In the US, there was a battle over the patent for the electronic television system, which attracted people's attention because it was between a young man and a giant corporation. This patent would give the inventor the official right to be the only person to develop, use, or sell the system.

Philo Taylor Farnsworth was born in a log cabin in Utah in 1906. His family did not have electricity until he was 12 years old, and he was excited to find a generator—a machine that produces electricity—when they moved into a new home. He was very interested in mechanical and electrical technology, reading any information he could find on the subject. He would often repair the old generator and even changed his mother's hand-powered washing machine into an electricity-powered one.

One day, while working in his father's potato field, he looked behind him and saw all the straight parallel rows of soil that he had made. Suddenly, it occurred to him that it might be possible to create an electronic image on a screen using parallel lines, just like the rows in the field. In 1922, during the spring semester of his first year at high school, he presented this idea to his chemistry teacher, Justin Tolman, and asked for advice about his concept of an electronic television system. With sketches and diagrams on blackboards, he showed the teacher how it might be accomplished, and Tolman encouraged him to develop his ideas.

On September 7, 1927, Farnsworth succeeded in sending his first electronic image. In the following years, he further improved the system so that it could successfully broadcast live images. The US government gave him a patent for this system in 1930.

However, Farnsworth was not the only one working on such a system. A giant company, RCA (Radio Corporation of America), also saw a bright future for television and did not want to miss the opportunity. They recruited Vladimir Zworykin, who had already worked on an electronic television system and had earned a patent as early as 1923. Yet, in 1931, they offered Farnsworth a large sum of money to sell them his patent as his system was superior to that of Zworykin's. He refused this offer, which started a patent war between Farnsworth and RCA.

The company took legal action against Farnsworth, claiming that Zworykin's 1923 patent had priority even though he had never made a working version of his system. Farnsworth lost the first two rounds of the court case. However, in the final round, the teacher who had copied Farnsworth's blackboard drawings gave evidence that Farnsworth did have the idea of an electronic television system at least a year before Zworykin's patent was issued. In 1934, a judge approved Farnsworth's patent claim on the strength of handwritten notes made by his old high school teacher, Tolman.

Farnsworth died in 1971 at the age of 64. He held about 300 US and foreign patents, mostly in radio and television, and in 1999, *TIME* magazine included Farnsworth in *Time 100: The Most Important People of the Century*. In an interview after his death, Farnsworth's wife Pem recalled Neil Armstrong's moon landing being broadcast. Watching the television with her, Farnsworth had said, "Pem, this has made it all worthwhile." His story will always be tied to his teenage dream of sending moving pictures through the air and those blackboard drawings at his high school.

Your presentation notes:

Philo Taylor Farnsworth (1906 – 1971)

— [30] —

<u>Early Days</u>
- born in a log cabin without electricity
- [31]
- [32]

<u>Sequence of Key Events</u>

[33]

[34]

Farnsworth successfully sent his first image.

[35]

[36]

RCA took Farnsworth to court.

<u>Outcome</u>
- Farnsworth won the patent battle against RCA thanks to [37].

<u>Achievements and Recognition</u>
- Farnsworth had about 300 patents.
- *TIME* magazine listed him as one of the century's most important figures.
- [38]

問 1 Which is the best subtitle for your presentation? 30

① A Young Inventor Against a Giant Company

② From High School Teacher to Successful Inventor

③ Never-Ending Passion for Generating Electricity

④ The Future of Electronic Television

問 2 Choose the best two options for 31 and 32 to complete Early Days. (The order does not matter.)

① bought a generator to provide his family with electricity

② built a log cabin that had electricity with the help of his father

③ enjoyed reading books on every subject in school

④ fixed and improved household equipment for his family

⑤ got the idea for an electronic television system while working in a field

問 3 Choose **four** out of the five events (①~⑤) in the order they happened to complete Sequence of Key Events.

33 → 34 → 35 → 36

① Farnsworth rejected RCA's offer.

② Farnsworth shared his idea with his high school teacher.

③ RCA won the first stage of the battle.

④ The US government gave Farnsworth the patent.

⑤ Zworykin was granted a patent for his television system.

問 4　Choose the best option for ▢ 37 ▢ to complete Outcome.

① the acceptance of his rival's technological inferiority

② the financial assistance provided by Tolman

③ the sketches his teacher had kept for many years

④ the withdrawal of RCA from the battle

問 5　Choose the best option for ▢ 38 ▢ to complete Achievements and Recognition.

① He and his wife were given an award for their work with RCA.

② He appeared on TV when Armstrong's first moon landing was broadcast.

③ His invention has enabled us to watch historic events live.

④ Many teenagers have followed their dreams after watching him on TV.

DAY 15 > 例題 [解 説]

問 1 − 5

訳 英語の授業で、あなたは偉大な発明家について発表する予定です。あなたは次の記事を見つけ、発表のためのメモを準備しました。

[第1段落] テレビを発明したのは誰でしょうか。これは簡単に答えられる質問ではありません。20世紀初頭に、機械式テレビ装置と呼ばれるものがありましたが、これは成功しませんでした。発明家たちは電子テレビ装置の開発競争もしていましたが、これが後に、現在の私たちが使っているものの土台となりました。アメリカでは電子テレビ装置の特許をめぐる争いがあり、それが若者と巨大企業の間で起こったことから人々の注目を集めました。 問1 この特許は発明者に、そのシステムを開発、使用、売却できる唯一の人物となる公的な権利を与えるものでした。

1939年当時の
ファーンズワース

[第2段落] フィロ・テイラー・ファーンズワースは1906年にユタ州の丸太小屋で生まれました。彼が12歳になるまで彼の家には電気がなく、新しい家に引っ越したときに発電機——電気を起こす機械——を見つけた彼は興奮しました。彼は機械や電子の技術にとても興味を持ち、その話題に関する情報を見つけられる限り読んでいました。彼は古い発電機を何度も修理し、母親の手動の洗濯機を電動のものに作り変えることまでしました。 問2④

[第3段落] ある日、父親のジャガイモ畑で手伝いをしていたとき、彼は振り返って自分が起こした平行な土の列（畝）を見ました。突然、畑の畝のような平行線を使って画面に電子画像を作り出すことができるのではないかと思い付きました。 問3⑤ 1922年、高校1年の春学期に、彼は自分のアイデアを化学教師のジャスティン・トールマンに伝えて、自分の電子テレビ装置の構想について助言を求めました。 問3② 黒板に描いたスケッチや図表とともに、彼が教師に実現できそうな方法を示すと、トールマンは彼にそのアイデアを発展させるよう励ましました。

[第4段落] 1927年9月7日、ファーンズワースは最初の電子映像を送ることに成功しました。その後の数年で、彼は装置をさらに改良して、ライブ映像を見事に送信できるようにしました。アメリカ政府は1930年に、彼にこの装置の特許を認めました。 問3④

[第5段落] ところが、こうした装置に取り組んでいたのはファーンズワースだけではありませんでした。巨大企業RCA（アメリカ・ラジオ会社）もテレビに明るい未来を見いだしており、そのチャンスを逃したがりませんでした。同社は、すでに電子テレビ装置に取り組んで1923年という早い時期に特許を得ていたウラジミル・ツウォリキンを雇い入れました。 問3⑤ しかし、1931年に同社はファーンズワースに多額の金を提示して特許を売ってほしいと申し出ました。彼の装置の方がツウォリキンのものより優れていたからです。彼はその申し出を断り、これがファーンズワースとRCAの間の特許争いの始まりとなりました。 問3①

[第6段落] 同社はファーンズワースを相手取って訴訟を起こし、機能する形で装置を作ったことがないにもかかわらずツウォリキンの1923年の特許に優先権があると主張しました。ファーンズワースはこの訴訟で最初の２回は負けました。しかし、最後の回で、ファーンズワースの板書を書き写していたあの教師が、ツウォリキンの特許が出される１年以上前に、ファーンズワースに電子テレビ装置のアイデアが確かにあったことを証明しました。1934年、彼が以前通っていた高校の教師トールマンによる手書きのノートを根拠として、判事がファーンズワースの特許請求を認めました。 問4

[第7段落] ファーンズワースは1971年に64歳で亡くなりました。彼は主にラジオとテレビに関する約300ものアメリカ国内外の特許を所有し、1999年には『タイム』誌が「タイム100：今世紀最も重要な人物」の中に彼を選びました。彼が亡くなった後のインタビューで、ファーンズワースの妻ペムは、ニール・アームストロングの月面着陸が放映されたことを振り返りました。彼女と一緒にテレビを見ていたファーンズワースは、「ペム、これですべてが報われたよ」と言ったのです。 問5　彼の物語は常に、動く画像を空中送信したいと願った10代の夢、そして高校のあの板書と結び付けられています。

あなたの発表用メモ：

○　　フィロ・テイラー・ファーンズワース（1906-1971）
○　　　　　　　　　― $\boxed{30}$ ―
○
○　若い頃
○　　― 電気のない丸太小屋に生まれる
○　　― $\boxed{31}$
○　　― $\boxed{32}$
○
○　重要な出来事の順序
○　　　　　　$\boxed{33}$
○　　　　　　$\boxed{34}$
○　　　　　ファーンズワースが最初の映像を送ることに成功した。
○　　　　　$\boxed{35}$
○　　　　　$\boxed{36}$
○　　↓　RCA がファーンズワースを裁判に訴えた。
○
○　結果
○　　― ファーンズワースが $\boxed{37}$ のおかげで RCA との特許争いに勝った。
○
○　業績と評価
○　　― ファーンズワースは約300の特許を持っていた。
○　　― 『タイム』誌が彼をその世紀の最重要人物の一人に挙げた。
○　　― $\boxed{38}$

語句

[リード文]

presentation	名	プレゼン（テーション）、発表
inventor	名	発明家

[第1段落]

invent ~	他	~を発明する
mechanical	形	機械的な
compete	自	競争する、競う
develop ~	他	~を開発する、~を進展させる
electronic	形	電子的な
basis	名	土台、基礎
patent	名	特許
attract ~	他	~を引き付ける
corporation	名	法人、企業

[第2段落]

log cabin	熟	丸太小屋
generator	名	発電機
subject	名	話題、（学習の）教科
hand-powered	形	人力の

[第3段落]

parallel	形	平行な
row	名	列
soil	名	土壌、土
occur to ~	熟	~に思い浮かぶ
semester	名	学期
chemistry	名	化学
concept	名	構想
diagram	名	図表
accomplish ~	他	~を成し遂げる、~を完成させる
encourage ~	他	~を励ます

[第4段落]

broadcast ~	他	~を送信する
government	名	政府

[第5段落]

opportunity	名	機会、チャンス
recruit ~	他	~を採用する、~を雇い入れる
work on ~	熟	~に取り組む、~を研究する
sum	名	（お金の）額
superior to ~	熟	~より優れた
refuse ~	他	~を拒む、~を断る

[第6段落]

take legal action	熟	法的措置を取る、裁判に訴える
claim that SV	他	SVであると主張する
priority	名	優先、先行
version	名	版、型
court case	熟	訴訟
issue ~	他	~を交付する
on the strength of ~	熟	~を根拠として

[第7段落]

recall ~	他	~を思い起こす
landing	名	着陸
worthwhile	形	価値のある、報われる

[メモ]

sequence	名	順序
take ~ to court	熟	~を裁判に訴える
outcome	名	結果
thanks to ~	熟	~のおかげで
achievement	名	業績
recognition	名	認知、評価
figure	名	人物

Day
15

　まずは**場面・状況のイメージ**（❶）です。「英語の授業で、あなたは偉大な発明家について発表する予定」で「発表のためのメモを準備した」とあります。まずは**メモの内容を先読み**しましょう（❷）。 30 は問1の設問からもわかるように適切な副題を選ぶタイトル問題です。続けて、見出しが、Early Days「若い頃」（ 31 32 ）、Sequence of Key Events「重要な出来事の順序」（ 33 ～ 36 ）、Outcome「結果」（ 37 ）、Achievements and Recognition「業績と評価」（ 38 ）と時間の流れを感じさせる並びになっています。ここから、この記事は伝記的に書かれていて、見出しに当てはまる重要な出来事が聞かれそうだと推測できます。ここまでざっくりと押さえて、本文に入っていきます。

問1 　**正解①** 　問題レベル【普通】　配点 3点

設問 あなたの発表に最もふさわしい副題はどれか。 30

選択肢 ① 巨大企業と対決した若き発明家
② 高校教師から成功した発明家に
③ 発電への果てしない情熱
④ 電子テレビの未来

語句 subtitle 名 サブタイトル、副題

　問1のようなタイトル問題は、本文を読み終わってから解いた方が無難ですが、読み終えた後すぐに選ぼうとせず、**自分がタイトルをつけるなら、と少し考えてから選択肢を見るようにしてください**。読み終わったときは、最後の段落の内容が印象に残っています。特に起承転結の展開に慣れている日本人は「結論は最後にくるはず」と思ってしまうので要注意。今回だと最終段落最終文で、will always ... dream ... と未来を暗示するような終わり方になっているため、選択肢④ The Future of Electronic Television の future「未来」が気になったかもしれません。

　しかし、全体を振り返ってください。今回は第1段落で「テレビの特許をめぐる若い発明家 Farnsworth と大企業の争いが人々の関心を集めた」と端的に全体の要点をまとめた上で、その経緯を詳しくしている、抽象（第1段落）→具体（第2段落以降）の流れになっています。この全体の英文構成を意識した上で選択肢を見ると、① A Young Inventor Against a Giant Company「巨大企業と対決した若き発明家」が最も適切だとわかります。このように、**もう一度第1段落に戻り、全体を貫いているストーリーは何かを自分の頭で整理することが大切です**。

　なお、選択肢②～④は、元々高校教師だったわけではない（②）、Farnsworth はずっと発電に情熱を燃やしていたというわけではない（③）、テレビの未来の話の記述はない（④）のでそれぞれ不正解です。

問2 　**正解④・⑤（順不同）** 　問題レベル【普通】　配点 3点（すべて正解で）

設問 「若い頃」を完成させるために、 31 と 32 に最もふさわしい2つの選択肢を選びなさい。（順不同）

選択肢 ① 家庭に電気をもたらすため発電機を買った
② 父の助けを借りながら、電気のある丸太小屋を建てた
③ 学校のすべての教科に関する本を読むことが好きだった
④ 家族のために家の設備を修理したり改良したりした
⑤ 畑仕事をしているときに電子テレビ装置のアイデアを思い付いた

語句 fix ～ 他 ～を修理する 　　equipment 名 機材、装置

　全体を読み切る（❸～❹）ことができたでしょうか。今回のような伝記だと、問1で見たように第1段落で全体のまとめをして、第2段落以降で具体化、という論説文のような流れになっていることもあり、段落ごとに解いても解きやすかったと思います。どこまで読んで、どこで解くか、は柔軟に対応して大丈夫です。**メモの先読み（❷）**が頭に残っている人は、第2段落に入り、1文目の Philo Taylor Farnsworth was born in ... を見たときに、メモ冒頭

226　リーディング

「Early Days」が始まった、と気づいたかもしれません。この見出しの項目1つ目 born in … が第2段落1文目と一致していることからもこの後が該当箇所だと確信をもてるはずです。では本文と照らし合わせていきましょう（**5**）。

　選択肢を順々に第2段落〜第3段落の記述と照らし合わせていくと、①は発電機を「買った」わけではないので不正解、②は丸太小屋を「建てた」わけではないので不正解、③は読むことが好きだったのは「すべての教科に関する本」ではないので不正解だとわかります。

　④ fixed and improved household equipment for his family.「家族のために家の設備を修理したり改良したりした」は第2段落の最終文、He would often repair the old generator and even changed his mother's hand-powered washing machine into an electricity-powered one.「彼は古い発電機を何度も修理し、母親の手動の洗濯機を電動のものに作り変えることまでしました」とあるので正解です。repair が fix に、change が improve に、washing machine が household equipment に、his mother が his family にそれぞれ**言い換え**られています。

　また、⑤ got the idea for an electronic television system while working in a field「畑仕事をしているときに電子テレビ装置のアイデアを思い付いた」は、第3段落1文目、One day, while working in his father's potato field, he looked behind him and saw all the straight parallel rows of soil that he had made. Suddenly, it occurred to him that it might be possible to create an electronic image on a screen using parallel lines, just like the rows in the field.「ある日、父親のジャガイモ畑で手伝いをしていたとき、彼は振り返って自分が起こした平行な土の列（畝）を見ました。突然、畑の畝のような平行線を使って画面に電子画像を作り出すことができるのではないかと思い付きました」より、正解となります。occurred to 〜「〜に考えが思いついた」が、got the idea for 〜に**言い換え**られています。

問3

　正解　33 ②　　34 ⑤　　35 ④　　36 ①

　問題レベル【やや難】　配点 3点（すべて正解で）

設問　「重要な出来事の順序」を完成させるために、5つの出来事（①〜⑤）から起こった順番に4つを選びなさい。 33 → 34 → 35 → 36

選択肢　① ファーンズワースが RCA の申し出を断った。
　　　　　② ファーンズワースが高校教師に自分のアイデアを伝えた。
　　　　　③ RCA が争いの最初の段階で勝利した。
　　　　　④ アメリカ政府がファーンズワースに特許を与えた。
　　　　　⑤ ツウォリキンがテレビ装置の特許を得た。

語句　share A with B　熟 A を B と共有する、A を B に知らせる
　　　　grant A B　他 A に B を与える

　時系列を整理する問題ですね。選択肢の出来事がいつ起きたことなのか一つ一つ精読し、該当箇所を確認していきましょう（**5**）。

　①は第5段落4〜5文目より1931年、②は第3段落3文目より1922年、④は第4段落最終文より1930年、⑤は第5段落3文目より1923年なので、②1922年→⑤1923年→④1930年→①1931年の順です。選択肢は5つありますが、選ぶのは4つということに注意してください。③に関しては RCA 社に訴えられた後の話なのでここには入りません（Sequence of

2022年度：共通テスト本試験　第5問　　227

Key Events の最後に RCA took Farnsworth to court「RCA がファーンズワースを裁判に訴えた」とあります）。

この問題は全体の流れをつかめていない状態で闇雲に該当箇所を探すとかなり時間を消費してしまいます。**最初に全体を読み切る時に、時系列や因果関係をいかに正確に押さえておけるか**がスピーディーにこの問題を解く鍵となるでしょう。

問 4　**正解③**　**問題レベル【普通】　配点 3点**

設　問　「結果」を完成させるために、[37] に最もふさわしい選択肢を選びなさい。

選択肢　① ライバルの技術面での粗悪さが認められたこと
　　　　② トールマンによって提供された資金援助
　　　　③ 教師が何年も保管していたスケッチ
　　　　④ RCA の争いからの撤退

語句　acceptance　名 採用、支持　　　　assistance　名 支援、援助
　　　　inferiority　名 劣っていること、粗悪　withdrawal　名 撤退
　　　　financial　形 財政的な、資金面の

メモの空所を含む英文を精読しましょう（**⑤**）。Farnsworth won the patent battle against RCA thanks to [37].「ファーンズワースが [37] のおかげで RCA との特許争いに勝った」とあります。thanks to ～「～のおかげで」は理由を表す前置詞です。ファーンズワースが裁判に勝った理由を聞かれているのだとわかります。

裁判に勝った話は第6段落に出てきます。2～3文目で Farnsworth lost the first two rounds of the court case. However, in the final round, ...「ファーンズワースはこの訴訟で最初の2回は負けました。しかし、最後の回で……」の流れから、ここから裁判に勝ったという流れだとわかります。続けて読むと、the teacher who had copied Farnsworth's blackboard drawings gave evidence that Farnsworth did have the idea of an electronic television system at least a year before Zworykin's patent was issued.「ファーンズワースの板書を書き写していたあの教師が、ツウォリキンの特許が出される1年以上前に、ファーンズワースに電子テレビ装置のアイデアが確かにあったことを証明しました」とあり、続く4文目で a judge approved Farnsworth's patent claim on the strength of handwritten notes made by his old high school teacher, Tolman「以前通っていた高校の教師トールマンによる手書きのノートを根拠として、判事がファーンズワースの特許請求を認めた」とあるので、ファーンズワースの勝利は先生が持っていた handwritten notes が決め手のようです。これは3文目の Farnsworth's blackboard drawings「ファーンズワースの板書」の写しのことであり、その板書とは、第3段落最終文で出てきていた sketches and diagrams on blackboards「黒板に描いたスケッチや図表」のことです。よって正解は③ the sketches his teacher had kept for many years「教師が何年も保管していたスケッチ」だとわかります。該当箇所がわかっても、部分部分しか読めていなかった人はこの handwritten notes が何を指すのかすぐに理解できず読むのに時間がかかったかもしれません。最初に全体を通して読んだときに、高校生のファーンズワースが先生に黒板に図示しながら一生懸命に説明している映像を頭に残せていたでしょうか。できなかった人は伝記・物語文対策としてストーリーに没入する訓練をしておくといいでしょう。

228　リーディング

問 5　正解 ③　問題レベル【普通】　配点 3点

設問　「業績と評価」を完成させるために、[38] に最もふさわしい選択肢を選びなさい。

選択肢
① 彼と妻が、その業績に対して RCA から賞をもらった。
② アームストロングの初めての月面着陸が放映されたときにテレビに出演した。
③ 彼の発明により私たちは歴史的な出来事をライブで目撃することができるようになった。
④ テレビで彼を見て、多くの10代の若者が自分たちの夢を追ってきた。

語句
award	名 賞	enable ～ to (V)	熟 ～がVできるようにする
appear	自 登場する、出演する	historic	形 歴史的な

　メモの「業績と評価」のところを見ると、約300の特許や『タイム』誌に選ばれたことが書かれているので、**そのことが書いてある最終段落より該当箇所を探します**（❺）。最終段落3～4文目に、In an interview after his death, Farnsworth's wife Pem recalled Neil Armstrong's moon landing being broadcast. Watching the television with her, Farnsworth had said, "Pem, this has made it all worthwhile."「彼が亡くなった後のインタビューで、ファーンズワースの妻ペムは、ニール・アームストロングの月面着陸が放映されたことを振り返りました。彼女と一緒にテレビを見ていたファーンズワースは、『ペム、これですべてが報われたよ』と言ったのです」とあります。ファーンズワース自身、月面着陸の生放送を、自分の業績の一つと考えていたことがわかります。ここから、月面着陸を historic event「歴史的な出来事」と**言い換えている**選択肢③ His invention has enabled us to watch historic events live.「彼の発明により私たちは歴史的な出来事をライブで目撃することができるようになった」が正解です。なお、ここでの live は「生放送で」という副詞です。選択肢①・②・④はいずれも本文に記載がないため不正解です。

Day 15

2022年度：共通テスト本試験　第5問　229

DAY 15 ▶ 練習問題

第 5 問 (配点 15)

You are applying for a scholarship to attend an international summer program. As part of the application process, you need to make a presentation about a famous person from another country. Complete your presentation slides based on the article below.

During his 87 years of life, both above and below the waves, Jacques Cousteau did many great things. He was an officer in the French navy, an explorer, an environmentalist, a filmmaker, a scientist, an author, and a researcher who studied all forms of underwater life.

Born in France in 1910, he went to school in Paris and then entered the French naval academy in 1930. After graduating in 1933, he was training to become a pilot, when he was involved in a car accident and was badly injured. This put an end to his flying career. To help recover from his injuries, Cousteau began swimming in the Mediterranean, which increased his interest in life underwater. Around this time, he carried out his first underwater research. Cousteau remained in the navy until 1949, even though he could no longer follow his dream of becoming a pilot.

In the 1940s, Cousteau became friends with Marcel Ichac, who lived in the same village. Both men shared a desire to explore unknown and difficult-to-reach places. For Ichac this was mountain peaks, and for Cousteau it was the mysterious world under the sea. In 1943, these two neighbors became widely recognized when they won a prize for the first French underwater documentary.

Their documentary, *18 Meters Deep*, had been filmed the previous year without breathing equipment. After their success they went on to make another film, *Shipwrecks*, using one of the very first underwater breathing devices, known as the Aqua-Lung. While filming *Shipwrecks*, Cousteau was not satisfied with how long he could breathe underwater, and made improvements to its design. His improved equipment enabled him to explore the wreck of the Roman ship, the *Mahdia*, in 1948.

問題番号は実際の番号のままです。

Cousteau was always watching the ocean, even from age four when he first learned how to swim. In his book, *The Silent World*, published in 1953, he describes a group of dolphins following his boat. He had long suspected that dolphins used echolocation (navigating with sound waves), so he decided to try an experiment. Cousteau changed direction by a few degrees so that the boat wasn't following the best course, according to his underwater maps. The dolphins followed for a few minutes, but then changed back to their original course. Seeing this, Cousteau confirmed his prediction about their ability, even though human use of echolocation was still relatively new.

Throughout his life, Cousteau's work would continue to be recognized internationally. He had the ability to capture the beauty of the world below the surface of the ocean with cameras, and he shared the images with ordinary people through his many publications. For this he was awarded the Special Gold Medal by *National Geographic* in 1961. Later, his lifelong passion for environmental work would help educate people on the necessity of protecting the ocean and aquatic life. For this he was honored in 1977 with the United Nations International Environment Prize.

Jacques Cousteau's life has inspired writers, filmmakers, and even musicians. In 2010, Brad Matsen published *Jacques Cousteau: The Sea King*. This was followed by the film *The Odyssey* in 2016, which shows his time as the captain of the research boat *Calypso*. When Cousteau was at the peak of his career, the American musician John Denver used the research boat as the title for a piece on his album *Windsong*.

Cousteau himself produced more than 50 books and 120 television documentaries. His first documentary series, *The Undersea World of Jacques Cousteau*, ran for ten years. His style of presentation made these programs very popular, and a second documentary series, *The Cousteau Odyssey*, was aired for another five years. Thanks to the life and work of Jacques Cousteau, we have a better understanding of what is going on under the waves.

Day 15

2022年度：共通テスト追試験　第5問　231

Your presentation slides:

Jacques Cousteau
— 30 —

International Summer Program Presentation 1

Early Career (before 1940)

- Graduated from the naval academy
- 31
- Started to conduct underwater research
- Continued working in the navy

2

In the 1940s

Desired to reveal the underwater world
↓
32
↓
33
↓
34
↓
35

3

Some Major Works

Title	Description
18 Meters Deep	An early prize-winning documentary
36 (A)	A book mentioning his scientific experiment
(B)	A documentary series that lasted a decade

4

Contributions

- Developed diving equipment
- Confirmed dolphins use echolocation
- Made attractive documentaries about aquatic life
- 37
- 38

5

問 1　Which is the best subtitle for your presentation?　| 30 |

①　Capturing the Beauty of Nature in Photographs

②　Discovering the Mysteries of Intelligent Creatures

③　Exploring the Top and Bottom of the World

④　Making the Unknown Undersea World Known

問 2　Choose the best option to complete the **Early Career** (**before 1940**) slide.
| 31 |

①　Developed underwater breathing equipment

②　Forced to give up his dream of becoming a pilot

③　Shifted his focus from the ocean to the air

④　Suffered severe injuries while underwater

問 3　Choose **four** out of the five events (①～⑤) in the order they happened to complete the **In the 1940s** slide.

| 32 | → | 33 | → | 34 | → | 35 |

①　Dived to the *Mahdia* using improved equipment

②　Filmed a documentary without breathing equipment

③　Helped one of his neighbors explore high places

④　Left the French navy

⑤　Won an award and became famous

2022年度：共通テスト追試験　第5問　233

問 4 Choose the best combination to complete the **Some Major Works** slide. 36

	(A)	(B)
①	*Shipwrecks*	*The Cousteau Odyssey*
②	*Shipwrecks*	*The Undersea World of Jacques Cousteau*
③	*The Silent World*	*The Cousteau Odyssey*
④	*The Silent World*	*The Undersea World of Jacques Cousteau*

問 5 Choose two achievements to complete the **Contributions** slide. (The order does not matter.) 37 ・ 38

① Built a TV station to broadcast documentaries about marine life
② Encouraged people to protect the ocean environment
③ Established prizes to honor innovative aquatic filmmaking
④ Produced many beautiful images of the underwater world
⑤ Trained pilots and researchers in the French navy

DAY 15 › 練習問題 [解説]

問 1 - 5

訳 あなたは国際夏期プログラムの奨学生に応募しようとしています。応募プロセスの一環として、外国の有名人に関するプレゼンテーションをしなければなりません。下の記事を基に、プレゼンテーション用のスライドを完成させなさい。

[記事]

[第1段落]

87年の生涯の間に、ジャック・クストーは水面の上と下の両方でたくさんの偉業を成し遂げました。彼は、フランス海軍士官、探検家、環境活動家、映画監督、科学者、作家、そしてあらゆる種類の水中生物を研究した研究者でした。

[第2段落]

1910年にフランスに生まれた彼は、パリの学校に行った後1930年にフランス海軍兵学校に入りました。1933年に卒業してから、彼はパイロットになる訓練をしていましたが、その時に自動車事故に巻き込まれてひどいけがを負いました。これで彼の飛行士としてのキャリアが終わりました。問2　けがからの回復に役立てようと、クストーは地中海で泳ぎ始め、そこから彼の水中生物への興味が増しました。この頃、彼は初めての水中調査を行いました。クストーは、もはやパイロットになる夢は追えなくなったものの、1949年まで海軍に留まりました。問3④

[第3段落]

1940年に、クストーは同じ村に住んでいたマルセル・イシャックと友達になりました。2人はどちらも、未知の到達し難い場所を探検したいという共通の願望を持っていました。イシャックにとってそれは山頂であり、クストーにとっては海中の謎に満ちた世界でした。1943年、この隣人たちは、フランス初の水中ドキュメンタリーで賞を獲得し、広く知られるようになりました。問3⑤

[第4段落]

彼らのドキュメンタリー *18 Meters Deep* は、その前年に呼吸装置を使わず撮影されました。問3②　この成功後、さらに別の映画 *Shipwrecks* を、アクアラングとして知られるごく初期の水中呼吸器具の一つを使って製作しました。*Shipwrecks* を撮影していた間、クストーは水中での呼吸が続く時間の長さに満足できなかったので、その設計に改良を加えました。改良した装置のおかげで、1948年には、ローマの船マーディア号の残骸を探検することができました。問3①

[第5段落]

クストーは、初めて泳ぎを覚えた4歳の頃からもう、常に海を眺めていました。1953年に出版された彼の著書 *The Silent World* の中で、彼はイルカの一団が船についてきたことを書いています。問4 [A]　彼は前々からイルカがエコーロケーション（音波を使って進路を探ること）を使っているのではないかと疑っていたので、実験をしてみることにしました。クストーは（進む方向を）数度ずらして、水中地図に従った最適なコースからボートが外れるようにしました。イルカは数分間ついてきましたが、変更して本来

Day 15

2022年度：共通テスト追試験　第5問　235

のコースに戻っていきました。これを見て、クストーは彼らの能力に関する自分の予想が正しいと確信しました、人間のエコーロケーション利用はまだ比較的新しかったのですが。

[第6段落]

生涯を通じて、クストーの研究は国際的に知られ続けました。彼には海面下の世界の美しさをカメラで捉える才能があり、その画像を多くの出版物を通じて一般の人々にも共有しました。 問5④ これにより彼は1961年に『ナショナルジオグラフィック』から特別金メダルを授与されました。その後、彼の生涯にわたる環境活動への熱意が、海と海洋生物を守る必要性について人々に教育する力となりました。 問5② これにより彼は1977年に国連国際環境賞を授与されました。

[第7段落]

ジャック・クストーの生涯は、作家や映像作家、音楽家にまでひらめきを与えました。2010年には、ブラッド・マトセンが *Jacques Cousteau: The Sea King* を出版しました。これに続く2016年の映画 *The Odyssey*（『海へのオデッセイ　ジャック・クストー物語』）では、彼が調査船カリプソ号の船長だったときのことが描かれています。クストーの活動が最盛期に、アメリカの音楽家ジョン・デンバーが、アルバム *Windsong* の中の曲のタイトルとしてこの調査船（の名前）を使いました。

[第8段落]

クストーは自身でも50冊以上の著書と120以上のテレビドキュメンタリーを生み出しました。彼の最初のドキュメンタリーシリーズ *The Undersea World of Jacques Cousteau* は10年間放送されました。 問4(B) 彼のプレゼンテーションスタイルのおかげでこうした番組がとても人気になり、2つ目のドキュメンタリーシリーズ *The Cousteau Odyssey* はさらに5年間放送されました。ジャック・クストーの人生と研究のおかげで、私たちは波の下で起こっていることをよく理解できているのです。

[スライド]

あなたのプレゼン用のスライド：

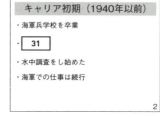

<table>
<tr><td colspan="2" align="center">貢献</td></tr>
<tr><td colspan="2">・潜水具を開発</td></tr>
<tr><td colspan="2">・イルカがエコーロケーションを使うことを確認</td></tr>
<tr><td colspan="2">・水生生物についての魅力的なドキュメンタリーを制作</td></tr>
<tr><td colspan="2">・ 37</td></tr>
<tr><td colspan="2">・ 38</td></tr>
<tr><td colspan="2" align="right">5</td></tr>
</table>

語句

[リード文]

scholarship	名	奨学金
application	名	申し込み、応募

[記事]

[第1段落]

officer	名	将校、士官
navy	名	海軍
explorer	名	探検家
environmentalist	名	環境活動家
filmmaker	名	映画製作者、映画監督
researcher	名	研究者
underwater	形	水中の

[第2段落]

naval academy	熟	海軍兵学校
graduate	自	卒業する
be involved in ～	熟	～に巻き込まれる
injure ～	他	～にけがを負わせる
injury	名	けが
Mediterranean	名	(the ～ で) 地中海
carry out ～	熟	～を実行する

[第3段落]

desire	名	願望
explore ～	他	～を探検する
unknown	形	未知の
recognized	形	認められた、知られた

[第4段落]

film ～	他	～を撮影する
previous	形	前の
equipment	名	装置、器具
device	名	道具、機器
enable ～ to (V)	熟	～がVすることを可能にする
wreck	名	難破船、残骸

[第5段落]

dolphin	名	イルカ
suspect that SV	熟	SVではないかと疑う
echolocation	名	反響定位、(超) 音波で位置を特定すること
navigate	自	航行する、進路を探る
prediction	名	予想、予測

[第6段落]

capture ～	他	～を捉える、～を (映像などに) 記録する
surface	名	表面
ordinary	形	普通の
publication	名	出版物
award A B	他	AにB (賞) を与える
necessity	名	必要性
aquatic	形	水中の
United Nations	熟	(the ～ で) 国際連合、国連

[第7段落]

inspire ～	他	～に着想を与える
piece	名	作品、曲

[第8段落]

run	自	放送される、続く
air ～	他	～を放映する

[スライド]

reveal ～	他	～ (隠れていたもの) を明らかにする
decade	名	10年間
contribution	名	貢献、寄与
confirm SV	他	SVであると確認する
attractive	形	魅力的な

Day 15

　まずは**場面・状況のイメージ** (❶) です。「あなたは国際夏期プログラムの奨学生に応募しようとしてい」て、「応募プロセスの一環として、外国の有名人に関するプレゼンテーション」をすることになっていて、「記事を基に、プレゼンテーション用のスライドを完成させ」る必要

2022年度：共通テスト追試験　第5問　237

があるようです。まずは**スライドの内容を先読みしましょう**（❷）。30 は、1枚目のスライドの冒頭にきているので、適切な副題を選ぶタイトル問題だと推測できます。続けて、見出しが、Early Career（before 1940）「キャリア初期（1940年以前）」（ 31 ）、In the 1940s「1940年代」（ 32 ～ 35 ）、Some Major Works「代表的な作品」（ 36 ）、Contributions「貢献」（ 37 38 ）と時間の流れを感じさせる並びになっていることがわかります。ここから、この記事は伝記的に書かれていて、見出しに当てはまる重要な出来事が聞かれそうだと推測できます。ここまでざっくりと押さえて、本文に入っていきます。

問1　**正解④**　問題レベル【普通】　配点 3点

設　問　あなたのプレゼンテーションに最もふさわしい副題はどれか。 30

選択肢　① 自然の美しさを写真に捉える
　　　　　② 知的な生物の謎を明らかにする
　　　　　③ 世界の最高峰と最深部を探検
　　　　　④ 未知の海中世界を既知のものに

語句　subtitle　名 副題　　　　　　　　　　creature　名 生き物
　　　　intelligent　形 知性のある、賢い

　問1のようなタイトル問題は、本文を読み終わってから解いた方が無難ですが、読み終えた後すぐに選ぼうとせず、**自分がタイトルをつけるなら、と少し考えてから選択肢を見るように**してください。第1段落から一貫して underwater「水中」がテーマとして登場しています。今回の英文は「海中の世界の謎を明らかにしていった人の人生」の話なので、最も近いのは④Making the Unknown Undersea World Known「未知の海中世界を既知のものに」となります。O（＝ the Unknown Undersea World）、C（＝ Known）の make OC「O を C にする」で解釈できましたか。**タイトル問題も精読を怠らず正確な訳を当てることが大切**です。①や②は undersea や underwater が入っていないのでタイトルとしては不適切。③は the top of the world を探検した話は出てこないので不適切です。

問2　**正解②**　問題レベル【普通】　配点 3点

設　問　「キャリア初期（1940年以前）」のスライドを完成させるのに最もふさわしい選択肢を選びなさい。 31

選択肢　① 水中呼吸器具を開発した
　　　　　② パイロットになる夢を諦めることになった
　　　　　③ 関心を海から空へ移した
　　　　　④ 水中にいる間に重傷を負った

語句　give up ～　熟 ～を諦める　　　　　　severe　形 深刻な、重大な
　　　　shift ～　他 ～を移す、～を転換する

　全体を読み切る（❸～❹）ことができたでしょうか。**スライドの先読み**（❷）が頭に残っている人は、第2段落に入り、1文目の Born in France in 1910, he went to school ... を見たときに、2つ目のスライド「Early Career」が始まった、と気づいたかもしれません。この見出しの項目1つ目 Graduated from the naval academy が第2段落1～2文目と一致して

238　リーディング

いることからもこの後が該当箇所だと確信をもてるはずです。**スライドやメモで項目が羅列してあるとき、その順番は普通英文に出てくる順番と一致します。** 3つ目の項目に Started to conduct underwater research「水中調査をし始めた」とあるので、naval academy を卒業してから水中調査を始めるまでの出来事を拾えばいいのだと考えてください。では本文と照らし合わせていきましょう（**5**）。

第2段落5文目で he carried out his first underwater research「彼は初めての水中調査を行いました」と出てくるので、この前の2〜4文目にある「パイロットになるための訓練をしていた」「車の事故に巻き込まれパイロットになることを断念した」「けがのリハビリで水泳を始めて海中の研究に興味が出てきた」のどれかが選択肢にあるはずだと予測し、選択肢を検討すると、② Forced to give up his dream of becoming a pilot「パイロットになる夢を諦めることになった」が正解だとわかります。③は from the ocean to the air「海から空へ」とあるので不正解です。パイロットになる夢をあきらめて水中に関心を持ったのですから、逆の「空から海へ」のはずです。④は while underwater がおかしいです。事故に巻き込まれたのは車の事故（a car accident）でした。

問 3　正解　32 ②　33 ⑤　34 ①　35 ④

　　　問題レベル【やや難】　配点 3点（すべて正解で）

設問　「1940年代」のスライドを完成させるために、5つの出来事（①〜⑤）から起こった順番に4つを選びなさい。　32 → 33 → 34 → 35

選択肢　① 改良した器具を使ってマーディア号まで潜水した
　　　　　② 呼吸装置を使わずにドキュメンタリーを撮影した
　　　　　③ 隣人の一人が高地を探検する手伝いをした
　　　　　④ フランス海軍を辞めた
　　　　　⑤ 賞を取って有名になった

語句　dive 自 潜水する

時系列を整理する問題ですね。選択肢の出来事がいつ起きたことなのか一つ一つ精読し、該当箇所を確認していきましょう（**5**）。

まず第2段落最終文より④は1949年です。第3段落最終文より⑤は1943年、第4段落1文目に the previous year「その前の年」とあるので②は1942年、第4段落最終文より①は1948年、よって時系列に並べると、②1942年→⑤1943年→①1948年→④1949年となります。なお、③は本文に記載がありません。

Day 15

2022年度：共通テスト追試験　第5問　239

| 問 **4** | 正解 ④ | 問題レベル【普通】 配点 3点 |

設 問 「代表的な作品」のスライドを完成させるために最適な組み合わせを選びなさい。 36

選択肢

	(A)	(B)
①	*Shipwrecks*	*The Cousteau Odyssey*
②	*Shipwrecks*	*The Undersea World of Jacques Cousteau*
③	*The Silent World*	*The Cousteau Odyssey*
④	*The Silent World*	*The Undersea World of Jacques Cousteau*

　プレゼン用スライドを見ると、Description「説明」のところに、(A) は「彼の科学実験に言及した本」、(B) は「10年間続いたドキュメンタリーシリーズ」とあります。ここをしっかり精読し、該当箇所を探していきましょう（❺）。

　まず (A) です。「彼の科学実験」が具体的に出てくるのは第5段落。3文目に he decided to try an experiment「彼は実験をしてみることにした」とあるように、ここでイルカの実験をしています。その前文で In his book, *The Silent World*, published in 1953, he described a group of dolphins following his boat.「1953年に出版された彼の著書 *The Silent World* の中で、彼はイルカの一団が船についてきたことを書いています」とあるので、このことを描写している本が (A) *The Silent World* だとわかります。なお、*Shipwrecks* に関しては第4段落に出てきますが、こちらは実験ではなくドキュメンタリーです。

　次に (B) ですが、こちらはスライドにある a decade「10年」が大きなヒントとなります。最終段落2文目に ran for ten years「10年間放送された」という表現が出てきており、この文の主語が *The Undersea World of Jacques Cousteau* なので④が正解で決まりです。

問 5　正解② ・ ④ （順不同）　問題レベル【普通】　配点 3点（すべて正解で）

設　問　「貢献」のスライドを完成させるために、2つの業績を選びなさい。（順不同）

37 ・ 38

選択肢　① 海洋生物に関するドキュメンタリーを放送するためテレビ局を作った。
② 海洋環境を守るよう人々に訴えた。
③ 革新的な水中撮影をたたえる賞を設置した。
④ 水中世界の美しい画像をたくさん撮った。
⑤ フランス海軍でパイロットや研究者を育成した。

✓語句
achievement	名 業績、功績	honor ~	他 ~を褒めたたえる	
marine	形 海の	innovative	形 革新的な	
encourage ~ to (V)	熟 ~にVするよう促す			

　プレゼン用スライドの「貢献」のところを見ると、3つの項目が書かれています。1つ目 Developed diving equipment「潜水具を開発」は第4段落、2つ目 Confirmed dolphins use echolocation「イルカがエコーロケーションを使うことを確認」は第5段落、3つ目 Made attractive documentaries about aquatic life「水中生物についての魅力的なドキュメンタリーを製作」については第3段落、第4段落、第8段落に書かれています。**スライドやメモで項目が羅列してあるとき、その順番は普通英文に出てくる順番と一致するのですが、まれにこのような例外はあります**。該当箇所の特定は難しそうなので、選択肢を一つ一つ見ていくしかなさそうです（**⑤**）。

　①はテレビ局を作ったという話は本文に記載がなかったので不正解。② Encouraged people to protect the ocean environment「海洋環境を守るよう人々に訴えた」は第6段落 4文目に his lifelong passion for environmental work would help educate people on the necessity of protecting the ocean and aquatic life.「彼の生涯にわたる環境活動への熱意が、海と海洋生物を守る必要性について人々に教育する力となりました」とあるので正解です。③は賞を設置する記載はどこにもないので不正解。④ Produced many beautiful images of the underwater world「水中世界の美しい画像をたくさん撮った」は第6段落2文目に He had the ability to capture the beauty of the world below the surface of the ocean with cameras, and he shared the images with ordinary people through his many publications.「彼には海面下の世界の美しさをカメラで捉える才能があり、その画像を多くの出版物を通じて一般の人々にも共有しました」とあるので正解です。⑤の育成の話は本文に出てきていません。

Day
15

2022年度：共通テスト追試験　第5問　241

DAY 16

【物語文・伝記文読解問題】を攻略する「並べ替えの型」

Day 15では「物語文・伝記文」を読むときの「視線の型」を身に付けてもらいました。今回は「物語文・伝記文」で問われやすい、出来事を起こった順番に並べ替える問題で、確実に得点できるよう対策していきます。

「並べ替えの型」のステップ

❶ 「視線の型」を使う

問題を解く際には、Day 15の「視線の型」が基本の型となります。p. 216で説明した型を確実にものにしておきましょう。

❸ 「並べ替えの型」その２：段落思考（＝段落ごとに出来事の流れを整理）を使う

「後で問われた時にここに戻ればいいんだな」とわかる程度に段落ごとに出来事の整理をしながら本文を読んでください（これは「Day 15視線の型❹」と同じです）。というのも、「物語文・伝記文」は設問の先読みから該当箇所の特定が難しい問いが多いので、問題を解きながら何度も本文を読み返すことになります。ピンポイントで戻るのが難しくても、「この段落にあるのでは」という予測がつけば問題を解くスピードを上げられます。

❹ 「並べ替えの型」その３：解答時は空所前後の出来事を確認してから該当箇所を探しにいく

選択肢の前後の出来事がすでに表に書かれている場合、該当箇所を素早く探し当てるための重要なヒントなのでしっかり読みましょう（最初の「先読み」時にはここは読まないでください。ストーリーが頭に入ってない状態で読んでも頭に入らないからです。本文と照らし合わせることで、「あ、これはあのことだな」とスッと英文の内容が頭に入ってきます。選択肢も同様に先読みは不要です）。

242 リーディング

内容 時系列に出来事を並び替える問題は、物語文・伝記文の頻出問題です。ここで素早く正確に解く練習を積んでおきましょう。**キーワードは「段落」**です。物語文や伝記文においては、段落にあまり意味がないと思っている人もいますが、それは大間違いです。特に**時系列をつかむためには段落を意識した読み方が非常に重要**です。そもそも時系列を整理する力は物語文や伝記文の内容を理解するのに必要不可欠。王道的な「物語文・伝記文」対策ですので、気合いを入れて臨みましょう！

⏳ 目標解答時間 **15** 分

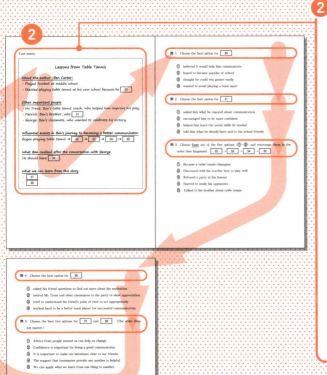

「並べ替えの型」その1：表を先読みする際、「見出し」を頭に入れておく

2023年共通テスト本試験では時系列に出来事を並べ替える問題のスライドタイトルがInfluential events in Ben's journey to becoming a better communicatorとなっていました。ここを見ただけで、コミュニケーション力向上に関係のありそうな出来事を並べていくのだな、と方向性が見えてだいぶ楽になります。どこに焦点をあてて出来事の順番が問われるのか、可能な限り表やスライドから情報を集めておくとよいでしょう。

※表中の英文は「見出し」以外読まなくて大丈夫です（→ ❹）。

Day 16

では、この「並べ替えの型」を意識しながら、次ページの問題に取り組みましょう！

243

DAY 16 > 例 題

第 5 問 （配点　15）

Your English teacher has told everyone in your class to find an inspirational story and present it to a discussion group, using notes. You have found a story written by a high school student in the UK.

Lessons from Table Tennis

Ben Carter

　　The ball flew at lightning speed to my backhand. It was completely unexpected and I had no time to react. I lost the point and the match. Defeat... Again! This is how it was in the first few months when I started playing table tennis. It was frustrating, but I now know that the sport taught me more than simply how to be a better athlete.

　　In middle school, I loved football. I was one of the top scorers, but I didn't get along with my teammates. The coach often said that I should be more of a team player. I knew I should work on the problem, but communication was just not my strong point.

　　I had to leave the football club when my family moved to a new town. I wasn't upset as I had decided to stop playing football anyway. My new school had a table tennis club, coached by the PE teacher, Mr Trent, and I joined that. To be honest, I chose table tennis because I thought it would be easier for me to play individually.

　　At first, I lost more games than I won. I was frustrated and often went straight home after practice, not speaking to anyone. One day, however, Mr Trent said to me, "You could be a good player, Ben, but you need to think more about your game. What do you think you need to do?" "I don't know," I replied, "focus on the ball more?" "Yes," Mr Trent continued, "but you also need to study your opponent's moves and adjust your play accordingly. Remember, your opponent is a person, not a ball." This made a deep impression on me.

I deliberately modified my style of play, paying closer attention to my opponent's moves. It was not easy, and took a lot of concentration. My efforts paid off, however, and my play improved. My confidence grew and I started staying behind more after practice. I was turning into a star player and my classmates tried to talk to me more than before. I thought that I was becoming popular, but our conversations seemed to end before they really got started. Although my play might have improved, my communication skills obviously hadn't.

My older brother Patrick was one of the few people I could communicate with well. One day, I tried to explain my problems with communication to him, but couldn't make him understand. We switched to talking about table tennis. "What do you actually enjoy about it?" he asked me curiously. I said I loved analysing my opponent's movements and making instant decisions about the next move. Patrick looked thoughtful. "That sounds like the kind of skill we use when we communicate," he said.

At that time, I didn't understand, but soon after our conversation, I won a silver medal in a table tennis tournament. My classmates seemed really pleased. One of them, George, came running over. "Hey, Ben!" he said, "Let's have a party to celebrate!" Without thinking, I replied, "I can't. I've got practice." He looked a bit hurt and walked off without saying anything else.

Why was he upset? I thought about this incident for a long time. Why did he suggest a party? Should I have said something different? A lot of questions came to my mind, but then I realised that he was just being kind. If I'd said, "Great idea. Thank you! Let me talk to Mr Trent and see if I can get some time off practice," then maybe the outcome would have been better. At that moment Patrick's words made sense. Without attempting to grasp someone's intention, I wouldn't know how to respond.

I'm still not the best communicator in the world, but I definitely feel more confident in my communication skills now than before. Next year, my friends and I are going to co-ordinate the table tennis league with other schools.

Your notes:

Lessons from Table Tennis

About the author (Ben Carter)
- Played football at middle school.
- Started playing table tennis at his new school because he ⬚ 30 ⬚.

Other important people
- Mr Trent: Ben's table tennis coach, who helped him improve his play.
- Patrick: Ben's brother, who ⬚ 31 ⬚.
- George: Ben's classmate, who wanted to celebrate his victory.

Influential events in Ben's journey to becoming a better communicator
Began playing table tennis → ⬚ 32 ⬚ → ⬚ 33 ⬚ → ⬚ 34 ⬚ → ⬚ 35 ⬚

What Ben realised after the conversation with George
He should have ⬚ 36 ⬚.

What we can learn from this story
- ⬚ 37 ⬚
- ⬚ 38 ⬚

問 1　Choose the best option for ☐30☐.

① believed it would help him communicate

② hoped to become popular at school

③ thought he could win games easily

④ wanted to avoid playing a team sport

問 2　Choose the best option for ☐31☐.

① asked him what he enjoyed about communication

② encouraged him to be more confident

③ helped him learn the social skills he needed

④ told him what he should have said to his school friends

問 3　Choose **four** out of the five options (①～⑤) and rearrange them in the order they happened. ☐32☐ → ☐33☐ → ☐34☐ → ☐35☐

① Became a table tennis champion

② Discussed with his teacher how to play well

③ Refused a party in his honour

④ Started to study his opponents

⑤ Talked to his brother about table tennis

2023年度：共通テスト本試験　第5問　247

問 4 Choose the best option for ⬚36⬚ .

① asked his friend questions to find out more about his motivation

② invited Mr Trent and other classmates to the party to show appreciation

③ tried to understand his friend's point of view to act appropriately

④ worked hard to be a better team player for successful communication

問 5 Choose the best two options for ⬚37⬚ and ⬚38⬚ . (The order does not matter.)

① Advice from people around us can help us change.

② Confidence is important for being a good communicator.

③ It is important to make our intentions clear to our friends.

④ The support that teammates provide one another is helpful.

⑤ We can apply what we learn from one thing to another.

DAY 16 › 例 題 [解 説]

問 1-5

訳 英語の先生があなたのクラスの全員に、心を動かされるストーリーを見つけてメモを使いながらディスカッション・グループで発表するようにと言いました。あなたはイギリスの高校生が書いたストーリーを見つけました。

卓球から得た教訓

ベン・カーター

[第1段落]

　ボールが電光石火の速さで僕のバックハンドに飛んできた。全く予想外で反応する時間がなかった。ポイントを失い、試合も失った。敗北……まただ！　これは僕が卓球を始めて数カ月の頃の様子だ。悔しかったけれど、今ならわかる、このスポーツが、単に優れた運動選手になる以上のことを教えてくれたのだと。

[第2段落]

　中学生の頃はサッカーが好きだった。僕は得点率の高い選手の一人だったが、チームメイトとは仲良くできなかった。もっとチームプレーができる選手になるように、とコーチによく言われた。この問題に取り組むべきなのは自分でもわかっていたけれど、コミュニケーションはとても自分の得意分野とは言えなかった。

[第3段落]

　家族が新しい町に引っ越したのでサッカークラブを去らなければならなくなった。いずれにしてもサッカーはやめるつもりだったので、僕は気にしなかった。新しい学校に卓球部があって、体育教師のトレント先生が指導していて、僕はそこに入部した。正直に言うと、卓球を選んだのは自分にとって個人競技のほうが楽だろうと思ったからだ。 問1

[第4段落]

　最初は、試合に勝つよりも負ける方が多かった。悔しくて、練習後は誰とも口を利かずまっすぐ家に帰ることが多かった。でもある日、トレント先生が僕に言った 問3② 、「君はいい選手になれるかもしれないよ、ベン、だけど、もっとゲームに頭を使わなくちゃいけない。何をする必要があると思う？」「わかりません」と僕は答えた、「もっとボールに集中するとか？」「そうだね」とトレント先生は続けた、「それだけでなく、相手の動きを研究してそれに合わせて自分のプレーを調整する必要もある。いいかい、対戦相手は人間なんだ、ボールじゃなくて」。このことは深く印象付けられた。 問5①-1

[第5段落]

　僕は意図的にプレースタイルを変えて、相手の動きにもっと注意を向けるようにした。 問3④ 　簡単ではなかったし、とても集中力が必要だった。けれど、努力が報われて、僕のプレーは改善された。自信がついた僕は練習後も居残りをするようになった。スター選手になりつつあった僕に、クラスメイトも前より話し

Day 16

2023年度：共通テスト本試験　第5問　**249**

掛けてくるようになった。自分が人気者になってきたように思ったけれど、会話は本格的に始まる前に終わってしまうように思われた。僕のプレーは上達したかもしれないけれど、コミュニケーション能力はどうやらそうではなかった。

[第6段落]

　兄のパトリックは、僕がうまくコミュニケーションできる数少ない相手の一人だった。ある日、僕は自分のコミュニケーション問題を兄に説明しようとしたが、理解してもらえなかった。僕たちは話題を卓球に切り替えた。 問3⑤ 　「どういうところが楽しいんだい？」と兄は興味深そうに尋ねた。相手の動きを分析して次の動きを即座に判断するところが好きだ、と僕は答えた。パトリックは考え込んでいるようだった。「それはコミュニケーションのときに使うスキルみたいにも聞こえるね」と彼は言った。 問2 問5①-2

[第7段落]

　その時は理解できなかったけれど、その会話から間もなくして、僕は卓球の大会で銀メダルを獲得した。クラスメイトもとても喜んでくれたようだった。その一人、ジョージが駆け寄ってきた。「ねえ、ベン！」と彼は言った。「お祝いのパーティーをしようよ！」考えもせずに僕は答えた、「駄目だよ。練習があるから」。 問3③ 　彼はちょっと傷ついた様子で、他に何も言わず歩み去った。

[第8段落]

　彼はなぜ気を悪くしたのだろう？　僕は長い間この出来事について考えた。どうして彼はパーティーの提案をしたのだろう？　僕は何か別の返事をすべきだったのだろうか？　たくさんの疑問が頭に浮かんだが、やがて僕は、彼がただ親切にしてくれただけだったのだと理解した。仮に僕が「いいね。ありがとう！　少し練習を休んでいいかトレント先生と相談させて」と言っていたら、もしかするともっといい結果になっていたかもしれない。このとき、パトリックの言葉が理解できた。相手の意図をつかもうとしなかったら、どう答えるべきかはわからないのだ。 問4 問5①-3 問5⑤

[第9段落]

　僕は相変わらず世界最高のコミュニケーション上手とは言えないが、今の僕が以前に比べてコミュニケーション能力に自信を感じているのは確かだ。来年は友だちと一緒に、他の学校との卓球リーグをコーディネートするつもりだ。

あなたのメモ：

卓球から得た教訓

筆者（ベン・カーター）について
・中学校でサッカーをしていた。
・ 30 ので、新しい学校では卓球を始めた。

その他の重要人物
・トレント先生：ベンの卓球コーチで、プレーの上達を手助けした。
・パトリック：ベンの兄で、 31 。
・ジョージ：ベンのクラスメイトで、彼の勝利を祝いたがった。

コミュニケーション上手になるまでのベンの道のりの重大な出来事
卓球を始める→ 32 → 33 → 34 → 35

ジョージとの会話の後でベンが理解したこと
彼は 36 べきだった。

このストーリーから学び取れること
・ 37
・ 38

🔖 **語句** ━━━━━━━━━━━━━━━━━━━━━━━━━

[リード文]

inspirational	形 インスピレーションを与えるような、心が揺さぶられる
present 〜	他 〜のプレゼンテーションをする、〜を発表する

[ストーリー]
[第1段落]

lightning	形 稲妻のような、電光石火の
defeat	名 敗北
frustrating	形 不満な、いらいらする、悔しい

[第2段落]

middle school	熟 （イギリスの）中学校
football	名 サッカー（イギリス英語）
get along with 〜	熟 〜とうまくやっていく
work on 〜	熟 〜に取り組む、〜を改善しようとする

[第3段落]

PE	熟 体育（＝physical education）
to be honest	熟 正直なところ、実を言うと
individually	副 個々に、個人として

[第4段落]

focus on 〜	熟 〜に集中する
opponent	名 敵、対戦相手
accordingly	副 それに応じて

[第5段落]

deliberately	副 意図的に、注意を払って
modify 〜	他 〜を修正する、〜を変更する
concentration	名 集中（力）
pay off	熟 効果を生む、報われる
confidence	名 自信
turn into 〜	熟 〜になる
obviously	副 どうやら、見たところ

Day 16

[第6段落]		get time off ~	熟 ~を休む
curiously	副 興味深そうに、不思議 そうに	outcome	名 結果
		make sense	熟 意味をなす、納得できる
analyse ~	他 ~を分析する（イギリ ス式つづり）	grasp ~	他 ~をつかむ、~を把握 する
instant	形 すぐの、即時の	intention	名 意図
thoughtful	形 物思いにふけった、考 え込んだ	[第9段落]	
		definitely	副 間違いなく、絶対に
[第7段落]		co-ordinate ~	他 ~をコーディネートす
win ~	他 ~を勝ち取る、~を獲 得する		る、~を調整する
celebrate (~)	自 祝う 他 ~を祝う	[メモ]	
[第8段落]		influential	形 影響を与えるような、
incident	名 出来事、事件		重大な

　まずは❶視線の型で場面・状況のイメージです。リード文から、「イギリスの高校生が書い た話」だということ、タイトルから「卓球から得た教訓」だということがわかります。次に❷ まとめメモであるメモの見出しを確認。著者についての簡単な紹介があること、著者以外の重 要人物がまとめられていること、コミュニケーションが上達していくまでの流れを時系列にま とめる必要があること、著者（ベン）にジョージとの会話後何らかの気付きがあったこと、2 つの教訓があること、がわかります。では、1問ずつ見ていきましょう。

問1　　正解④　問題レベル【普通】　配点 3点

設　問　30 に最もふさわしい選択肢を選びなさい。

選択肢　① コミュニケーションの役に立つと考えた
　　　　② 学校で人気者になりたかった
　　　　③ 試合に簡単に勝てると思った
　　　　④ チームスポーツでプレーするのを避けたかった

　今回は**設問より狙い読みができそうです**（❶）。「新しい学校で卓球を始めた理由」を探せば いいのですね。**段落ごとにまとめながら読んでいきます**（❸）。第1段落では卓球の試合で負 け続けていてフラストレーションを抱えている様子が描かれていました。そして第2段落は中 学の頃の回想です。フットボール（サッカーのことです）をしていたけれど、チームメートと うまくいっていなかった様子が、描かれていました。そして第3段落で家族の引っ越しをきっ かけに転校し、卓球を始めます。このあたりに答えがありそうだと考え、集中して読みましょ う。すると第3段落最終文に To be honest, I chose table tennis because I thought it would be better for me to play individually. 「正直に言うと、卓球を選んだのは自分にとっ て個人競技のほうが楽だろうと思ったからだ」とあります。この「個人競技がいい」を「集団 競技はいや」と**言い換えた**④ wanted to avoid playing a team sport が正解です。

252　リーディング

問 2

正解 ③　問題レベル【普通】　配点 3点

設問　　31 に最もふさわしい選択肢を選びなさい。

選択肢　① 彼にコミュニケーションの何が楽しいか尋ねた
　　　　　② もっと自信を持つよう彼を励ました
　　　　　③ 彼が必要な社交スキルを身に付けるのを手伝った
　　　　　④ 学校の友だちに何と言うべきだったか彼に教えた

語句　confident　形 自信に満ちた

❶**視線の型**で解答していきましょう。パトリック（ベンの兄）の説明ですね。Day 15の「視線の型❺」で説明したように、読み切ってから問題を解いている人は、物語の根幹に関わる内容なので読めてさえいれば該当箇所など探さず解けたことと思います。一方、段落ごとに問題を解いている人はいったんパトリックが登場するまでは問題のことを忘れて、ストーリーに集中してください。では、第4段落以降を**段落ごとにまとめながら読んでいきましょう**（❸）。

第4段落では、最初は負け試合が多かったが、先生の「相手の動きをよく見ろ。対戦相手はボールじゃなくて人間」というアドバイスに感銘を受けた、という内容です。第5段落は、先生のアドバイスを受けて上達し人気者になったように感じたが依然コミュニケーション能力は向上していない、という内容でした。第6段落でようやく兄パトリックが登場します。ある日コミュニケーション力のなさについてパトリックに相談しますが最初はわかってもらえず、卓球のことを聞かれて相手の動きを分析して次の動きを即断するのが楽しいと答えた時に、兄からそれがコミュニケーションのコツなのでは、とアドバイスを受けます。卓球のスキルとコミュニケーションのスキルがつながった瞬間です。当然の流れとして、その後ベンはコミュニケーション能力も上達させることとなります。よって正解は③ helped him learn the social skills he needed です。本文ではコミュニケーション能力に触れる時、一貫してcommunication（skills）という単語を使っていたので、選択肢 social skills がその**言い換え**だと気づかなかった人もいたかもしれません。social は「社交の、人付き合いの」という意味があります。social skills は人付き合い能力を指し、コミュニケーション能力の**上位概念**とでも言える言葉です。

問 3

正解 32 ②　33 ④　34 ⑤　35 ③
　　問題レベル【普通】　配点 3点（すべて正解で）

設問　5つの選択肢（①〜⑤）から4つを選び、起こった順番に並べ替なさい。
　　　　 32 → 33 → 34 → 35

選択肢　① 卓球チャンピオンになった
　　　　　② プレーがうまくなる方法を先生と話し合った
　　　　　③ 彼のことを祝うパーティーを断った
　　　　　④ 対戦相手の研究を始めた
　　　　　⑤ 卓球について兄と話した

語句　rearrange 〜　他 〜を並べ替える　　in 〜's honour　熟 〜に敬意を表して、
　　　　refuse 〜　他 〜を拒否する、〜を　　　　　　　　　　〜のために（honourは
　　　　　　　　　　断る　　　　　　　　　　　　　　　　　　　　イギリス式つづり）

2023年度：共通テスト本試験　第5問　253

Day 16

さあ、**時系列問題**です。選択肢を確認していく前に、本文を最後まで読解しておきましょう。**段落ごとにまとめていきます**（❸）。第7段落は、クラスメートのジョージにパーティーに誘われて、またコミュニケーション能力が芳しくないがゆえにそっけなく断ってしまい相手を悲しませてしまったエピソードです。第8段落では、その要因を追求し、相手の意図をつかもうと試みることこそがコミュニケーションにとって重要なんだと気づきます。ここで初めて兄の助言が腑に落ちるのですね。第9段落では、前よりコミュニケーション力に自信をもったベンの今後の挑戦について触れて物語が終わります。

それでは問題です。まず空所の先頭には Began playing table tennis「卓球を始める」とあります。卓球を始めた後の出来事を並べ替えるのですね。空所は4つなのに対し選択肢が5つあるので、不要なものが1つ混じっているということです。解き始める前に必ずこの確認をするようにしましょう（❹）。先に不要な選択肢を特定すると、選択肢①「チャンピオンになった（優勝した）」です。第7段落1文目に I won a silver medal「銀メダルをとった」とありますが、銀メダルは2位に与えられる賞で1位ではありません。ではこれまでの段落ごとの流れをふまえて順番を考えましょう。まず先生にアドバイスをされて（②）→対戦相手をじっくり見るようになって（④）→兄と話して（⑤）→パーティーを無下に断った事件（③）ですね。②→④→⑤→③が正解です。

問4 　**正解③**　**問題レベル【普通】　配点3点**

設問　 36 　**に最もふさわしい選択肢を選びなさい。**

選択肢　① 動機を詳しく知るため友だちに質問する
　　　　② 感謝を示すため、トレント先生や他のクラスメイトをパーティーに招く
　　　　③ 適切な行動をとるため友だちの視点を理解しようとする
　　　　④ コミュニケーションがうまくなるよう、もっといいチームプレーヤーになる
　　　　　努力をする

語句　motivation　　名 動機　　　　　　point of view　熟 視点、見解
　　　　appreciation　名 感謝の気持ち　　appropriately　副 適切に、ふさわしく

まずは❶**視線の型**です。メモには He should have 36 . とあり、空所に入れる選択肢はすべて過去分詞で始まっています。should have 過去分詞「〜すべきだったのに（実際はしなかった）」ですね。ベンがジョージとの会話の後に気づいたのは、第8段落最終文に Without attempting to grasp someone's intention, I wouldn't know how to respond.「相手の意図をつかもうとしなかったら、どう答えるべきかはわからないのだ」と仮定法で書かれてあるように、「相手の意図をつかもうとすべきだった」ということです。選択肢③ tried to understand his friend's point of view to act appropriately が正解です。attempt to grasp が try to understand に、intention が point of view に**言い換え**られています。①が紛らわしかったかもしれませんが、卓球での「相手の動きを観察する」を応用して気づきに至る、という流れからもわかるように「相手に意図を聞いてみる」ではなく「こちら側が意図をつかもうと試みる」ことがポイントでした。

254　リーディング

問 5 　正解 ① ・ ⑤ （順不同） 問題レベル【やや難】 配点 3点（すべて正解で）

設　問 　 37 　と 　 38 　に最もふさわしい2つの選択肢を選びなさい。（順不同）

選択肢 　① 周囲の人たちからのアドバイスで変わることができる。

　② コミュニケーションのうまい人であるには自信が重要だ。

　③ 友だちに対して意図を明確にすることは大事だ。

　④ チームメイトが互いに与えるサポートは役に立つ。

　⑤ あることから学んだ教訓を他のことに応用することができる。

語句 　apply ～ 　他 応用する

　視線の型（❶）で解答します。メモの見出しによると「この物語の教訓」を答える問題ですね。選択肢から見ていきます。① Advice from people around us can help us change. はまず問題なさそうですね。先生や兄の助言のおかげでベンは変わることができたのでした。② Confidence is important for being a good communicator. はもっともらしいですが、コミュニケーションのコツがわかった後に自信を育んでいるので、自信がまず大事ということがこの物語の趣旨ではありません。③ It is important to make our intentions clear to our friends. が紛らわしい選択肢ですね。まず精読はできているでしょうか。主語 It は形式主語で、to 不定詞以下を指しています。to make our intentions clear は make + O + C「O を C にする」の文型で「自分の意図を明確にする」ということ。つまり、「はっきりと言いたいことは伝える」ということです。これは違いますね。今回ベンが学んだことは「相手の意図をつかもうと努力すべき」です。ベンはそもそもパーティーに誘われて「練習があるから」とズバッと断っており、はっきり意図を伝えてはいます。しかしこの態度はむしろコミュニケーション上の問題を引き起こしているという流れでした。よって③は不正解です。④ The support that teammates provide one another is helpful. はチームメート同士で支え合った話ではないので不正解です。助言をくれたのはチームメイトではなく先生や兄でした。⑤ We can apply what we learn from one thing to another. がもう一つの正解です。apply A to B「A を B に当てはめる、応用する」の構造に気づいているでしょうか。A は what we learn from one thing「あることから学んだこと」で B は another「別のこと」です。今回のストーリーで言うと、what we learn from one thing は卓球のスキル、another はコミュニケーションのスキル、です。よって正解は①と⑤になります。

Day
16

2023年度：共通テスト本試験　第5問　255

DAY 16 > 練習問題

第5問 (配点 15)

Your English teacher has told everyone in your class to choose a short story in English to read. You will introduce the following story to your classmates, using a worksheet.

Becoming an Artist

Lucy smiled in anticipation. In a moment she would walk onto the stage and receive her prize from the mayor and the judges of the drawing contest. The microphone screeched and then came the mayor's announcement. "And the winner of the drawing contest is… Robert McGinnis! Congratulations!"

Lucy stood up, still smiling. Then, her face blazing red with embarrassment, abruptly sat down again. What? There must be a mistake! But the boy named Robert McGinnis was already on the stage, shaking hands with the mayor and accepting the prize. She glanced at her parents, her eyes filled with tears of disappointment. They had expected her to do well, especially her father. "Oh Daddy, I'm sorry I didn't win," she whispered.

Lucy had enjoyed drawing since she was a little girl. She did her first drawing of her father when she was in kindergarten. Although it was only a child's drawing, it really looked like him. He was delighted, and, from that day, Lucy spent many happy hours drawing pictures to give to Mommy and Daddy.

As she got older, her parents continued to encourage her. Her mother, a busy translator, was happy that her daughter was doing something creative. Her father bought her art books. He was no artist himself, but sometimes gave her advice, suggesting that she look very carefully at what she was drawing and copy as accurately as possible. Lucy tried hard, wanting to improve her technique and please her father.

It had been Lucy's idea to enter the town drawing contest. She thought that if she won, her artistic ability would be recognized. She practiced every evening after school. She also spent all her weekends working quietly on her drawings, copying her subjects as carefully as she could.

Her failure to do well came as a great shock. She had worked so hard and her parents had been so supportive. Her father, however, was puzzled. Why did Lucy apologize at the end of the contest? There was no need to do so. Later, Lucy asked him why she had failed to win the competition. He answered sympathetically, "To me, your drawing was perfect." Then he smiled, and added, "But perhaps you should talk to your mother. She understands art better than I do."

Her mother was thoughtful. She wanted to give Lucy advice without damaging her daughter's self-esteem. "Your drawing was good," she told her, "but I think it lacked something. I think you only drew what you could see. When I translate a novel, I need to capture not only the meaning, but also the spirit of the original. To do that, I need to consider the meaning behind the words. Perhaps drawing is the same; you need to look under the surface."

Lucy continued to draw, but her art left her feeling unsatisfied. She couldn't understand what her mother meant. What was wrong with drawing what she could see? What else could she do?

Around this time, Lucy became friends with a girl called Cathy. They became close friends and Lucy grew to appreciate her for her kindness and humorous personality. Cathy often made Lucy laugh, telling jokes, saying ridiculous things, and making funny faces. One afternoon, Cathy had such a funny expression on her face that Lucy felt she had to draw it. "Hold that pose!" she told Cathy, laughing. She drew quickly, enjoying her friend's expression so much that she didn't really think about what she was doing.

When Lucy entered art college three years later, she still had that sketch. It had caught Cathy exactly, not only her odd expression but also her friend's kindness and her sense of humor — the things that are found under the surface.

Your worksheet:

1. Story title
"Becoming an Artist"

2. People in the story
Lucy: She loves to draw.
Lucy's father: He ⬚ 30 ⬚.
Lucy's mother: She is a translator and supports Lucy.
Cathy: She becomes Lucy's close friend.

3. What the story is about
Lucy's growth as an artist:

⬚ 31 ⬚
⬚ 32 ⬚
⬚ 33 ⬚
⬚ 34 ⬚

Her drawing improves thanks to ⬚ 35 ⬚ and ⬚ 36 ⬚.

4. My favorite part of the story
When the result of the contest is announced, Lucy says, "Oh Daddy, I'm sorry I didn't win."
This shows that Lucy ⬚ 37 ⬚.

5. Why I chose this story
Because I want to be a voice actor and this story taught me the importance of trying to ⬚ 38 ⬚ to make the characters I play seem more real.

問 1　Choose the best option for 　30　 .

① gives Lucy some drawing tips

② has Lucy make drawings of him often

③ spends weekends drawing with Lucy

④ wants Lucy to work as an artist

問 2　Choose **four** out of the five descriptions (①～⑤) and rearrange them in the order they happened.　　31　→　32　→　33　→　34

① She becomes frustrated with her drawing.

② She decides not to show anyone her drawings.

③ She draws with her feelings as well as her eyes.

④ She has fun making drawings as gifts.

⑤ She works hard to prove her talent at drawing.

問 3　Choose the best two options for 　35　 and 　36　 . (The order does not matter.)

① a friend she couldn't help sketching

② a message she got from a novel

③ advice she received from her mother

④ her attempt to make a friend laugh

⑤ spending weekends drawing indoors

2023年度：共通テスト追試験　第5問　259

問 4　Choose the best option for ☐37☐ .

① didn't practice as much as her father expected

② knew her father didn't like her entering the contest

③ thought she should have followed her father's advice

④ was worried she had disappointed her father

問 5　Choose the best option for ☐38☐ .

① achieve a better understanding of people

② analyze my own feelings more deeply

③ describe accurately what is happening around me

④ use different techniques depending on the situation

DAY 16 › 練習問題 ［解説］

問 1 − 5

訳 英語の先生がクラス全員に、英語で読むストーリーを選ぶようにと言いました。あなたはワークシートを使って次のストーリーを紹介します。

芸術家になること

［第1段落］

　ルーシーは期待しながらほほえんでいた。もうすぐ彼女はステージに上がって市長とスケッチ・コンテストの審査員から賞をもらうのだ。マイクがキーンと鳴って、それから市長の発表だった。「そして、スケッチ・コンテストの最優秀者は……ロバート・マクギニスさん！　おめでとう！」

［第2段落］

　ルーシーは立ち上がった、笑顔のまま。それから、恥ずかしさに顔を真っ赤にほてらせながら、慌ててまた座った。どういうこと？　何か手違いがあったに決まってる！　けれど、ロバート・マクギニスという名前のその少年はもうステージ上にいて、市長と握手し賞を受け取っていた。彼女は、目に失意の涙をためながら両親の方を見た。両親は彼女が好結果を残すことを期待していたのだ、特に父親は。問4 「ああ、パパ、受賞できなくてごめんなさい」彼女は小声で言った。

［第3段落］

　ルーシーは幼い頃から絵を描くのが好きだった。幼稚園のとき、初めて父親の絵を描いた。子どもの絵に過ぎなかったが、それは彼にとてもよく似ていた。父は喜び、その日からルーシーはママやパパにあげる絵を描く楽しい時間をたくさん過ごした。問2 ④

［第4段落］

　大きくなってからも、両親は彼女を励まし続けた。忙しい翻訳者である母親は、自分の娘がクリエイティブなことをしているのを喜んだ。父親は彼女に美術の本を買ってくれた。彼自身は絵を描かなかったが、時々アドバイスをして、描く対象を注意深く見てできるだけ正確に写し取るようにと勧めた。問1 ルーシーは、技術を向上させて父を喜ばせようと、一生懸命頑張った。

［第5段落］

　町のスケッチ・コンテストに参加するというのはルーシーのアイデアだった。もし賞を取れたら、自分の芸術の才能が認められると思ったのだ。毎日、放課後に練習をした。週末もずっと静かにスケッチをして過ごした、対象物をできるだけ注意深く写生しながら。問2 ⑤

［第6段落］

　好成績を残すことができなかったのは大きなショックだった。自分でもとても一生懸命頑張ったし、両親もとても協力的だった。それにしても父親は不思議だった。なぜルーシーはコンテストの最後に謝ったのだろう？　そんなことをする

Day 16

2023年度：共通テスト追試験　第5問　261

必要はなかったのに。後になってルーシーは、自分がなぜコンテストに勝てなかったのか父に尋ねた。彼は思いやりを込めて答えた、「私にとってはお前の絵は完璧だよ」。それから笑顔で付け加えた、「たぶんお母さんに相談してみるといいよ。彼女の方が私より芸術を理解しているから」。

[第7段落]

　母親は思慮深かった。娘の自尊心を傷つけることなくルーシーにアドバイスをしようとした。 問3③ 「あなたのスケッチは上手だった」と彼女は娘に言った、「でも何かが欠けていたように思う。あなたは目に見えるものだけを描いていたように思うの。私が小説を翻訳するときには、意味をつかむだけでなく原文の心も捉えなくてはいけないの。そのために、言葉に隠れた意味も考える必要がある。たぶんスケッチも同じで、表面に見えない部分まで見る必要があるんじゃないかしら」。

[第8段落]

　ルーシーはスケッチを続けたが、自分の絵に満足できない気持ちが残った。 問2① 彼女には母親の言わんとしたことが理解できていなかった。目に見えるものを描くことの何がいけないの？　他にどうすればいいの？

[第9段落]

　この頃、ルーシーはキャシーという女の子と友だちになった。2人は親しい友だちになって、ルーシーは彼女の親切でユーモアあふれた人柄がとても好きになっていった。 問5 　キャシーはよく、冗談を言ったりバカなことを言ったり面白い顔をしたりして、ルーシーを笑わせた。ある日の午後、キャシーがあまりにも面白い顔の表情をしたので、ルーシーはスケッチしなければという気になった。「そのままでいて！」と笑いながらキャシーに言った。彼女は友人の表情をとても楽しんで急いでスケッチしたので、自分が何をしているのかあまり考えてはいなかった。 問3①

[第10段落]

　ルーシーが3年後に美術大学に入ったとき、彼女はまだそのスケッチを持っていた。スケッチはキャシーを正確に捉えていた、面白い表情だけでなく、友だちのやさしさとユーモアのセンス——表面に見えない部分にあるものまでも。

問2③

あなたのワークシート：

１．ストーリーの題名
「芸術家になること」

２．ストーリーの登場人物
ルーシー：スケッチをするのが大好き。
ルーシーの父：彼は 30 。
ルーシーの母：翻訳者でルーシーをサポートする。
キャシー：ルーシーの親友になる。

３．どんなストーリーか
ルーシーの芸術家としての成長：

↓ 31
  32
  33
↓ 34

彼女のスケッチは 35 と 36 のおかげで上達する。

４．ストーリーの中で好きな部分
コンテストの結果が発表されたとき、ルーシーが「ああ、パパ、受賞できなくてごめんなさい」と言う。
これはルーシーが 37 ことを示している。

５．このストーリーを選んだ理由
私は声優になりたいのですが、このストーリーは、自分が演じるキャラクターがよりリアルに感じられるよう、 38 努力をすることの大切さを教えてくれました。

語句

[ストーリー]
[第１段落]

anticipation	名	期待
judge	名	審判、審査員
drawing	名	線描、スケッチ
screech	自	甲高い音を立てる
congratulation	名	（～sで）おめでとう

[第２段落]

blaze	自	燃え上がる、かっとなる
embarrassment	名	恥ずかしさ
abruptly	副	急に、ふいに
glance at ～	熟	～をちらっと見る
disappointment	名	落胆、失望

[第３段落]

kindergarten	名	幼稚園
delighted	形	喜んだ

[第４段落]

translator	名	翻訳者
accurately	副	正確に
technique	名	テクニック、技巧

[第５段落]

artistic	形	美術の、芸術の
recognize ～	他	～を認める、～を評価する

[第６段落]

failure	名	失敗、できないこと
supportive	形	協力的な

puzzled	形 困惑した、不思議に思った	surface	名 表面、外面
		[第8段落]	
apologize	自 謝る	unsatisfied	形 満足できていない、不満な
competition	名 競技会、コンテスト	[第9段落]	
sympathetically	副 同情して、思いやりを込めて	grow to (V)	熟 Vするようになる
		appreciate ～	他 ～を理解する、～を高く評価する
[第7段落]			
thoughtful	形 思慮のある、思いやりのある	humorous	形 ユーモアのある
		hold that pose	熟 そのまま動かずにいる
self-esteem	名 自己評価、自尊心、自己肯定感	expression	名 表情
		[第10段落]	
translate ～	他 ～を翻訳する	odd	形 変な、おかしな
capture ～	他 ～を捉える、～をつかみ取る		
		[ワークシート]	
spirit	名 趣旨、真の意図	thanks to ～	熟 ～のおかげで
original	名 原本、原文	voice actor	熟 声優

　まずは❶視線の型で場面・状況のイメージです。タイトルから「芸術家になること」がテーマだとわかります。次に❷ワークシートの見出しを確認。物語の登場人物について、物語の流れについて、物語のお気に入りの部分について、この物語を選んだ理由について、それぞれに問題が設定されていることがわかります。では、1問ずつ見ていきましょう。

問 1　正解① 問題レベル【普通】 配点 3点

設　問 [30] に最もふさわしい選択肢を選びなさい。

選択肢 ① ルーシーにスケッチのアドバイスをする
　　　　② ルーシーにたびたび彼をスケッチさせる
　　　　③ 週末はルーシーと一緒にスケッチをして過ごす
　　　　④ ルーシーに芸術家の仕事に就いてほしいと思っている

語句 tip 名 コツ、アドバイス

　視線の型（❶）から、今回は設問より狙い読みができそうです。「父親」とのストーリーが出てくるまで**段落ごとにまとめながら読んでいきます**（❸）。第1段落ではルーシーが絵画コンテストで自分が賞をもらえると予想しワクワクしている様子が描かれており、第2段落で賞をもらえるのが自分ではなかったことがわかり落胆します。後半で両親を気にしている様子が描かれています。そして第3段落では話が過去に戻ります。小さい頃に父親が似顔絵を喜んでくれたのがきっかけで絵を描くのが好きになったのですね。第4段落では両親も応援してくれている様子が描かれています。両親の詳細が出てきたのでここでこの問題の選択肢を確認していきます。① gives Lucy some drawing tips、これが正解ですね。第4段落4文目にsometimes gave her advice とあります。advice が tips に**言い換え**られていました。② has Lucy make drawings of him often は have が使役動詞で「ルーシーに自分の絵を描かせる」ということですが、ルーシーは自発的に父親を描いていたので不正解です。③や④は本文に言及がないので不正解です。

264　リーディング

問 2　正解　31 ④　32 ⑤　33 ①　34 ③

　　　　問題レベル【普通】　配点 3点（すべて正解で）

設　問　5つの記述（①〜⑤）から4つを選び、起こった順番に並べ替えなさい。

　　　31 → 32 → 33 → 34

選択肢　① 自分のスケッチに不満を感じるようになる。
　　　　　② 自分のスケッチを誰にも見せないと決める。
　　　　　③ 目だけでなく気持ちも使ってスケッチをする。
　　　　　④ スケッチをプレゼントにすることを楽しむ。
　　　　　⑤ 自分のスケッチの才能を証明しようと頑張る。

語句　rearrange 〜　他 〜を並べ替える　　　have fun (V)ing　熟 Vするのを楽しむ
　　　　frustrated　　形 不満な、いらいらした　　talent　　　　　名 才能

　時系列問題です。Lucy's growth as an artist「ルーシーの芸術家としての成長」の過程を整理していくのですね。選択肢を確認していく前に、第5段落以降も内容を確認しておきましょう。**段落ごとにまとめていきます（❸）**。第5段落では、力試しで自らコンテストに応募して毎日練習している様子が描かれていました。第6段落で第1〜2段落で述べられていたコンテストに負けてしまった時に話は戻ります。父親は謝られたことに困惑し、母親にアドバイスを求めるよう促します。第7段落では母親が翻訳家としての経験を活かして、「背後にあるものを描写することの大事さ」を教えてくれます。第8段落では母親が言っていることが腑に落ちずもやもやするルーシーの様子が描かれています。第9段落では場面は変わり、友だちのキャシーが登場します。親友キャシーの性格（内面）が大好きで、その内面がよく現れた場面を絵にします。第10段落では3年後、そのキャシーの絵を大切にとっておいてあり、背後にあるものを描くことができた様子が描かれていました。

　それでは問題に入ります。空所は4つなのに対し選択肢が5つあるので要注意。空所の前後を確認して（❹）、選択肢を見ていきます。まず② She decides not to show anyone her drawings. はどこにも書かれていなかったので外します。②以外をこれまでの段落ごとの流れをふまえて順番を考えましょう。まず両親に絵をあげるのを楽しみ（④）→コンテストに応募して努力し（⑤）→自分の絵にもやもやし（①）→見えるものだけでなく内側にあるものを描く（③）ですね。④→⑤→①→③が正解です。

Day
16

2023年度：共通テスト追試験　第5問　265

問 3 　正解 ① ・ ③ （順不同）　**問題レベル【普通】　配点 3点**（すべて正解で）

設　問　35 と 36 に最もふさわしい**2つの選択肢**を選びなさい。（順不同）

選択肢　① スケッチせずにいられなかった、ある友人
② 小説から受け取ったメッセージ
③ 母親から受けたアドバイス
④ 友だちを笑わせようとする試み
⑤ 家の中でスケッチをして過ごした週末

語句　can't help (V)ing　　**熟** Vせずにいられない　　attempt　　**名** 試み

　まずは❶視線の型です。Her drawing improves thanks to 35 and 36 . は「 35 と 36 のおかげで彼女の絵が上達する」です。上達のきっかけは母の助言と内面をつい描きたくなった友だちのキャシーでした。正解は①と③です。①は can't help (V)ing は「ついVしてしまう」という表現が使われておりこの訳ができなかった人は悩んだかもしれません。「動名詞」の項目で習う重要慣用表現です。共通テストではいわゆる「文法問題」は出ませんが、選択肢や問題文の重要な箇所で文法や慣用表現の知識が問われるので、その分野の学習も怠らないようにしましょう。

問 4 　正解 ④　**問題レベル【普通】　配点 3点**

設　問　37 に最もふさわしい**選択肢**を選びなさい。

選択肢　① 父親が期待していたほどは練習をしなかった
② コンテストに参加することを父親が喜ばないと知っていた
③ 父親のアドバイスに従わなければいけないと思っていた
④ 父親をがっかりさせたのではないかと心配していた

語句　disappoint 〜　　**他** 〜をがっかりさせる

　まずは❶視線の型です。第2段落最終文の "Oh Daddy, I'm sorry I didn't win." というセリフが何を示しているか、という問題ですね。前文 They had expected her to do well, especially her father. 「両親は彼女が好結果を残すことを期待していたのだ、特に父親は」とあることから父親の期待を裏切ってしまったと思って出たセリフだとわかります。よって④が正解です。

問 5　正解 ①　問題レベル【やや難】　配点 3点

設問　38 に最もふさわしい選択肢を選びなさい。

選択肢
① 人間をよりよく理解する
② 自分の気持ちをもっと深く分析する
③ 自分の周囲で起こっていることを正確に描写する
④ 状況に応じていろいろなテクニックを使う

語句
achieve ~　他 ~を達成する、~を獲得する　　depending on ~　熟 ~によって、~に応じて
analyze ~　他 ~を分析する

❶ **視線の型**でまずは設問を含む文を精読しましょう。まず見出し Why I chose this story とあるのでこの作品を選んだ理由が書かれている文だと予測します。Because I want to be a voice actor and this story taught me the importance「私は声優になりたい、このストーリーは私に重要性を教えてくれた」、とあり、何の重要性かというと、of trying to 38 to make the characters I play seem more real.「自分が演じるキャラクターをよりリアルに感じさせるために、38 努力をすること」とあります。make + O + C「O を C にする」となっており、O は the characters I play、C は seem more real です。O の部分は元々 the characters（that）I play で関係代名詞が省略されており、それもあり make + O + C の構造に気づきにくくなっています。空所を含む文はまず精読力が問われていることが多いです。丁寧に正確に読みましょう。

この物語の主人公ルーシーに欠けていたのは、「正確さ」ではなく、「表面に見えない部分の描写」でした。それに気づいたのは親友キャシーを「描きたい」と衝動的に思った出来事です。どうしてそう気づいたのか、それは第 9 段落 2 文目に They became close friends and Lucy grew to appreciate her for her kindness and humorous personality.「2 人は親しい友だちになって、ルーシーは彼女の親切でユーモアあふれた人柄がとても好きになっていった」とあるように、相手への理解、愛情です。

選択肢を見ていくと、① achieve a better understanding of people がぴったりですね。この物語から、演者として「人間をよりよく理解しようとすること」が重要だという教訓を得たのだと考えることができます。よって正解は①です。②のように my own feeling「自分自身の感情」を知ることや、③ accurately「正確に」描くこと、④ different techniques「様々なテクニック」を駆使すること、などは重要な要素として描かれていませんでした。

Day 16

2023年度：共通テスト追試験　第 5 問　267

DAY 17

【長文記事読解問題】を攻略する「視線の型」

第6問Aでは、長文記事を読み解く問題が出題されます。今回はこのような長文問題に取り組む「視線の型」を学んでいきましょう。

「視線の型」のステップ

1 場面・状況をサクっとイメージする

まずはリード文を読みましょう。ただし、第6問の長文読解問題に関してはあまりリード文は重要じゃないことが多いので、さらっとで大丈夫です。

※メールや広告と違い、新聞記事や論説文は背景の設定があまり意味をもちません。

2 本文のタイトルやまとめの表やスライドなどのタイトル・見出しを先読みする

本文がどんな内容なのか、タイトルや見出しから見当をつけましょう。新聞記事や論説文では、シンプルに本文の読解力が問われるので、リード文よりも「タイトルから内容や流れを予測すること」のほうが重要です。

4 該当箇所を本文から見つけ出し、見当をつけて解答する

1文目から濃淡をつける読みをしていきましょう。問われていない箇所はサラっと読み、関係ありそうな箇所はじっくり精読していきます。該当箇所を発見したらすぐに選択肢を見るのではなく、本文を読んで自分なりに答えの見当をつけてから選択肢を見るようにしましょう。

268 リーディング

内容 英語の試験の王道のような長文読解問題です。「長いから」という理由で敬遠されがちですが、**「長いから難しい」というわけではありません**。他人に何かを説明する文章は「論理展開が明快」ですし、また、「設問は該当箇所を特定しやすい」ことを考えるとむしろ得点しやすいタイプの問題とも言えます。このような問題は「視線の型」が非常に有効です。「視線の型」をマスターし、サクサクと処理できるようになっていきましょう。

目標解答時間 12分

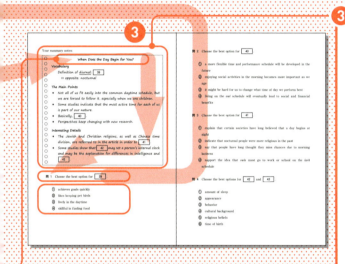

③ まとめの表やスライドを分析し、設問を先読みする

まとめの表やスライドの空所がある箇所の「見出し」や「前後の英文」を精読し、「何が問われているか」を把握しましょう。表の流れと本文の流れは大抵一致しているのですが、再編成されている場合もあり、問1の正解は後半に出てくることもあります。ですが、恐れず1問ずつで大丈夫です。「長文記事読解問題」はまとめの表やスライドを分析すれば、「出てくる場所」に予測がつくからです。表やスライドの分析は1問ずついきましょう。

Day 17

では、この「視線の型」を使って、次ページの問題に取り組みましょう！

DAY 17 ＞ 例 題

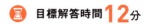

第6問 (配点 24)

A Your study group is learning about "how time of day affects people." You have found an article you want to share. Complete the summary notes for your next meeting.

When Does the Day Begin for You?

When asked "Are you a morning person?" some reply "No, I'm a night owl." Such people can concentrate and create at night. At the other end of the clock, a well-known proverb claims: "The early bird catches the worm," which means that waking early is the way to get food, win prizes, and reach goals. The lark is a morning singer, so early birds, the opposite of *owls*, are *larks*. Creatures active during the day are "diurnal" and those emerging at night are "nocturnal."

Yet another proverb states: "Early to bed, early to rise makes a man healthy, wealthy, and wise." *Larks* may jump out of bed and welcome the morning with a big breakfast, while *owls* hit the snooze button, getting ready at the last minute, usually without breakfast. They may have fewer meals, but they eat late in the day. Not exercising after meals can cause weight gain. Perhaps *larks* are healthier. *Owls* must work or learn on the *lark* schedule. Most schooling occurs before 4:00 p.m., so young *larks* may perform certain tasks better. Business deals made early in the day may make some *larks* wealthier.

What makes one person a *lark* and another an *owl*? One theory suggests preference for day or night has to do with time of birth. In 2010, Cleveland State University researchers found evidence that not only does a person's internal clock start at the moment of birth, but that those born at night might have lifelong challenges performing during daytime hours. Usually, their world experience begins with darkness. Since traditional study time and office work happen in daylight, we assume that day begins in the morning. People asleep are not first in line, and might miss chances.

Does everyone follow the system of beginning days in the morning? The Jewish people, an approximately 6,000-year-old religious group, believe a day is measured from sundown until the following sundown—from eve to eve. Christians continue this tradition with Christmas Eve. The Chinese use their system of 12 animals not only to mark years, but to separate each two-hour period of the day. The hour of the rat, the first period, is from 11:00 p.m. to 1:00 a.m. Chinese culture also begins the day at night. In other words, ancient customs support how *owls* view time.

Research indicates *owls* are smarter and more creative. So, perhaps *larks* are not always wiser! That is to say, *larks* win "healthy" and sometimes "wealthy," but they may lose "wise." In an early report, Richard D. Roberts and Patrick C. Kyllonen state that *owls* tend to be more intelligent. A later, comprehensive study by Franzis Preckel, for which Roberts was one of the co-authors, came to the same conclusion. It is not all good news for *owls*, though. Not only can schoolwork be a challenge, but they may miss daytime career opportunities and are more likely to enjoy the bad habits of "nightlife," playing at night while *larks* sleep. Nightlife tends to be expensive. A University of Barcelona study suggests *larks* are precise, seek perfection, and feel little stress. *Owls* seek new adventures and exciting leisure activities, yet they often have trouble relaxing.

Can people change? While the results are not all in, studies of young adults seem to say no, we are hard-wired. So, as young people grow and acquire more freedom, they end up returning to their *lark* or *owl* nature. However, concerns arise that this categorization may not fit everyone. In addition to time of birth possibly being an indication, a report published in *Nature Communications* suggests that DNA may also affect our habits concerning time. Other works focus on changes occurring in some people due to aging or illness. New research in this area appears all the time. A study of university students in Russia suggests that there are six types, so *owls* and *larks* may not be the only birds around!

Your summary notes:

```
○                When Does the Day Begin for You?
○
○   Vocabulary
○       Definition of diurnal:  [ 39 ]
○          ⇔ opposite: nocturnal
○
○   The Main Points
○   •  Not all of us fit easily into the common daytime schedule, but
○      we are forced to follow it, especially when we are children.
○   •  Some studies indicate that the most active time for each of us
○      is part of our nature.
○   •  Basically, [ 40 ].
○   •  Perspectives keep changing with new research.
○
○   Interesting Details
○   •  The Jewish and Christian religions, as well as Chinese time
○      division, are referred to in the article in order to [ 41 ].
○   •  Some studies show that [ 42 ] may set a person's internal clock
○      and may be the explanation for differences in intelligence and
○      [ 43 ].
```

問 1　Choose the best option for [39].

① achieves goals quickly

② likes keeping pet birds

③ lively in the daytime

④ skillful in finding food

272　リーディング

問 2　Choose the best option for ⬛40⬛ .

① a more flexible time and performance schedule will be developed in the future

② enjoying social activities in the morning becomes more important as we age

③ it might be hard for us to change what time of day we perform best

④ living on the *owl* schedule will eventually lead to social and financial benefits

問 3　Choose the best option for ⬛41⬛ .

① explain that certain societies have long believed that a day begins at night

② indicate that nocturnal people were more religious in the past

③ say that people have long thought they miss chances due to morning laziness

④ support the idea that *owls* must go to work or school on the *lark* schedule

問 4　Choose the best options for ⬛42⬛ and ⬛43⬛ .

① amount of sleep

② appearance

③ behavior

④ cultural background

⑤ religious beliefs

⑥ time of birth

DAY 17 › 例 題 ［ 解 説 ］

問 1 - 4

訳 あなたの研究グループは「一日の時間が人にどのような影響を与えるか」について学んでいます。あなたは共有したい記事を見つけました。次のミーティングのための要約メモを完成させなさい。

あなたにとって一日の始まりはいつ？

［**第1段落**］「あなたは朝型人間ですか」と聞かれたら、「いいえ、私は夜型の（フクロウのような）人間です」と答える人がいます。こうした人たちは夜に集中して創造性を発揮します。対極の時間では、よく知られたことわざがこう言っています、「早起きする鳥は虫を捕まえる（早起きは三文の徳）」、つまり早起きすることが食べ物を得たり、賞を獲得したり、目的を達成したりする道なのだと。ヒバリは朝からさえずる鳥なので、「フクロウ」に対して、早起きする鳥は「ヒバリ」です。<u>日中に活動的な生き物は「昼行性」</u> **問1**、夜に姿を現すものは「夜行性」と言います。

［**第2段落**］ さらに別のことわざはこう言います、「早寝早起きは人を健康、裕福、賢明にする」と。「ヒバリ」はベッドから飛び起きてたっぷりの朝食で朝を迎えますが、一方の「フクロウ」はスヌーズボタンを押してギリギリの時間に支度をし、朝食を抜くのが普通です。食事の回数は少ないのですが、一日の遅い時間に食事をします。食事の後に運動をしないと体重増加の原因になります。たぶん「ヒバリ」の方が健康です。「フクロウ」は「ヒバリ」のスケジュールで仕事や勉強をしなければなりません。ほとんどの学校教育は午後4時以前に行われますから、若い「ヒバリ」の方がある程度の課題をうまくこなせそうです。日中の早い時間に行われる商取引は、一部の「ヒバリ」を裕福にしてくれそうです。

［**第3段落**］ ある人を「ヒバリ」にしたり他の人を「フクロウ」にしたりするものは何なのでしょうか。<u>ある説によると、昼または夜を好む傾向は生まれた時間に関係すると言います。</u> **問4⑥** 2010年、クリーブランド州立大学の研究者たちは、人の体内時計が誕生の瞬間にスタートするばかりか、夜に生まれた人は日中の活動に生涯苦労するかもしれないという証拠を発見しました。通常、こうした人たちの世界体験は暗闇の中で始まります。従来型の勉強時間やオフィス業務が日中に行われるため、私たちは一日が朝に始まるように思っています。寝ている人は一番になれず、チャンスを逃すかもしれないと。

［**第4段落**］ <u>一日が朝に始まるシステムに誰もが従っているのでしょうか。約6000年の歴史を持つ宗教集団であるユダヤ教徒は、一日が日没から次の日没まで——夕方（イブ）から夕方まで——で区切られると信じています。キリスト教徒はクリスマスイブにこの伝統を引き継いでいます。中国では十二支を、年に当てはめて使うだけでなく、一日を2時間ずつに分けるのにも使います。最初の時間である子の刻は、午後11時から午前1時です。つまり、古代の習慣は「フクロウ」の時間の見方を支持しているのです。</u> **問3**

［**第5段落**］ 研究は、「フクロウ」の方が賢く創造性が高いと示しています。ということは、たぶん「ヒバリ」の方が賢明とは限らないのです！つまり、「ヒバリ」は「健康」と時に「裕福」では勝りますが、「賢明」では負けるのかもしれません。初期のレポートでリチャード・

274　リーディング

D・ロバーツとパトリック・C・キロネンは「フクロウ」の方が知能の高い傾向があると述べています。後の、ロバーツも共著者の一人となったフランシス・プレッケルによる包括的研究も、同じ結論に達しました。ただし、「フクロウ」にとっていい知らせばかりではありません。学業が大変になり得るだけでなく、日中の仕事の機会を逃しかねませんし、「ヒバリ」が寝ている夜に遊ぶ「ナイトライフ」の悪習を楽しむ可能性がより高いのです。問4③　ナイトライフはお金がかかる傾向にあります。バルセロナ大学のある研究によると、「ヒバリ」はきちょうめんで完璧主義であり、ストレスをあまり感じません。「フクロウ」は新たな冒険や刺激的なレジャー活動を追い求めますが、なかなかリラックスできないこともよくあります。

[第6段落] 人は変わることができるのでしょうか。結果が出そろっているわけではありませんが、若年成人を対象とした研究は、「いや、私たちは変われない」と言っているようです。問2　ですから、若者が成長してもっと自由を得ると、結局は「ヒバリ」や「フクロウ」の性質に戻ってしまいます。ですが、この分類がすべての人には当てはまらないのでは、という懸念も生じます。誕生の時間がおそらく目安になることに加え、『ネイチャーコミュニケーション』誌に掲載されたレポートでは、DNAも時間に関する習慣に作用しているかもしれないと示されています。他に、加齢や病気が原因で一部の人に起こる変化に注目した研究もあります。この分野では常に新しい研究が出てきています。ロシアの大学生たちによる研究では、6つのタイプがあると示されているので、存在する鳥は「フクロウ」と「ヒバリ」だけではないのかもしれません！

あなたの要約メモ：

あなたにとって一日の始まりはいつ？

語彙
　昼行性の定義： 39
　　⇔対義語：夜行性

主なポイント
・一般的な日中のスケジュールにすべての人が簡単に適応するわけでなく、それに従うよう強制されており、子どものときは特にそうである。
・いくつかの研究は、私たちそれぞれの活動的な時間は生まれついた性質の一部だと示している。
・基本的に、 40 。
・新しい研究が出るので見解は常に変化している。

興味深い部分
・ユダヤ教やキリスト教、さらには中国の時間の分け方が、 41 ために記事で取り上げられている。
・一部の研究は、 42 が人の体内時計を決め、知性や 43 の違いの説明となり得ると示している。

語句

[リード文]

affect ～	他	～に影響を及ぼす

[記事]

[第1段落]

morning person	熟	朝型人間、早起きの人
night owl	熟	夜型人間、夜更かしの人（owlは「フクロウ」の意味）
concentrate	自	集中する
other end	熟	反対側、対極
proverb	名	ことわざ
lark	名	ヒバリ
creature	名	生き物、動物
diurnal	形	昼行性の
emerge	自	現れる
nocturnal	形	夜行性の

[第2段落]

wealthy	形	裕福な
at the last minute	熟	ギリギリの時間に
weight gain	熟	体重の増加
task	名	課題、業務
deal	名	取引

[第3段落]

theory	名	理論、仮説
preference	名	好み、優先傾向
have to do with ～	熟	～に関係がある
evidence	名	証拠
internal clock	熟	体内時計
lifelong	形	生涯にわたる
challenge	名	課題、困難
traditional	形	従来の、既存の
assume that SV	熟	SVであると見なす、SVであると思い込む
first in line	熟	先頭にいて、一番で

[第4段落]

Jewish	形	ユダヤの
religious	形	宗教の
measure ～	他	～を測り取る、～を区分けする

sundown	名	日没
eve	名	夕方、晩
system of 12 animals	熟	十二支
in other words	熟	言い換えると、つまり
ancient	形	古代の

[第5段落]

indicate SV	他	SVと指摘する、SVであると示す
that is to say	熟	すなわち
comprehensive	形	総合的な、包括的な
co-author	名	共著者
conclusion	名	結論
precise	形	正確な、きちょうめんな
seek ～	他	～を追求する
perfection	名	完璧
have trouble (V)ing	熟	Vするのに苦労する、なかなかVできない

[第6段落]

hard-wired	形	生来の、変化しにくい
acquire ～	他	～を獲得する、～を手に入れる
end up (V)ing	熟	最後にはVすることになる
nature	名	性質、本質
arise	自	生じる、発生する
categorization	名	分類
indication	名	示すもの、兆候
aging	名	老化、加齢

[要約メモ]

definition	名	定義
perspective	名	見方、観点
division	名	分割、区分
refer to ～	熟	～に言及する、～を引き合いに出す
explanation	名	説明

　まずはリード文を読んで**場面・状況をイメージ（❶）**します。「あなたの研究グループは『一日の時間が人にどのような影響を与えるか』について学んで」いて、「ミーティングのための要約メモを完成」させる必要がある、という状況ですね。タイトルは「あなたにとって一日の始まりはいつ？」。文章全体をまとめた要約メモが付いているので、**見出しを先読み（❷）**します。上から流れを追っていくと、Vocabulary「語彙」→ The Main Points「主なポイント」→ Interesting Details「興味深い部分」とあります。語彙の確認をして、メインのポイント

276　リーディング

をまとめ、細かい部分をまとめているようです。それでは一問一問見ていきましょう。

問 1　　**正解③**　　問題レベル【普通】　配点 3点

設　問　[39] に最もふさわしい選択肢を選びなさい。

選択肢　① 迅速に目標を達成する
　　　　　② ペットの鳥を飼うことを好む
　　　　　③ 日中に活動的である
　　　　　④ 食料を見つけるのがうまい

語句　lively　形 元気な、活発な　　　　　　skillful　形 上手な

では**要約メモの該当箇所の詳細を分析します**（**❸**）。まず見出しは Vocabulary「語彙」で、diurnal という語の定義（definition）が問われているようです。この語は nocturnal という語の対義語（opposite）というのも答えるヒントとなりそうです。

言葉の定義はふつう最初にするものだと予測し、第1段落1文目からじっくり読んでいきましょう。すると第1段落最終文に Creatures active during the day are "diurnal" and those emerging at night are "nocturnal." とあります。during the day は at night と対比されているため「昼の間」と考えてください。すると「日中に活動的な生き物は "diurnal"、夜に姿を現すものは "nocturnal"」とわかります。これにより③ lively in the daytime「日中に活動的である」が正解だとわかります。本文中の active が選択肢③では lively に**言い換**えられています。

問 2　　**正解③**　　問題レベル【やや難】　配点 3点

設　問　[40] に最もふさわしい選択肢を選びなさい。

選択肢
① 将来はもっと柔軟な時間と活動のスケジュールが開発されるだろう
② 朝に社会活動を楽しむことが、年を取るにつれ重要になってくる
③ 一日のうち最もよく活動できる時間を変えるのは難しいかもしれない
④「フクロウ」のスケジュールで生活することは最終的に社会的・経済的利益につながる

語句　flexible　形 柔軟な、融通の利く　　　benefit　名 利益、恩恵
　　　　eventually　副 最終的に、結局

まず**要約メモの該当箇所の詳細を分析します**（**❸**）。見出しは The Main Points「主なポイント」です。4つあり、その3番目のものを答えるようです。結構後ろの方に出てきそうですね。1つずつ確認しておきます。

The Main Points の1つ目は Not all of us fit easily into the common daytime schedule, but we are forced to follow it, especially when we are children.「一般的な日中のスケジュールにすべての人が簡単に適応するわけでなく、それに従うよう強制されており、子どものときは特にそうである」。まずは問1の続きである第2段落から読み進めて、この**該当箇所を探しましょう**（**❹**）。すると早速第2段落がここに該当することがわかります。特に6文目 Most schooling occurs と when we are children の一致がわかりやすいかもしれません。

次に2つ目は Some studies indicate that the most active time for each of us is part of

Day 17

2022年度：共通テスト本試験　第6問A　277

our nature.「いくつかの研究は、私たちそれぞれの活動的な時間は生まれついた性質の一部だと示している」です。これは第3段落2文目で One theory suggests preference for day or night has to do with time of birth.「ある説によると、昼または夜を好む傾向は生まれた時間に関係すると言います」とあり、生まれた時間に関係するということは、part of our nature「生まれついた性質の一部」と言えそうです。

　それではようやく 40 を含む文です。Basically,「基本的に」から始まるのに合致しそうな内容を探します。Main Point なので細かいところを読む必要はありません。段落毎に「関係なさそうだな」と思ったら飛ばしてしまってかまいません（Day 18「論理的読解の型」で詳しく扱います）。また、ここで最後の Main Point、Perspectives keep changing with new research.「新しい研究と共に見解は常に変化している」も確認しておきましょう。「この分野では常に新しい研究が出てきている」という文（第6段落7文目）より前に該当箇所に出くわすはずです。

　英文のタイトルが When Does the Day Begin for You?「あなたにとって一日の始まりはいつ？」となっていることを考えると、第4段落、第5段落は内容的に Main Point とは言えないので、流して第6段落に進みます。第6段落では、Can people change?「人は変わることができるのでしょうか」との始まりから本質的な内容が期待できます。2文目 While the results are not all in, studies of young adults seem to say no, we are hard-wired.「結果が出そろっているわけではありませんが、若年成人を対象とした研究は、『いや、私たちは変われない』と言っているようです」とあります。hard-wired がわからなくても、前文の疑問文に対する返答で no と言っているので、we are hard-wired = we cannot change のことだとわかります。ここが該当箇所ですね。「基本的には、私たちは変われない」です。正解の選択肢は③ it might be hard for us to change what time of day we perform best「一日のうち最もよく活動できる時間を変えるのは難しいかもしれない」です。

　該当箇所がわかりづらかった場合は消去法でもよかったと思います。①や②はどこにも記述がありませんし、④は「社会的・経済的利益につながる」のは第2段落最終文にもあるようにヒバリの方で「フクロウ」ではないので不正解です。

問 3　**正解①**　問題レベル【やや難】　配点 3点
- **設　問**　41 に最もふさわしい選択肢を選びなさい。
- **選択肢**　① いくつかの社会では昔から一日が夜に始まると考えられていたと説明する
  - ② 過去には夜行性の人々の方が信心深かったことを示す
  - ③ 朝にだらだらしているせいでチャンスを逃すと長い間考えられていたことを述べる
  - ④ 「フクロウ」が「ヒバリ」のスケジュールで仕事や学校に行くべきだという考えを支持する
- **語句**　laziness　名 怠惰

　まず**要約メモの該当箇所の詳細を分析します**（❸）。見出しは Interesting Details「興味深い部分」なので細かい点を探し読みする必要がありそうです。こういったどこにポイントがあるのかわかりにくい問題は、まず「該当文」ではなく「該当段落」を見つけ出すことに集中しましょう。今回は 41 を含む文の主語が The Jewish and Christian religions, as well as

278　リーディング

Chinese time division「ユダヤ教やキリスト教、さらには中国の時間の分け方」と固有名詞が並んでいるため、わかりやすかったのではないかと思います。第4段落を見ていきましょう（❹）。第4段落を端的にまとめた、① explain that certain societies have long believed that a day begins at night「いくつかの社会では昔から一日が夜に始まると考えられていたと説明する」が正解です。最終文で In other words, ancient customs support how *owls* view time.「つまり、古代の習慣は『フクロウ』の時間の見方を支持しているのです」とあるように、この段落ではユダヤ教徒やクリスマスイブの伝統、中国の十二支などの例を出して一日の始まりが夜とする社会を紹介しています。

問 4　正解 [42] ⑥　[43] ③　問題レベル【難】 配点 3点（すべて正解で）

設 問 [42] と [43] に最もふさわしい選択肢を選びなさい。

選択肢 ① 睡眠の量　② 外見　③ 行動　④ 文化的背景　⑤ 宗教的信仰
⑥ 誕生の時間

語句 behavior 名 行動　　　　　　belief 名 信仰

---

[42] を含む文を**精読する**（❸）と、「人の体内時計を決めるかもしれないものは何か」という問いです。「体内時計の決め手」の話はどこに書いてあったでしょうか。段落単位で探すのがコツです。**各段落の1文目を見ればその段落の全体像がわかることが多い**です。第3段落1文目 What makes one person a *lark* and another an *owl*?「ある人を『ヒバリ』にしたり他の人を『フクロウ』にしたりするものは何なのでしょうか」とあることから、第3段落を読めばいいことがわかります（❹）。2文目 One theory suggests preference for day or night has to do with time of birth.「ある説によると、昼または夜を好む傾向は生まれた時間に関係すると言います」とあることから、[42] は⑥ time of birth が正解とわかります。

また、[43] を含む文を**精読する**（❸）と、「それ（[42]）が知性と何（[43]）を決めるのか」という問題だとわかります。「知性」の話は第5段落1文目 Research indicates *owls* are smarter and more creative.「研究は、『フクロウ』の方が賢く創造性が高いと示しています」とあることから第5段落を読めばいいことがわかります（❹）。そのまま読み進めると7文目に Not only can schoolwork be a challenge, but they may miss daytime career opportunities and are more likely to enjoy the bad habits of "nightlife," playing at night while *larks* sleep.「学業が大変になり得るだけでなく、日中の仕事の機会を逃しかねませんし、ヒバリが寝ている夜に遊ぶ『ナイトライフ』の悪習を楽しむ可能性がより高いのです」とあり、ここから「行動」にも影響することが言及されています。よって、最も適切な③ behavior が正解となります。

2022年度：共通テスト本試験　第6問A

DAY 17 > 練習問題

第 6 問 (配点 24)

A Your study group is learning about "false memories." One group member has made partial notes. Read this article to complete the notes for your next study meeting.

False Memories

   What are memories? Most people imagine them to be something like video recordings of events in our minds. Whether it is a memory of love that we treasure or something more like failure that we fear, most of us believe our memories are a permanent record of what happened. We may agree that they get harder to recall as time goes on, but we think we remember the truth. Psychologists now tell us that this is not the case. Our memories can change or even be changed. They can move anywhere from slightly incorrect to absolutely false! According to well-known researcher Elizabeth Loftus, rather than being a complete, correct, unchanging recording, "Memory works a little bit more like a Wikipedia page." Anyone, including the original author, can edit the information.

   Serious research investigating "false memories" is relatively new. Scholars Hyman and Billings worked with a group of college students. For this experiment, first, the students' parents sent stories about some eventful episodes from their child's youth to the interviewers. Using this family information, they interviewed each student twice. They mentioned some actual experiences from the person's childhood; but, for their experiment, they added a made-up story about an eventful wedding, encouraging the student to believe the fake wedding had really happened. The following two sections contain actual conversations from the interviews of one student. Missing words are indicated by "…"; author's comments by "(　)."

Interviewer: I   Student: S

First Interview

I : …looks like an eventful wedding…you were five years old…playing with some other kids…

   (The interviewer, referring to the false event as if the information came from the student's parent, goes on to say that while playing with friends the student caused an accident and the bride's parents got all wet.)

S: I don't remember...that's pretty funny...

I: ...seems that would be kind of eventful...

S: ...a wedding. I wonder whose wedding...a wedding reception? I can totally see myself like running around with other kids...

I: You could see yourself doing that?

S: ...bumping into a table? Oh yeah, I would do that...maybe not a wedding... like a big picnic...

(The student is starting to believe that bumping into the table sounds familiar. As they finish, the student is asked to think over the conversation they had before the next session.)

Second Interview

(The interviewer has just asked about some real events from the student's childhood and once again returns to the wedding discussed in the previous session.)

I: The next one I have is an eventful wedding reception at age five.

S: Yeah, I thought about this one...

(The student goes on to describe the people he got wet.)

S: ...I picture him having a dark suit on...tall and big...square face...I see her in a light-colored dress...

(The student has new images in mind and can tell this story as if it were an actual memory.)

S: ...near a tree...drinks on the table...I bumped the glasses or something...

(This student then provides more information on the couple's clothing.)

The students participating in this experiment came to believe that the false experiences the interviewers planted were absolutely true. By the second interview some students thought everything previously discussed was based on information from their parents about real events. This suggests that, when talking about memories, word choice makes a big difference in responses. Certain words lead us to recall a situation differently. Because the interviewer mentioned an "eventful" wedding several times, the student started having a false memory of this wedding.

Since the time of Sigmund Freud, called "the father of modern psychology," mental therapy has asked people to think back to their childhood to understand their problems. In the late 20th century, people believed that recalling old memories was a good way to heal the mind, so there were exercises and interviewing techniques encouraging patients to imagine various old family situations. Now, we realize that such activities may lead to false memories because our memories are affected by many factors. It is not just what we remember, but when we remember, where we are when we remember, who is asking, and how they are asking. We may, therefore, believe something that comes from our imagination is actually true. Perhaps experts should start researching whether there is such a thing as "true memories."

Summary notes:

FALSE MEMORIES

Introduction

- When she says "Memory works a little bit more like a Wikipedia page," Elizabeth Loftus means that memories ⬚39 .

Research by Hyman & Billings

- The first interview indicates that the student ⬚40 .
- The results of their study suggest that ⬚41 and ⬚42 .

Conclusions

People believe that memory is something exact, but our memories are affected by many things. While focusing on old events was a technique adapted to heal our minds, we must consider that ⬚43 .

問 1 Choose the best option to complete statement ⬚39⬚.

① are an account of one's true experiences

② can be modified by oneself or others

③ may get harder to remember as time goes by

④ should be shared with others freely

問 2 Choose the best option to complete statement ⬚40⬚.

① described all the wedding details to the interviewer

② knew about an accident at a wedding from childhood

③ was asked to create a false story about a wedding

④ was unsure about something the interviewer said

問 3 Choose the two best statements for ⬚41⬚ and ⬚42⬚. (The order does not matter.)

① false events could be planted easily in young children's memories

② our confidence levels must be related to the truthfulness of our memories

③ people sometimes appear to recall things that never happened to them

④ planting false memories is frequently criticized by researchers

⑤ the phrases used to ask about memories affect the person's response

⑥ when a child experiences an eventful situation, it forms stable memories

問 4 Choose the best option for ⬚43⬚ to complete **Conclusions**.

① asking about our memories will help us remember more clearly

② the technique focuses on who, what, when, where, and how

③ this mental therapy approach may be less helpful than we thought

④ we have to work on our ability to remember events more precisely

2022年度：共通テスト追試験　第6問A　283

DAY 17 › 練習問題［解説］

問 1－4

訳 あなたの研究グループは「偽の記憶」について学んでいます。班員の一人が部分的なメモを取りました。この後の記事を読んで、次の勉強会のためにメモを完成させなさい。

偽の記憶

［第1段落］

　記憶とは何か。大半の人は、出来事を心の中にビデオ撮影するようなものだとイメージしている。大事にしている愛情の記憶であれ、不安になる失敗のようなものであれ、私たちの多くは、自分の記憶が、起こったことの恒久的な記録だと信じている。時間がたつにつれて思い出すのが難しくなることは認めても、真実を記憶しているのだと考える。現在の心理学者たちは、そうではないと言う。私たちの記憶は変化する可能性があるし、変化させられる可能性さえある。「やや不正確」から「まったくの虚偽」の間のどこにでも移動し得るのだ！　著名な研究者エリザベス・ロフタスによると、完全で正確で不変の記録というよりも「記憶はむしろウィキペディアのページにちょっと似た働きをする」という。最初の執筆者を含む誰でも、情報の編集ができるのだ。 問1

［第2段落］

　「偽の記憶」を調べる本格的な研究は比較的新しい。研究者のハイマンとビリングスは大学生グループを対象に研究をした。この実験では、まず、学生の親からインタビュアーに、学生たちの子ども時代のハプニングに富んだエピソードをいくつか送ってもらった。この家族情報を使って、学生たちに2度のインタビューを行った。その人の子ども時代の実際の出来事にも言及したが、実験として、いろいろなことが起きた結婚式というでっち上げの話も加えて、その偽の結婚式が本当にあったように学生に思わせるよう仕向けた。以下の2つの抜粋は、1人の学生のインタビューから実際の会話を載せたものだ。言葉が抜けている箇所は……で、書き手のコメントは（　　）で示されている。

［1回目のインタビュー］
インタビュアー：I　学生：S

1回目のインタビュー

I：……ハプニングの多かった結婚式のようですね……あなたは5歳で……他の子どもたちと遊んでいて……

　　　（インタビュアーは、偽の出来事をあたかも学生の親からの情報であるかのように話し、友だちと遊んでいる間に学生が事故を起こして花嫁の両親がびしょぬれになったと続ける）

S：覚えていません…… 問2-1 　それはかなり面白い……

I：……どうやらかなりハプニングの多い……

S：……結婚式ですね。誰の結婚式だったんでしょう…… 問2-2 　結婚披露宴？　自分が他の子たちと走り回っているのがまるで目に浮かぶようです……

284　リーディング

Ｉ：自分がそうしている姿が目に浮かびますか？

Ｓ：……テーブルにぶつかって？　ああ、そうですね、よくそんなことになっていました……結婚式ではないかもしれませんが……大きなピクニックとか……

（学生はテーブルにぶつかるのが身に覚えのあることだと信じ始める。最後に、学生は次のセッションまでにこの会話を振り返っておくように言われる）

[2回目のインタビュー]

2回目のインタビュー

（インタビューが学生の子ども時代に実際に起きたいくつかの出来事について質問したところで、再び前回の話に出た結婚式に戻る）

Ｉ：次の話は、5歳の時のハプニングの多かった結婚式です。

Ｓ：ええ、そのことを考えてみたのですが……

（学生は続いて、ぬれた人たちの様子を説明する）

Ｓ：……頭に浮かぶのは彼がダークスーツを着ていて……背が高く大柄で……角ばった顔……女性の方は明るい色のドレスを着ているのが目に浮かびます……

（学生は頭の中に新しいイメージを持つようになり、まるで実際の記憶であるかのように語ることができる）

Ｓ：……木のそばの……テーブルに飲み物……自分がグラスか何かにぶつかって……

（この学生はこの後、夫妻の衣服についてさらに情報を述べる）

[第3段落]

　この実験に参加した学生たちは、インタビュアーが植え付けた偽の経験が確かな真実であると信じるようになった。2回目のインタビューの時までに、一部の学生は、前回話し合ったことがすべて両親からの本物の出来事の情報によるものだと考えるようになった。問3③　このことが示すのは、記憶について話す際、言葉の選び方で反応が大きく変わるということだ。問3⑤　特定の語によって状況の思い出し方が変わってくる。このインタビュアーが「ハプニングの多い」結婚式に言及したために、この学生はこの結婚式の偽の記憶を持ち始めた。

[第4段落]

　「現代心理学の生みの親」と言われるジークムント・フロイトの時代以来、精神療法では自身の問題について理解するために子どもの頃の記憶を思い出すことが勧められてきた。20世紀後半の人々は、昔の記憶を思い出すのは心を癒やすいい方法だと信じ、患者にさまざまな昔の家族の状況を思い浮かべさせる練習やインタビュー技術が生まれた。現在では、記憶がさまざまな要因の影響を受けることから、こうした活動が偽の記憶につながり得るとわかっている。問4　それ（要因になること）は、何を思い出すかだけでなく、いつ思い出しているか、思い出すときどこにいるのか、誰が質問をしているのか、どんなふうに尋ねるか、だ。このため、想像から生まれたものを事実だと信じることもある。たぶん専門家たちは、「本物の記憶」などというものがあるのかどうか、から研究を始めるべきだろう。

要約メモ：

○　　　　　　　　　　　偽の記憶
○
○　導入
○　・「記憶はむしろウィキペディアのページにちょっと似た働きをする」と言
○　　うときにエリザベス・ロフタスが言いたいことは、記憶が ▢39 という
○　　ことだ。
○
○　ハイマンとビリングスの研究
○　・1回目のインタビューは、学生が ▢40 ことを示唆する。
○　・研究結果から示されるのは ▢41 ということと ▢42 ということ。
○
○　結論
○　人は記憶が正確なものだと信じているが、私たちの記憶は多くのことに影
○　響される。昔の出来事に焦点を当てることは精神治療に適用された技法だ
○　ったが、▢43 と考える必要がある。

語句

[リード文]

partial	形	部分的な

[記事]

[第1段落]

treasure ～	他	～を大事にする、～を取っておく
failure	名	失敗
recall ～	他	～を思い起こす
psychologist	名	心理学者
case	名	(the ～で) 事実、真相
slightly	副	少しばかり、多少
incorrect	形	不正確な、間違った
absolutely	副	完全に
edit ～	他	～を編集する

[第2段落]

investigate ～	他	～を調査する
scholar	名	学者
eventful	形	波乱の多い、面白い
episode	名	出来事
made-up	形	でっち上げの
fake	形	偽の
section	名	部分、一節
indicate ～	他	～を示す

[1回目のインタビュー]

refer to ～	熟	～に言及する
as if SV	熟	あたかもSVであるかのように
bride	名	花嫁

reception	名	披露宴
bump into ～	熟	～にぶつかる
familiar	形	聞き覚えのある、知っている

[2回目のインタビュー]

picture ～	他	～を思い描く

[第3段落]

participate in ～	熟	～に参加する
come to (V)	熟	Vするようになる
plant ～	他	～を植え付ける
response	名	反応

[第4段落]

psychology	名	心理学
mental therapy	熟	精神療法
heal ～	他	～を癒やす、～を治す
factor	名	要素、要因
therefore	副	それゆえ、従って
expert	名	専門家

[要約メモ]

summary	名	要約
introduction	名	導入部
conclusion	名	結論
affect ～	他	～に作用する、～に影響を与える
focus on ～	熟	～に焦点を当てる
technique	名	テクニック、技法
adapt ～	他	～を適用する

286　リーディング

まずはリード文を読んで**場面・状況をイメージ（❶）**します。「あなたの研究グループは『偽の記憶』について学んでいる」という状況です。タイトルは「偽の記憶」。文章全体をまとめた要約メモが付いているので、**見出しを先読み（❷）**します。上から流れを追っていくと、Introduction「導入」→ Research by Human & Billings「ハイマンとビリングスの研究」→ Conclusions「結論」とあります。導入があり、研究、結論、とまとめているようです。それでは一問一問見ていきましょう。

問 1 　正解② 　問題レベル【普通】 配点 3点

　設　問　39 の文を完成させるのに最もふさわしい選択肢を選びなさい。

　選択肢　① その人の本当の経験の表れである
　　　　　　② 本人や他人によって改変され得る
　　　　　　③ 時間がたつにつれて思い出すのが難しくなり得る
　　　　　　④ 他人と自由に分かちあうべきものだ

　語句　account 　名 記述、説明 　　　　　modify 〜 　他 〜を修正する、〜を改変する

では**要約メモの該当箇所の詳細を分析します（❸）**。まず見出しは Introduction「導入」で、「記憶はむしろウィキペディアのページにちょっと似た働きをする」と言うときのエリザベス・ロフタスが言いたいことは何か、ということです。**導入なので最初の方に出てくるのではと予測し第1段落を注意深く読んでいきます（❹）**。「ウィキペディア」は見つけやすそうなキーワードですね。第1段落最終文で直前の「ウィキペディア」の例を Anyone, including the original author, can edit the information.「最初の執筆者を含む誰でも、情報の編集ができる」と説明しているのでここをしっかり読んで選択肢から近いものを探していきましょう。選択肢② can be modified by oneself or others「本人や他人によって改変され得る」がぴったりです。can edit the information が memories can be modified に**言い換え**られています。

問 2 　正解④ 　問題レベル【普通】 配点 3点

　設　問　40 の文を完成させるのに最もふさわしい選択肢を選びなさい。

　選択肢　① インタビュアーに結婚式について事細かに説明した
　　　　　　② 結婚式での事故について子どもの頃から知っていた
　　　　　　③ 結婚式に関する作り話をするように頼まれた
　　　　　　④ インタビュアーの言ったことについて確信がなかった

　語句　unsure 　形 確信のない

要約メモの空所を含む文を**精読します（❸）**。「1回目のインタビューは、学生が 40 ことを示唆している」とあるので、本文の First Interview のところを読んでいきます（❹）。空所の主語が the student だったので学生のセリフに特に注目して読んでいきましょう。I don't remember ... や I wonder ... など、聞かれたことに対して自信なさげに返答している様子がうかがえます。選択肢を見ると、④ was unsure が該当するのでこれが正解になります。① は all が、②は knew が、③ was asked to create が本文の内容と異なります。

Day
17

2022年度：共通テスト追試験　第6問A　287

問3 正解③・⑤（順不同） 問題レベル【やや難】 配点 3点（すべて正解で）

設問 41 と 42 に最もふさわしいものを2つ選びなさい。（順不同）

選択肢 ① 幼い子どもの記憶に偽の出来事を植え付けるのは簡単だ
② 私たちの自己信頼度は自分の記憶の真実性と関連があるに違いない
③ 人は時に、自分の身に起こりもしなかったことを思い出すらしい
④ 偽の記憶を植え付けることは研究者によってしばしば批判されている
⑤ 記憶に関して尋ねるのに使う言い回しが、その人の反応に影響を及ぼす
⑥ 子どもがハプニングの多い状況を経験すると、しっかりした記憶を形成する

語句 be related to ～　熟 ～に関係している　phrase　名 言い回し、言葉遣い
truthfulness　名 真実性　form ～　他 ～を形成する
frequently　副 しばしば　stable　形 安定した、変化のな
criticize ～　他 ～を批判する　い

　要約メモの空所を含む文を見ると（❸）、「研究の結果が示しているもの」を探せばよいとわかるので、研究のインタビューの後の第3段落に着目します（❹）。1～2文目より学生は実際には起こっていないことを起こっていると信じたことがわかるので、まず③ people sometimes appear to recall things that never happened to them「人は時に、自分の身に起こりもしなかったことを思い出すらしい」が正解です。さらに3文目で word choice makes a big difference in responses「言葉の選び方で反応が大きく変わる」とあるので、word choice を the phrases に**言い換えている**⑤ the phrases used to ask about memories affect the person's response「記憶に関して尋ねるのに使う言い回しが、その人の反応に影響を及ぼす」が正解だとわかります。make a big difference → affect の言い換えも重要です。affect ～や have a ... influence/effect on ～ など「～に影響を与える」という表現は、increase、decrease などの「変化」系動詞の**上位概念の言い換え**としてよく使われます。

　①は easily や young children と言っている箇所はないので不正解、②・④・⑥も本文中で述べられていないので不正解です。

問 4 正解 ③ 問題レベル【難】 配点 3点

設　問　「結論」を完成させるため 43 に最もふさわしい選択肢を選びなさい。

選択肢
① 記憶について尋ねることでより明確に思い出すことができる
② そのテクニックは「誰が」「何を」「いつ」「どこで」「どうやって」に焦点を置く
③ この精神療法の手法は、思っていたほど役には立たないかもしれない
④ 私たちは出来事をより正確に思い出す能力を伸ばさなくてはならない

語句　precisely　副　正確に、詳細に

要約メモの空所 43 を含む文を**精読する（❸）**と、focusing on old events was a technique adapted to heal our minds「昔の出来事に焦点を当てることは精神治療に適用された技法」とあります。**見出しは Conclusions「結論」なので最終段落にあたりをつけて該当箇所を本文から探します（❹）。**

最終段落 1 文目に mental therapy という単語が出てくるので、ここからじっくり読むと、2 文目に recalling old memories was a good way to heal the mind という同じ内容の文があります。そして次の文で Now, we realize that such activities may lead to false memories because our memories are affected by many factors.「現在では、記憶がさまざまな要因の影響を受けることから、こうした活動が偽の記憶につながり得るとわかっている」とあることから、昔の記憶を思い出させることはよくないと今では考えられているんだな、と理解し、選択肢を吟味しましょう。③の may be less helpful than we thought「思っていたほど役には立たないかもしれない」の部分がぴったり理解と一致するため③が正解です。

Day 17

2022年度：共通テスト追試験　第 6 問 A　289

DAY 18

【長文記事読解問題】を攻略する「論理的読解の型」

Day 17では【長文記事読解問題】を速く、そして、正確に読むのに役立つ「視線の型」を学んでいただきました。ここでは「長文問題」をスムーズに解くための、パラグラフ（段落）間の論理関係を見ていきます。

「論理的読解の型」のステップ

❶ 「視線の型」を使う

問題を解く際には、Day 17の「視線の型」が基本の型となります。p. 268で説明した型を確実にものにしておきましょう。

❷ 「論理的読解の型」その1：まず1文目を精読する

英語では筆者の主張は、パラグラフ冒頭（1文目）に現れることが多いです。まず1文目を精読し、パラグラフの方向性をつかみましょう。

❸ 「論理的読解の型」その2：前のパラグラフとのつながりを考える

パラグラフが切り替わった時は「前のパラグラフ」との関連性を意識してください。例えば前のパラグラフで「感染症予防が大事だ」と言っていたら、これから読もうとしているパラグラフの1文目に「まずやることは……」とある場合、「前のパラグラフの具体例がきたな」と思いながら読んでいきます。

290　リーディング

> **内容** パラグラフ（段落）は、見た目は複数の文のまとまりですが、実は**1つのパラグラフで筆者の言いたいこと・伝えたい情報は「1つ」しかありません**。たった「1つ」のことを読者に伝えるために、追加・対比・因果・具体化などを用いながら「論理的に」説明をした結果、複数の文になっているのです。ここでは「パラグラフごと」に要旨をつかみ、パラグラフ同士がどうつながっていくのかを見ていきましょう。

目標解答時間 12分

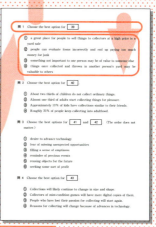

❹ 「論理的読解の型」その3：主張をつかんだら速読モードに入る

1文目で方向性をつかんだら、2文目以降は予測に従いながらスイスイ読んでいきます。「最初はゆっくり、内容がわかってきたらスピードアップ」という精読→速読のスイッチが大事です。この読み方を習得すれば、ダラダラ読まなくなっていきます。なお1文目がただの「前置き」だったり、よくわからなかったりした場合は、2文目以降も筆者の主張をつかむために精読を続ける必要がありますが、どこかで速読モードに切り替える意識は持ち続けてください。

❺ 「論理的読解の型」その4：次のパラグラフの内容を予測する

できれば、パラグラフが切り替わる前に、「今まで読んでいたパラグラフ」とどうつながるかを予測してください。例えば今読んでいたパラグラフが「感染症予防策1つ目は……」と言っていたのであれば、次のパラグラフは「感染症予防策2つ目は……」と続くかもしれない、と予測するのです。

Day 18

では、この「論理的読解の型」を意識しながら、次ページの問題に取り組みましょう！

DAY 18 > 例 題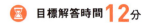

第 6 問 (配点 24)

A You are in a discussion group in school. You have been asked to summarize the following article. You will speak about it, using only notes.

Collecting

Collecting has existed at all levels of society, across cultures and age groups since early times. Museums are proof that things have been collected, saved, and passed down for future generations. There are various reasons for starting a collection. For example, Ms. A enjoys going to yard sales every Saturday morning with her children. At yard sales, people sell unwanted things in front of their houses. One day, while looking for antique dishes, an unusual painting caught her eye and she bought it for only a few dollars. Over time, she found similar pieces that left an impression on her, and she now has a modest collection of artwork, some of which may be worth more than she paid. One person's trash can be another person's treasure. Regardless of how someone's collection was started, it is human nature to collect things.

In 1988, researchers Brenda Danet and Tamar Katriel analyzed 80 years of studies on children under the age of 10, and found that about 90% collected something. This shows us that people like to gather things from an early age. Even after becoming adults, people continue collecting stuff. Researchers in the field generally agree that approximately one third of adults maintain this behavior. Why is this? The primary explanation is related to emotions. Some save greeting cards from friends and family, dried flowers from special events, seashells from a day at the beach, old photos, and so on. For others, their collection is a connection to their youth. They may have baseball cards, comic books, dolls, or miniature cars that they have kept since they were small.

Others have an attachment to history; they seek and hold onto historical documents, signed letters and autographs from famous people, and so forth.

For some individuals there is a social reason. People collect things such as pins to share, show, and even trade, making new friends this way. Others, like some holders of Guinness World Records, appreciate the fame they achieve for their unique collection. Cards, stickers, stamps, coins, and toys have topped the "usual" collection list, but some collectors lean toward the more unexpected. In September 2014, Guinness World Records recognized Harry Sperl, of Germany, for having the largest hamburger-related collection in the world, with 3,724 items; from T-shirts to pillows to dog toys, Sperl's room is filled with all things "hamburger." Similarly, Liu Fuchang, of China, is a collector of playing cards. He has 11,087 different sets.

Perhaps the easiest motivation to understand is pleasure. Some people start collections for pure enjoyment. They may purchase and put up paintings just to gaze at frequently, or they may collect audio recordings and old-fashioned vinyl records to enjoy listening to their favorite music. This type of collector is unlikely to be very interested in the monetary value of their treasured music, while others collect objects specifically as an investment. While it is possible to download certain classic games for free, having the same game unopened in its original packaging, in "mint condition," can make the game worth a lot. Owning various valuable "collector's items" could ensure some financial security.

This behavior of collecting things will definitely continue into the distant future. Although the reasons why people keep things will likely remain the same, advances in technology will have an influence on collections. As technology can remove physical constraints, it is now possible for an individual to have vast digital libraries of music and art that would have been unimaginable 30 years ago. It is unclear, though, what other impacts technology will have on collections. Can you even imagine the form and scale that the next generation's collections will take?

Your notes:

Collecting

Introduction
- ◆ Collecting has long been part of the human experience.
- ◆ The yard sale story tells us that [39] .

Facts
- ◆ [40]
- ◆ Guinness World Records
  - ◇ Sperl: 3,724 hamburger-related items
  - ◇ Liu: 11,087 sets of playing cards

Reasons for collecting
- ◆ Motivation for collecting can be emotional or social.
- ◆ Various reasons mentioned: [41] , [42] , interest in history, childhood excitement, becoming famous, sharing, etc.

Collections in the future
- ◆ [43]

問 1　Choose the best option for 39.

① a great place for people to sell things to collectors at a high price is a yard sale
② people can evaluate items incorrectly and end up paying too much money for junk
③ something not important to one person may be of value to someone else
④ things once collected and thrown in another person's yard may be valuable to others

問 2　Choose the best option for 40.

① About two thirds of children do not collect ordinary things.
② Almost one third of adults start collecting things for pleasure.
③ Approximately 10% of kids have collections similar to their friends.
④ Roughly 30% of people keep collecting into adulthood.

問 3　Choose the best options for 41 and 42. (The order does not matter.)

① desire to advance technology
② fear of missing unexpected opportunities
③ filling a sense of emptiness
④ reminder of precious events
⑤ reusing objects for the future
⑥ seeking some sort of profit

問 4　Choose the best option for 43.

① Collections will likely continue to change in size and shape.
② Collectors of mint-condition games will have more digital copies of them.
③ People who have lost their passion for collecting will start again.
④ Reasons for collecting will change because of advances in technology.

DAY 18 › 例 題 [解 説]

問 1 - 4

訳 あなたは学校のディスカッション・グループの一員です。次の記事を要約するよう頼まれました。メモだけを使ってそのスピーチをします。

収集

[第1段落]

収集は古くから、文化や年齢集団を越えてあらゆる社会層に存在してきた。博物館は、物が集められ、保存され、将来の世代へと受け継がれてきたことの証拠だ。コレクションを始める理由はさまざまだ。例えば、Ａさんは毎週土曜日に子どもを連れてヤードセールに行くのを楽しみにしている。ヤードセールでは、不用品が家の前で売られている。ある日、アンティークの皿を探していると、風変わりな絵画に目を奪われ、彼女はわずか数ドルでそれを買った。時とともに、彼女は印象に残る同じような作品を見つけ出し、今では芸術作品のちょっとしたコレクションを持っているのだが、中には払った以上の価値を持つかもしれないものもある。<u>ある人のゴミは他の人の宝物になり得るのだ。</u> 問1

コレクションの始め方を問わず、物を集めるのは人間の性質だ。

[第2段落]

1988年に、研究者のブレンダ・ダネットとタマー・カトリエルは10歳未満の子どもに関する80年分の研究を分析し、約90パーセントが何かを集めていたことを突き止めた。これは、人が幼い頃から物集めを好むことを示している。<u>大人になってからも、人は物を収集し続ける。この分野の研究者は、大人のおよそ３分の１がこの行動を続けるという意見で一致している。</u> 問2 それはなぜなのか。<u>第一の説明は感情との関連だ。友だちや家族からのグリーティングカードを取っておく人、特別なイベントの花束で作ったドライフラワーを取っておく人、海に行った日の思い出の貝殻、古い写真などを取っておく人もいる。また、コレクションが自分の若い頃とつながっている人たちもいる。小さい頃から保管していた野球カードや漫画本、人形やミニカーを持っているといったこともあるだろう。</u> 問3④ 歴史にこだわりを持つ人もいる。歴史的文書や、有名人の署名入りの手紙やサインなどを探し求めて保管するのだ。

[第3段落]

社会的理由を持つ人もいる。人はピンバッジのようなものを集めて見せ合い、交換したりして、この方法で新しい友だちを作る。あるいは、ギネス世界記録の持ち主のように、ユニークなコレクションで得られる名声に価値を見いだす人もいる。カード、シール、切手、コイン、玩具が「一般的な」コレクションのリストでトップを占めるが、もっと意外なものへと向かうコレクターもいる。2014年９月に、ギネス世界記録はドイツのハリー・シュペールを、「ハンバーガー」に関連した世界最大のコレクション3724点を有していると認定した。Ｔシャツから枕から犬のおもちゃまで、シュペールの部屋はありとあらゆる「ハンバーガー」の品であふれている。同様に、中国のリウ・フーチャンはトランプの収集家だ。彼は１万1087組を所有している。

Day 18

2023年度：共通テスト本試験　第６問Ａ　297

[第4段落]

　たぶん最もわかりやすい動機は楽しさだろう。一部の人は純粋に楽しむためにコレクションを始めている。頻繁に眺めるために絵画を買って飾る場合もあるだろうし、好きな音楽を聴いて楽しむためにオーディオ録音や昔懐かしいアナログレコードを集める場合もあるだろう。このタイプのコレクターが自分たちにとって大事な音楽の金銭的価値にはあまり興味を示さないのに対して、明確に投資として物を集める人もいる。問3⑥一部の古典的ゲームを無料でダウンロードすることができても、その同じゲームを元の未開封のパッケージのまま、「新品同様の状態」で所有していることで、ゲームの価値を大いに高めることができる。さまざまな価値ある「コレクターズアイテム」を所有することは、ある種の金銭的保証を確保することにもなり得る。

[第5段落]

　物を収集するというこの行為は、間違いなく遠い未来まで続くだろう。人が物を保持する理由は同じままである可能性が高いが、テクノロジーの進歩がコレクションに影響を与えるだろう。問4-1　テクノロジーによって物理的制約が取り払われるおかげで、現在では個人が、30年前には想像もできなかったような音楽やアートの膨大なデジタルライブラリーを所有することができる。しかし、テクノロジーがコレクションに他のどんな影響を与えるのかは不明確だ。次世代のコレクションがどんな形やスケールになるのか、いったい想像できるだろうか。問4-2

あなたのメモ：

収集

導入
◆収集は長い間、人間の経験の一部だった。
◆ヤードセールの話は　39　ということを伝えている。

事実
◆　40
◆ギネス世界記録
　◇シュベール：ハンバーガー関連の品物 3724点
　◇リウ：トランプ1万1087組

収集の理由
◆収集の動機には感情的なものや社会的なものがある。
◆言及されているさまざまな理由：　41　、　42　、歴史への興味、子ども時代のワクワク、有名になること、共有など。

未来のコレクション
◆　43

298　リーディング

語句

[リード文]

summarize ~	他	~を要約する、~を簡潔にまとめる

[記事]
[第1段落]

pass down	熟	（親から子へと）伝える
yard sale	熟	不用品セール、ヤードセール、ガレージセール
unwanted	形	いらない、不要な
antique	形	アンティークの、骨董品の
unusual	形	独特な、変わった
piece	名	（芸術）作品
modest	形	控えめな、ささやかな
treasure	名	宝物、貴重品
regardless of ~	熟	~にかかわらず、~を問わず
nature	名	本質、性質

[第2段落]

researcher	名	研究者
approximately	副	おおよそ、約
behavior	名	行動、振る舞い
primary	形	第一の、主要な
related to ~	熟	~に関して
emotion	名	感情
miniature	形	ミニチュアの
attachment	名	愛着、こだわり
seek ~	他	~を探し求める
hold onto ~	熟	~を持ち続ける
historical	形	歴史的な、歴史上の
autograph	名	（有名人の）サイン

[第3段落]

individual	名	個人、人
pin	名	飾りピン、ピンバッジ

appreciate ~	他	~を高く評価する
fame	名	有名であること、名声
achieve ~	他	~を獲得する、~を達成する
top ~	他	~の首位になる
lean toward ~	熟	~に傾く、~に向かう
playing card	熟	（~s で）トランプ

[第4段落]

gaze at ~	熟	~をじっと見る
old-fashioned	形	古風な、古めかしい
vinyl record	熟	アナログレコード
unlikely to (V)	熟	Vする可能性は低い、Vすることはあまりない
monetary	形	金銭の、金銭的な
object	名	物、対象物
specifically	副	特に、明確に
investment	名	投資
mint condition	熟	新品同様の状態
ensure ~	他	~を保証する、~を受け合う

[第5段落]

advance	名	進歩
influence	名	影響
physical	形	物理的な、物質の
constraint	名	制約、束縛
vast	形	広大な、膨大な
library	名	ライブラリー、蔵書、コレクション
unimaginable	形	想像できない
impact	名	影響

[メモ]

emotional	形	感情的な、感情に関わる
childhood	名	幼年期、子ども時代

　まずは❶視線の型ですね。記事と要約したメモがあります。タイトルは「集めること」。メモには「導入」「事実」「集める理由」「未来のコレクション」とあります。それでは一問一問見ていきます。

Day
18

2023年度：共通テスト本試験　第6問A　299

問 1　正解③　問題レベル【普通】　配点 3点

設問 　39 に最もふさわしい選択肢を選びなさい。

選択肢 ① 人がコレクターに高額で物を売るのにいい場所はヤードセールだ

② 人は物を不正確に評価しガラクタに高すぎる金額を払ってしまうことがある

③ ある人にとって重要でないものも他の人にとっては価値があるかもしれない

④ 一度集められて他人の庭に投げ入れられたものも別の人にとっては価値があるかもしれない

語句
evaluate ~	他 ~を評価する、~を査定する			なる、結局Vしてしまう
		junk	名	がらくた
incorrectly	副 不正確に、間違って	of value	熟	価値のある、貴重な
end up (V)ing	熟 最後にはVすることに			

　要約メモの「導入」の 2 つ目が問題となっています。「導入」なのでおそらく第 1 段落をまとめているのだろうと予測ができますね。第 1 段落を「論理的読解の型」その 1（❷）とその 3（❹）で見ていきましょう。1 文目 Collecting has existed at all levels of society, across cultures and age groups since early times.「収集は古くから、文化や年齢集団を越えてあらゆる社会層に存在してきた」とあります。**基本的には 1 文目に筆者の主張がくるため、「コレクション欲の普遍性」がこの段落で筆者が言いたいことのようだと考えながら読み進めます。**2 文目で「博物館がいい証拠」と言って主張を補強し、3 文目で There are various reasons for starting a collection.「収集を始める理由はさまざまだ」と理由を説明する流れになっていきます。その具体例として 4 文目から yard sales の話です。**ここから時制が「過去」に移り、ただの例が紹介されているだけなのでスピードを上げて読みましょう（❹）。**ちゃんと読めている時は、具体例は速読です（逆にちゃんと読めてないとき、つまり内容が全然頭に入ってこない時は、具体例をしっかり読んでヒントにします）。8 文目で One person's trash can be another person's treasure.「ある人のゴミは他の人の宝物になり得るのだ」と、**時制が現在形に戻り、端的に yard　sales の話のまとめがされています。このような抽象的にまとめられている 1 文は問題に問われやすいので、線を引いておくなどして目立たせておくといいでしょう。今回のように具体例の前後の短い文は「まとめの文」であることが多いです。**そして最後に it is human nature to collect things「物を集めるのは人間の性質だ」と 1 文目の主張を繰り返してこの段落が終わります。

　それでは問題を解いていきます。まず空所を含むメモの文を見ると、yard sale story が私たちに教えてくれることは何か、ということですね。まとめてあった 8 文目 One　person's trash can be another person's treasure. を思い出して選択肢を見ましょう。③がきれいな**言い換え**となっています。なお選択肢④は雑に読むと正解に見えてしまうので気をつけましょう。thrown in another person's yard「他人の庭に投げ入れられた」などという記述は本文にはありませんでした。

300　リーディング

問 2　正解 ④　問題レベル【普通】　配点 3点

設　問　40 に最もふさわしい選択肢を選びなさい。

選択肢　① 子どものおよそ 2 分の 2 はありきたりの物を集めない。

② 大人の 3 分の 1 近くが楽しみのために物を集め始める。

③ 子どもの約10パーセントが友だちと同じようなコレクションをしている。

④ おおよそ30パーセントの人が大人になっても収集を続ける。

語句　ordinary　形 普通の、平凡な

　メモの見出しは「事実」ですね。「事実」という軸で 2 つまとめられていて、その 1 つ目が問題になっています。Day 08でも見てきたように、データなど数字を含む文や、動詞が現在形になっている文は「事実」として扱われがちです。2 つ目のギネス世界記録も数字が並んでいますね。ちなみに通常本文に出てくる順番とメモの順番は一致するので、今回の問題の答えはギネス世界記録が出てくる第 3 段落の前、つまり第 2 段落に該当箇所が出てくるのではと予測できます。

　それでは、第 2 段落を今度は「論理的読解の型」その 2（❸）とその 3（❹）で読んでいきます。まず 1 文目、In 1988, researchers ... analyzed ...「1988年に……研究者が分析したのは……」とありますが、これは第 1 段落とどうつながっているでしょう。第 1 段落で「コレクションは人間の普遍的な性質だ」とあったので、もちろん、この1988年の調査もコレクション欲に関するもののはずですね。1 文目を読み進めると、analyzed 80 years of studies on children under the age of 10, and found that about 90% collected something「10歳未満の子どもに関する80年分の研究を分析し、約90パーセントが何かを集めていたことを突き止めた」とあります。2 文目で「人は小さい頃から集めることが好きだ」とまとめ、3 文目で「大人になった後でさえ集め続ける」とし、その証拠として 4 文目で Researchers in the field generally agree that approximately one third of adults maintain this behavior.「その分野の研究者は約 3 分の 1 の大人がこの行動（＝コレクション）を維持することに概ね同意する」と続けています。つまり、この段落は第 1 段落で述べられていた人間のコレクション欲を「年齢」というカテゴリーで絞り込んだ話をしているだけですね。そこさえわかれば第 2 段落も仕留めたも同然。後はさーっと速読していきましょう（❹）。

　さて、ここで問 2 の選択肢を確認すると「子ども」もしくは「大人」の何パーセントがコレクションするか、という問題だとわかります。第 2 段落 1 〜 4 文目から、④が正解だとわかります。4 文目 approximately one third が選択肢④では roughly 30% と**言い換え**られていました。選択肢②は「大人になってから始める」という言い方をしているため違います。

Day
18

2023年度：共通テスト本試験　第 6 問A　301

問 3　正解 ④・⑥（順不同）　問題レベル【やや難】　配点 3点（すべて正解で）

設　問　[41] と [42] に最もふさわしい選択肢を選びなさい。（順不同）

選択肢　① テクノロジーを進歩させたいという願い
② 予想外の好機を失うことへの不安
③ 虚無感を埋めること
④ 重要な出来事を思い出させること
⑤ 将来のために物を再利用すること
⑥ ある種の利益を求めること

語句　emptiness　名 空虚、むなしさ　　　　precious　形 貴重な、重要な

　メモの見出しは「集める理由」ですね。この問題では第3段落と第4段落で「論理的読解の型」その1〜3（❷〜❹）の確認をします。まずは第3段落からです。1文目の精読をします（❷）。For some individuals there is a social reason. 「社会的理由がある人もいる」です。当然、流れから「コレクションの理由」のことです（❸）。social とはどういうことでしょう？

　2文目で「友だちを作る」、3文目以降で「名声を得る」とあるので social reasons の具体的内容がつかめますね。後は具体例が続くだけなので速読していきましょう（❹）。

　第4段落にいきます。1文目の精読から入ります（❷）。Perhaps the easiest motivation to understand is pleasure. 「たぶん最もわかりやすい動機は楽しさだろう」とありますが、これも流れから「コレクションの動機」のことだとわかりますね（❸）。今まで reason という語が使われていましたが、motivation と**言い換え**られています。pleasure「楽しさ」で予測がつけばここからは速読モードに入れます。どういうことかわからなかったり、そもそも単語の意味を知らなければ、まだじっくり読んでください。2文目 Some people start collections for pure enjoyment. ここでわかりますね。pleasure が enjoyment に**言い換え**られています。速読モードにスイッチしましょう（❹）。ただし4文目の途中で while「一方」があるのでブレーキをかけます。while others collect objects specifically as an investment「一方、明確に投資として物を集める人もいる」とありますが、これは追加情報なのでしっかり読んでおきましょう。この後は「投資として」のコレクションの具体例が続くのでまた速読モードに切り替えます（❹）。

　さて問題を解いていきます。まず選択肢⑥ seeking some sort of profit は第4段落後半の「投資」の話なので正解です。もう一つの正解は④ reminder of precious events。第2段落の後半で大人もコレクションを続ける主な理由が「感情に関するものだ」（6文目）と述べられており、7文目で dried flowers from special events が具体例として挙げられています（special events の**言い換え**が precious events です）。

　今回、メモの中の理由が本文に出てくる順番と無関係に羅列されていました。通常は本文の流れと一致しています。問題の難易度を調整するため、など何らかの理由があるのでしょうが、共通テストらしくない並びです。メモの完成度を高めるために、見出しを整理する理由で順番が変わることはあっても、今回のように羅列の並びで順番を変えることは共通テストではあまりないことです。多くの場合は、空所の位置から書いてある場所を予測するやり方は有効なので、今回はあくまで例外的と思っておいてください。

302　リーディング

問 4 　正解 ① 　問題レベル【やや難】 配点 3点

設問 　43 に最もふさわしい選択肢を選びなさい。

選択肢 　① コレクションは規模や形を変え続けるだろう。
　　　　　② 新品同様のゲームのコレクターはそのデジタルコピーをさらに手に入れるだろう。
　　　　　③ 収集への熱意を失った人もまた始めるだろう。
　　　　　④ テクノロジーの進歩のせいで物を集める理由は変わっていくだろう。

語句 passion 　名 情熱、熱意

　メモの見出しは Collections in the future「未来のコレクション」です。最終段落に書かれていますね。第1文で「コレクションは未来も続く」、2文目で「コレクション理由は同じままである可能性は高いが、テクノロジーの進歩がコレクションに影響を与えるだろう」とあります。テクノロジーの影響、の具体的説明で3文目に「物理的制約はなくなる」、「デジタルライブラリーが今や可能」とあり、5文目で「将来のコレクションがどんな形になるか想像できない」と締めくくられています。

　それでは選択肢を確認しましょう。① Collections will likely continue to change in size and　shape. まさにそのまま最終段落の内容なので正解です。② mint-condition は第4段落5文目に「価値のあるオリジナルパッケージ」として説明されていることから、そのコレクターはデジタルコピーには興味はないと思われるので文脈的に不可です。③はどこにも記述がありません。④は、最終段落2文目に Although the reasons why people keep things will likely remain the same「人が物を保持する理由は同じままである可能性が高いが」とあり、選択肢の前半部「物を集める理由が変わる」はおかしいので不正解です。

Day
18

2023年度：共通テスト本試験　第6問A　303

DAY 18 > 練習問題

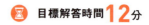

第6問 (配点 24)

A You belong to an English discussion group. Each week, members read an article, create a summary, and make a challenging quiz question to share. For the next meeting, you read the following article.

Getting to Know Aquatic Species

　　The mysteries of the deep blue sea have fascinated ocean-watchers for millennia. Aquatic beings, however, cannot easily get to us. What if we go to them? Despite what you may expect, certain ocean animals will come right up to you. Dan McSweeney, a Hawaii-based underwater research photographer, tells a fascinating story. While he was studying whales underwater, one came charging at him. Whales are huge, so he was worried. The whale stopped, opened its mouth, and "passed" him some tuna. He accepted the gift. McSweeney believes that because of the air bubbles coming from his tank, the whale recognized him as a similar animal and offered the *sashimi*. Later, the whale came back, and McSweeney returned the food.

　　Friendly interactions with dolphins or whales are possible, but how about octopuses? Science fiction sometimes describes aliens as looking like octopuses, so this animal group "cephalopods," which means "head-feet," may be perceived as being distant from humans. Yet, if you learn more about them, you might be convinced there is the possibility of interaction. Octopuses have long tentacles (arms/legs) extending from soft round bodies. Besides touch and motion, each tentacle experiences smell and taste and has sucking disks, called *suckers*, that grab and manipulate things. Their eyes, like two independent cameras, can move 80° and focus on two different things at once. UC Berkeley researcher, Alexander Stubbs, confirms that while octopuses sense light and color differently from humans, they do recognize color changes. These features might indicate that they are intelligent enough to interact with us. In fact, an article in *Everyday Mysteries* begins: "Question. Can an octopus get to know you? Answer. Yes."

Octopuses are known to "return your gaze" when you look at them. They may even remember you. This notion was tested by Roland C. Anderson and his colleagues, who conducted experiments with two similar-looking people wearing the same uniforms. The friendly person, who had fed and socialized with them, got a completely different reaction from the cephalopods than the other person who had not.

When taken from their natural habitat, octopuses can be mischievous, so watch out. They can push the lids off their tanks, escape, and go for a walk. Scientists sometimes get surprise visits. A paper from the Naples Zoological Station, written in 1959, talks about trying to teach three octopuses to pull a lever down for food. Two of them, Albert and Bertram, cooperated with the experiment, but Charles, a clever cephalopod, refused to do so. He shot water at the scientists and ended the experiment by breaking the equipment.

If you are interested in seeing their natural behavior and interactions, getting into the sea and having them come to you might work better. They may even raise a tentacle to motion you over. Around 2007, Peter Godfrey-Smith, a philosophy professor teaching at Harvard University, was home on vacation in Sydney, Australia. Exploring in the ocean, he came across a giant cephalopod. Godfrey-Smith was so impressed by the behavior he witnessed that he started developing philosophy theories based on his observations. Determined to find out what humans could learn from cephalopods, Godfrey-Smith let them guide him. On one ocean trip, another cephalopod took Godfrey-Smith's colleague by the hand on a 10-minute tour of the octopus's home, "as if he were being led across the sea floor by a very small, eight-legged child!"

How can you get sea creatures to come to you if you don't swim? The

Kahn family has solved this with "Coral World" in Eilat, Israel. The lowest floor of the building is actually constructed in the Red Sea, creating a "human display." Rather than the sea-life performances at many aquariums, you find yourself in a "people tank," where curious fish and sea creatures, swimming freely in the ocean, come to look at you. To make a good impression, you may want to wear nice clothes.

Your summary:

Getting to Know Aquatic Species

General information
The author mainly wants to say that ☐39☐ .

Human-octopus interaction
Anderson's experiment suggests octopuses can ☐40☐ .
The Naples Zoological Station experiment suggests octopuses can ☐41☐ .
Godfrey-Smith's story suggests octopuses can be friendly.

The Kahn family
Established Coral World with the idea of ☐42☐ .

Your quiz question:

Which of the following does <u>not</u> represent a story or episode from the article?

A

B

C

D

Answer ☐43☐

問 1　Choose the best option for ⬚39 .

① a good place where people can interact with octopuses is the ocean

② eye contact is a key sign of friendship between different species

③ interactions with sea creatures can be started by either side

④ people should keep sea creatures at home to make friends with them

問 2　Choose the best options for ⬚40 and ⬚41 .

① be a good source for creating philosophical theories

② be afraid of swimmers when they get close to their home

③ be uncooperative with humans in a laboratory setting

④ compete with other octopuses if they have chances to get treats

⑤ recognize that someone they have met before is kind

⑥ touch, smell, taste, and sense light and color like humans

問 3　Choose the best option for ⬚42 .

① attracting more people with a unique aquarium

② creating a convenient place to swim with sea life

③ raising more intelligent and cooperative octopuses

④ reversing the roles of people and sea creatures

問 4　The answer to your quiz question is ⬚43 .

① A

② B

③ C

④ D

DAY 18 > 練習問題 [解説]

問 1-4

訳 あなたは英語ディスカッション・グループに所属しています。毎週、メンバーで記事を読んで要約を作り、みんなで考えるための力試しクイズを作ります。次のミーティングに向けて、あなたは次のような記事を読んでいます。

水生生物と知り合いになる

[第1段落]

　深く青い海の謎は数千年にわたって、海を見る人の心をとらえてきた。しかし、水生生物は簡単に私たちのところに来ることはできない。私たちの方から出向いたらどうだろう? 問1-1 　あなたが予想しているであろうことに反して、ある種の海の動物はすぐ近くまで上がってきてくれる。ハワイを拠点とする水中調査カメラマンのダン・マクスウィーニーは、興味深い話を語る。水中でクジラの調査をしていたとき、一頭が彼の方へ突進してきた。クジラは非常に大きいので、彼は心配した。そのクジラは止まると、口を開いてマグロを「渡した」。彼はその贈り物を受け取った。タンクから空気の泡が出ていたことから、そのクジラは同じような動物と認識してサシミを進呈してくれたのだろうと、マクスウィーニーは考えている。 問1-2 　後になってそのクジラが戻ってきたので、マクスウィーニーはその食べ物を返した。

[第2段落]

　イルカやクジラとの友好的な交流は可能だが、タコはどうだろう? SFでは時々、宇宙人をタコのような姿に描くが、つまりこの「頭足類」という動物のグループは人間からは程遠いと考えられているのかもしれない。しかし、彼らについてもっと学んでいけば、交流の可能性はあると納得できるかもしれない。タコには、柔らかく丸い胴体から伸びる長い触腕(腕／脚)がある。触れたり動かしたりする他に、それぞれの触腕はにおいや味を感じ取り、物をつかんで動かす「吸盤」という吸着性の円盤を備えている。彼らの目は、2つの独立したカメラのように、80度動かして一度に2つの別の物に焦点を合わせることができる。カリフォルニア大学バークレー校の研究員アレクサンダー・スタッブスは、タコは人間とは異なる光と音の感じ方をするものの、色の変化は確かに認識していると明言する。こうした特性は、彼らが私たちと交流するのに十分な知能を備えていると示しているかもしれない。実際、『エブリデイ・ミステリーズ』のある記事の書き出しにこうある:「問い。タコと知り合いになることはできるか。答え。イエス」。

[第3段落]

　タコは、人が見ていると「見つめ返す」ことで知られる。相手を覚えている可能性すらある。この考えはローランド・C・アンダーソンとその同僚によって実験された。彼らは、似た外見で同じ制服を着た2人で実験を行った。餌を与えて付き合っていた友好的な人物は、そうでない人物とは全く異なる対応を頭足類たちから受けたのだ。 問2⑤

2023年度:共通テスト追試験　第6問A

[第4段落]

　自然の生息地から連れてこられると、タコはいたずらをすることがあるので、要注意だ。水槽の蓋を押し上げて逃げ出し、散歩に出掛けることもできる。科学者は時折、サプライズ訪問を受ける。1959年に書かれたナポリ動物学研究所の論文に、3匹のタコに食べ物の出てくるレバーを引くことを教えようとした話が載っている。そのうちの2匹、アルバートとバートラムは実験に協力してくれたが、チャールズという賢い頭足類は協力を拒んだ。問2③　彼は科学者たちに水を吹きかけ、装置を壊して実験を終わらせた。

[第5段落]

　彼らの自然な生態や反応に興味があるなら、海に潜って自分のところに来てもらった方が、うまくいくかもしれない。触腕を上げて手招きをしてくれる可能性すらある。2007年頃、ハーバード大学の哲学教授ピーター・ゴドフリー＝スミスはオーストラリアのシドニーに休暇で帰省していた。海中を探検していた彼は、大きな頭足類に出会った。ゴドフリー＝スミスは自分が目にしたその行動に感銘を受け、その観察を基に哲学理論を展開し始めた。人間が頭足類から学べることを見いだそうと決心したゴドフリー＝スミスは彼らに導いてもらうことにした。ある海洋旅行では、別の頭足類（タコ）がゴドフリー＝スミスの仲間の手を取ってタコの住みかを10分ほど案内してくれた、「まるで、とても小さな8本足の子どもに海底を連れ歩いてもらっているように」。

[第6段落]

　泳げない場合、海洋生物に来てもらうにはどうすればいいだろう？　カーン一家は、イスラエルのエイラートにある「コーラルワールド」でこの問題を解決した。その建物の最下層はまさに紅海の中に建てられていて、「人間展示」を作り上げている。多くの水族館にある海洋生物の見せ物と異なり、自分たち自身が「人間水槽」に入った状態になっていて、好奇心に駆られた魚や海の生物たちが海中を自由に泳ぎながら人間を見に来るのだ。問3　いい印象を与えるためにも、おしゃれな服を着ていった方がいいかもしれない。

[要約]

あなたの要約：

水生生物と知り合いになる

概要

筆者は主に、 39 　と言おうとしている。

人間とタコの交流

アンダーソンの実験はタコが 40 　場合があることを示している。
ナポリ動物学研究所の実験はタコが 41 　場合があることを示している。
ゴドフリー＝スミスの話はタコが友好的になる場合があることを示している。

カーン一家

42 　というアイデアでコーラルワールドを開設した。

あなたのクイズ問題：

次のうち記事の話やエピソードを表していないものはどれですか？

A  B C   D

答え 43

語句

[記事]

aquatic	形 水の、水生の

[第1段落]

fascinate ~	他 ~を魅了する
millennium	名 千年間（millennia は複数形）
being	名 存在、生物
what if ~	熟 ~だとしたらどうだろうか
despite ~	前 ~にもかかわらず
come up to ~	熟 ~のところまでやって来る
fascinating	形 魅力的な、とても興味深い
charge at ~	熟 ~に突撃する

[第2段落]

interaction	名 やりとり、交流
cephalopod	名 頭足類（軟体動物のうち、イカ、タコ、オウムガイから構成される一群。ラテン語でcephalo-が「頭」、podが「脚」を意味する）
be perceived as ~	熟 ~であると考えられている
convince ~	他 ~を納得させる
tentacle	名 触手、触腕
suck	自 吸う
sucker	名 吸盤
manipulate ~	他 ~を操る、~を操作する

independent	形 独立した
confirm ~	他 ~を確認する
feature	名 特徴、特性
indicate ~	他 ~を示す

[第3段落]

gaze	名 注視、まなざし
notion	名 考え、見解
colleague	名 同僚、仕事仲間
conduct ~	他 ~を実行する
socialize with ~	熟 ~と付き合う

[第4段落]

habitat	名 生息地
mischievous	形 いたずら好きな
watch out	熟 用心する
lid	名 蓋
zoological	形 動物学の
equipment	名 装置、機器

[第5段落]

motion ~ over	熟 ~を手招きする
philosophy	名 哲学
explore	自 探検する、散策する
come across ~	熟 ~と偶然出会う
impressed	形 感動した、感心した
witness ~	他 ~を目撃する
observation	名 観察
determined	形 決心した

[第6段落]

you may want to (V)	熟 あなたはVした方がいいかもしれない

まずは❶視線の型ですね。要約とクイズがあります。タイトルは「水生生物と知り合いになる」。要約の見出しは「概要」「人間とタコとの交流」「カーン一家」で、クイズは本文中に出てこないイラストを選ぶ問題のようです。not問題ですし、イラストはわかりやすいので先にチェックしておくとよさそうです。それでは一問一問見ていきます。

問1 正解③ 問題レベル【普通】 配点3点

設問 　39　に最もふさわしい選択肢を選びなさい。

選択肢 ① 人がタコと交流するのにいい場所は海だ
② アイコンタクトは異なる種の間の友情の重要なサインだ
③ 海の生物との交流はどちらからでも始められる
④ 人は海の生物と仲良くなるために家で飼うべきだ

　「概要」なので最後に解いたほうが解きやすいかもしれません。 各段落をざっくり整理していきましょう。第1段落は「水生生物の方から近づいてくることもある」ということ、第2段落は「タコも人間と交流できる」ということ、第3段落は「タコが人間を覚えていることもある」ということ、第4段落は「生息地から連れ去るとタコは非協力的になる可能性がある」ということ、第5段落は「(第4段落のようなことになるので) 交流は彼らの生息地である水中が好ましい」ということ、第6段落は「泳げない場合は水中水槽で交流することができる」ということ、を述べています。全体を通して人間と水生生物の交流の可能性について書いてありました。よって正解は③ interactions with sea creatures can be started by either side「海の生物との交流はどちらからでも始められる」です。第1段落2～3文目で「水中生物の方から簡単に近づいてきてくれないので人間の方から近づいて行ったらどうだろう」としながらも、クジラの例を出しながら「水中生物の方から近づいてくることもある」としている点を by either side と表しています。①はタコだけに絞っている点が×、②は第3段落に少し出てくるアイコンタクトだけに絞っている点が×、④は家で飼うべきだという点が×です。本文は、むしろ海での交流に焦点を当てています。

問2 正解　40　⑤　41　③ 問題レベル【普通】 配点3点 (すべて正解で)

設問 　40　と　41　に最もふさわしい選択肢を選びなさい。

選択肢 ① 哲学理論を生み出すための良い材料になる
② 住みかに近付かれると、泳いでいる人を怖がる
③ 研究室の中で人間に非協力的になる
④ ご褒美がもらえるのであれば他のタコと競争する
⑤ 前に会った人が親切だったことを認識する
⑥ 人間と同じように触ったり、においをかいだり、味わったり、光や色を感じたりする

　設問を先読み (❶) して、 アンダーソンとナポリ動物学研究所の実験について書かれた箇所を狙い読みしていきます。アンダーソンの研究は第3段落に登場し、最終文 The friendly person, who had fed and socialized with them, got a completely different reaction from the cephalopods than the other person who had not.「餌を与えて付き合っていた友好的な人物は、そうでない人物とは全く異なる対応を頭足類たちから受けたのだ」とあることから⑤ recognize that someone they have met before is kind が　40　に入ることがわかります。

　ナポリ動物学研究所の実験は第4段落にあり、4文目 Two of them, Albert and Bertram, cooperated with the experiment, but Charles, a clever cephalopod, refused to do so.「そ

312　リーディング

のうちの2匹、アルバートとバートラムは実験に協力してくれたが、チャールズという賢い頭足類は協力を拒んだ」とあるように非協力的になることがあると書かれています。よって③ be uncooperative with humans in a laboratory setting が 41 に入ります。

問3 **正解④** 問題レベル【普通】 配点 3点

設問 42 に最もふさわしい選択肢を選びなさい。

選択肢 ① ユニークな水族館にもっと多くの人を呼ぶ
② 海の生き物と一緒に泳ぐのに便利な場所を作る
③ さらに知的で協力的なタコを育てる
④ 人間と海洋生物の役割を逆転させる

語句 attract ～ 他 ～を引き寄せる、～を呼び込む convenient 形 便利な、都合のいい
reverse ～ 他 ～を逆にする

設問を先読みして（❶）、カーン一家のコーラルワールドがどんなアイデアなのかを狙い読みします。最終段落3～4文目に..., creating a "human display." Rather than the sea-life performances at many aquariums, you find yourself in a "people tank," ...「……『人間展示』を作り上げている。多くの水族館にある海洋生物の見せ物と異なり、自分たち自身が『人間水槽』に入った状態になっていて……」とあるように、通常の水族館における人間と水生生物の役割が逆転しています。ここから④ reversing the roles of people and sea creatures が正解とわかります。選択肢②は、前半 creating a convenient place「便利な場所を作る」はいいのですが後半の swim with sea life「海の生き物と一緒に泳ぐ」が×です。一緒に泳ぐという設定ではありません。

問4 **正解④** 問題レベル【普通】 配点 3点

設問 クイズの質問に対する答えは 43 だ。

選択肢 ① A ② B ③ C ④ D

先にイラストを見ておくと解きやすかったと思います。A は第1段落のクジラとの交流、B は第5段落のタコに手を取られて海洋旅行した場面、C は第4段落のタコを使った実験の描写です。D のように水中で魚に餌やりをしているところを人が見るような描写はどこにもありませんでした。よって④ D が正解です。

2023年度：共通テスト追試験 第6問A

DAY 19 【論理的文章読解問題】を攻略する「視線の型」

第6問Bでは、説明文を読み解く問題が出題されます。ここではこのような論理的文章を読めているかを問う問題に取り組む「視線の型」を学んでいきましょう。

「視線の型」のステップ

① 場面・状況をイメージする

まずはリード文を読みましょう。ただし第6問Aと同じようにあまり設定が重要ではないことが予想されるため、さらっとで大丈夫です。

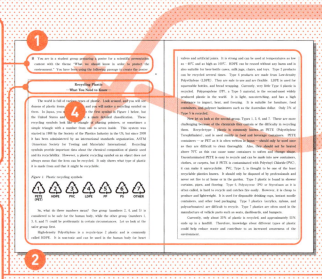

② 本文のタイトルやまとめの表やスライドなどのタイトル・見出しを先読みする

本文がどんな内容なのか、タイトルや見出しから見当をつけましょう。タイトルがない場合はリード文に紛れていることもあります。どこにもなければ第1段落1～2文目をすこし読んで全体像をつかむのもアリです。テーマがわかった上で設問にあたった方が設問の内容が頭に入ってきやすいので、できるだけテーマはここで押さえておきましょう。

④ 該当箇所を本文から見つけ出し、見当をつけて解答する

1文目から濃淡をつける読み方をしていきましょう。問われていない箇所はサラっと読み、関係ありそうな箇所はじっくり精読していきます。繰り返し言っているように、ここがとても大事なのですが、該当箇所を発見したらすぐに選択肢を見るのではなく、本文を読んで自分なりに答えの見当をつけてから選択肢を見るようにしましょう。

内容 第6問Bは第6問Aと同じタイプの、大学入試で王道の長文読解問題。「視線の型」はDay 17とまったく同じです。第6問はAもBも英文ビッシリで英語が苦手な人ほど敬遠したくなるかもしれませんが、しっかり対策すれば満点が狙いやすい問題です。ここで点数を確保できずに高得点は狙えません。再度この型を確認し、速く正確に解けるよう練習していきましょう。

目標解答時間 12分

③ まとめの表やスライドを分析し、設問を先読みする

まとめの表やスライドの空所がある箇所の「見出し」や「前後の英文」を精読し、「何が問われているか」を把握しましょう。表の流れと本文の流れは大抵一致しているのですが、再編成されている場合もあり、問1の正解は後半に出てくるなんてこともあります。ですが、**恐れず1問ずつで大丈夫です**。「論理的文章読解問題」はまとめの表やスライドを分析すれば、「出てくる場所」に予測がつくからです。表やスライドの分析は1問ずついきましょう。

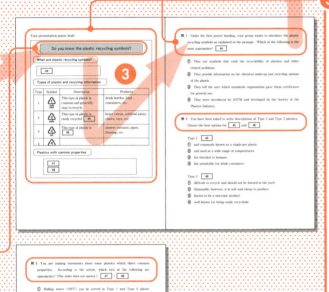

では、この「視線の型」を使って、次ページの問題に取り組みましょう！

Day 19

315

B You are in a student group preparing a poster for a scientific presentation contest with the theme "What we should know in order to protect the environment." You have been using the following passage to create the poster.

Recycling Plastic
—What You Need to Know—

The world is full of various types of plastic. Look around, and you will see dozens of plastic items. Look closer and you will notice a recycling symbol on them. In Japan, you might have seen the first symbol in Figure 1 below, but the United States and Europe have a more detailed classification. These recycling symbols look like a triangle of chasing pointers, or sometimes a simple triangle with a number from one to seven inside. This system was started in 1988 by the Society of the Plastics Industry in the US, but since 2008 it has been administered by an international standards organization, ASTM (American Society for Testing and Materials) International. Recycling symbols provide important data about the chemical composition of plastic used and its recyclability. However, a plastic recycling symbol on an object does not always mean that the item can be recycled. It only shows what type of plastic it is made from and that it might be recyclable.

Figure 1. Plastic recycling symbols

So, what do these numbers mean? One group (numbers 2, 4, and 5) is considered to be safe for the human body, while the other group (numbers 1, 3, 6, and 7) could be problematic in certain circumstances. Let us look at the safer group first.

High-density Polyethylene is a recycle-type 2 plastic and is commonly called HDPE. It is non-toxic and can be used in the human body for heart valves and artificial joints. It is strong and can be used at temperatures as low as $-40℃$ and as high as $100℃$. HDPE can be reused without any harm and is also suitable for beer-bottle cases, milk jugs, chairs, and toys. Type 2 products can be recycled several times. Type 4 products are made from Low-density Polyethylene (LDPE). They are safe to use and are flexible. LDPE is used for squeezable bottles, and bread wrapping. Currently, very little Type 4 plastic is recycled. Polypropylene (PP), a Type 5 material, is the second-most widely produced plastic in the world. It is light, non-stretching, and has a high resistance to impact, heat, and freezing. It is suitable for furniture, food containers, and polymer banknotes such as the Australian dollar. Only 3% of Type 5 is recycled.

Now let us look at the second group, Types 1, 3, 6, and 7. These are more challenging because of the chemicals they contain or the difficulty in recycling them. Recycle-type 1 plastic is commonly known as PETE (Polyethylene Terephthalate), and is used mainly in food and beverage containers. PETE containers — or PET as it is often written in Japan — should only be used once as they are difficult to clean thoroughly. Also, they should not be heated above $70℃$ as this can cause some containers to soften and change shape. Uncontaminated PETE is easy to recycle and can be made into new containers, clothes, or carpets, but if PETE is contaminated with Polyvinyl Chloride (PVC), it can make it unrecyclable. PVC, Type 3, is thought to be one of the least recyclable plastics known. It should only be disposed of by professionals and never set fire to at home or in the garden. Type 3 plastic is found in shower curtains, pipes, and flooring. Type 6, Polystyrene (PS) or Styrofoam as it is often called, is hard to recycle and catches fire easily. However, it is cheap to produce and lightweight. It is used for disposable drinking cups, instant noodle containers, and other food packaging. Type 7 plastics (acrylics, nylons, and polycarbonates) are difficult to recycle. Type 7 plastics are often used in the manufacture of vehicle parts such as seats, dashboards, and bumpers.

Currently, only about 20% of plastic is recycled, and approximately 55% ends up in a landfill. Therefore, knowledge about different types of plastic could help reduce waste and contribute to an increased awareness of the environment.

Your presentation poster draft:

Do you know the plastic recycling symbols?

What are plastic recycling symbols?

| 44 |

Types of plastic and recycling information

Type	Symbol	Description	Products
1	♳ 1 PETE (PET)	This type of plastic is common and generally easy to recycle.	drink bottles, food containers, etc.
2	♴ 2 HDPE	This type of plastic is easily recycled 45 .	heart valves, artificial joints, chairs, toys, etc.
3	♵ 3 PVC	This type of plastic is 46 .	shower curtains, pipes, flooring, etc.
4	♶ 4		

Plastics with common properties

| 47 |
| 48 |

318　リーディング

問 1 Under the first poster heading, your group wants to introduce the plastic recycling symbols as explained in the passage. Which of the following is the most appropriate? 44

① They are symbols that rank the recyclability of plastics and other related problems.

② They provide information on the chemical make-up and recycling options of the plastic.

③ They tell the user which standards organization gave them certificates for general use.

④ They were introduced by ASTM and developed by the Society of the Plastics Industry.

問 2 You have been asked to write descriptions of Type 2 and Type 3 plastics. Choose the best options for 45 and 46 .

Type 2 45
① and commonly known as a single-use plastic
② and used at a wide range of temperatures
③ but harmful to humans
④ but unsuitable for drink containers

Type 3 46
① difficult to recycle and should not be burned in the yard
② flammable; however, it is soft and cheap to produce
③ known to be a non-toxic product
④ well known for being easily recyclable

2022年度：共通テスト本試験　第6問B　319

問 3 You are making statements about some plastics which share common properties. According to the article, which two of the following are appropriate? (The order does not matter.) 47 · 48

① Boiling water (100℃) can be served in Type 1 and Type 6 plastic containers.

② It is easy to recycle products with Type 1, 2, and 3 logos.

③ Products with the symbols 1, 2, 4, 5, and 6 are suitable for food or drink containers.

④ Products with Type 5 and Type 6 markings are light in weight.

⑤ Type 4 and 5 plastics are heat resistant and are widely recycled.

⑥ Type 6 and 7 plastics are easy to recycle and environmentally friendly.

DAY 19 > 例題 [解 説]

問 1-3

[訳] あなたは、「環境を守るために知っておくべきこと」というテーマの科学プレゼンテーション・コンテストのポスターを準備する学生グループの一員です。ポスターを作るために次の文章を活用しています。

プラスチックのリサイクル
―知っておくべきこと―

[第1段落] 世の中はさまざまなプラスチックであふれています。周りを見れば、何十ものプラスチック製品が目に入るでしょう。さらによく見ると、そこにリサイクルマークが付いていることに気付くでしょう。日本では、下の図1の1つ目のマークを見たことがあるかもしれませんが、アメリカとヨーロッパにはさらに細かい区分があります。これらのリサイクルマークは、追いかけ合う矢印が三角形のように見えたり、中に1から7の数字が入ったシンプルな三角形のように見えたりすることもあります。このシステムは1988年にアメリカのプラスチック工業会が始めたものですが、2008年からは国際標準化機構であるASTM（米国材料試験協会）インターナショナルが管轄しています。リサイクルマークは、使用されているプラスチックの化学組成とリサイクルできるかどうかについて重要なデータを提供します。 問1-1 　ただし、ある物にプラスチック製品のリサイクルマークが付いていても、必ずしもその製品がリサイクル可能であることを意味するわけではありません。どの種類のプラスチックからできているか、場合によってはそれがリサイクルできる、ということを示すだけです。 問1-2

図1．プラスチックのリサイクルマーク

[第2段落] では、これらの数字は何を意味するのでしょうか。一つのグループ（2、4、5番）は人体にとって安全と見なされていますが、もう一つのグループ（1、3、6、7番）は状況によって問題を起こしかねません。まずは安全なグループから見てみましょう。

[第3段落] 高密度ポリエチレンはリサイクルタイプ2のプラスチックで、一般にHDPEと呼ばれます。毒性がなく、心臓弁や人工関節など人体の内部で使うことができます。丈夫で、-40℃の低温から100℃の高温まで使用可能です。 問2-1 　HDPEは害なく再利用することができて、ビール瓶を入れるケースや牛乳容器、椅子、おもちゃに適しています。 問3③-2 　タイプ2の製品は何度かリサイクルできます。タイプ4の製品は低密度ポリエチレン（LDPE）からできています。安全に利用できて柔軟性があります。LDPEは絞ることのできるボトルやパンの包装に使われます。 問3③-3 　今のところ、タイプ4のプラスチックはほとんどリサイクルされていません。タイプ5の素材であるポリプロピレン（PP）は世界中で二番目に幅広く製造されているプラスチックです。軽く

て伸縮性がなく、衝撃や熱や低温に高い耐性があります。問3④-1 家具や食品容器、そしてオーストラリアドルのようなポリマー紙幣に適しています。問3③-4 タイプ5のうちリサイクルされるのはわずか3パーセントです。

[第4段落] 今度は第二のグループであるタイプ1、3、6、7を見てみましょう。これらは、含まれる化学物質やリサイクルの難しさが理由で、問題が大きいものです。リサイクルタイプ1のプラスチックはPETE（ポリエチレンテレフタレート）として一般に知られ、主に食べ物や飲み物の容器に使われます。問3③-1 PETE容器——日本ではPETと書かれることが多いのですが——は、完全に洗浄するのが難しいために、一度しか使えません。また、容器が軟化・変形することがあるので70℃以上に熱してはいけません。汚染されていないPETEはリサイクルが簡単で、新しい容器、衣服、カーペットにすることができますが、PETEにポリ塩化ビニル（PVC）が混じってしまうと、リサイクルできなくなる場合があります。タイプ3であるPVCは、既知のプラスチックの中で最もリサイクルしにくいものの1つとして考えられています。必ず専門業者の手で廃棄処理し、家や庭で火を付けてはいけません。問2-2 タイプ3のプラスチックはシャワーカーテンやパイプや床材に使われています。タイプ6のポリスチレン（PS）は発泡スチロールとも呼ばれ、リサイクルが難しく簡単に引火します。しかし、安く作ることができて軽量です。問3④-2 使い捨ての飲料カップやインスタント麺の容器などの食品容器に使われます。問3③-5 タイプ7のプラスチック（アクリル、ナイロン、ポリカーボネート）はリサイクルが難しいです。タイプ7のプラスチックは、シートやダッシュボードやバンパーといった車の部品の製造によく使われます。

[第5段落] 現在、プラスチックの約20パーセントしかリサイクルされず、およそ55パーセントが最終的に埋め立てられています。ですから、プラスチックのさまざまな種類を知ることが、ゴミを減らす助けとなり、環境意識を高めることに貢献し得るのです。

あなたのプレゼンテーションのポスター案：

プラスチックのリサイクルマークを知っていますか？

プラスチックのリサイクルマークとは？ 　44

プラスチックのタイプとリサイクル情報

タイプ	マーク	説明	製品
1	♲ PETE (PET)	このタイプのプラスチックは一般的で、総じてリサイクルしやすい。	飲料ボトル、食品容器など
2	♲ HDPE	このタイプのプラスチックは簡単にリサイクルできる 45 。	心臓弁、人工関節、椅子、おもちゃなど
3	♲ PVC	このタイプのプラスチックは 46 。	シャワーカーテン、パイプ、床材など
4	♲ LDPE		

共通の特性を持つプラスチック 　47　48

語句

[リード文]

theme	名 テーマ
environment	名 環境

[文章]

[第1段落]

various	形 さまざまな、多様な
detailed	形 詳細な
classification	名 分類、区分
chase	自 追いかける
pointer	名 指し示すもの、（矢）印
administer ～	他 ～を管理する
chemical	形 化学的な
composition	名 組成、構造

[第2段落]

problematic	形 問題のある
circumstance	名 （～sで）状況

[第3段落]

high-density	形 高密度の
polyethylene	名 ポリエチレン
non-toxic	形 非毒性の、無毒な
heart valve	熟 心臓弁
artificial joint	熟 人工関節
temperature	名 温度
suitable for ～	熟 ～に適した
jug	名 水差し、取っ手のついた容器
squeezable	形 絞ることのできる
currently	副 現在のところ
polypropylene	名 ポリプロピレン
non-stretching	形 伸縮性のない
resistance	名 抵抗力、耐性
polymer	名 ポリマー
banknote	名 紙幣

[第4段落]

polyethylene terephthalate	熟 ポリエチレンテレフタレート
thoroughly	副 完全に
soften	自 柔らかくなる、軟化する
uncontaminated	形 汚染されていない
polyvinyl chloride	熟 ポリ塩化ビニル
dispose of ～	熟 ～を廃棄する
set fire to ～	熟 ～に火を着ける
polystyrene	名 ポリスチレン
styrofoam	名 発泡スチロール
catch fire	熟 引火する
lightweight	形 軽量の、軽い
disposable	形 使い捨ての
packaging	名 梱包、包装
acrylic	名 アクリル
nylon	名 ナイロン
polycarbonate	名 ポリカーボネート
manufacture	名 製造
vehicle	名 車両、乗り物

[第5段落]

landfill	名 埋立地
reduce ～	他 ～を減らす
contribute to ～	熟 ～に貢献する
awareness	名 認知、意識

[ポスター]

draft	名 下書き、草案
description	名 記述、説明
property	名 性質、特性

　まずはリード文を読んで**場面・状況をイメージ**（❶）します。「『環境を守るために知っておくべきこと』というテーマの科学プレゼンテーション・コンテストのポスターを準備」していて、参考となる「文章を活用して」います。タイトルは「プラスチックのリサイクル―知っておくべきこと―」。プレゼンテーション用ポスターの**見出しをざっと確認して**（❷）、一問一問解いていきましょう。

Day 19

2022年度：共通テスト本試験　第6問B　323

問1　正解②　問題レベル【やや難】　配点 3点

設問　あなたのグループは、ポスターの最初の見出しの下に、文章で説明されているプラスチックのリサイクルマークの紹介を入れたいと思っている。次のうちどれが最も適当か。 44

選択肢　① これらはプラスチックのリサイクルのしやすさや関連する問題をランク付けするマークです。
② これらはプラスチックの化学組成とリサイクルの選択肢に関する情報を提供します。
③ これらはユーザーに、どの基準団体が一般利用の認可を与えたか教えてくれます。
④ これらはASTMによって導入され、プラスチック工業会によって展開されました。

語句　make-up 名 組成、構成　　　　certificate 名 証明書、認可状

問1は What are plastic recycling symbols?「プラスチックのリサイクルマークとは何か？」を説明する問題です。こういったそもそもの説明は最初の方で出てきそうです（❸）。第1段落にあたりをつけ本文を読んでいきます（❹）。すると7文目に Recycling symbols provide important data about the chemical composition of plastic used and its recyclability.「リサイクルマークは、使用されているプラスチックの化学組成とリサイクルできるかどうかについて重要なデータを提供します」とあります。また最終文で It only shows what type of plastic it is made from and that it might be recyclable.「どの種類のプラスチックからできているか、場合によってはそれがリサイクルできる、ということを示す」とあります。ここをまとめた選択肢② They provide information on the chemical make-up and recycling options of the plastic.「これらはプラスチックの化学組成とリサイクルの選択肢に関する情報を提供します」が正解です。

問2　正解 45 ②　 46 ①　問題レベル【やや難】　配点各3点

設問　あなたはタイプ2とタイプ3のプラスチックの説明を書くよう頼まれた。 45 と 46 に最もふさわしい選択肢を選びなさい。

選択肢　タイプ2 45
① ので、使い捨てのプラスチックとして一般に知られる
② し、広い温度範囲にわたって使うことができる
③ けれど、人体に有害だ
④ けれど、飲料容器には不向きだ

タイプ3 46
① リサイクルしにくく、庭で燃やしてはいけない
② 燃えやすいが、柔らかく、作るのが安価だ
③ 毒性のない製品で知られる
④ リサイクルしやすいことでよく知られる

語句　flammable 形 可燃性の、燃えやすい

表を見て狙い読み（❸）できる問題です。まず 45 はタイプ2のことで、第3段落前半に書かれています（❹）。3文目の It is strong and can be used at temperatures as low as

324　リーディング

-40℃ and as high as 100℃.「丈夫で、-40℃の低温から100℃の高温まで使用可能です」とあります。ここを a wide range of temperatures「広い温度範囲」と「部分→全体」のずらしで**言い換えた選択肢**②が正解です。

次に **46** はタイプ3のことで、第4段落7～8文目に書かれています（❹）。PVC, Type 3, is thought to be one of the least recyclable plastics known. It should only be disposed of by professionals and never set fire to at home or in the garden.「タイプ3である PVC は、既知のプラスチックの中で最もリサイクルしにくいものの1つとして考えられています。必ず専門業者の手で廃棄処理し、家や庭で火を付けてはいけません」とあります。よって、the least recyclable → difficult to recycle、never set fire to at home or in the garden → should not be burned in the yard と**言い換えた選択肢**①が正解です。

問3 正解③・④（順不同）　問題レベル【難】　配点 3点（すべて正解で）

設問 あなたは共通の特性を持ついくつかのプラスチックの説明を書いている。記事によると、次のうちのどの2つが適切か。（順不同）**47** **48**

選択肢 ① 沸騰したお湯（100℃）はタイプ1とタイプ6のプラスチック容器で出すことができる。
② タイプ1、2、3のロゴのついた製品は簡単にリサイクルできる。
③ 1、2、4、5、6のマークの製品は食べ物や飲み物の容器に適している。
④ タイプ5とタイプ6のマークがある製品は軽量である。
⑤ タイプ4と5のプラスチックは熱に強く、広くリサイクルされる。
⑥ タイプ6と7のプラスチックはリサイクルしやすく環境に優しい。

設問と表から、プラスチックの共通点を抽出していけばいいことがわかります（❸）。一つひとつ選択肢を吟味していくタイプの問題です（❹）。①は4段落5文目に they should not be heated above 70℃「（タイプ1、3、6、7は）70℃以上に熱してはいけません」とあるので不正解。②は問2で見たようにタイプ3がリサイクルしにくいとあるので不正解。③はタイプ1に関しては第4段落3文目 used mainly in food and beverage containers「主に食べ物や飲み物の容器に使われ」、タイプ2は第3段落4文目 suitable for ... milk jugs「牛乳容器に適している」、タイプ4は第3段落8文目 used for squeezable bottles, and bread wrapping「絞ることのできるボトルやパンの包装に使われ」、タイプ5は第3段落12文目 suitable for ... food containers「食品容器に適している」、タイプ6は第4段落12文目 used for disposable drinking cups, instant noodle containers, and other food packaging「使い捨ての飲料カップやインスタント麺の容器などの食品容器に使われ」より正しいので正解。

④は、タイプ5は第3段落11文目 is light「軽い」、タイプ6は第4段落11文目 lightweight「軽い」より正しいので正解。⑤はタイプ4に関しては第3段落9文目に very little Type 4 plastic is recycled「タイプ4のプラスチックはほとんどリサイクルされていません」とあり、タイプ5に関しては第3段落最終文に Only 3% of Type 5 is recycled.「タイプ5はたった3パーセントしかリサイクルされない」とあり、共に widely recycled とは言えないので不正解です。⑥は、タイプ6が第4段落10文目より、タイプ7が同段落13文目より、それぞれ hard to recycle、difficult to recycle「リサイクルが難しい」と書かれているので不正解だとわかります。

Day 19

2022年度：共通テスト本試験　第6問B　325

DAY 19 ▶ 練 習 問 題

B You are in a student group preparing a poster for a presentation contest. You have been using the following passage to create the poster.

A Brief History of Units of Length

Since ancient times, people have measured things. Measuring helps humans say how long, far, big, or heavy something is with some kind of accuracy. While weight and volume are important for the exchange of food, it can be argued that one of the most useful measurements is length because it is needed to calculate area, which helps in the exchange, protection, and taxation of property.

Measuring systems would often be based on or related to the human body. One of the earliest known measuring systems was the cubit, which was created around the 3rd millennium BC in Egypt and Mesopotamia. One cubit was the length of a man's forearm from the elbow to the tip of the middle finger, which according to one royal standard was 524 millimeters (mm). In addition, the old Roman foot (296 mm), which probably came from the Egyptians, was based on a human foot.

A unit of measurement known as the yard probably originated in Britain after the Roman occupation and it is said to be based on the double cubit. Whatever its origin, there were several different yards in use in Britain. Each one was a different length until the 12th century when the yard was standardized as the length from King Henry I's nose to his thumb on his outstretched arm. But it was not until the 14th century that official documents described the yard as being divided into three equal parts — three feet — with one foot consisting of 12 inches. While this description helped standardize the inch and foot, it wasn't until the late 15th century, when King Henry Ⅶ distributed official metal samples of feet and yards, that people knew for certain their true length. Over the years, a number of small adjustments were made until the International Yard and Pound Agreement of 1959 finally defined the standard inch, foot, and yard as 25.4 mm, 304.8 mm, and 914.4 mm respectively.

The use of the human body as a standard from which to develop a measuring system was not unique to western cultures. The traditional Chinese unit of length called *chi* — now one-third of a meter — was originally defined as the length from the tip of the thumb to the outstretched tip of the middle finger, which was around 200 mm. However, over the years it increased in length and became known as the Chinese foot. Interestingly, the Japanese *shaku*, which was based on the *chi,* is almost the same as one standard foot. It is only 1.8 mm shorter.

The connection between the human body and measurement can also be found in sailing. The fathom (6 feet), the best-known unit for measuring the depth of the sea in the English-speaking world, was historically an ancient Greek measurement. It was not a very accurate measurement as it was based on the length of rope a sailor could extend from open arm to open arm. Like many other British and American units, it was also standardized in 1959.

The metric system, first described in 1668 and officially adopted by the French government in 1799, has now become the dominant measuring system worldwide. This system has slowly been adopted by many countries as either their standard measuring system or as an alternative to their traditional system. While the metric system is mainly used by the scientific, medical, and industrial professions, traditional commercial activities still continue to use local traditional measuring systems. For example, in Japan, window widths are measured in *ken* (6 *shaku*).

Once, an understanding of the relationship between different measures was only something traders and tax officials needed to know. However, now that international online shopping has spread around the world, we all need to know a little about other countries' measuring systems so that we know how much, or how little, of something we are buying.

Your presentation poster draft:

Different Cultures, Different Measurements

1. The purposes of common units

Standard units are used for:
- A. calculating how much tax people should pay
- B. commercial purposes
- C. comparing parts of the human body
- D. measuring amounts of food
- E. protecting the property of individuals

2. Origins and history of units of length

45

46

3. Comparison of units of length

Figure 1. Comparison of major units of length

47

4. Units today

48

問 1　When you were checking the statements under the first poster heading, everyone in the group agreed that one suggestion did not fit well.　Which of the following should you **not** include?　44

①　A
②　B
③　C
④　D
⑤　E

問 2　Under the second poster heading, you need to write statements concerning units of length.　Choose the two below which are most accurate.　(The order does not matter.)　45　・　46

①　Inch and meter were defined by the 1959 International Yard and Pound Agreement.

②　The *chi* began as a unit related to a hand and gradually became longer over time.

③　The cubit is one of the oldest units based on the length of a man's foot.

④　The length of the current standard yard was standardized by King Henry Ⅶ.

⑤　The origin of the fathom was from the distance between a man's open arms.

⑥　The origin of the Roman foot can be traced back to Great Britain.

Day
19

2022年度：共通テスト追試験　第6問B　329

問 3 Under the third poster heading, you want a graphic to visualize some of the units in the passage. Which graph best represents the different length of the units from short (at the top) to long (at the bottom)? 47

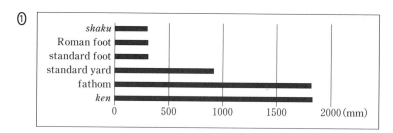

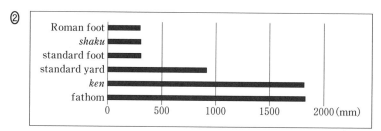

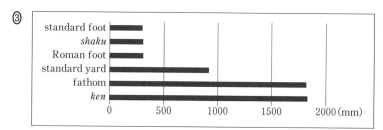

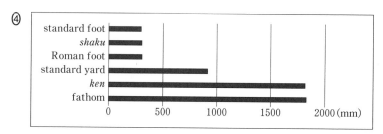

問 4 Under the last poster heading, your group wants to add a statement about today's units based on the passage. Which of the following is the most appropriate? 48

① Although the metric system has become dominant worldwide, traditional measuring systems continue to play certain roles in local affairs.

② Science and medicine use traditional units today to maintain consistency despite the acceptance of a widespread standardized measurement system.

③ The increase in cross-border online shopping has made the metric system the world standard.

④ Today's units, such as the inch, foot, and yard, are based on the *chi*, whose origin is related to a part of the human body.

DAY 19 › 練習問題［解説］

問 1-3

訳 あなたはプレゼンテーション・コンテストのポスターを準備している学生グループの一員です。ポスターを作るために次の文章を使っています。

長さの単位の略史

[第1段落]

　古代より、人々は物を測ってきた。**問1④-1**　測ることで、人間は、物がどれだけ長いか、遠いか、大きいか、重いかを、ある程度正確に言うことができる。重さと量は食べ物の交換に重要ではあるが、最も有用な計測の一つは長さであると言えるだろう。**問1④-2**　なぜならそれが、土地の交換や防護や課税に役立つ面積の計算に必要だからだ。**問1①⑤**

[第2段落]

　度量衡は、人間の体を基準にしたり体に関連したりすることが多かった。初期の度量衡として知られるものの一つはキュービットで、それは紀元前三千年紀ごろにエジプトとメソポタミアで生まれた。1キュービットは男性の前腕、肘から中指の先までで、ある王朝の基準によると524ミリメートル（mm）だった。さらに、おそらくエジプト由来の古代ローマ・フィート（296mm）は、人間の足を基準としていた。**問3-1**

[第3段落]

　ヤードとして知られる測量単位は、おそらく古代ローマ支配後のイギリスが発祥で、キュービットの2倍が基になっていると言われている。起源はどうあれ、イギリスではいくつかの異なるヤードが使われていた。12世紀まではそれぞれが違う長さだったが、その時になってヤードが、ヘンリー1世が腕を伸ばした状態での鼻から親指までの長さと規定された。しかし、ヤードが均等に三分割——3フィートに——され、1フィートが12インチからなると公式文書に書かれたのは、14世紀になってからのことだった。この記述がインチとフィートの基準として役立ったが、人々がその正しい長さを確実に知ったのは、15世紀後半にヘンリー7世が公式のフィートとヤードの金属見本を配布してからのことだった。長年にわたって数々の細かい調節がなされた後、1959年の国際ヤード・ポンド法協定で最終的に、標準的なインチ、フィート、ヤードがそれぞれ25.4mm、304.8mm、914.4mm と定められた。**問3-2**

[第4段落]

　度量衡に発展する元の基準として人間の体を使うのは、西洋文化に特有だったわけではない。「尺（チー）」と呼ばれる伝統的な中国の長さの単位——現在では3分の1メートル——はもともと、広げた親指の先から中指の先と定義され、200mm ほどだった。しかし、長年の間に長さが増し、中国フィートとして知られるようになった。**問2②**　面白いことに、日本の「尺（シャク）」も「尺（チー）」が基になっているが、標準的なフィートとほぼ同じなのだ。わずか1.8mm 短いだけだ。**問3-3**

[第5段落]

　人間の体と測量のつながりは航海にも見られる。英語圏で海の深さを測る単位として

332　リーディング

最もよく知られているファゾム（6フィート）問3-4 は、歴史的には古代ギリシャの測量単位だった。1人の船乗りが片方の手からもう片方の手まで伸ばせる限りのロープの長さが基になっていたため、あまり正確とは言えなかった。問2⑤ 他の多くの英米の単位同様、これも1959年に統一された。

[第6段落]

　1668年に初めて記述され1799年にフランス政府によって正式に採用されたメートル法は、現在では全世界で大勢を占める度量衡となった。問4-1 この度量衡は、多くの国によって徐々に、標準的な度量衡として、あるいは伝統的な度量衡の代替手段として、取り入れられていった。メートル法が主に科学・医療・工業分野の専門職によって使用される一方、伝統的な商業活動は相変わらずその土地の伝統的な度量衡を使い続けている。問1② 問4-2 例えば、日本では窓の幅は「間（ケン）」（6尺）で測られる。問3-5

[第7段落]

　かつて、異なる計量単位間の関係を理解することは、業者や税務官だけが知っていればいいことだった。しかし国際的なオンラインショッピングが世界に広まっている今、私たちは皆、自分の買おうとしているものがどれだけ多いのか、あるいは少ないのかを知るためにも、外国の度量衡を多少は知っていなければならない。問1②

あなたのプレゼンテーション用ポスターの下書き：

文化が違えば度量衡も違う

1．共通単位の目的

基準となる単位が使われる用途：
　A. 人々がどれだけの税を払うべきか計算する
　B. 商業目的
　C. 人体の部分を比べる
　D. 食べ物の分量を量る
　E. 個人の資産を守る

2．長さの単位の起源と歴史

45

46

3．長さの単位の比較

図1．長さの主な単位の比較

47

4．現在の単位

48

2022年度：共通テスト追試験　第6問B　333

語句

[文章]

unit	名	単位

[第1段落]

ancient	形	昔の、古代の
accuracy	名	正確さ
volume	名	量、体積
argue that SV	熟	SVと論じる
calculate ～	他	～を計算する
taxation	名	課税
property	名	資産、不動産

[第2段落]

measuring system	熟	度量衡
cubit	名	キュービット、腕尺
millennium	名	千年間、千年紀（3rd millennium BCは紀元前3000年から紀元前2001年の間）
forearm	名	前腕、肘から先の部分

[第3段落]

originate	自	由来する、始まる
occupation	名	占領
standardize ～	他	～を規格化する、～を統一する
outstretch ～	他	～（手）を差し伸べる
consist of ～	熟	～から構成される
description	名	記述、説明

distribute ～	他	～を配布する
for certain	熟	確かに、確実に
adjustment	名	調整
agreement	名	合意、協定
define ～	他	～を定義する、～を規定する
respectively	副	それぞれ

[第4段落]

unique to ～	熟	～に特有の
chi	名	（中国の）尺

[第5段落]

fathom	名	ファゾム、尋

[第6段落]

metric system	熟	メートル法
dominant	形	優勢な、支配的な
alternative	名	代替手段
profession	名	（専門的）職業
commercial	形	商業の

[第7段落]

trader	名	業者

[ポスター]

draft	名	草稿、下書き
individual	名	個人
origin	名	起源
comparison	名	比較

まずはリード文を読んで**場面・状況をイメージ**（❶）します。「プレゼンテーション・コンテストのポスターを準備している」とのことです。タイトルは「長さの単位の略史」。プレゼンテーション用ポスターの**見出しをざっと確認して**（❷）、一問一問解いていきましょう。

問1 　**正解③**　問題レベル【やや難】　配点 3点

設問 ポスターの1つ目の見出しの下の記述をチェックしていたとき、グループ全員が、案の一つがうまく当てはまっていないという意見で一致した。含めるべきでないのは次のうちどれか。 44

選択肢 ①A ②B ③C ④D ⑤E

語句 heading 名 見出し

　設問を先読みすると（❸）、問1は not 問題なので、**消去法で1つ1つ吟味**していく必要があります。主に第1段落と選択肢とを照らし合わせていきましょう（❹）。
　まずAは第1段落最終文 taxation と合致。Bは3文目の exchange of food や the exchange ... of property を commercial purposes「商業的目的」の根拠ととってもいいですが、「交換」は「商業」とは違うかも、と思った方もいるかもしれません。その場合ここでは

334 リーディング

いったん保留にして他の候補と比較検討することにしましょう。C はどこにも記載ないのでここには当てはまらず、これが正解となります。D は第 1 段落 3 文目 While weight and volume are important for the exchange of food, it can be argued that one of the most useful measurements is length「重さと量は食べ物の交換に重要ではあるが、最も有用な計測の一つは長さであると言うことができるだろう」とあるので合致。E は最終文 protection と一致します。ちなみに B は、第 6 段落 3 文目に traditional commercial activities still continue to use local traditional measuring systems「伝統的な商業活動は相変わらずその土地の伝統的な度量衡を使い続けている」、第 7 段落最終文 so that we know how much, how little, of something we are buying「自分の買おうとしているものがどれだけ多いのか、あるいは少ないのかを知るために」とあるように商業的な目的はあるので commercial purposes は本文と合致すると言えます。

問 2 正解 ② · ⑤（順不同）　問題レベル【難】　配点 3 点（すべて正解で）

設問 ポスターの 2 つ目の見出しの下に、長さの単位に関する記述を書く必要がある。最も正確なものを下から 2 つ選びなさい。（順不同）　45 · 46

選択肢 ① インチとメートルは1959年の国際ヤード・ポンド法協定で規定された。
② 「尺（チー）」は初めは手に関係した単位だったが、時がたつにつれ徐々に長くなっていった。
③ キュービットは男性の足の長さを基にした最古の単位の一つである。
④ 現在の標準ヤードは王であったヘンリー 7 世によって統一された。
⑤ ファゾムの起源は男性の広げた両腕の幅から来ている。
⑥ ローマ・フィートの起源はイギリスにさかのぼることができる。

語句 gradually　副 徐々に、だんだんと　　trace back 〜　熟 〜をさかのぼる

設問は、ポスターの「長さの単位の起源と歴史」という見出しの下に入るものは何か、という問いですが、文全体がそういった話なので設問だけからの狙い読みが難しい問題です（❸）。そういう場合は、選択肢を一つひとつ確認しながら該当箇所と照らし合わせていきましょう（❹）。

まず①は International Yard and Pound Agreement をヒントに探すと第 3 段落最終文に inch、foot、yard の定義がなされたとあります。meter はここに入っていないので①は不正解です。次に②は chi をヒントに本文を探します。第 4 段落 2 〜 3 文目に、chi ... was originally defined as the length from the tip of the thumb to the outstretched tip of the middle finger, which was around 200 mm. However, over the years it increased in length and became known as the Chinese foot.「尺（チー）はもともと、広げた親指の先から中指の先と定義され、200mm ほどだったが、長年の間に長さが増し、中国フィートとして知られるようになった」とあるので②は正解です。③は cubit をヒントに探すと第 2 段落 3 文目より足ではなく手だとわかるので不正解です。④は King Henry Ⅶ をヒントに探すと第 3 段落 5 文目に出てきますが、6 文目に「長年にわたって数々の細かい調節がなされた後」とあり、ヘンリー 7 世が最終的な統一をしたわけではないので不正解。⑤は fathom をヒントに探すと第 5 段落に登場します。同段落 3 文目に it was based on the length of rope a sailor could extend from open arm to open arm「1 人の船乗りが片方の手からもう片方の手まで

Day 19

2022年度：共通テスト追試験　第 6 問 B　335

伸ばせる限りのロープの長さが基になっていた」とあるので⑤は正解です。⑥は the Roman foot が第2段落に登場しますが、同段落最終文に「起源はエジプトの可能性が高い」とあるので起源をイギリスとしている⑥は不正解です。

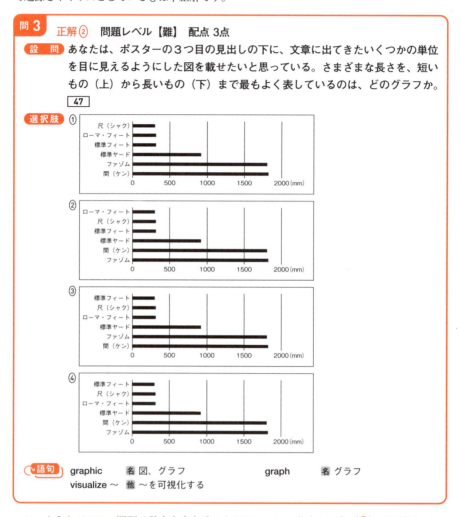

問3 正解② 問題レベル【難】 配点3点

設問 あなたは、ポスターの3つ目の見出しの下に、文章に出てきたいくつかの単位を目に見えるようにした図を載せたいと思っている。さまざまな長さを、短いもの（上）から長いもの（下）まで最もよく表しているのは、どのグラフか。 47

語句 graphic 名 図、グラフ graph 名 グラフ
visualize 他 〜を可視化する

このようなグラフの問題は数字を書き込みながらやっていきましょう（❸）。まず短いグループを順に探していくと（❹）、Roman foot が296mm（第2段落最終文）、standard foot が304.8mm（第3段落最終文）はすぐにわかります。

Shaku に関しては第4段落最終文で It is only 1.8mm shorter (than one standard foot). とあるため、303mm だとわかります。この時点で短い順に並べると Roman foot → *shaku* → standard foot なので②が正解だとわかります。なお、*ken* は第6段落最終文より6 *shaku* = 1818 mm、fathom は第5段落2文目より6 feet = 1828.8 mm（1 foot は第3段落最終文より304.8 mm です）なので *ken* → fathom の順でここからも②で問題ないとわかります。

問 **4**　正解 ① 問題レベル【難】 配点 3点

設問 ポスターの最後の見出しの下に、あなたのグループは、文章に出てくる現在の単位に関する記述を加えたいと思っている。次のうち最も適当なものはどれか。

`48`

選択肢 ① メートル法が世界全体で大勢を占めてはいるが、伝統的な度量衡がその土地の事業で一定の役割を果たし続けている。

② 一般に広まった標準度量衡が受け入れられてはいるものの、一貫性を保つために科学や医療は現在も伝統的な単位を使っている。

③ 国境を越えたオンラインショッピングの増加により、メートル法が世界基準となった。

④ 現在のインチ、フィート、ヤードといった単位は尺（チー）が基になっていて、その起源は人間の体の部分に関係している。

語句

appropriate	形 適切な		acceptance	名 受容、受け入れ
affair	名 （~sで）業務		widespread	形 広まった、一般的な
consistency	名 一貫性		cross-border	形 国境を越えた
despite ~	前 ~にもかかわらず			

　Units today「現在の単位」なので（③）本文の流れから第6段落、第7段落あたりだと推測できます（④）。第6段落1文目 The metric system, first described in 1668 and officially adopted by the French government in 1799, has now become the dominant measuring system worldwide.「1668年に初めて記述され1799年にフランス政府によって正式に採用されたメートル法は、現在では全世界で大勢を占める度量衡となった」と、3文目 traditional commercial activities still continue to use local traditional measuring systems「（一方、）伝統的な商業活動は相変わらずその土地の伝統的な度量衡を使い続けている」により①が正解と言えるでしょう。同じ第6段落3文目に the metric system is mainly used by the scientific, medical, and industrial professions「メートル法が主に科学・医療・工業分野の専門職によって使用される」とあり、science や medicine が使用しているのは伝統的な単位ではなくメートル法なので②は不正解、③や④は本文に記載がないので不正解です。

2022年度：共通テスト追試験　第6問B

DAY 20

【論理的文章読解問題】を攻略する「推測の型」

Day 19では【論理的文章読解問題】の長文を読み、設問に解答するときの「視線の型」に集中してもらいました。今回は2023年に出題された「推測問題」を解くための「推測の型」を見ていきましょう。

「 推 測 の 型 」のステップ

❶ 「視線の型」を使う

問題を解く際には、Day 19の「視線の型」が基本の型となります。p. 314で説明した型を確実にものにしておきましょう。

❷ 「推測の型」その1：主観表現に敏感になる

Day 06でも扱った主観表現に敏感に反応しましょう。第6問で出題される論理的文章は、基本的に事実に基づいて書かれていますが、そんな中に筆者の感情が顔を出す時があります。その部分に注目しておくと、筆者の考えを推測する問題が解きやすくなります。Day 06の主観表現を再掲しておくので今一度ここで確認しましょう。

①思考動詞（think「思う」やseem「ようだ」など）
②助動詞（could「かも」やshould「すべき」など）
③主観・感情を表す語（necessary「必要だ」やinterestingly「興味深いことに」など）

338 リーディング

内容 2023年本試験、追試験共に本文に書かれている情報から推測して答える問題が出題されました。これまでも推測問題は出題されていましたが、今回は難易度が高く苦戦した受験生が多かったようです。ここで「推測の型」をマスターして推測問題に対応できるようになりましょう。

目標解答時間 12分

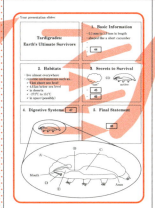

❸ 「推測の型」その2：消去法を使う

推測問題は「本文に書かれていない」のでいくらでも難しくできます。難問に出くわした場合は消去法も有効です。頑なに根拠を探そうとせず、「他の3つが明らかにおかしいからこれが正解」という選び方をする心構えも持っておきましょう。

では、この「推測の型」を意識しながら、次ページの問題に取り組みましょう！

Day 20

DAY 20 ▶ 例題

B You are in a student group preparing for an international science presentation contest. You are using the following passage to create your part of the presentation on extraordinary creatures.

Ask someone to name the world's toughest animal, and they might say the Bactrian camel as it can survive in temperatures as high as 50℃, or the Arctic fox which can survive in temperatures lower than −58℃. However, both answers would be wrong as it is widely believed that the tardigrade is the toughest creature on earth.

Tardigrades, also known as water bears, are microscopic creatures, which are between 0.1 mm to 1.5 mm in length. They live almost everywhere, from 6,000-meter-high mountains to 4,600 meters below the ocean's surface. They can even be found under thick ice and in hot springs. Most live in water, but some tardigrades can be found in some of the driest places on earth. One researcher reported finding tardigrades living under rocks in a desert without any recorded rainfall for 25 years. All they need are a few drops or a thin layer of water to live in. When the water dries up, so do they. They lose all but three percent of their body's water and their metabolism slows down to 0.01% of its normal speed. The dried-out tardigrade is now in a state called "tun," a kind of deep sleep. It will continue in this state until it is once again soaked in water. Then, like a sponge, it absorbs the water and springs back to life again as if nothing had happened. Whether the tardigrade is in tun for 1 week or 10 years does not really matter. The moment it is surrounded by water, it comes alive again. When tardigrades are in a state of tun, they are so tough that they can survive in temperatures as low as −272℃ and as high as 151℃. Exactly how they achieve this is still not fully understood.

Perhaps even more amazing than their ability to survive on earth — they have been on earth for some 540 million years — is their ability to survive in space. In 2007, a team of European researchers sent a number of living tardigrades into space on the outside of a rocket for 10 days. On their return to earth, the researchers were surprised to see that 68% were still alive. This means that for 10 days most were able to survive X-rays and ultraviolet radiation 1,000 times more intense than here on earth. Later, in 2019, an Israeli spacecraft crashed onto the moon and thousands of tardigrades in a state of tun were spilled onto its surface. Whether these are still alive or not is unknown as no one has gone to collect them — which is a pity.

Tardigrades are shaped like a short cucumber. They have four short legs on each side of their bodies. Some species have sticky pads at the end of each leg, while others have claws. There are 16 known claw variations, which help identify those species with claws. All tardigrades have a place for eyes, but not all species have eyes. Their eyes are primitive, only having five cells in total — just one of which is light sensitive.

Basically, tardigrades can be divided into those that eat plant matter, and those that eat other creatures. Those that eat vegetation have a ventral mouth — a mouth located in the lower part of the head, like a shark. The type that eats other creatures has a terminal mouth, which means the mouth is at the very front of the head, like a tuna. The mouths of tardigrades do not have teeth. They do, however, have two sharp needles, called stylets, that they use to pierce plant cells or the bodies of smaller creatures so the contents can be sucked out.

Both types of tardigrade have rather simple digestive systems. The mouth leads to the pharynx (throat), where digestive juices and food are mixed. Located above the pharynx is a salivary gland. This produces the juices that flow into the mouth and help with digestion. After the pharynx, there is a tube which transports food toward the gut. This tube is called the esophagus. The middle gut, a simple stomach/intestine type of organ, digests the food and absorbs the nutrients. The leftovers then eventually move through to the anus.

Your presentation slides:

```
┌─────────────────────────────┬─────────────────────────────┐
│                             │  1. Basic Information       │
│     Tardigrades:            │  · 0.1 mm to 1.5 mm in length│
│  Earth's Ultimate Survivors │  · shaped like a short cucumber│
│                             │  ·                          │
│                             │  ·   44                     │
│                             │  ·                          │
│                             │  ·                          │
├─────────────────────────────┼─────────────────────────────┤
│     2. Habitats             │  3. Secrets to Survival     │
│  · live almost everywhere   │                             │
│  · extreme environments such as... │  "tun"    ⇔    active │
│    ✓ 6 km above sea level   │                             │
│    ✓ 4.6 km below sea level │  ·  45                      │
│    ✓ in deserts             │  ·  46                      │
│    ✓ −272℃ to 151℃          │                             │
│    ✓ in space (possibly)    │                             │
├─────────────────────────────┼─────────────────────────────┤
│  4. Digestive Systems  47   │  5. Final Statement         │
│                             │                             │
│                             │        48                   │
│                             │                             │
└─────────────────────────────┴─────────────────────────────┘
```

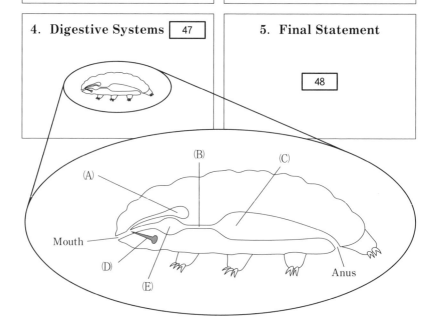

問 1　Which of the following should you **not** include for ☐44☐ ?

① eight short legs
② either blind or sighted
③ plant-eating or creature-eating
④ sixteen different types of feet
⑤ two stylets rather than teeth

問 2　For the **Secrets to Survival** slide, select two features of the tardigrade which best help it survive.　(The order does not matter.)　☐45☐ ・ ☐46☐

① In dry conditions, their metabolism drops to less than one percent of normal.
② Tardigrades in a state of tun are able to survive in temperatures exceeding 151℃.
③ The state of tun will cease when the water in a tardigrade's body is above 0.01%.
④ Their shark-like mouths allow them to more easily eat other creatures.
⑤ They have an ability to withstand extreme levels of radiation.

問 3　Complete the missing labels on the illustration of a tardigrade for the **Digestive Systems** slide.　☐47☐

① (A) Esophagus　　(B) Pharynx　　(C) Middle gut
　 (D) Stylets　　　(E) Salivary gland
② (A) Pharynx　　　(B) Stylets　　(C) Salivary gland
　 (D) Esophagus　　(E) Middle gut
③ (A) Salivary gland　(B) Esophagus　(C) Middle gut
　 (D) Stylets　　　(E) Pharynx
④ (A) Salivary gland　(B) Middle gut　(C) Stylets
　 (D) Esophagus　　(E) Pharynx
⑤ (A) Stylets　　　(B) Salivary gland　(C) Pharynx
　 (D) Middle gut　　(E) Esophagus

Day
20

2023年度：共通テスト本試験　第6問B　343

問 4　Which is the best statement for the final slide?　48

① For thousands of years, tardigrades have survived some of the harshest conditions on earth and in space. They will live longer than humankind.

② Tardigrades are from space and can live in temperatures exceeding the limits of the Arctic fox and Bactrian camel, so they are surely stronger than human beings.

③ Tardigrades are, without a doubt, the toughest creatures on earth. They can survive on the top of mountains; at the bottom of the sea; in the waters of hot springs; and they can also thrive on the moon.

④ Tardigrades have survived some of the harshest conditions on earth, and at least one trip into space. This remarkable creature might outlive the human species.

問 5　What can be inferred about sending tardigrades into space?　49

① Finding out whether the tardigrades can survive in space was never thought to be important.

② Tardigrades, along with other creatures that have been on earth for millions of years, can withstand X-rays and ultraviolet radiation.

③ The Israeli researchers did not expect so many tardigrades to survive the harsh environment of space.

④ The reason why no one has been to see if tardigrades can survive on the moon's surface attracted the author's attention.

DAY 20 › 例 題 ［ 解 説 ］

問 1-5

訳 あなたは、国際科学プレゼンテーション・コンテストの準備をしている学生グループの一員です。驚異的な生物に関するプレゼンテーションの自分の担当部分を作成するため、次の文章を使っています。

［第1段落］

　世界一頑丈な動物の名前を挙げるよう誰かに尋ねたら、50℃もの気温でも生きていけるフタコブラクダと答えるかもしれないし、−58℃以下の気温でも生きられるホッキョクギツネと答えるかもしれない。しかし、どちらの答えも不正解となるだろう、地球上で最も頑丈な生物はクマムシと考えられているからだ。

［第2段落］

　ウォーターベアとも呼ばれるクマムシは、体長0.1mmから1.5mmの微生物だ。標高6000メートルの山から海面下4600メートルまで、ほぼあらゆるところに生息している。厚い氷の下や温泉の中でも見つかる。大半は水中に生息するが、地球上で最も乾燥した場所で見つかるクマムシもいる。ある研究者は、25年間降雨の記録がない砂漠の岩の下でクマムシを見つけたと報告している。 問4-1 　彼らが生きるためには数滴か薄い層の水さえあればいい。水が干上がると、彼らも干上がる。体の水分が失われて3パーセントを残すだけになると、代謝速度が通常の0.01パーセントにまで下がる。 問2① 　干上がったクマムシはこの時、「樽（tun）」（乾眠）と呼ばれる、深く眠った状態になる。この状態が、再び水にぬれるまで続く。そして、スポンジのように水を吸収し、何事もなかったかのように息を吹き返すのだ。クマムシが乾眠状態にあったのが1週間でも10年でもあまり関係ない。水に浸った途端に生き返る。乾眠状態にあるときのクマムシはとても頑丈で、−272℃の低温から151℃の高温までを生き抜くことができる。いったいどうやってそんなことができているのか、まだ完全にはわかっていない。

［第3段落］

　おそらく、地球上での生存能力——5億4000万年も前から地球上に存在してきた——以上に驚かされるのが、宇宙での生存能力だ。 問5-1 　2007年、ヨーロッパの研究者が何匹かの生きたクマムシをロケットの外の宇宙に10日間送り出した。それが地上に戻ってくると、研究者たちは68パーセントがまだ生きていることに驚いた。 問4-2 　つまり、10日の間、地球の1000倍も強烈なX線や紫外線の照射を受けても大半が生き延びることができたのだ。 問2⑤ 　その後、2019年には、イスラエルの宇宙船が月に衝突し、数千匹の乾眠状態のクマムシが月面にばらまかれた。誰も回収しに行っていないので、それらがまだ生きているのかどうかは不明である——残念なことだ。 問5-2

［第4段落］

　クマムシは短いキュウリのような形をしている。体の側面それぞれに4本ずつの短い脚が生えている。 問1① 　脚の先に粘着性の肉球が付いている種もあれば、かぎ爪の付いている種もある。16種類のかぎ爪が知られていて、かぎ爪のある種の識別に役立っている。どのクマムシにも目に当たる部分があるが、全種が目を持っているわけではない。

Day
20

2023年度：共通テスト本試験　第6問B　345

問1② 彼らの目は原始的で、全部で5つの細胞しかない――そのうち光を感じるのは1つだけだ。

[第5段落]
　基本的に、クマムシは植物を食べるものと他の生物を食べるものに分けられる。問1③ 植物を食べるタイプは腹側の口がある――サメのように、頭の下側の部分についている口だ。他の生物を食べるタイプには末端口がある、つまりマグロのように頭部のごく先端に口があるということだ。クマムシの口には歯がない。しかし、歯針と呼ばれる2本の鋭い針がついており 問1⑤ 、植物細胞や小さな生物の体に刺して中身を吸い出すのに使う。

[第6段落]
　どちらのタイプのクマムシもかなり単純な消化器系を有する。口は咽頭（のど）につながり、そこで消化液と食物が混ぜ合わされる。咽頭の上には唾液腺がある。ここで口内に流れて消化を助ける液が作られる。咽頭の後には腸に食物を運ぶ管がある。この管は食道と呼ばれる。単純な胃腸のような器官である中腸は、食物を消化し栄養を吸収する。残りは最終的に肛門へと移動していく。問3

あなたのプレゼンテーション用スライド：

クマムシ： 地球上の究極のサバイバー	1．基本情報 ・体長0.1mmから1.5mm ・短いキュウリのような形 ・ ・44 ・
2．生息環境 ・ほぼあらゆる場所に生息 ・次のような極端な環境にも…… 　✓海抜6km 　✓海面下 4.6km 　✓砂漠 　✓-272°Cから151°Cまで 　✓宇宙（たぶん）	3．生き延びる秘密  ・45 ・46

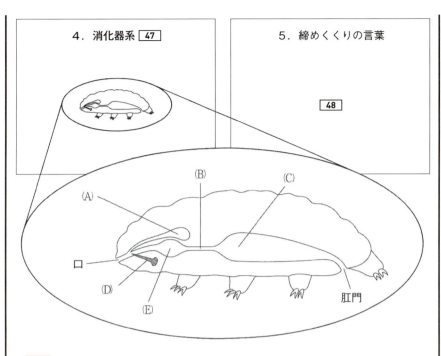

4．消化器系 47	5．締めくくりの言葉
	48

語句

[リード文]

| extraordinary | 形 並外れた、驚異的な |
| creature | 名 生物 |

[文章]
[第1段落]

name 〜	他 〜の名前を言う、〜を挙げる
tough	形 丈夫な、頑丈な
Bactrian camel	熟 フタコブラクダ
survive	自 生き延びる
temperature	名 温度
Arctic fox	名 ホッキョクギツネ
tardigrade	名 クマムシ

[第2段落]

microscopic	形 顕微鏡で見るような、微細な
surface	名 表面、水面
hot spring	熟 温泉
layer	名 層
all but 〜	熟 〜を除いて全て
metabolism	名 代謝
tun	名 樽、（クマムシが樽のような見た目になった）乾眠状態
soak 〜	他 〜を浸す、〜をびしょぬれにする
absorb 〜	他 〜を吸収する
spring back to life	熟 息を吹き返す、復活する
surround 〜	他 〜を取り囲む

[第3段落]

amazing	形 驚くような、すごい
X-ray	名 X線
ultraviolet	形 紫外線の
radiation	名 放射線
intense	形 強烈な、激しい
Israeli	形 イスラエルの
spacecraft	名 宇宙船
crash	自 衝突する
spill 〜	他 〜をこぼす、〜をばらまく
pity	名 残念なこと

[第4段落]

cucumber	名 キュウリ
species	名 （生物の）種
sticky	形 粘着力のある
pad	名 肉球、クッション状のもの
claw	名 かぎ爪
identify 〜	他 〜を識別する

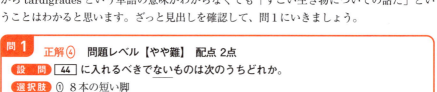

primitive	形 原始的な	system	名 系統、器官
cell	名 細胞	pharynx	名 咽頭
light sensitive	熟 感光性の、光に反応する	salivary gland	熟 唾液腺
[第5段落]		transport 〜	他 〜を運ぶ
plant matter	熟 植物	gut	名 消化管、腸
vegetation	名 植物	esophagus	名 食道
ventral	形 腹部の	intestine	名 腸
terminal	形 末端の	nutrient	名 栄養物
tuna	名 マグロ	leftover	名 残り物
stylet	名 歯針	eventually	副 最終的に
pierce 〜	他 〜を刺し通す	anus	名 肛門
suck out 〜	熟 〜を吸い出す	[スライド]	
[第6段落]		ultimate	形 究極の、最高の
digestive	形 消化の	habitat	名 生息地、生息環境

　まずは❶視線の型ですね。リード文に extraordinary creatures「驚異的な生物」、プレゼン資料のタイトルに Earth's Ultimate Survivors「地球上の究極のサバイバー」とあることから tardigrades という単語の意味がわからなくても「すごい生き物についての話だ」ということはわかると思います。ざっと見出しを確認して、問1にいきましょう。

> **問1**　正解 ④　問題レベル【やや難】　配点 2点
> 設 問　44 に入れるべきでないものは次のうちどれか。
> 選択肢　① 8本の短い脚
> 　　　　② 目の見えないものもいれば見えるものもいる
> 　　　　③ 植物を食べるものもいれば生物を食べるものもいる
> 　　　　④ 16種類の足のタイプ
> 　　　　⑤ 歯の代わりに2本の歯針
> 語句　sighted　形 目の見える

　問1の対象となるスライドは見出しに Basic Information とあります。スライドにすでに2つ項目があり、その下の項目を答えるようになっているため、問題の箇所は2つ目の shaped like a short cucumber「短いキュウリのような形」の後に出てくるのではないかと予測しましょう。スライドの見出しは情報整理のためにまとめられ、本文に出てくる順番と一致しないこともまれにありますが、見出しの下の項目は基本的に本文の流れと一致することが多いです。

　第1段落から読んでいった時、キュウリがなかなか出てこないので焦るかもしれませんが、問題は問1だけではないので、適当に読まずに内容を理解しながら読んでください。すると第4段落1文目に Tardigrades are shaped like a short cucumber. とようやく出てきます。ここから選択肢を見ながら照らし合わせていきましょう。まず2文目に four short legs on each side of their bodies とあるので合計8本足で①は OK です。5文目に All tardigrades have a place for eyes, but not all species have eyes. とあるので②も問題ありません。

　第5段落に入ります。1文目 tardigrades can be divided into those that eat plant matter, and those that eat other creatures より、③も大丈夫です。4〜5文目に The mouths of tardigrades do not have teeth. They do, however, have two sharp needles, called stylets とあるので⑤も OK。残った④が正解です。16という数字は第4段落4文目に出てきていますが、There are 16 known claw variations「16種類のかぎ爪」とあり、types of feet「足の種類」ではありません。

問 2　　正解 ① ・ ⑤ （順不同）　**問題レベル【難】　配点 3点（すべて正解で）**

設問　「生き延びる秘密」のスライドに入れるため、生存に最も役立つクマムシの特徴を2つ選びなさい。（順不同）。 45 46

選択肢　① 乾燥した状況で、代謝が通常の1パーセント未満に低下する。
　　　　　② 乾眠状態のクマムシは151℃を超える温度でも生き延びることができる。
　　　　　③ 乾眠状態はクマムシの体内の水分が0.01パーセント以上になると終わる。
　　　　　④ サメのような口によって他の生物を食べやすくなる。
　　　　　⑤ 極度の放射線にも耐える力がある。

語句　exceed 〜　　他 〜を上回る、〜を超過　　cease　　自 停止する、止まる
　　　　　　　　　　　　　する　　　　　　　　　　　withstand 〜　他 〜に耐える

まずスライドを見ます。active な状態と tun の状態が入れ替わるイラストを参照にしながら、tun とはどんな状態なのか、**狙い読み**していきましょう。tun が登場するのは第2段落9文目です。この少し前から確認していきます。7〜8文目で When the water dries up, so do they. They lose all but three percent of their body's water and their metabolism slows down to 0.01% of its normal speed.「水が干上がると、彼らも干上がる。体の水分が失われて3パーセントを残すだけになると、代謝速度が通常の0.01パーセントにまで下がる」とあります。選択肢を確認すると①がこの部分に該当しそうです。本文の0.01パーセントが選択肢の less than one percent と同じなのかと悩んだかもしれませんが、0.01パーセントということは1パーセント未満でもあるので否定はできません。なお14文目 they can survive in temperatures as low as −272℃ and as high as 151℃より②を選んだ人もいるかもしれませんが、as high as 151℃は「151℃もの高さ」ということであり、選択肢②の exceeding 151℃は「151℃を超える」ということで違います。「151℃もの高さでも生き延びることができる」ということはおそらく限界値が151℃なのだろうと考えられます。

第3段落に入ります。1文目「もっと驚くべきこととして、宇宙で生存する能力だ」より宇宙でも tun の状態を利用して生きていくことができるのだとわかります。4文目 This means that for 10 days most were able to survive X-rays and ultraviolet radiation 1,000 times more intense than here on earth.「つまり、10日の間、地球の1000倍も強烈なX線や紫外線の照射を受けても大半が生き延びることができたのだ」とあります。これにより選択肢⑤も正しいことがわかります。正解は①と⑤です。なお、③は cease「終わる」が間違い、④のサメのような口、は第5段落に出てきますが、サメのような口は植物を食べるものなので不正解です。

Day 20

2023年度：共通テスト本試験　第6問B　349

問 3　　正解③　　問題レベル【普通】　配点 2点

設　問　「消化器系」のスライドのクマムシのイラストで欠けている表示を埋めなさい。
47

選択肢　① (A) 食道　(B) 咽頭　(C) 中腸　(D) 歯針　(E) 唾液腺
　　　　　② (A) 咽頭　(B) 歯針　(C) 唾液腺　(D) 食道　(E) 中腸
　　　　　③ (A) 唾液腺　(B) 食道　(C) 中腸　(D) 歯針　(E) 咽頭
　　　　　④ (A) 唾液腺　(B) 中腸　(C) 歯針　(D) 食道　(E) 咽頭
　　　　　⑤ (A) 歯針　(B) 唾液腺　(C) 咽頭　(D) 中腸　(E) 食道

　「消化器系」については第6段落にあります。イラストと照らし合わせながら解いていきましょう。まず2文目 The mouth leads to the pharynx (throat) とあることから、Pharynx「咽頭」は (A) (D) (E) のどれかになりそうです。そのまま読み進めると、3文目に Located above the pharynx is a salivary gland. とあり、この位置関係から Pharynx が (E)、Salivary gland「唾液腺」が (A) のように思えます。続けて読んでいくと、5〜6文目 After the pharynx, there is a tube which transports food toward the gut. This tube is called the esophagus. との記述から、Pharynx が (E)、Esophagus「食道」が (B) と考えられます。この時点で正解は③に絞られますが、最後まで読んでいくと、Esophagus と Anus「肛門」の間に位置する Middle gut「中腸」が (C) とわかり、③が正解と確信できます。

問 4　　正解④　　問題レベル【やや難】　配点 2点

設　問　最後のスライドに最もふさわしい文面はどれか。　**48**

選択肢　① 何千年のもの間、クマムシは地球や宇宙の過酷な状況を生き抜いてきた。人類よりも後まで生き延びるだろう。
　　　　　② クマムシは宇宙から来たもので、ホッキョクギツネやフタコブラクダの限界を超える温度でも生きていられるので、人間より強いのは確実だ。
　　　　　③ クマムシは間違いなく地球上で最も頑丈な生物だ。山の頂上でも、海底でも、温泉の湯の中でも生きていられる。そして月面でも生育が可能だ。
　　　　　④ クマムシは地球上の最も過酷ないくつかの状況と、さらに少なくとも一度の宇宙旅行を生き抜いてきた。この驚くべき生物は人類よりも後まで生き残るかもしれない。

語句

harsh	形 過酷な	remarkable	形 注目に値する、並外れた
humankind	名 人類		
without a doubt	熟 疑いもなく、紛れもなく	outlive 〜	他 〜よりも長生きする
thrive	自 発育する、元気に育つ		

　選択肢を一つひとつ確認しましょう。①は in space が×です。第3段落に宇宙に行ったとはありましたが、4文目で「10日間生き延びた」とあり、何千年もの間生き抜いてきたわけではありません。次に②は from space が×です。宇宙から来たとはどこにも書かれていませ

350　リーディング

ん。③は on the moon が×です。第3段落最終文によると、誰も確認しに行っていないため、月面で生きているかどうかは不明です。消去法で④が残ります。第2段落2〜4文目で「地球上の最も過酷ないくつかの状況」の中生息する、第3段落3文目に「さらに少なくとも一度の宇宙旅行」を生き抜いてきた、とそれぞれ書かれているため、④が正解となります。

問5 正解④ 問題レベル【難】 配点 3点

設問 クマムシを宇宙に送り出すことに関して推測できることは何か。 49

選択肢
① クマムシが宇宙で生き延びられるかどうかの確認は、重要だと考えられたことはなかった。
② クマムシは、何百万年も前から地球上にいた他の生物同様、X線や紫外線の照射に耐えることができる。
③ イスラエルの研究者たちは、これほど多くのクマムシが宇宙の過酷な環境で生き残るとは予想していなかった。
④ クマムシが月面で生き延びられるのかどうかを誰にも確認できない理由が、筆者の注意を引いた。

語句 infer 〜 他 〜を推論する   along with 〜 熟 〜とともに

推測問題です。「推測の型」（❷〜❸）を使います。まず本文を読みながら筆者の主観を読み取れたでしょうか（❷）。第3段落1文目で Perhaps even more amazing...「おそらくさらにもっと驚きなのは……」と主観を表す語が使われており、宇宙での生存能力に筆者が関心があることが伺えます。そしてこの段落最終文で Whether these are still alive or not is unknown as no one has gone to collect them — which is a pity.「誰も回収に行っていないので、それら（クマムシ）がまだ（月で）生きているかどうかは不明である——残念なことだ」と、また主観表現が出てきています。a pity は「残念なこと」という意味で筆者の感情です。この表現から、「こんなに好奇心そそられることなのに、どうして誰も確認に行かないんだ」という気持ちを筆者が抱いていることが推測されます。よって④ The reason why no one has been to see if tardigrades can survive on the moon's surface attracted the author's attention. が正解です。このように、事実ベースの中に入り込んでいる主観表現を押さえることで、筆者の感情を推測する問題は解きやすくなります。

ただ推測問題は難しいので消去法（❸）でも対応可能です。①は第3段落2〜4文目でクマムシを宇宙に送っているので重要性は認識されていたと考えられるため不可、②は他の生物に関してX線や紫外線に耐えられたということは書かれていないので不可、③は第3段落3文目に the researchers were surprised to see that 68% were still alive とあることから、「驚いた」ということは「予測していなかった」と言えますが、この文の主語 the researchers は前の文の European researchers であり、Israeli researchers ではないので不可です。選択肢④以外は明らかにおかしいため④が正解、とする消去法で解くのも一つの手です。

Day 20

2023年度：共通テスト本試験　第6問B　351

DAY 20 ＞ 練 習 問 題

B You are preparing a poster for an in-school presentation on a scientific discovery, using the following article.

As you are reading this, you probably have a pencil in your hand. In the center of every pencil is something called "lead." This dark gray material is not actually lead (Pb), but a different substance, graphite. Graphite has been a major area of research for many years. It is made up of thin layers of carbon that can be easily separated. Indeed, it is this ease of separation that enables the pencil to write. As the pencil rubs against the paper, thin layers of carbon are pulled off the pencil lead and left on the paper as lines or writing.

In 2004, two scientists, Andre Geim and Konstantin Novoselov, were investigating graphite at the University of Manchester, in the UK. They were trying to see if they could obtain a very thin slice of graphite to study. Their goal was to get a slice of carbon which was between 10 and 100 layers thick. Even though their university laboratory had the latest scientific equipment, they made their incredible breakthrough — for what was later to become a Nobel Prize-winning discovery — with only a cheap roll of sticky tape.

In a BBC News interview, Professor Geim described their technique. He said that the first step was to put sticky tape on a piece of graphite. Then, when the tape is pulled off, a flake of graphite will come off on the tape. Next, fold the tape in half, sticking the flake onto the other side of the tape. Then pull the tape apart to split the flake. You now have two flakes, roughly half as thick as before. Fold the tape together once more in a slightly different position to avoid having the flakes touch each other. Pull it apart again, and you will now have four thinner flakes than before. Repeat this procedure 10 or 20 times, and you're left with many very thin flakes attached to your tape. Finally, you dissolve the tape using chemicals so everything goes into a solution.

Geim and Novoselov then looked at the solution, and were surprised to see that the thin flakes were flat and not rolled up — and even more surprised that the flakes were as thin as only 10 layers of graphite. As graphite conducts electricity, it was only a matter of weeks before they were studying whether these thin sheets could be used in computer chips. By 2005, they had succeeded in separating a single layer of graphite. As this does not exist naturally, this new material was given a new name: graphene. Graphene is only one atom thick, and perhaps the thinnest material in the universe. It is one of the few two-dimensional (2D) materials known, and forms a six-sided, honeycomb-patterned structure. In addition, it is possibly the lightest and strongest substance known on earth. It is also excellent at carrying electricity. In fact, at laboratory temperatures (20-25℃), graphene conducts electricity faster than any known substance. This has led to manufacturers investing in further research because graphene-based batteries could last three times longer and be charged five times faster than lithium-ion batteries.

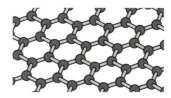

Figure 1. Structure of Graphene

Graphene has been called a super-material because of its amazing properties. It is 1,000 times lighter than paper and close to being totally transparent. It allows 98% of light to pass through it while at the same time it is so dense that even one molecule of helium gas cannot pass through it. It can also convert light into electricity. It is 200 times stronger than steel by weight: So strong in fact, that if you could make a $1 m^2$ sheet of graphene, it would weigh less than a human hair and be strong enough to hold the weight of a cat. Quite simply, this material found in pencil lead has the potential to revolutionize the development of computer chips, rechargeable batteries, and strong, light-weight materials.

Your presentation poster draft:

Graphene

Basic information 44

Graphene...

    A. is a 2D material.

    B. is a separated layer of graphite.

    C. is an extremely thin sheet of metal.

    D. is not a naturally occurring substance.

    E. looks like a sheet of wire mesh.

    F. was isolated without advanced equipment.

How Geim and Novoselov separated graphite (5 steps)

Step 1. Press sticky tape on graphite and remove.

Step 2. ⎫
Step 3. ⎬ 45
Step 4. ⎭

Step 5. Dissolve tape in a chemical solution and collect the flakes.

The properties of graphene

    46
    47

Future use

    48

問 1　You are checking your poster.　You spotted an error in the basic information section.　Which of the following should you **remove**?　44

① 　A
② 　B
③ 　C
④ 　D
⑤ 　E
⑥ 　F

問 2　You are going to summarize the five-step process used to separate layers of graphite.　Choose the best combination of steps to complete the process. 45

A．Do this process over and over again.

B．Fold tape in two again so another part of the tape touches the graphite.

C．Fold tape in two and pull it apart.

D．Place tape on the thinner flakes and press down.

E．Pull a flake of graphite off some sticky tape.

① 　C → B → A
② 　C → E → D
③ 　D → C → B
④ 　D → E → A
⑤ 　E → C → A
⑥ 　E → C → D

問 3　From the list below, select the two which best describe graphene's properties. (The order does not matter.) ☐46 ・ ☐47

① At average room temperature, it is the world's most efficient material for carrying electricity.

② Gram for gram, graphene is stronger and more resistant to electricity.

③ Graphene weighs slightly more than graphite per cm².

④ It allows almost all light to pass through its structure.

⑤ Its six-sided honeycomb structure allows gas particles to pass from one side to another.

問 4　From this passage, which of the following might graphene be used for in the future? ☐48

① A material for filtering small gas molecules from large ones

② Developing light-sensitive chips

③ Electricity resistant materials

④ Increasing the weight and strength of batteries

問 5　From this passage, we can infer that the writer ☐49 .

① believed that many great Nobel Prize-winning discoveries have been made with low-cost equipment

② knew about the potential of graphene to reduce the production costs and recharging times of rechargeable batteries

③ was impressed by the fact that graphene and all its properties had lain hidden in every pencil mark until being revealed by Geim and Novoselov

④ was surprised at how long it took for Geim and Novoselov to realize the potential of using thin sheets of graphene in computer chips

DAY 20 › 練習問題［解説］

問 1 - 5

訳 あなたは、次の記事を使いながら、科学的発見に関する校内プレゼンテーションのポスターを準備しています。

[第1段落]
　この記事を読んでいるあなたは、たぶん鉛筆を手にしているだろう。鉛筆の中心には lead（芯）と呼ばれるものが入っている。この濃いグレーの物質は実は lead（Pb、鉛）ではなく別の物質、グラファイトだ。グラファイトは長年、大きな研究分野だった。簡単にはがれる炭素の薄い層からできている。実際、鉛筆で書くことができるのも、このはがれやすさのおかげだ。鉛筆が紙とこすると、炭素の薄い層が鉛筆からはがれ落ちて、線や文字として紙に残るのだ。

[第2段落]
　2004年に、アンドレ・ガイムとコンスタンチン・ノボセロフという2人の科学者が、イギリスのマンチェスター大学でグラファイトの研究をしていた。彼らは研究用にごく薄いグラファイトの層を得られないかと試していた。目標としていたのは10～100層の薄さの炭素の薄片を得ることだった。彼らの大学の研究室には最新の科学機材があったのだが、彼らは<u>信じられないような大発見</u> 問5-1 ——のちにノーベル賞を受けることとなる発見——を、一巻きの安価な粘着テープだけで成し遂げたのだった。

[第3段落]
　BBC ニュースのインタビューで、ガイム教授は自分たちのテクニックを説明した。彼によれば、最初のステップはグラファイトのかけらに粘着テープを当てることだった。それから、テープをはがすとグラファイトの薄い膜がテープに付いてくる。<u>次に、テープを二つ折りしてテープの別の側にも膜を付ける。それからテープをはがして膜を二分割する。</u> 問2-1 これで前の約半分の厚さの膜が2つできる。<u>膜同士が触れ合わないよう少し位置を変えてもう一度テープを二つ折りする。</u> 問2-2 またはがすと、前より薄い膜が4つできる。<u>この手順を10回か20回繰り返す</u> 問2-3 と、たくさんのごく薄い膜がテープにくっついた状態で残る。最後にテープを薬品で溶かし、溶液にすべて溶け込ませる。

[第4段落]
　ガイムとノボセロフはそこで溶液を調べ、その薄い膜が丸まらずに平らになっているのを見て驚いた——さらに驚いたことに、膜はグラファイトのわずか10層分の薄さになっていた。<u>グラファイトは電気を通すので、ほんの数週間後には、彼らはこの薄片がコンピューターチップに利用できるかどうかを研究していた。</u> 問4-1 2005年までには、彼らはグラファイトの1枚の層を分離することに成功していた。これは自然界には存在しないので、この新物質には「グラフェン」という新しい名前が付

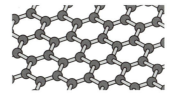

図1. グラフェンの構造

けられた。 問1　グラフェンは原子１つ分の厚さしかない、おそらくこの世で最も薄い物質だ。知られているわずかな二次元（2D）物質の一つで、六角形のハニカムパターンの構造をしている。加えて、地球上で知られている中でも最も軽く強い物質だと思われる。さらに電気をとてもよく通す。問4-2　実際、研究室の温度（セ氏20〜25度）において、グラフェンは既知のどの物質よりも早く電気が流れる。問3①　このことから各メーカーがさらなる研究に投資を始めた。グラフェンを使ったバッテリーはリチウムイオン電池の３倍長持ちし、５倍の速さで充電できるからだ。

[第５段落]
　グラフェンはその驚異的な特性からスーパー物質と呼ばれている。紙の1000倍軽く、完全な透明に近い。光の98パーセントを透過させる 問3④　一方で、ヘリウムガスの分子ひとつすら通さないほどの高密度でもある。光を電気に変えることもできる。問4-3　同じ重さの鋼鉄の200倍の強さがある。実際とても強いため、もし１平方メートルのグラフェンを作ることができたら、それは髪の毛１本より軽く、ネコ１匹の重さに耐える強さがあるはずだ。要するに、鉛筆の芯から見つかったこの物質は、コンピューターチップや充電式電池、丈夫で軽い素材の開発を飛躍的に前進させる可能性を持っているのだ。

あなたのプレゼンテーション用ポスター下書き

グラフェン

基本情報 44

グラフェンは……
　A. 2D 素材である。
　B. グラファイトをはがした層である。
　C. ごく薄い金属シートである。
　D. 自然に生じる物質ではない。
　E. 金属のメッシュに似た様子をしている。
　F. 最新機器を使わずに分離された。

ガイムとノボセロフがグラフェンを分離した方法（５ステップ）

ステップ１．粘着テープをグラファイトに押し付けてからはがす。
ステップ２．
ステップ３． ⎬ 45
ステップ４．
ステップ５．化学溶液にテープを溶かし、薄片を集める。

グラフェンの特性
　　46
　　47

将来の用途
　　48

語句

[リード文]

scientific	形	科学の
discovery	名	発見

[記事]
[第1段落]

lead	名	（鉛筆の）芯、鉛
substance	名	物質
graphite	名	グラファイト、黒鉛
be made up of ~	熟	~からできている、~で構成されている
layer	名	層
indeed	副	実際に
enable ~ to (V)	熟	~がVすることを可能にする
rub against ~	熟	~とこすれ合う
pull off ~	熟	~を引きはがす

[第2段落]

investigate ~	他	~を調査する、~を研究する
latest	形	最新の
incredible	形	信じられないような、素晴らしい
breakthrough	名	画期的な前進、大発見
sticky tape	熟	粘着テープ

[第3段落]

flake	名	かけら、薄片
come off	熟	落ちる、はがれる
fold ~	他	~を折りたたむ
stick ~	他	~をくっつける
pull ~ apart	熟	~を引き離す、~をはがす
procedure	名	手順
dissolve ~	他	~を溶かす、~を溶解させる
chemical	名	化学薬品
go into ~	熟	~に溶け込む

solution	名	溶液

[第4段落]

conduct ~	他	~を導く、~（電気）を通す
graphene	名	グラフェン
atom	名	原子
two-dimensional	形	二次元の
material	名	素材、物質
honeycomb-patterned	形	ハニカムパターンの、ハチの巣模様の
structure	名	構造
temperature	名	温度
manufacturer	名	製造業者、メーカー
invest in ~	熟	~に投資する
last	自	持続する
charge ~	他	~を充電する
lithium-ion battery	熟	リチウムイオン電池

[第5段落]

property	名	特性、性質
transparent	形	透明な
dense	形	高密度の
molecule	名	分子
helium	名	ヘリウム
convert A into B	熟	AをBに変換する
quite simply	熟	簡単に言えば、要するに
potential	名	潜在能力、可能性
revolutionize ~	熟	~に革命をもたらす、~を革命的に変化させる
rechargeable	形	充電可能な

[ポスター]

extremely	副	極度に、非常に
occur	自	起こる、発生する
isolate ~	他	~を分離する
advanced	形	進歩した、最新の

　　まずは❶視線の型ですね。リード文に a scientific discovery「科学的発見」とあるので「何か科学的な発見があったのだな」と予想しておきます。プレゼン用のポスター草案の見出しとイラストをざっと確認し、問1にいきましょう。

Day
20

2023年度：共通テスト追試験　第6問B　359

問1 正解③ 問題レベル【難】 配点 2点

設問 あなたはポスターをチェックしている。「基本情報」の部分に誤りを見つけた。次のうち、取り除くべきものはどれか。44

選択肢 ① A ② B ③ C ④ D ⑤ E ⑥ F

語句 spot ~ 他 ~を見つける

　2023年本試験の第6問A問1と同じで、この設問のポイントのGrapheneがなかなか出てこず焦るかもしれません。第4段落4文目になってようやく this new material was given a new name: graphene と出てきます。しかも本試験と違って難易度を上げるためか、ポスター内の見出し Basic Information が羅列されている順番が本文の登場順と異なっています。一つひとつ確認していきましょう。

　まず3文目に succeeded in separating a single layer of graphite とあり、次の文でこれが graphene と名づけられているので、② B は OK です。また4文目 this does not exist naturally より、④ D も問題ありません。ここまでで、グラフェンは自然界に存在しないので金属ではなく、グラファイトのかけらだとわかるので③が正解です。なお6文目に2Dとあるので① A も OK、図1より⑤ E も問題ありません。⑥ F に関しては、第2段落最終文に、Even though their university laboratory had the latest scientific equipment, they made their incredible breakthrough ... with only a cheap roll of sticky tape.「彼らの大学の研究室には最新の科学機材があったのだが、彼らは信じられないような大発見……を一巻きの安価な粘着テープだけで成し遂げたのだった」とあることから OK と判断できます。

問2 正解① 問題レベル【難】 配点 2点

設問 あなたはグラファイトの層を剥離させるのに使われる5ステップの手順を要約しようとしている。手順を完成させるのに最もふさわしいステップの組み合わせを選びなさい。45

A. この工程を何度も繰り返す。
B. テープの別の部分がグラファイトに触れるようにテープをまた二つ折りする。
C. テープを二つ折りしてからはがす。
D. テープを薄くなった薄片に当てて押しつける。
E. 粘着テープからグラファイトを落とす。

選択肢 ① C → B → A
　　　　② C → E → D
　　　　③ D → C → B
　　　　④ D → E → A
　　　　⑤ E → C → A
　　　　⑥ E → C → D

語句 summarize ~ 他 ~を要約する、~をまとめる

　ステップに関しては第3段落に書かれています。Step 1と Step 5はすでに書かれているの

360　リーディング

で必ず先に確認しておきましょう。第3段落2文目 the first step...と3文目 Then, ...のところが Step 1ですね。Step 1をよく読むと、Press ... and remove. と2つのステップをまとめています。Press が2文目 put の言い換え、remove が3文目 pull off の言い換えだと気づけると解きやすかったはずです。これより Step 2はこの次の4文目に出てくると予測できます。

Next, fold the tape in half, sticking the flake onto the other side of the tape.「次に、テープを二つ折りしてテープの別の側にも膜を付ける」とあります。選択肢を見ると B や C の前半とぴったりです。後半部分を確認するため5文目も続けて読むと、Then pull the tape apart to split the flake.「それからテープをはがして膜を二分割する」とあります。C の後半 pull it apart に該当するため、まず C を Step 2に選びましょう。

次に7文目 Fold the tape together once more in a slightly different position to avoid having the flakes touch each other「膜同士が触れ合わないよう少し位置を変えてもう一度テープを二つ折りする」とありますが、これは B に該当しそうです。そして9文目に Repeat this procedure 10 or 20 times「この手順を10回か20回繰り返す」とあり、これは A に該当します。並べると C → B → A となり、①が正解です。

問 3　正解①・④（順不同）　問題レベル【やや難】　配点 3点（すべて正解で）

設問　次の一覧から、グラフェンの性質を最もよく表しているものを2つ選びなさい。（順不同）　46・47

選択肢　① 常温であれば、この世で最も電気を効率よく通す物質である。
② 同じ重さであれば、グラフェンの方が強く、電気抵抗が高い。
③ グラフェンは立方センチ当たりの重さがグラファイトよりわずかに重い。
④ その構造はほとんどの光を通過させる。
⑤ 六角形のハニカム構造が気体を一方からもう一方へと通過させる。

語句　efficient　形 効率の良い　　　particle　名 粒子
resistant　形 抵抗力のある、耐久性のある

---

graphene の特徴は第4段落・第5段落に書かれているので一通りここを読んでから選択肢を見るとわかりやすいと思います。まず第4段落9文目に、In fact, at laboratory temperatures（20℃ - 25℃）, graphene conducts electricity faster than any known substance.「実際、研究室の温度（セ氏20 〜 25度）において、グラフェンは既知のどの物質よりも早く電気が流れる」より、①が正解です。また、第5段落3文目 It allows 98% of light to pass through it「光の98パーセントを透過させる」より④も正解です。

問 4　正解②　問題レベル【やや難】　配点 2点

設問　この文章から、将来グラフェンの用途となりそうなのは次のうちどれか。　48

選択肢　① 小さな気体分子をフィルターにかけて大きなものから分離する素材
② 光に反応するチップの開発
③ 電気抵抗のある素材
④ 電池の重さと強さを増すこと

語句　filter 〜　　他 〜をろ過する、〜をフィルターにかける　　light-sensitive　形 光に反応する、感光性の

Day 20

2023年度：共通テスト追試験　第6問B　361

Future use に関しては、第4段落2文目に As graphite conducts electricity, it was only a matter of weeks before they were studying whether these thin sheets could be used in computer chips.「グラファイトは電気を通すので、ほんの数週間後には、彼らはこの薄片がコンピューターチップに利用できるかどうかを研究していた」、同段落8文目に It is also excellent at carrying electricity.「電気をとてもよく通す」、そして、最後の第5段落4文目に It can also convert light into electricity.「光を電気に変えることもできる」とあります。選択肢と照らし合わせると②が正解となります。

問 5　**正解 ③**　問題レベル【難しい】　配点 3点

設　問　この文章から、筆者は　49　と推測できる。

選択肢　① ノーベル賞に輝く大発見の多くが低コストの装置で成し遂げられたと考えていた
　　　　② 充電式電池の製造コストと再充電時間を下げるグラフェンの潜在能力について知っていた
　　　　③ ガイムとノボセロフによって発見されるまで、グラフェンのさまざまな特性があらゆる鉛筆の線の中に隠れていたのだという事実に感銘を受けた
　　　　④ グラフェンの薄い膜がコンピューターチップに使える可能性についてガイムとノボセロフが気付くまで、どれだけ長い時間がかかったかに驚いた

語句　infer ～　他 ～と推論する　　　　　　　　　　に）しておく（lainは過去分詞）
　　　　lay ～　他 ～を置く、～を（ある状態　　reveal ～　他 ～を明らかにする

推測問題です。「推測の型」（❷〜❸）を使います。まず本文を読みながら筆者の主観を読み取れたでしょうか（❷）。第2段落最終文で incredible breakthrough と graphene の発見を絶賛しています。incredible は「信じられない、驚くべき」という主観を表す語です。筆者はこの発見を喜ばしく思っているようです。筆者は第1段落で、鉛筆がグラファイトという簡単にはがれる炭素の薄い層からなる物質でできていることから本記事を始めています。そして、第2段落以降では、ガイムとノボセロフという2人の科学者が多層からなるグラファイトからグラフェンという新物質を作り出すことに成功したこと、そのグラフェンの可能性について言及しています。こういった論旨であることを踏まえて、選択肢を見ると③がぴったりだとわかります。

消去法（❸）でも解くことができます。①②④を推測できる根拠はどこにも書かれてありませんでした。

共通テスト
英語リーディング
実戦模擬試験
正解と解説

この模擬試験は、実際の大学入学共通テスト（2023年1月実施）と同様の出題項目・同等の難易度で作成されています。本書で解説した「読む型」と「解く型」を使えば、解けたことと思います。

ここで間違えた問題はそのままにせず、該当の「型」のページに戻って復習してください。

第1問A［解説］

問 1-2

訳 あなたはイギリス留学中で、週末に何か学ぼうと考えています。先生が、地元のカレッジの情報が載ったプリントをくれます。

スプリングデール・コミュニティーカレッジ週末講座

初心者のための自動車整備	一人分の料理
自動車所有にかかるお金の節約に役立つ講座です。	高校生に実家を離れた生活の準備をしてもらう講座です。
・8月7日から10月24日までの日曜日、午前9時30分より。授業時間の終了は昼過ぎ12時30分。 ・この講座に参加できるのは高校生以上の人です。 ・自動車整備は危険や汚れを伴います。ご自身の手袋と衣服が汚れないようエプロンを持参してください。 問 2-1 ・参加者全員に、講座が終わったら持ち帰れる小型ツールキットを差し上げます。 受講料：280ドル	・8月6日から10月23日までの土曜日、午前10時より。授業時間の終了は昼過ぎ12時30分。 ・こちらは高校生専用に用意された講座です。 ・受講料にはエプロンとヘアネットが含まれており、参加者にはそれを常時着用していただきます。 問 2-2 ・講座で調理した食べ物はすべて食堂で食べることができますし、持ち帰っても構いません。 受講料：310ドル

注意：どちらの講座も参加費用がかかります。このプリントをお母さんかお父さんに渡して、参加には必ず許可をもらってください。 問1 記入した申込書は7月17日までに担当の先生に提出してください。

✂ --

1つ選んで（☑）ください：初心者のための自動車整備 □　　一人分の料理 □

名前：＿＿＿＿＿＿＿＿＿＿＿＿＿＿＿

語句

[リード文]

consider ~	他	~を検討する
handout	名	配布資料、プリント

[プリント]

maintenance	名	保守、整備
ownership	名	所有すること
session	名	授業時間
participant	名	参加者
fee	名	料金、学費

specifically	副	特に、特定して
designed for ~	熟	~用に考案されて、~向けのもので
be expected to (V)	熟	Vすることが求められる
approve of ~	熟	~を承認する
participation	名	参加
submit ~	他	~を提出する
complete ~	他	~（項目）に記入する

364　リーディング

問 1

正解④ 問題レベル【易】 配点 2点

設 問 講座を選ぶ前に何をするよう言われているか。 **1**

選択肢 ① スプリングデール・コミュニティーカレッジの場所を確認する。
② 開講日に自分の予定が空いていることを確認する。
③ 7月17日に予定について教師と相談する。
④ 用紙を親に見せて承諾を得る。

【ショートパッセージ読解問題】を攻略する「視線の型」（p. 10参照）、「精読の型」（p. 20参照）を生かせましたか。設問を先読みし、濃淡をつけた読み方でしっかり得点してください。

設問を先読みすれば、講座の内容以外について聞かれているのだとわかります。表の下のNote「注意」を見ると、Both of these courses cost money to join. Please pass this handout to your mother or father and make sure that they approve of your participation.「どちらの講座も参加費用がかかります。このプリントをお母さんかお父さんに渡して、参加には必ず許可をもらってください」とあるので、講座の申し込み前に親の許可が必要だということがわかります。よって答えは④です。①と②は記述がありません。同じ箇所に「7月17日」が登場しますが提出の締切日なので、③も不正解です。

問 2

正解③ 問題レベル【易】 配点 2点

設 問 両方の講座に当てはまることは何か。 **2**

選択肢 ① カレッジの食堂で昼食が出される。
② 高校生だけが参加できる。
③ 防護用の着衣が必要である。
④ 生徒は1日に3時間学ぶ予定だ。

共通して書かれていることを選ぶ問題です。このような問題はまず選択肢を読んで狙い読みをすると解きやすいです。正解は③ですね。左側、自動車整備の方では3つ目の項目にPlease provide your own gloves and an apron to keep your clothes clean.「ご自身の手袋と衣服が汚れないようエプロンを持参してください」とあり、右側の料理の方でも3つ目でThe course fee includes an apron, and hairnets, which participants are expected to wear at all times.「受講料にはエプロンとヘアネットが含まれており、参加者にはそれを常時着用していただきます」とあります。gloves, an apron, hairnets が選択肢では protective clothing に言い換えられています。①は記述がありません。②は、自動車整備の方の2つ目に people of high-school age or older「高校生かそれ以上」とあるので不正解です。④は、料理の方の授業時間が2時間30分なので、これも不正解です。

365

第1問 B [解説]

問 1-3

訳 あなたと友人たちは、学生バンドを結成しています。あなたは次のような近く行われるコンテストのチラシを見ました。

バンド決戦
トリプル V ラジオにアルバムをプロデュースしてもらおう！

ブリスベーンの最優秀若手バンドを発掘するコンテストが 7月12日と13日に開催されます。
このイベントはブリスベーン市のシェフィールド・ホールで行われます。
このコンテストはブリスベーンの高校に在籍する生徒だけを対象としたものです。

◆応募方法
- 4月7日に、ブリスベーン市内の音楽教師全員に応募用紙が送付されました。ご自身の学校の音楽の先生から一部もらってコンテスト主催者まで送ってください。
- 主催者が5月1日から応募を受け付けます。応募は5月中に限って受け付けます。 問1
- 応募に100ドルの費用がかかります。このお金は会場料などのイベント開催費の支払いに使われます。払い込みは、応募用紙に記載された銀行口座情報を使ってオンラインで行ってください。 問2①
- オーディション動画を主催者に提出していただきます。www.bnebob.org.au/auditions に動画をアップロードしてください。 問2③

◆コンテスト日程

7月12日	出場者たちが、ブリスベーン市のシェフィールド・ホールで生の聴衆を前に演奏します。バンドには午前9時に演奏スケジュールをお伝えします。 問3-1 全バンドとも、午前9時から午後3時まで会場にいていただきます。10組のバンドに、7月13日の決勝ラウンド出場のためもう一度来てもらうことになります。そのうち1組が優勝者として選ばれます。
7月13日	この日の演奏はオンライン放送されます。 問2④ 7月12日に選ばれた決勝出場者は、午後3時までにホールに到着していなければなりません。その時間にバンドの演奏順が発表されます。 問3-2 優勝者はオンライン視聴者の投票によって選ばれます。最後の演奏の後で優勝バンドが発表されます。

◆賞品
優勝バンドは、トリプルVラジオのレコーディングスタッフによって、プロデビュー向けにアルバムがプロデュースされます。

語句

[チラシ]
[本文]
enrolled in ～　熟 ～に在籍している
[参加方法]
application　名 申し込み
organizer　名 主催者
venue　名 会場
bank account　熟 銀行口座

audition　名 オーディション
[コンテスト日程]
contestant　名 コンテスト出場者
performance　名 パフォーマンス、演奏
present　形 出席した、その場にいた
broadcast ～　他 ～を放送する（過去形、過去分詞も同形）　名 放送

問 1

正解③　問題レベル【易】　配点 2点

設問 コンテストに応募できる期間は 　3　 。

選択肢 ① 4月7日から5月1日まで
② 4月7日から7月31日まで
③ 5月1日から5月31日まで
④ 7月12日から7月13日まで

【告知文読解問題】を攻略する「視線の型」（p. 32参照）、「言い換えの型」（p. 44参照）でしっかり得点できましたか。設問や問題文の該当個所を自分の言葉にして理解しておくと、解答しやすくなるのでしたね。

　設問の You can enter the contest は直訳すると「コンテストに入ることができる」ですが、わかりにくいですね。「応募できる」と理解しやすい言葉に直して頭に入れておきましょう。その小さな意識で言い換えに気づきやすくなります。How to Enter の2つ目の項目で、Organizers will be accepting applications from May 1. Applications will only be accepted during May. とあります。「5月1日から応募受付」「応募は5月中」とのことなので、選択肢③が正解です。

問 2

正解②　問題レベル【易】　配点 2点

設問 次のうちオンラインでできないことはどれか。 　4　

選択肢 ① 応募費用を払う
② 応募用紙を入手する
③ デモンストレーション動画を提出する
④ コンテストの放送を見る

語句 obtain ～　他 ～を入手する　　demonstration　名 実演してみせること

選択肢を一つずつ確認していきましょう。①応募費用の支払いに関しては How to Enter の

367

3つ目に Payment should be made online とあるようにオンラインでする必要があります。②の応募用紙に関しては How to Enter の1つ目に application forms were sent to every music teacher、Ask your music teacher for a copy とあるように、先生からコピーをもらうようです。オンラインでできると書かれていないので、②が正解です。③デモンストレーション動画の提出に関しては、How to Enter の4つ目に、You can upload the video at www.bnebob.org.au/auditions. とあるように、ネット上にアップするのでオンラインで行う作業です。④放送を見る、に関しては Contest Schedule の July 13の1文目に The performances on this day will be broadcast online. とあるようにオンラインで視聴できるようです。

問3 　正解④ 　問題レベル【易】 　配点 2点

設問 コンテストの両日とも、バンドメンバーは **5** 。

選択肢 ① オンライン視聴者に投票してもらう

　　　　② 3時に主催者とのミーティングのため集まる

　　　　③ 演奏がオンラインで放送される

　　　　④ 演奏順の情報をもらう

　設問に On both days とあるので、Contest Schedule を両方とも確認し共通して書かれていることを探します。正解は④です。July 12の2文目に Bands will be given a performance schedule at 9:00 A.M. とあり、「演奏のスケジュールをもらう」ということは演奏順がわかるということですし、July 13の3文目に The order in which the bands perform will be announced at that time. とあるように当日演奏順がわかる、と書かれています。①視聴者の投票、②3時の集合、③オンライン放送、いずれも July 13のみのことなので不正解です。

368　リーディング

第2問A [解説]

問 1-5

訳 あなたは他の学生の一行とともに環境調査を行うため、カナダ沖の島で一週間過ごすつもりです。 問3-2 旅程をまだ計画中なので、フェリー便に関する案内を読んでいます。

ノルマンディー＝サリンジャー島間フェリー便
ブランズウィック・フェリー社による運航
2023年パンフレット

スケジュール
始発フェリーは午前7時20分出航です。次の便は7時50分です。 問2-1 フェリーは、午後7時50分の最終便まで、ノルマンディー・フェリーターミナルから毎時20分と50分に出航を続けます。サリンジャー島までの移動はおよそ2時間かかります。

注意：出発予定時刻の10分前までにターミナルに来ていなければなりません。そうでない場合、後の時間のフェリー便に乗っていただくことになります。 問2-2 事前予約は必要ありません。

チケットはすべて往復です。復路の分は7日以内にご使用ください、そうしないともう一枚チケットを購入しなければならなくなります。 問3

設備
厨房には腕の良い料理人のチームがそろっておりますし、フェリー内にはモダンな食堂があり、そこでお持ち込みの食べ物を召し上がることも可能です。 問5-2 フェリー後方、レベル3にあります。

レベル2にある自動販売機に新聞をご用意しています。 問1-1 寝台付き個室もあり、乗客は1時間30ドルで利用することができます。 問1-2 満室になることが多いので、ぜひお時間に余裕をもってご予約ください。観覧デッキは現在、乗客は利用できません。自転車の運搬には料金がかかりません。

過去の乗客からのコメント
・島からの最終フェリーは午後10時なので、友人とディナーを楽しむ時間がたっぷりありました。
・13年近くこのフェリーを利用していますが、便が遅れたことはありません！
 問4
・チケットの金額に不満を言う人もいますが、こうした運航便は維持にお金がかかるのだろうと思います。自転車の持ち込みまで無料でさせてもらえます。
・フェリーで何か食べるものを買えるかと思っていましたが、食べ物の自動販売

機すらありませんでした。 問5-1

・みんなもっと食堂を使えばいいのにと思います。メインの座席エリアで食べ物のにおいを我慢しなければならないことがよくあります。

・サリンジャー島までの移動時間は思っていた以上にかかりました。スケジュールをもっとよく見ておくべきでした。

・観覧デッキからの眺めを見られたら楽しかっただろうな。再開はいつになるのかと思っています。

語句

[リード文]

		得ない	
off the coast of ～	熟 ～沖に	purchase ～	他 ～を購入する
conduct ～	他 ～を実施する	[設備]	
environmental	形 環境の	facility	名 設備、施設
[パンフレット]		staff ～	他 ～に人員を置く
pamphlet	名 パンフレット	chef	名 シェフ、料理人
[スケジュール]		vending machine	熟 自動販売機
approximately	副 およそ、だいたい	private compartment	熟 個室
departure	名 出発	occupy ～	他 ～を使用する、～を
otherwise	副 そうでなければ、そ		占有する
	うしない場合は	observation	名 観測、観覧
book	自 予約する	deck	名 (船の) デッキ
in advance	熟 前もって、事前に	currently	副 現在、今のところ
round trip	熟 往復	[コメント]	
portion	名 部分	complain	自 不満を言う
be forced to (V)	熟 Vすることを余儀な	put up with ～	熟 ～に我慢する
	くされる、Vせざるを		

問 1

正解② 問題レベル【易】 配点 2点

設 問 6 が、フェリーの船上でできる2つのことである。

A：自動販売機で新聞を買う

B：観覧デッキから景色を見る

C：友だちと卓球をする

D：個室で休憩する

E：カードを使ってインターネットにアクセスする

選択肢 ① AとB ② AとD ③ BとC ④ CとD ⑤ DとE

語句 table tennis 熟 卓球   take a rest 熟 休憩する、体を休める

【事実／意見問題】を攻略する「視線の型」(p. 56参照)、「意見読み取りの型」(p. 74参照)、「事実読み取りの型」(p. 106参照) を活用できましたか。

　船上でできることは Facilities「設備」のところにありそうです。Facilities の第2段落1文目に Newspapers are available from a vending machine とあることから選択肢A、同段落2文目 There are also private sleeping compartments that passengers may rent から

370　リーディング

選択肢Dが正しいことがわかります。よって正解は②AとDです。Bの観覧デッキに関しては、Comments from Past Passengers の最後のコメントでデッキからの眺めに言及していることから選びたくなるかもしれませんが、Facilitiesの第2段落最終文で The observation deck is currently closed to passengers.「今は乗客に対してはクローズド」とあるように現在利用できないので不正解です。

問2　正解④　問題レベル【易】　配点2点

設問 フェリーのターミナルに7時15分に到着した場合、⬜7⬜ 後に出発できる。

選択肢 ① 5分　② 10分　③ 20分　④ 35分

語句 depart 自 出発する

フェリーのスケジュールの話なので The Schedule のところを確認しましょう。まず1文目に The first ferry leaves at 7:20 A.M. とあるので7時15分に到着したのならこの始発に間に合いそうですが、NOTE のところに You must arrive at the ferry terminal at least 10 minutes before the scheduled departure time. とあります。10分前には着かないと乗れないので、7時20分発のフェリーは見送り、次のフェリーに乗ることになります。次に出発する便は The Schedule の2文目に It is followed by another service at 7:50 A.M. とあるように7時50分発です。15分に到着しているので35分待つことになります。よって④が正解です。

問3　正解③　問題レベル【普通】　配点2点

設問 あなたは5月19日にサリンジャー島に行く予定だ。追加のフェリー代を払いたくないので、⬜8⬜ 必要がある。

選択肢 ① 5月24日までにオンラインでチケットを買う
　　　　② 5月26日までに予約をする
　　　　③ 5月26日までに戻る
　　　　④ 5月19日に戻る

語句 additional 形 追加の　　　reservation 名 予約

スケジュールが関係するので The Schedule のところを参照しましょう。The Schedule の第3段落に All tickets are for round trips. You must use the return portion within seven days, or you will be forced to purchase another ticket. とあります。round trip は「往復」という意味です。チケットは全て往復券なのですね。そして7日以内に復路の分を使わなければならないので、19日に出発して追加料金を払いたくないのであれば26日までに戻る必要があります。よって③が正解です。なおその日のうちに戻っても追加料金がかからないので選択肢④も正解ではと思った人もいるかもしれませんが、リード文に You are going to spend a week on an island off the coast of Canada to conduct some environmental research with a group of other students. とあるように、もともと1週間は島にいる予定なので、期限ぎりぎりまでいると考えるのが妥当です。リード文が解答のヒントになるような問題は実際の試験でも出題されているので、必ずリード文にも目を通すようにしましょう。

371

問 4 正解 ③ 問題レベル【普通】 配点 2点

設問 前の乗客が述べている事実の一つは ⬚9⬚ ということだ。

選択肢 ① 自転車は島を観光するのにとても良い手段である
② 食堂はほとんど使われていない
③ フェリーがいつも時間通りに出発する
④ チケットが少し高過ぎる

　選択肢を見ると、明らかに事実ではないものも混ざっています。①の great や④の expensive は主観を表す語ですね。②か③が正解ではないかとあたりをつけて本文より該当箇所を探しましょう。設問に One fact stated by a previous passenger とあるので、Comments from Past Passengers のところから探します。2つ目のコメントに、I've been taking the ferry for almost 13 years, and it's never been late! とあることから、フェリーは常に時間通りなのだとわかります。よって③は事実と言っていいでしょう。一方、②の食堂に関しては、5つ目のコメントで I wish people would use the dining room more. We often have to put up with the smell of food in the main seating area. と言っており、食堂ではない座席エリアで多くの人が食事をしていることは推測できますが、だからと言って食堂の利用者が少ないとは限りません。このコメントは食堂の混み具合について言及しているわけではないため、②は正解とはなりません。

問 5 正解 ② 問題レベル【普通】 配点 2点

設問 フェリーの案内のうち、過去の乗客のコメントと食い違っているのはどの記述か。 ⬚10⬚

選択肢 ① 観覧デッキは現在、乗客は利用できません。
② 厨房には腕の良い料理人のチームがそろっております。
③ フェリー内にはモダンな食堂があります。
④ 自転車の運搬には料金がかかりません。

語句 contradict ～　他 ～と矛盾する、～を否　　transport ～　他 ～を輸送する
定する

　4つ目のコメントに、I expected to be able to buy something to eat on the ferry, but there aren't even vending machines for food. とあり、フェリーの中で何も食べるものがなくて困ったと言っていますが、フェリーの案内では Facilities の1文目に Our kitchen is staffed by a team of excellent chefs とあり、食べ物は持参しなくてもフェリーの中で食事ができることを暗に示しています。このコメントの書き手が見つけられなかったのか、もしくはその時は料理の提供がなかったのか、いずれにせよフェリーの案内と乗客のコメントが食い違っているのはこの点ですね。よって②が正解です。

372　リーディング

第2問 B［解説］

問 1-5

訳 あなたは学校の生徒会のメンバーです。今年の課題の計画を立てるために、昨年の夏休みの課題についてのレポートを読んでいます。

夏休みチャレンジ

　去年、生徒会が夏休み明けに、学内の生徒に対して時間をどう使っていたか調べるアンケートを実施しました。群を抜いて一番多かった活動は、ビデオゲームをすることと宿題をすることでした。それは何も悪くないのですが、そのアンケートでは、生徒たちが休みの終わりに全く達成感を得られなかったという結果も示されていました。私たちは、それぞれの生徒に夏休み中に達成する目標を自分で設定してもらったら面白いのではないかと考えました。目標を検討する際には、役に立つ新しい能力が身に付くようなことを考えてほしいと頼みました。問1 約240人の生徒が参加してくれました。半数近くが1年生でした。約30パーセントが2年生、残りが3年生です。問2　3年生の参加が少なめだったのはなぜでしょうか。

　寄せられた感想が、それを明らかにしていました。問5-1

参加者からの感想

AD：このチャレンジはとても気に入りました。オンラインの実践動画を使って、いろいろな種類の料理の作り方を覚えました。問3D　このスキルは来年、一人暮らしをするときに役立ちそうです。

LB：目標に向かって続けるのは大変だと思いましたが、進行表のおかげで意欲を保つことができました。問3A　他の人たちの進み具合と比較することができたら役に立っただろうにと、思います。

MA：自分がプログラミングをこんなに覚えることができたなんて驚きでした。どの宿題を終わらせたか記録しておくための、ちょっとしたアプリまで自作しました。

SK：新しく外国語を勉強しようと思ったのですが、一緒に練習する相手がいないため、やる気を保つのが難しかったです。コーディネーターが私たちに身に付けるスキルを提案してくれたらよかったのに。問4

TR：他の学年に比べて、私の学年は参加者が少なめでした。そのうち何人かは、大学入試に専念したいのだと話してくれました。問5-2

語句

［レポート］
［本文］

student council	熟	生徒会
survey	名	アンケート調査

fellow	形	仲間の、同じ立場の
by far	熟	群を抜いて、断然
sense of achievement	熟	達成感
consider ～	他	～を考慮する

valuable	形 価値のある、役に立つ			を諦めない
		motivated	形 やる気のある、意欲的な	
take part	熟 参加する			
feedback	名 感想、意見	app	名 アプリ	
［参加者からの感想］		keep track of ~	熟 ~の経過を追う、~の記録を付ける	
participant	名 参加者			
video tutorial	熟 動画による説明、指導動画	coordinator	名 コーディネーター、取りまとめ役	
come in handy	熟 役に立つ、重宝である	compared with ~	熟 ~に比べると、~と比較して	
stick to ~	熟 ~をやり通す、~	entrance test	熟 入学試験	

問 1 　正解① 　問題レベル【易】 　配点 2点

設 問　夏休みチャレンジの狙いは、 11 ことだった。

選択肢　① 生徒たちに新しいスキルを伸ばすよう勧める

　　　　② 生徒たちに友だちと一緒の時間を過ごす機会を与える

　　　　③ 生徒たちが勉強に費やす時間を増やす

　　　　④ 生徒たちがゲームをする時間を減らす

語句　opportunity　名 機会、チャンス

【事実／意見問題】を攻略する「視線の型」（p. 56参照）、「意見読み取りの型」（p. 74参照）、「事実読み取りの型」（p. 106参照）を活用できましたか。

　本文より The aim of the Summer Holiday Challenge を**狙い読み**していきます。第1段落5文目に When considering a goal, we asked them to think about gaining a valuable new ability. とあることより、新しい能力を身に付けることを考えてもらいたいことがわかります。選択肢①が正解です。本文の a valuable new ability が選択肢では new skills に**言い換え**られています。

問 2 　正解① 　問題レベル【普通】 　配点 2点

設 問　夏休みチャレンジに関する**事実**の一つは、 12 ということだ。

選択肢　① 参加者のうち約20パーセントが3年生だった

　　　　② 1年生の全員が参加に同意した

　　　　③ 2年生よりも1年生の参加生徒の方が少なかった

　　　　④ 主催者が参加者のために学ぶスキルを選んだ

　第1段落6～8文目に About 240 students took part. Just under half were in Grade One. About 30 percent were in Grade Two and the rest were in Grade 3. とあります。約240人中で半数近く、つまり50パーセント近くが1年生、約30パーセントが2年生で残りは3年生とのことなので、3年生は約20パーセントということがわかります。よって正解は①です。

374 　リーディング

問 3　正解 ③　問題レベル【易】　配点 2点

設問　感想によると、 13 が参加者の報告にある活動だった。

A：学習記録をつけること　　　　B：個別指導を受けて練習すること
C：図書館の本を使うこと　　　　D：オンラインの学習素材を使うこと

選択肢　① AとB　② AとC　③ AとD　④ BとC　⑤ BとD　⑥ CとD

設問より、「参加者からの感想」を読めばよいのだとわかります。Feedback from participants の1つ目、AD さんがまず I learned how to cook different types of dishes using online video tutorials. と言っているので、D は参加者の活動の一つです。online video tutorials が online learning resources に言い換えられています。また、2つ目の LB さんのコメントで the progress chart helped me to stay motivated とあるので、学習記録をつけていたことがわかります。A の keeping a learning record に該当しますね。よって、AとD の③が正解です。

問 4　正解 ①　問題レベル【普通】　配点 2点

設問　夏休みチャレンジに関する参加者の意見の一つは、 14 ということである。

選択肢　① 推奨されるスキルの一覧が必要だった
　　　　② プログラミングは全員が身につけるべき重要スキルだ
　　　　③ 生徒たちは進行度で一番を競っていた
　　　　④ 生徒たちは一人暮らしのためのスキルを身につけるべきだった

問 3 と同じように設問より、「参加者からの感想」を読めばよいのだとわかります。Feedback from participants の4つ目 SK さんのコメント「新しい言語を学ぼうとしたが一人ではモチベーションを保つことが難しかった」「学ぶべきスキルについての提案が欲しかった」は、外国語学習は今回の夏休みチャレンジで取り組むのが難しかったので、最初からチャレンジに向いているであろうスキルの提案があればよかった、ということです。I wish ...と「思う系動詞」が使われているので、意見だと判断しやすかったですね。この部分を言い換えた選択肢①が正解です。

問 5　正解 ④　問題レベル【普通】　配点 2点

設問　筆者の疑問に答えているのは 15 だ。

選択肢　① AD　② LB　③ SK　④ TR

設問の「筆者の疑問」というのは、第1段落最終文の What made Grade Three students less likely to participate? ですね。3年生の参加率が低かった理由に言及しているコメントを狙い読みしましょう。Feedback from participants の一番最後、TR さんのコメントで、TR さんの学年の参加者が少なかった理由は大学の入学試験に集中したかったから、とありますが、「他の学年に比べて参加者が少ない」という情報からこの TR さんの言及している学年は3年生だと推測でき、「大学の入試に集中したい」が参加率が低かった理由だと考えられます。よって正解は④です。

第3問 A [解説]

問 1-2

訳 あなたはロンドンのリーマン大学の学生です。メディアの勉強をしていて、学生映画を作る必要があります。アドバイスを得るため、ある上級生のブログを読んでいます。

学生映画を作ることに？ まずはこれを読んで！

[第1段落]
やあ、僕はレオ。学生映画を作るのはとても楽しいけど、しっかり準備しないと完成させられないかもしれないよ。たいていの人は、最初に必要なのはストーリーだと考えているし、それが一番重要ではあるけれど、準備する必要としては最後のものなんだ。問1-1 他の何よりも先に、お金がどれだけあるかをはっきりさせる必要がある。問1-2 それが映画の他のすべての部分に関わってくるからね。次に、映画で演技をしてくれる人を見つける必要がある。問1-3 最後から二番目が、どこで映画撮影ができそうか考え始めることだ。問1-4 そうすれば、最後のステップに取り掛かる用意ができるわけだ。

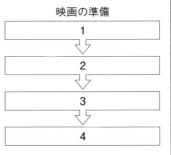

映画の準備
1
2
3
4

[第2段落]
僕のチームはホラー映画を作ることにした。怖そうに見えるので、暗くて人のいない建物で夜に撮影しようとした。僕たちは、夜に明かりを照らすのがどれだけ大変かわかっていなかった。後で映画を見たら、ほとんど何もきちんと見えず、ストーリーを追うのも難しいと判明したんだ。別のチームは昼間に映画を撮影して、ずっとよく映っていた。問2-1 夜間撮影は、映画撮影初心者にはちょっとハードルが高過ぎた。問2-2

語句

[リード文]
- blog 名 ブログ

[ブログ]
[第1段落]
- work out ～ 熟 ～を算出する、～を明らかにする
- shoot ～ 他 ～を撮影する
- take on ～ 熟 ～に取り掛かる

[第2段落]
- film ～ 他 ～を撮影する
- properly 副 適切に、きちんと
- ambitious 形 野心的な、意欲的な
- first-time 形 初めての、初心者の

問 1 　**正解 ②** 　問題レベル【普通】 配点 3点

設 問 レオのアドバイス通りにすると、どの順番で映画の準備をするか。 **16**

選択肢 ① 予算→ストーリー→撮影場所→出演者
② 予算→出演者→撮影場所→ストーリー
③ ストーリー→出演者→撮影場所→予算
④ ストーリー→撮影場所→予算→出演者

語句 take ~'s advice 　熟 ～の忠告に従う 　　location 　名 ロケ地、撮影場所
budget 　名 予算 　　cast 　名 配役、出演陣

　第3問Aは、【ビジュアル照合型問題】を攻略する「視線の型」（p. 120参照）、「照合の型」（p. 132参照）を生かす問題です。

　今回のテーマは「学生映画の製作」ですね。設問は、映画の準備をどの順番でするかということ。第1段落3文目以降で説明しています。Most people think the story is the first thing you need, and while it is the most important thing, it is the last thing you need to prepare. の部分はわかりにくかったかもしれませんが、「たいていの人は、最初に必要なのはストーリーだと考えているし、それが一番重要ではあるけれど、準備する必要としては最後のもの」ということなので、ストーリー作りは最後です。4文目以降で予算→出演者→撮影場所と順に説明があるため、この順に並べてストーリーを最後にしている②が正解となります。

問 2 　**正解 ④** 　問題レベル【やや難】 配点 3点

設 問 レオによると、映画をうまく見せる最も良い方法は **17** だ。

選択肢 ① 他の映画からアイデアを借用すること
② 簡単なジャンルを選ぶこと
③ 面白い撮影場所を選ぶこと
④ 自然光をたっぷり使うこと

語句 genre 　名 ジャンル

　第2段落で映画を撮影するアドバイスが書かれています。夜間の撮影は照明に苦労した、別のチームは昼間に撮影をしてうまくいった、と「明かり」の観点から失敗した撮影と成功した撮影を比較しています。ここから正解は④しかありません。成功したチームは昼間の撮影なので自然光のおかげでうまくいったのだと推測できます。

第3問 B [解説]

問 1-3

訳 あなたの学校の英語クラブで、週末の楽しいアクティビティとしてジオキャッシングに挑戦します。その準備のために、あなたは最近ジオキャッシングに挑戦した人のブログを読んでいます。

ジオキャッシングを楽しもう

[第1段落]
去年、私は家族をジオキャッシングの冒険に連れ出した。ジオキャッシングとは、GPSを使って、隠された「キャッシュ」を探すアクティビティだ。キャッシュは場所を示すだけのものだ。1つ見つけたら、写真を撮ってログブックに署名する。

[第2段落]
自分のスマホのジオキャッシングアプリを使って、私は自分の地域でジオキャッシュが行われている場所を見つけた。それは「謎解きキャッシュ」だった。つまり、キャッシュを見つけると、解くべき問題が出されるものだ。その解答が次のキャッシュを探すヒントになる。アプリによると、謎は6つあり、全部のキャッシュを徒歩で探すのに4時間ほどかかるはずだという。

[第3段落]
私たちは日曜日の午後、昼食後に出掛けた。息子のグレッグは水曜日にスマホをなくしていた。 問1④　幸い、新しいものが日曜日の朝、ぎりぎり間に合って届いた。

[第4段落]
妻のケイトはこの冒険に参加したがらなかったが、終わったときにメールを送れば迎えに来てくれることには同意した。グレッグが新しいスマホでそれをすることで合意した。 問1③-1

[第5段落]
グレッグはとても楽しみにしていたが、娘のミスティーは興味がなかった。一緒に来るよう説得するのも一苦労だった。 問3-1　しかし時間がたつにつれ、アクティビティに対するグレッグの熱意がどんどん冷めてきた。妹が不満を言っているせいかと思ったが、そうではなかった。新しい靴のせいだった。靴のせいで足が痛かったのだ。私が背中におぶってやると、急に元気が出てきた。 問1②

[第6段落]
3つ目の手掛かりを見つけたとき、グレッグにはそれが解けず、私はそれが解けないふりをした。ミスティーがすぐに答えを当てた。その後は、彼女が自ら先頭に立って次の手掛かりへと私たちを励ました。彼女はずっとにこにこしていた。
問3-2

［第7段落］

もしあなたもこれをやってみるつもりなら、思った以上に時間がかかる場合に備えて、おそらく午前中にスタートした方がいいだろう。 問2 　私たちが最後のキャッシュを見つけたときには暗くなりかかっていた。30分後、ケイトが車で到着した。 問1③-2 　彼女は私たちをピザのレストランに連れて行ってくれた。夕食の間に子どもたちが、次の冒険に参加するよう彼女を説得した。 問1①

語句

[リード文]			[第3段落]	
geocaching	名 ジオキャッシング		thankfully	副 ありがたいことに
[ブログ]			[第4段落]	
discover ~	他 ～の良さを見つける、～を楽しむ		pick ~ up	熟 ～を車に乗せる
			[第5段落]	
[第1段落]			convince ~	他 ～を説得する
involve ~	他 ～を含む		come along	熟 一緒に来る
GPS	略 = global positioning system（全地球測位システム）		as the day progresses	熟 （その日のうちの）時間がたつにつれ
			case	名 真相、事実
cache	名 隠されたもの、隠し場所		brighten up	熟 明るくなる
			[第6段落]	
log book	熟 ログブック（発見したことを示すための記録用紙）		clue	名 手掛かり
			work ~ out	熟 ～を解明する
			pretend that SV	熟 SVであるふりをする
[第2段落]			[第7段落]	
puzzle	名 謎		in case SV	熟 SVである場合に備えて
solution	名 解答			

問1

正解 18 ④ 　 19 ② 　 20 ③ 　 21 ①

問題レベル【普通】 配点 3点（すべて正解で）

設　問 次の出来事を起こった順番に並べなさい。 18 → 19 → 20 → 21

選択肢 ① 母親がジオキャッシングに行くことに同意した。
② 父親が息子を背負った。
③ 母親が息子からのメールを受け取った。
④ 息子が携帯電話を見つけられなかった。

語句 mobile phone 熟 携帯電話

　第3問Bは、【ストーリー型記事読解問題】を攻略する「視線の型」（p. 142参照）、「並べ替えの型」（p. 156参照）が生きる問題です。出来事の順番を答える問題は選択肢まで先に読んでキーワードだけでもチェックしておくと早く正確に解けるのでしたね。

　選択肢を先に読んで本文に入りましょう。まず①は、第4段落で母親は、今回のジオキャッシングの参加は拒否していることがわかりますが、今回のジオキャッシングの後、夕食の間に子どもたちが次回は参加するよう母親を説得しています（第7段落最終文）。よって一番最後

です。②は第5段落最終文に書かれています。父親が息子を背負ったのはジオキャッシングの最中のことです。③は第4段落より、息子から母親へのメールは帰る時のお迎えの連絡とわかるので、ここで②→③の順番だとわかります。最後に④は第3段落によるとジオキャッシングの前のことだとわかります。よって、④→②→③→①の順です。

問2 　正解③　問題レベル【普通】　配点 3点

設　問 あなたがこの父親の助言に従ってジオキャッシングをするのであれば、[22]べきだ。

選択肢 ① ハイキングに合った新しい靴を買う
　　　　② 1年のその時期の暗くなる時間をチェックする
　　　　③ 昼前に冒険を開始する
　　　　④ 冒険に出発する前に昼食をとる

語句 suitable for ～　熟 ～に合った

　父親の読者へのアドバイスは最終段落1文目に If you're going to do this, you should probably get started in the morning in case it takes longer than you expected. 「もしあなたもこれをやってみるつもりなら、思った以上に時間がかかる場合に備えて、おそらく午前中にスタートした方がいいだろう」とあります。ここから③が正解だとわかります。①は、靴のせいで息子が足を痛がったという記述はありますが、読者に助言をしているわけではないので不正解。②④については記述がないため、これらも不正解です。

問3 　正解②　問題レベル【普通】　配点 3点

設　問 この話から、娘が[23]ことがわかる。

選択肢 ① ジオキャッシングの冒険を台無しにしたと母親を責めた
　　　　② このアクティビティに対する態度をすっかり変化させた
　　　　③ ジオキャッシングの冒険に父親と一緒に参加したことを後悔した
　　　　④ 父親が解けなかった問題を解いた

語句 blame ～ for (V)ing　熟 Vしたことで～を責める
　　　　ruin ～　他 ～を台無しにする
　　　　attitude　名 態度
　　　　regret (V)ing　熟 Vしたことを後悔する

　娘の行動や心情を狙い読みしていきましょう。第5段落1文目で my daughter Misty was not interested とあるように、最初は興味を示していなかったことがわかります。しかし第6段落3～4文目で After that, she made herself our leader and encouraged us to get to the next clue. She was smiling the whole time. 「その後は、彼女が自ら先頭に立って次の手掛かりへと私たちを励ました。彼女はずっとにこにこしていた」とあることから、最後は楽しんでいたことがわかります。よって正解は②です。①③については記述がないので不正解です。④に関しては、心情の変化は問題を解いたことがきっかけですが、この問題は第6段落1文目で I pretended that I couldn't とあることから、父親は解けないふりをしていただけで、実際に解けなかったわけではないので不正解です。

380　リーディング

第4問 [解説]

問 1-5

訳 あなたは先生から効果的な時間管理法に関する２つの記事を読むよう言われました。学んだことを次の授業で論議する予定です。

[１つ目の記事]

効果的な時間管理法：ポモドーロ・テクニック
ランディ・ケンブリッジ
ツインパインズ中学校　数学教師

[第１段落]
　中学教師である私は常にとても忙しい。若い頃は、時間が足りなくなって物事を済ませられないことも多かった。時とともに、私は時間をもっと効率的に使う方法を見いだしてきた。ここで、昔の私と同じように苦労している学生たちに、そうした手法を紹介したい。何人かの生徒にどんなふうに試験勉強をしているのか尋ねたところ、彼らの説明は、夜の勉強時間の長さを、通常２時間とか３時間というように決めて、その上で翌日受けることになっているなにがしかの試験の勉強をするというものだった。彼らは自分たちがよく勉強していると考えていた。最初のうちはその通りなのだが、そんなに長い時間、勉強している科目に集中し続けることはできない。最終的には多くの時間を、他のことを考えたり時計を眺めたりして過ごすことになる。 問1

[第２段落]
　私は彼らに「ポモドーロ・テクニック」を使うことを教えた。ポモドーロとはイタリア語で「トマト」の意味だ。この時間管理テクニックは、発案者がトマトの形の小型キッチンタイマーを使って考案したことから、ポモドーロ・テクニックと名付けられた。この手法には６つのステップがある。

[ステップ]
1. 達成したい作業を選ぶ。
2. ポモドーロ・タイマーを一定の時間に設定する 問3⑥ （通常は25分）。この作業時間の長さを「１ポモドーロ」と呼ぶ。
3. タイマーが鳴るまで作業を行い、この時間だけ作業に集中する。
4. タイマーが鳴ったら短い休憩を取る（通常は5〜10分）。 問4-1
5. ４ポモドーロを終えたら、長めの休憩を取る 問4-2 （通常は20〜30分）。
6. 作業が完了するまでこのプロセスを繰り返す。

[最終段落]
　このテクニックについて話した後、生徒たちに調査をしてみた。残念ながら、試してくれたのは勉強熱心な生徒だけだった。勉強の苦手な生徒たちは、タイマーをセットして計画通りにすることも、面倒だと感じたのだ。 問2

［2つ目の記事］

アイゼンハワー方式で優先順位を学ぼう

ヘレン・スチュワート

ツインパインズ・コミュニティーカレッジ　教授

［第1段落］

　ケンブリッジ先生のポモドーロ・テクニックに関する発表は非常に興味深く、自分で体験してみた際にも一定の成功を収めた。しかし、年齢を重ねて責任が重くなるにつれ、ポモドーロ・テクニックも、それを最大限に活用するためのより大きな枠組みの一部とする必要が出てくる。私はいつも、ツインパインズ・コミュニティーカレッジの1年生に、アイゼンハワー・マトリックスと呼ばれる考え方を紹介している。

［第2段落］

　アイゼンハワー・マトリックスとは作業に優先順位をつけて生産性を向上させる方法だ。このマトリックスでは、作業は4つのカテゴリーに分類される。

［カテゴリー説明］

緊急で重要な作業：これらはすぐに行う必要があり、重要度の高い作業だ。効果的な時間管理戦略を用いて実行するべきだ。 問 3 - 2

重要だが緊急でない作業：これらは終了予定を後に回すべき作業だ。緊急度が高くなったときに1つ目のカテゴリーに移すことになる。

緊急だが重要ではない作業：これらは、緊急ではあるが重要度が高くない作業だ。こうした作業は他の人にやってもらうようにした方がいい。 問 5

緊急ではなく重要ではない作業：これらは緊急でも重要でもない作業だ。このカテゴリーに当てはまるものは、特に理由もなくインターネットを見たりスマートフォンのゲームで長々と遊んだりといった、時間の無駄であることが普通だ。多くの専門家が、こうしたことはとにかくしないようにと勧める。

［最終段落］

　この手法やポモドーロ・テクニックを学業に適用する際、多くの学生がきちんと理解していないことの一つは、勉強に集中できないときに休憩を取ることの重要性だ。こうした短時間のくつろぎの間に、脳は取り込んだ情報を整理し理解しているのだ。 問 4 - 3

［表］

アイゼンハワー・マトリックス		
	←緊急	緊急ではない→
↑重要	最初に行う 問 3 - 3	後に回す
↓重要ではない	他の人に割り振る	しないようにする

語句

［リード文］

effective	形 効果的な

［1つ目の記事］

math	名 数学 ★= mathematics

［第1段落］

fail to (V)	熟 Vし損ねる、Vできずに終わる
over time	熟 時間とともに、時間がたつにつれて

382　リーディング

struggle	自 苦労する	make the best use of ～	熟 ～を最大限に活用する
focused on ～	熟 ～に集中した		
end up (V)ing	熟 Vして終わる、結局Vすることになる	matrix	名 配列、（縦横に並んだ）表

［第2段落］

inventor	名 発明者、発案者	**［第2段落］**	
		［カテゴリー説明］	

［ステップ］

accomplish ～	他 ～を完成させる、～を遂行する	carry out ～	熟 ～を実行する
		schedule ～	他 ～の予定を組む

［最終段落］

		completion	名 完成、終了
survey ～	他 ～を調べる	transfer ～	他 ～を移動させる
dedicated	形 熱心な	fall into ～	熟 ～に分類される
have trouble (V)ing	熟 Vするのに苦労する、なかなかVできない	expert	名 専門家

［最終段落］

		interval	名 休憩
		sort ～	他 ～を整理する
［2つ目の記事］		make sense of ～	熟 ～を理解する
prioritize ～	自 優先順位をつける	absorb ～	他 ～を吸収する
	他 ～に優先順位をつける	**［表］**	
		assign A to B	熟 AをBに割り振る
［第1段落］		refrain from (V)ing	熟 Vするのを避ける、Vしないようにする
framework	名 枠組み、体制		

問1

正解①　問題レベル【普通】　配点 3点

設問 ケンブリッジは 24 と考えている。

選択肢 ① 長時間、集中するのは難しい

② テスト前には2時間以上の勉強が必要だ

③ アイゼンハワー・マトリックスはポモドーロ・テクニックほど良くない

④ ポモドーロ・テクニックを授業で用いるべきだ

語句 concentrate　自 集中する、専念する　　apply ～　他 ～を適用する、～を使用する

inferior to ～　熟 ～に劣った

　第4問は、【マルチプルパッセージ＋図表問題】を攻略する「視線の型」（p. 170参照）、「言い換えの型」（p. 192参照）を生かして解く問題です。

　リード文から「効果的な時間管理法」に関する2つの記事で、図表は1つはイラスト、もう1つは時間管理法に関するマトリックスです。また先に設問をすべて読みキーワードだけでも確認しておくと、読みながら該当箇所で反応できるため時短になります。では問1から見ていきます。

　ケンブリッジの意見が問われているので1つ目の記事だけを見て解きます。彼は第1段落7文目以降で、「長時間集中できないこと」を問題視しています。そのうえで、第2段落で時間を区切って管理する「ポモドーロ・テクニック」を使うことを生徒に促しています。よって正解は①です。②は、勉強時間の長さについて説明しているのは生徒たちなので不正解です。③④は、記述がないので不正解です。

問 2　正解③　問題レベル【普通】　配点 3点

設問 ケンブリッジが言及している短所は、[25] ということだった。

選択肢
① 各ポモドーロを終えた後に生徒たちがタイマーの再始動を忘れることがよくあった
② 1 ポモドーロは中学生がテスト勉強するには一般的に十分な時間ではない
③ 時間管理に最も苦労している生徒ほど、このテクニックを利用しようとしなかった
④ 生徒たちが勉強時間を計るのに使うスマートフォンが、集中力の妨げとなるものを提供した

語句
restart ~　他 ~を再スタートさせる
adopt ~　他 ~を採用する
distraction　名 気を散らすもの、集中を邪魔するもの

「ケンブリッジが言及している短所」なので、これも 1 つ目の記事だけを見て解く問題です。最終段落 2 ～ 3 文目に、Sadly, I discovered that only dedicated students try it. Students who have trouble studying also find it hard to set the timer and stick to the plan.「残念ながら、試してくれたのは勉強熱心な生徒だけだった。勉強の苦手な生徒たちは、タイマーをセットして計画通りにすることも、面倒だと感じたのだ」とあるように、ポモドーロ・テクニックは人を選ぶようです。このことに触れている③が正解です。①②④については記述がないため不正解です。

問 3　正解 [26] ③　[27] ⑥　問題レベル【普通】　配点各2点

設問 スチュワートは作業を分類する 4 つのカテゴリーを使ったアイゼンハワー・マトリックスを紹介している。[26] カテゴリーはケンブリッジが論じていた [27] 戦略を利用すべき部分である。

選択肢
① 他の人に割り振る　② 時計を眺める　③ 最初に行う
④ しないようにする　⑤ 後に回す　⑥ 時間測定

語句 facility　名 施設、設備

　スチュワートの紹介するアイゼンハワー・マトリックスに関する説明の段落（カテゴリー説明）を見ていきます。最初の Urgent and important tasks「緊急で重要な作業」の説明に、These are tasks that need to be done immediately and have a high level of importance. They should be carried out using an effective time-management strategy.「これらはすぐに行う必要があり、重要度の高い作業だ。効果的な時間管理戦略を用いて実行するべきだ」とあります。ここでの an effective time-management strategy「効果的な時間管理戦略」こそ、ケンブリッジの紹介するポモドーロ・テクニックです。表を見ると Urgent × important のカテゴリーに「Do First」とあるので、まず [26] は③が正解です。[27] はポモドーロ・テクニックがどんな戦略かを問う問題ですね。ケンブリッジの記事の「6 つのステップ」の説明の 2 つ目に、Set the Pomodoro timer to a specific time period「ポモドーロ・タイマーを一定の時間に設定する」の a specific time period というキーワードがあります。[27] は⑥ Time Period を入れて、the Time Period strategy が正解となります。

384　リーディング

問 4　正解 ④　問題レベル【普通】　配点 3点

設問 どちらの筆者も、高い生産性を保つには **28** が重要だという点で合致している。

選択肢 ① ビデオゲームを避けること　② 慎重にスケジュールを組むこと
③ 妥当な素材を選ぶこと　④ 休憩を取ること

語句 avoid 〜 他 〜を避ける、〜をやめておく　　relevant 形 今日的な意義のある、重要な

　2つの記事の共通点を探す問題です。設問にあるimportantを狙い読みしていくと、2つ目、スチュワートの記事の最終段落1文目で、the importance of having intervals「休憩を取ることの重要性」とあり、最終文でも During these brief periods of relaxation, your brain is sorting and making sense of the information you have been absorbing.「こうした短時間のくつろぎの間に、脳は取り込んだ情報を整理し理解しているのだ」と休憩の重要性が書かれています。1つ目のケンブリッジの紹介するポモドーロ・テクニックでも、ステップ4にtake a short break、ステップ5に take a longer break と、休憩を定期的に入れることを推奨しています。このことから休憩を重要視していることがわかります。よって正解は④です。①②③はいずれも記述がないので不正解です。

問 5　正解 ①　問題レベル【普通】　配点 3点

設問 スチュワートのアイゼンハワー・マトリックスの論をさらに支えるために最も良い追加情報はどれか。 **29**

選択肢 ① 他の人に作業を委託する方法例
② 学生が大学で勉強する主な動機
③ 学生が一番集中できるタイマーの種類
④ ケンブリッジが若い頃に時間管理に苦労した理由

語句 argument 名 議論、論旨　　motivation 名 動機、意欲

　スチュワートによるアイゼンハワー・マトリックスの論をサポートする情報を考える問題です。アイゼンハワー・マトリックス論の中で言及されているが具体的に説明されていないことや、課題として挙げられていることがヒントになりそうです。では選択肢を一つずつ確認していきましょう。

　①の「作業を人に任せる」ことに関してはアイゼンハワー・マトリックス論の説明3つ目の Urgent but not important tasks「緊急だが重要ではない作業」のところに、You should try to have these tasks carried out by someone else.「こうした作業は他の人にやってもらうようにした方がいい」とありました。確かにこの「作業を他の人にどう任せるか」の説明があると、アイゼンハワー・マトリックスをさらに活用しやすくなりそうです。よって①が正解です。②の動機の話や、④のケンブリッジの苦労話はアイゼンハワー・マトリックス論の説明で言及されていないため関係のない情報です。③のタイマーに関しては、ケンブリッジが紹介するポモドーロ・テクニックの中で「ポモドーロ・タイマー」に言及されていましたが、アイゼンハワー・マトリックス論には関係がないので不正解です。

第5問［解説］

問 1-5

訳 あなたの英語の先生は、クラスのみんなに、感動的な物語を見つけて、メモを使って発表するようにと言いました。あなたは、アメリカのある男性が書いた物語を見つけました。

安全地帯

ランディ・デイ

［第1段落］
中学校2年生ぐらいまで、私は引っ込み思案とは程遠かった。何にでも興味を持ち、多様なグループの友人がいた。

［第2段落］
私の学校では毎年11月に理科フェアがあった。理科フェアとは、生徒が取り組んできた自主研究や発明の結果を発表する特別なイベントだ。 問3②

［第3段落］
私は太陽光電力を蓄える方法を考案した。それを実演するために、川の流れる小さな町の模型を作った。昼の間、太陽光エネルギーを使って川の水をとても高い位置にあるタンクにくみ上げる。暗くなると、タンクから放出された水がタービンに注がれ、それが夜間の電気を発生させるのだった。

［第4段落］
模型は自宅では問題なく動いたが、理科フェアではポンプを動かすには光が足りなかった。川の水を高いタンクにくみ上げることができなかったのだ。でも私は思い付いた。 問1-1 私の展示は理科室のシンクのすぐ横だったので、私は小さなホースを水道につないで、タンクをいっぱいにするのに使った。タービンが発電して、私は2等賞を取ったのだ！ その日、後になって理科担当のダルトン先生が、私がシンクの水を使ったことに気付いた。賞は取り消され、みんなは私がズルをしたと言った。 問1-2

［第5段落］
それ以後、私はすっかり自信を失った。 問1-3 ごく親しい友だちとしか話をせず、新しいことに挑戦する誘いには決して乗らなかった。町の模型を作るのは楽しかったので、私は週末には自室に座り込んで、テレビやSF映画で目にしたもののレプリカを作っていた。こうしたものは小道具と呼ばれ、俳優が作中で使う模造銃などのテクノロジーであることが主だった。こうしたものが私の部屋の壁を飾った。それが私の安全地帯であり、私はめったにそこを出なかった。 問5④-1

［第6段落］
両親は私を心配していたが、彼らにどれだけ勧められても、私は学校以外の場所に行くことを拒んだ。興味があるのは自室で小道具を作ることだけだった。

386　リーディング

［第7段落］

　高校の最終学年になったとき、映画の小道具の展覧会が私の町に来た。見たかったのだが、そのことを知るのが遅すぎて、チケットを手に入れることができなかった。ある日の午後、叔母のクレアが電話をよこして、彼女の会社がそのイベントの宣伝をしているのだと話してくれた 問2 。展覧会の主催者が彼女に招待券を2枚渡してくれていた。彼女は次の週に私を連れていくと言った。 問3④ 　私はとても楽しみだった。

［第8段落］

　翌日、彼女はまた私に電話をしてきて、頼みごとをした。 問3⑤-1 　彼女のアマチュア劇団が、公演準備の時間が足りず、背景幕——舞台上の俳優の後ろにつるされる景観——を作る手伝いをしてくれる人を必要としていた。彼女が私をタダ働きさせる策略にはめたのだと感じて、私は腹を立てた。 問5⑤-1 　でも、展覧会に行きたかったので「はい」と答えるしかなかった。その晩、私は彼女の車の中で、劇場までの道中ずっと、静かに憤慨していた。 問3⑤-2

［第9段落］

　到着すると、私の怒りは緊張に変わった。私は背景幕の作業を開始し、自分が楽しくなっていることに徐々に気が付いていった。すると団員が何人かやって来て私の作業を見た。彼らは皆、私を褒め、手伝ったことに感謝してくれた。私はとてもいい気分だった。背景幕が完成すると、劇団員たちはとても感心して、次の公演の手伝いもしてほしいと頼んできた。報酬を払うとまで言ってくれた。その公演は2カ月後に行われた 問3③ が、最初のものよりさらにうまくできた。公演の後、叔母はダン・イマハラという人に私を紹介した。イマハラさんは、舞台セットや背景幕、さらには映画の小道具も作っている会社を経営していた。

［第10段落］

　彼は私に彼の会社で仕事をしないかと申し出てくれた。昼間は自分のところで仕事をしてもよいが、夜間には仕事に関わる資格が取れるよう電気工学か何かを勉強すべきだと彼は言った。 問4 　私は彼の申し出を受け、そして20年後の今、私はアメリカ最大の視覚効果の会社を経営している。 問5④-2 　毎日、新しい人々とともにユニークなプロジェクトで仕事をすることを楽しんでいる。これが叔母の最初からの計画だったのだと私は思っている。 問5⑤-2

あなたのノート：

安全地帯

筆者（ランディ・デイ）について
・中学入学時には友だちが多かった。
・ 30 せいで、人前で新しいことを試すのをやめた。

その他の重要人物
・ダルトン先生：ランディの理科教師で、理科フェアの審査をした。
・クレア：ランディの叔母で、 31 。
・イマハラさん：実業家。

ランディの人生に影響を与えた出来事
理科フェアについて聞いた → 32 → 33 → 34 → 35

イマハラさんは自分の提案にどんな条件を付けたか
ランディは 36 べきだ。

このストーリーから学び取れること
・ 37
・ 38

語句

[タイトル]

comfort zone	熟 安心領域、安全地帯

[第1段落]

far from ～	熟 ～とは程遠い
diverse	形 多様な

[第2段落]

independent	形 自主的な、個人で行う
invention	名 発明
work on ～	熟 ～に取り組む

[第3段落]

store ～	他 ～を貯蔵する
demonstrate ～	他 ～を実演する
pump ～	他 ～（水）をくみ上げる
release ～	他 ～を放出する
turbine	名 （発電用の）タービン
generate ～	他 ～を発生させる

[第4段落]

hook ～	他 ～を取り付ける
hose	名 ホース
win ～	他 ～を勝ち取る、～を獲得する

cheat	自 不正を働く、ズルをする

[第5段落]

confidence	名 自信
replica	名 レプリカ、複製模型
prop	名 （通例～sで）小道具、撮影備品
fake	形 模造の、偽物の
decorate ～	他 ～を飾る

[第7段落]

exhibition	名 展示、展覧会
promote ～	他 ～を宣伝する

[第8段落]

ask a favor	熟 頼みごとをする
amateur	形 アマチュアの、素人の
production	名 上演、公演
backdrop	名 背景幕
scenery	名 景観、（舞台の）背景装置
trick ～ into (V)ing	熟 ～をだましてVさせる
annoy ～	他 ～をいらいらさせる
furious	形 憤慨した

[第9段落]			qualification	名 資格
nervousness	名 緊張感		relevant to ~	熟 ~に関連した
praise ~	他 ~を褒める		visual effect	熟 (~sで) 視覚効果
impress ~	他 ~に感銘を与える		all along	熟 最初からずっと
[第10段落]				
electrical engineering	熟 電気工学			

問 1　　正解③　　問題レベル【普通】　配点 3点

設　問　30 に最もふさわしい選択肢を選びなさい。

選択肢　① ほかのプロジェクトで忙しくなり過ぎた
　　　　　② 一緒にいて楽しめる友だちがいなかった
　　　　　③ 何かがうまくいかなくなることを恐れた
　　　　　④ もう何かに誘われなくなった

語句　go wrong　熟 手違いが生じる、失敗する

　第5問は、【物語文・伝記文読解問題】を攻略する「視線の型」(p. 216参照)、「並べ替えの型」(p. 242参照) を生かす問題です。

　「視線の型」を使って、まずは**場面・状況をイメージ**します。「英語の授業で、感動的な物語を見つけて、メモを使って発表する」必要があり、「アメリカのある男性が書いた物語を見つけた」とあります。次に**メモの先読み**をします。「筆者(ランディ・デイ)について」「その他の重要人物」「イマハラさんは自分の提案にどんな条件を付けたか」「このストーリーから学び取れること」について、読み取る必要があることがわかります。では、設問を見ていきましょう。

　30 は「人前で新しいことを試すのをやめた」理由を**狙い読み**する問題ですね。新しいことを試みるのをやめた、とあるのは第5段落2文目 I only talked to my very closest friends and never accepted invitations to try new things. ですね。どうしてこうなったのか、そこまでの流れを追っていきましょう。きっかけは第4段落です。理科フェアでせっかく頑張って賞をとったのにズルをしたとされ、取り消されてしまいます。この「頑張ってもうまくいかなかった」経験から 第5段落1文目に After that, I lost all my confidence. とあるように自信を失ってしまうのです。この流れから、適切な選択肢は③だとわかります。①や④のような記載はありません。また、第5段落2文目に I only talked to my very closest friends とあるように全く友だちがいなかったわけではないので、②も不正解です。

問 2　　正解④　　問題レベル【普通】　配点 3点

設　問　31 に最もふさわしい選択肢を選びなさい。

選択肢　① 映画の小道具を作るよう彼に勧めた　　② 安全地帯から出るべきだと彼に言った
　　　　　③ イマハラさんの顧客だった　　④ 広告会社で働いていた

語句　advertising　名 広告、宣伝

　叔母さんのクレアについては、第7段落3文目に my aunt Claire ... told me her company was promoting the event「彼女の会社がそのイベントの宣伝をしているのだと話してく

れた」とあります。勤めている会社が promoting the event しているということは、advertising company で働いているということを意味するので④が正解です。①②③は本文に記載がないので不正解です。

問3　正解　32 ②　　33 ⑤　　34 ④　　35 ③

問題レベル【やや難】　配点 3点（すべて正解で）

設問　5つの選択肢（①〜⑤）から**4つ**を選んで起こった順番に並べなさい。

32 → 33 → 34 → 35

選択肢　① SF 映画で使われた小道具のレプリカを買った
② 個人プロジェクトのためのリサーチを行った
③ 叔母が所属していたグループからお金を受け取った
④ 人気映画の小道具の一般公開を見た
⑤ 初めて背景幕を手掛けた

　設問を先読みした際に、問3が「並べ替えの型」を使って解く問題だと意識できたことと思います。まず空所の先頭には Heard about the science fair「理科フェアについて聞いた」とあります。理科フェアについて聞いた後の出来事を並べ替えるのですね。空所は4つなのに対し選択肢が5つあるので、不要なものが1つ混じっているということです。解き始める前に必ずこの確認をするようにしましょう。それでは、一つひとつ選択肢の出来事がいつ起きたことなのか調べていきましょう。

　まず①ですが、「SF 映画で目にしたもののレプリカ」については第5段落3文目に出てきますが、「作った」のであって「買った」わけではないので、①を外します。

　②は第2段落2文目に some independent research とあるように、理科フェアの準備の話なので、中学2年生のころです。次に③は第9段落7〜8文目に They even offered to pay me. That production took place two months later とあり、報酬はその2カ月後の公演に対して生じたものです。高校の最終学年のときの話です。

　④と⑤も高校最終学年に起きたことですが、第7段落5文目で She said she would take me there the following week. とあり、小道具の展覧会に翌週連れていくと言われていますが、その次の段落で The next day, she called again to ask a favor. と電話があり、その次の日に仕事を手伝うように言われ、段落最終文で That evening, I rode in her car quietly furious all the way to the theater. とあるように電話があったその夜にお手伝いに行っています。つまり、背景幕を手掛ける仕事を手伝ったのは、人気映画の小道具が一般公開される前の週のことなので、⑤→④の順となります。この出来事の後に③が起きており、また、②は中学2年のころの話でしたので、②→⑤→④→③の順になります。

問4　正解①　問題レベル【普通】　配点 3点

設問　36 に最もふさわしい選択肢を選びなさい。

選択肢　① 仕事の役に立つスキルを身につける　　② 背景幕の制作を専門とする
③ 夜間にある程度の時間を働いて過ごす　　④ その会社に20年間勤める

語句　specialize in 〜　熟　〜を専門とする

390　リーディング

プレゼン用メモを見ると、イマハラさんが提案に付けた条件について聞かれているのだとわかります。提案について書かれている第10段落を**狙い読み**しましょう。第10段落2文目 He said I could work for him during the day but should study electrical engineering or something in the evenings so that I would have a qualification relevant to the work.「昼間は自分のところで仕事をしてもよいが、夜間には仕事に関わる資格が取れるよう電気工学か何かを勉強すべきだと彼は言った」とあります。この部分を端的に表わした①が正解です。②③④については記述がないので不正解です。

問 5　正解④・⑤（順不同）　問題レベル【普通】　配点 3点（すべて正解で）

設 問　37 と 38 に最もふさわしい選択肢を選びなさい。（順不同）

選択肢　① クリエイティブな仕事は人生を最高レベルまで満足させる。
② 正直であることは友だちを作る際に最も大事なことだ。
③ 誤解が生じたときには自己弁護することが重要だ。
④ 成功するためには安全地帯から出る必要があるかもしれない。
⑤ 人が悪意を持っていると決めつけるべきではない。

語句
satisfaction	名 満足	misunderstanding	名 誤解
honesty	名 誠実、正直さ	assume that SV	熟 SVであると見なす、SVだと思い込む
defend oneself	熟 自己弁護する、自分の立場を主張する	intention	名 意図、思惑

プレゼン用メモの 37 38 のところを見ると、「このストーリーから学び取れること」を探す必要があるとわかります。一つひとつ選択肢を見ていきましょう。

①は、「クリエイティブな仕事」については書かれていますが、それが「人生を最高レベルまで満足させる」とは書かれていないので不正解。②は、この話は「友だちを作る」ことがテーマではないのでこれも不可です。③は、ランディはズルをしたと指摘されたときに「自己弁護」せず安全地帯にこもりましたが、だからといって「自己弁護」が重要だとは書かれていないので、これも不正解です。

消去法でも残りの④⑤が正解となりますが、詳しく見ていきましょう。④の comfort zone については、まず第5段落最終文に That was my comfort zone, and I rarely left it. とあるように最初は自分の安全地帯にいて新しい挑戦を拒んでいた筆者が、最終段落3文目 I accepted his offer, and 20 years later, I am running the biggest visual effects company in the United States.「私は彼の申し出を受け、そして20年後の今、私はアメリカ最大の視覚効果の会社を経営している」と新しいことを受け入れその後成功に繋がったという流れから正解とわかります。

⑤に関しては、筆者は最初叔母さんが仕事を頼んできたとき（第8段落3文目）、I felt that she had tricked me into working for free, and I was annoyed とあるように、騙されたと思い怒りを感じていました。が、第10段落4〜5文目に Every day I enjoy working with new people on unique projects. I think that was my aunt's plan all along. とあるように、叔母さんは悪意ではなくむしろ善意から筆者を外に連れ出したのだと筆者も感じているので、正解となります。

第6問 A［解説］

問 1 - 4

訳 あなたのグループは人間の思考法について学んでいます。あなたは共有したい記事があります。次のミーティングに向けて要約メモを完成させなさい。

あなたは内なる声を持っていますか？

［第1段落］
　独り言を言うこと（talk to yourself）と、（頭の中で）自分に向けて言葉にすること（say something to yourself）の、違いを考えたことはあるだろうか。独り言は、自分に向けて声を出して話し掛ける、普通ではない行動――独白だ。問1 周囲の人をぎょっとさせることもある。一方、頭の中で自分に向けて話し掛けることは、まったく健全だ。よく、ミスをした時など、頭の中で「二度としてはならないぞ！」という声が聞こえてくることがある。

［第2段落］
　そうした声が一日中聞こえるという人もいる。問2 そうした人たちの思考は、内なるモノローグのような形で表現される。モノローグなどまったく聞こえないという人もいる。その代わり、彼らは映像で思考する。頭の中で、計画したことを実行している自分自身を見ているのだ。さらに、内なる言語と内なる映像を組み合わせて使う人もいる。皆が同じ考え方をしているのではなく、頭の中で声がしない人もいるのだという見解は、声がする人にとって衝撃的でもある。

［第3段落］
　ネバダ大学のラッセル・ハールバートという教授が、人の意識内体験、人の思考がどう処理されるのか、人は物をどう感じるのか、を理解するため実験を行うことにした。そのためには、人々に、予想していないときに突然、自分の思考に注目してもらう必要があった。無作為のタイミングで合図する方法が必要だった。

［第4段落］
　これは1970年代のことだったので、スマートフォンはなかった。幸い、彼には工学の経歴があった。彼は、無作為のタイミングで音を鳴らす特殊な装置を設計した。それを、研究への参加に同意した学生に配った。学生は音を聞いたときに、自分の頭の中で何が起きているのかよく考えてみることになっていた。ただし、その装置は頻繁には鳴らなかった。あまり頻繁に音が聞こえると、学生はそのことばかり考えてしまう。ハールバートは学生に、自分がその装置を持っていることを忘れてもらう必要があった。学生たちは彼の指示に従って、装置が鳴るたびに入念にメモを取った。後に教授は、彼らのメモを確実に理解しようとするため学生との面談も行った。問3

［第5段落］
　すぐに彼は、学生たちにとって内面体験を説明するのはとても難しいのだと気付いた。彼らが頭の中の思考プロセスにしっかり注意を払って説明することができるようになるまで、2日間ほどの練習が必要だった。問4③ 面白いことに、自分は思考に言語を使っていないと強く信じていた人々の多くが、自分がそれをしていたことに気付いて驚いた

392　リーディング

のだった。ただし、内なる声は必ずしも完成した文法的な文とは限らなかった。問4①
ほんの数語であったり文の一部であったりすることも多かった。プレッシャーにさらさ
れているとき、人は内なる声をより多く使うことも発見された。

[第6段落]
　この研究によると、学生は平均約26パーセントの時間、内なるモノローグを聞いてい
た。一部の学生は75パーセントもの時間、自分に向かって頭の中で話し掛けていた。逆に、
内なるモノローグを一度も聞かなかった生徒もいた。将来的に、さまざまな思考法が私
たちの生活や性格にどんな影響を与えているのか確かめるのも、面白いかもしれない。

あなたの要約メモ：

あなたは内なる声を持っていますか？

語彙
soliloquy（独白）の定義：　39

主なポイント
●誰もが頭の中で自分に話し掛けるわけではない。
●　40
●ある大学教授が実験を行うことにした。

実験
●無作為のタイミングでアラームが鳴るようタイマーが使われた。
●アラームが鳴ると、実験に参加している学生たちは自分の頭の中で何が起きて
　いるのかメモを取る必要があった。
●　41

わかったこと
●学生が　42　に注意を向けて記述できるようになるまで、訓練が必要だった。
●自分には内なる声はないと自信を持っていた一部の学生は、それが間違いだっ
　たことに気付いた。
●大半の人の内なる声は、必ずしも　43　で話すわけではない。
●人はプレッシャーにさらされているとき、内なる声を聞く可能性が高くなる。

語句

[リード文]			り言を言う
summary	名 要約、概要	say ～ to oneself	熟 自分自身に～と（頭の
[記事]			中で）言い聞かせる、～
[第1段落]			と言葉にして考える
talk to oneself	熟 自分に向かって（声に	unusual	形 普通でない、変わった
	出して）話し掛ける、独	soliloquy	名 独白、独り言

alarming	形 ぎょっとさせるような、不安にさせるような	take notes	熟 メモを取る、書き留める
on the other hand	熟 その一方で、それに対して	interview ~	他 ~と面談する、~から聞き取り取材する
[第2段落]		comprehend ~	他 ~を理解する、~を把握する
throughout the day	熟 一日中	thoroughly	副 完全に、徹底的に
internal	形 内部の、意識内の	[第5段落]	
monologue	名 モノローグ、独白	interestingly	副 面白いことに、興味深いことに
combination	名 組み合わせ		
visualization	名 視覚化、可視化	grammatical	形 文法的な、文法的に正しい
[第3段落]			
experiment	名 実験	[第6段落]	
process ~	他 ~を処理する	on average	熟 平均で
random	形 無作為の、無差別の	as much as ~	熟 ~もの、~も多くの
[第4段落]		in contrast	熟 対照的に、逆に
background	名 経歴		
design ~	他 ~を設計する	[メモ]	
device	名 (小型の) 機器、装置	definition	名 定義
instruction	名 (~sで) 指示、指図		

問 1　　正解④　問題レベル【普通】　配点 3点

（設　問）　**39** に最もふさわしい選択肢を選びなさい。

（選択肢）　① 自分自身の性格をよく理解すること
　　　　　② ごく私的な会話を記録に残すこと
　　　　　③ 人をぎょっとさせるような話し方をすること
　　　　　④ 自分自身に向けて口を使って言葉を発すること

　第6問Aは、【長文記事読解問題】を攻略する「視線の型」（p. 268参照）、「論理的読解の型」（p. 290参照）を生かすと正答を導きやすい問題です。

　まずは「視線の型」で、リード文を読んで**場面・状況**をイメージします。あなたのグループが「人間の思考法」について学んでいる、という状況ですね。タイトルは「あなたは内なる声を持っていますか？」。文章全体をまとめた要約メモが付いているので、**見出しを先読み**し、空所で「何が問われているか」を把握しておきましょう。メモの確認が終わったら、見当をつけて解答するために、「論理的読解の型」を使って本文を読んでいきます。

　まずは問1から。要約メモにある soliloquy という単語を本文で探すと、第1段落2文目に出てきます。— it is a soliloquy とあるので、この直前 the unusual behavior in which people speak out loud to themselves「自分に向けて声を出して話し掛ける、普通ではない行動」を言い換えた④が正解です。

394　リーディング

問 2 **正解 ③** 問題レベル【普通】 配点 3点

設 問 **40** に最もふさわしい選択肢を選びなさい。

選択肢 ① どんな時でも自分の思考法を知るのは不可能だ。

② 人は映像的な意識か言語かのどちらか一方だけに頼りがちである。

③ 一部には、常に頭の中で声がすると主張する人もいる。

④ 私たちは皆、ほぼ同じやり方で世界を見ているようである。

語句 rely on ~　熟 ~に頼る、~に依存　claim to (V)　他 Vすると主張する
　　　　　　　する　　　　　　　　　　constant　　　形 絶えず続く
　　　exclusively　副 もっぱら　　　　much the same　熟 ほぼ同じ

設問を読み、要約メモを見ると The Main Points「主なポイント」とあることから、段落ごとに要点をつかみながら読んでおくと解きやすくなります。

選択肢を一つ一つ確認していきましょう。①は、第5段落1～2文目に He soon found that it was very hard for students to explain their internal experiences. It took a couple of days of practice for them to be able to pay proper attention to their internal thought processes and explain them. とあるように、実験では時間は要したものの思考プロセスを説明できるようになっており、「不可能」とは言えないため不正解。②は、第2段落6文目に There are also people who use a combination of internal language and internal visualizations. とあるように、内なる言語と内なる映像を組み合わせて使う人もいるため、これも不正解です。③は、第2段落1文目 Some people say that they hear that voice throughout the day. より正解です。throughout the day が constant に言い換えられています。④は③とは反対のことを言っているので不正解です。

問 3 **正解 ④** 問題レベル【やや難】 配点 3点

設 問 **41** に最もふさわしい選択肢を選びなさい。

選択肢 ① 人が言語を使って考えている時間を計るための特殊な装置が作られた。

② 最初のうち、学生たちがメモを取り忘れたため、研究はスムーズに進まなかった。

③ 学生にメモを取るべき時間を知らせる方法を見つけるため、工学部の学生が雇われた。

④ 後になって、よりよく理解するため研究者が学生にいくつか質問をした。

設問より、The Experiment「実験」についての問いであること、また、**41** の上に、When the alarm rang, students taking part in the experiment had to make notes about what was happening in their minds. とあり、この記述は第4段落9文目に相当することから、該当箇所はそれ以降を探せばよいことがわかります。正解はその直後、第4段落最終文 Later, the professor interviewed the students to try to comprehend their notes more thoroughly. とほぼ同じ内容の ④ です。interviewed が asked ~ some questions に、comprehend ~ more thoroughly が get a better understanding に、それぞれ言い換えられていました。①は、「時間を計るための特殊な装置」ではなく、「無作為のタイミングで音を

鳴らす特殊な装置」だったので不正解です。②③については記述がないので、これらも不正解です。

問 4　正解 **42** ③　**43** ①　問題レベル【難】　配点 3点（すべて正解で）

設　問　**42** と **43** のそれぞれに最もふさわしい選択肢を選びなさい。

選択肢　① 完全な文
　　　　　② 強いプレッシャー
　　　　　③ 内面体験
　　　　　④ モニター装置
　　　　　⑤ 私的な会話
　　　　　⑥ 理解できる言葉

語句　understandable　形 理解できる　　　　　term　名 用語、言葉

　設問から、実験結果からわかったことについて問われているとわかるので、第5段落〜第6段落に答えがあるのではと予測できます。**42** を含む Training was required before students were able to **focus on** their **42** and describe them. が、第5段落2文目 It took a couple of days of practice for them to be able to **pay proper attention to** their internal thought processes and explain them. に相当します。focus on 〜「〜に焦点を合わせる」が、本文の pay ... attention to 〜「〜に注意を払う」の言い換えになっています。**42** は、internal thought processes の言い換えである ③ internal experiences が正解です。次に **43** を含む Most people's inner voices do **not always** speak in **43**. は、同じく第5段落4文目 The inner voices were **not necessarily** full grammatical sentences, however. に相当します。not necessarily が not always と言い換えられています。**43** は full grammatical sentences を言い換えた ① complete sentences が正解です。

396　リーディング

第6問 B［解説］

問 1 - 5

訳 あなたは、重要な科学的発見についてクラスで発表するためのポスターを、以下の論文を使って準備しています。

［第1段落］

バイオ炭技術は、気候変動への私たちの関与を減らし、農業用の土壌の質を改善する上で将来性が見込まれている。さらには、その生産段階で廃棄物を減らしエネルギーを生み出すことにも役立つ。では、どういうものなのだろうか。

［第2段落］

木のような有機物を燃やすと、黒くなりつやが出る。さらに燃やし続けると、減少して灰と呼ばれるグレーの粉になる。バイオ炭は、木が黒くなったが形をすっかり失ってはいない段階のことだ。熱分解という特別な工程を使って、バイオ炭を大量に作ることができる。

［第3段落］

熱分解の過程で、木くずや落ち葉や枯れ木などの有機物問1⑤は、入ってくる酸素の量が制限された容器内で燃やされる。このように燃やされると、有機物はほぼ無害か全く無害の煙を放出する問1②。その結果できる有機物は、大気に簡単に逃げ出すことのない安定した炭素の形になる。うれしい副産物として、熱分解の間に生み出される熱を捉えてクリーンエネルギーの一種として活用することができる問1①。

［第4段落］

バイオ炭の物理的特性は、特にそれを利用価値の高いものにしている。それは黒色で、細かい穴がたくさん空いており、そのおかげで驚くほど軽い。問1④　水分を保つことも通すこともできる。すべてのバイオ炭が同じというわけではない。その化学組成は、生成に用いた物質と手順によって変わる。問1⑥

［第5段落］

世界中で知られるようになったのは最近になってからだが、バイオ炭はアマゾンの人々によって何千年も利用されてきた。アマゾンの人々がバイオ炭を作っていることを自覚していたのか、それとも生活の一部として偶然行っていたのかは、定かでない。しかし、これが理由で、彼らの住む地域で育てられている植物は、周辺で育てられているものより生育が早く栄養も豊富なのだ。

［第6段落］

バイオ炭がどうやって作られるのか詳しく見てみよう。10 ～ 20パーセントの水分を含む清潔な有機物を使うのが一番いい。汚染された有機物を使うと有毒なバイオ炭ができて、土壌を健康的な作物を育てるのに不向きにしてしまう可能性がある。

［第7段落］

バイオ炭の製造は、簡単に手に入る道具を改造することで、十分安く簡単にできる。通常、必要なのは上部点火上昇気流バイオ炭ストーブだ。底に必要最低限の空気を通す開口部のあるドラム缶でも、立派なストーブになる。バイオ炭にしようと思っている材

料が最初にストーブ内に入れられる。 問2 C 　熱を発生させるため、何か他の物質がその上で燃やされる。 問2 A 　内部の熱は550〜600℃に達しなければならない。数時間後、物質が灰になるのを防ぐため火を消す必要がある。普通は、装置に大量の水をかけることでこれを行う。 問2 E 　土に混ぜる前に、バイオ炭に台所から出た生ごみの野菜くずを混合する。

[第8段落]
　できたバイオ炭は次に粉砕して土に混ぜられる。バイオ炭の微細な穴は、微生物が繁殖する暖かく湿った生息場所となる。 問3 ⑤ 　これは土壌の質を改善し、世界中の農業で大きな懸案となっている過剰耕作の影響を元に戻してくれる。もちろん、バイオ炭の恩恵や活用はこれだけではない。バイオ炭を土に混ぜることで、保管することにもなる。これで炭素を、有害になりうる大気中ではなく、有益な地中に永続的に入れておくことになるのだ。 問3 ③

[第9段落]
　バイオ炭は簡素な物質に思えるかもしれないが、さまざまな世界的問題を一度に解決する助けとなるかもしれない。地中に水分を長くとどめておくことで、農業に使う水の量を減らせる。これはまた、植物の生育を助けるため農業従事者が地面に加える農薬の量を減らすことにもなる。工場からの排水をろ過するのに使って、川や湖が汚染されないようにすることもできる。 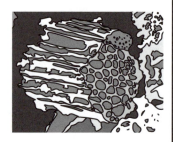 バイオ炭をCHP（熱電併給）システムで使うためのガスに変えるプロセスも、順調に試験が行われている。こうした装置は病院などの大規模施設で、建物内にいる人たちが使う電気と熱の両方を生み出すために使われる。 問4

[第10段落]
　この古来の慣習をより広く活用することは、われわれが現在直面している多くの環境問題を克服するために利用できる重要なツールとなり得る。 問5

あなたのプレゼンテーション用ポスター草稿：

バイオ炭

基本情報 44

　バイオ炭は……
　A. 公害を起こさないエネルギー源となり得る。
　B. 有害ガスを出さずに製造できる。
　C. 建設業界でうまく活用されてきた。
　D. 大きさから予想するほど重くない。
　E. 農業で出る廃棄物から作られる。
　F. 生産方式によって化学的バランスが異なる場合がある。

バイオ炭の作り方（5ステップ）
　ステップ1．燃やすための清潔な有機物を探す
　ステップ2．⎫
　ステップ3．⎬ 45
　ステップ4．⎭
　ステップ5．炭化したものを細かく砕いて土に混ぜる。

バイオ炭の性質
　46
　47

将来の用途
　48

🔖 **語句**

[論文]
[第1段落]

biochar	名 バイオ炭	oxygen	名 酸素
show promise	熟 将来性を示す、有望である	toxic	形 有毒な
		harmful	形 有害な
contribution to ～	熟 ～への寄与、～の原因となる行為	fume	名 煙
		resulting	形 結果として生じる
soil	名 土壌	stable	形 安定した
phase	名 段階	carbon	名 炭素
[第2段落]		atmosphere	名 大気
organic	形 有機的な、生物由来の	side effect	熟 副作用、副次的影響
shiny	形 輝く、つやのある	capture ～	他 ～を捉える、～を得る
ash	名 灰	[第4段落]	
pyrolysis	名 熱分解	physical	形 物理的な
[第3段落]		attribute	名 特性、特質
litter	名 ごみ、落ち葉	retain ～	他 ～をとどめる、～を保つ
		chemical	形 科学的な
		composition	名 構成、組成

procedure	名 手順		microscopic	形 顕微鏡レベルの、微細な
[第5段落]			microbe	名 微生物
Amazonian	形 アマゾンの		multiply	自 増殖する
unclear	形 不明確な、はっきりしない		reverse ~	他 ~を逆行させる、~を無効にする
by accident	熟 偶然に		over-farming	名 過剰耕作
inhabit ~	他 ~に居住する		agriculture	名 農業
nutrient	名 栄養素、養分		around the globe	熟 世界中で
surrounding	形 周辺の		permanently	副 永続的に
[第6段落]			**[第9段落]**	
moisture	名 水分、湿度		simultaneously	副 同時に
contaminated	形 汚染された		filter ~	他 ~をろ過する
unsuitable for ~	熟 ~に適合しない		polluted	形 汚染された
crop	名 農作物		whereby SV	副 SVするところの
[第7段落]			convert A into B	熟 AをBに変換する
manufacture	名 製造		occupant	名 居住者、中にいる人
modify ~	他 ~を改造する		**[第10段落]**	
readily available	熟 すぐに手に入る		ancient	形 古代の、大昔の
top-lit	形 上部点火型の		overcome ~	他 ~を克服する、~を打開する
updraft	名 上昇気流			
steel drum	熟 ドラム缶			
adequate	形 適度な、十分役に立つ		**[ポスター草稿]**	
put out ~	熟 ~を消す		construction	名 建設
rotting	形 腐りかけの		based on ~	熟 ~を基にして
left over	熟 残された、残り物の		depending on ~	熟 ~によって、~次第で
[第8段落]			char	名 炭状の物、炭化したもの
crush ~	他 ~をつぶす、~を砕く		property	名 特性、性質

問 1　正解 ③　問題レベル【難】　配点 2点

設問　あなたは自分のポスターをチェックしている。基本情報の部分に間違いを見つけた。<u>削除すべきなのは</u>次のうちどれか。　44

選択肢　① A
　　　　② B
　　　　③ C
　　　　④ D
　　　　⑤ E
　　　　⑥ F

語句　spot ~ 　他 ~に気付く、~を見つける

　第6問Bは、【論理的文章読解問題】を攻略する「視線の型」（p. 314参照）、「推測の型」（p. 338参照）で正答を導ける問題です。

　まずは「視線の型」で、リード文から場面・状況をイメージします。「重要な科学的発見についてクラスで発表するためのポスターを、論文を使って作成」しているのですね。プレゼンテーション用ポスターの素案が付いているので、**見出しを先読み**し、空所の前後を確認して

400　リーディング

「何が問われているか」を把握します。それでは、問1から解いていきましょう。

まずは**設問の先読み**です。問1は「バイオ炭の基本情報として記した項目から間違いを削除せよ」という問題です。基本情報はふつう最初の方に記されるため、本文の冒頭を注意して読みます。では選択肢を見ていきます。

①のA. can be a source of non-polluting power. は第3段落最終文 used as a form of clean energy より○、②のB. can be produced without releasing harmful gases. は第3段落2文目 no toxic or harmful fumes より○です。③のC. has been successfully used in the construction industry. はどこにも記載がないので、③が削除すべきとなります。

念のため、残りも見ていきましょう。④のD. is less heavy than you would expect based on its size. は第4段落2文目 surprisingly light より○、⑤のE. is made from waste products. は、第3段落1文目でバイオ炭の素材を organic materials, such as wood chips, leaf litter, or dead plants と言っているので○、⑥のF. may have a different chemical balance depending on its production methods. は第4段落最終文 is affected by the materials and procedures that are used in its creation より○です。

> **問 2**　**正解④**　問題レベル【難】　配点 2点
>
> **設　問**　あなたはバイオ炭を作るのに使われる5つのステップを簡単にまとめようとしている。工程を完成させるのに最もふさわしい組み合わせを選びなさい。**45**
>
> A. 有機物の上で小さく火を起こす。
> B. 大気に出る前に有害なガスを捉える。
> C. 底部に小さな穴の開いた容器に物質を入れる。
> D. 使おうとしている土の質を検査する。
> E. バイオ炭に大量の水を掛ける。
>
> **選択肢**　① A → C → E　　② A → E → D　　③ C → A → B
> 　　　　　④ C → A → E　　⑤ E → C → A　　⑥ E → C → D
>
> **語句**　summarize ～　他 ～を要約する

設問は、プレゼンテーション用草稿の「バイオ炭の作り方（5ステップ）」のStep 1と5が与えられていて、2～4を埋める問題なので**狙い読み**ができます。

バイオ炭の作り方は、第7段落にまとまっていました。Step 1が1文目、Step 5が最終文なのでその間を丁寧に読んでいきましょう。第7段落2～4文目 A top-lit updraft biochar stove is usually needed. A steel drum with an opening at the bottom to let in just enough air can make an adequate stove. The items you intend to turn into biochar are placed in the stove first. が選択肢Cに、5文目 To create heat, some other materials are burned at the top. が選択肢Aに、7～8文目 After a couple of hours, it is necessary to put out the fire to stop the material from becoming ash. Usually, this is done by suddenly adding a large amount of water to the machine. が選択肢Eに該当します。よってC → A → Eとなり、正解は④です。

401

問3 正解③・⑤（順不同） 問題レベル【難】 配点 3点（すべて正解で）

設問 次の一覧から、バイオ炭の特性を最もよく述べているものを2つ選びなさい。
（順不同） 46 47

選択肢 ① バイオ炭は土壌の水を吸収して植物を水分過剰から守る。
② バイオ炭は太陽光が土の深い層まで届くようにし、それが植物の生育を助ける。
③ バイオ炭は空中に炭素を放出することなく、長期間、土壌にとどまることができる。
④ バイオ炭は火事の被害を受けた森林の回復に役立つ。
⑤ バイオ炭は穴だらけで、その中で有益な微生物が生息できる。

語句
overhydration	名 水分過剰	extended	形 長期の
layer	名 層	microorganism	名 微生物
persist	自 存続する、残る		

設問より、The properties of biochar「バイオ炭の特性」が書かれている箇所を探せばよいとわかります。が、特性については一カ所にまとまっていないので、選択肢を一つひとつ見ていきましょう。

①は、第4段落3文目 It can both retain water and allow it to pass through. と書かれていますが、「水を吸収する」とはどこにもないので不正解です。②については記載がないので×。③は、第8段落5〜6文目 By adding biochar to the soil, we are also storing it. This permanently keeps the carbon in the ground, where it is useful, rather than in the atmosphere, where it can be harmful. とあるので正解です。ground が soil と言い換えられています。④については記載がないので不正解。⑤は、第8段落2文目 The microscopic openings in the biochar provide a warm wet habitat for microbes to multiply in. より正解です。habitat for microbes が microorganisms can grow に言い換えられていました。よって、③と⑤が正解です。

問4 正解① 問題レベル【難】 配点 2点

設問 この文章から、将来バイオ炭が利用されそうなのは次のうちどれか。 48

選択肢 ① 産業用の発電装置の燃料　　② 毒性のない農業用薬品の原料
③ 病院の空気をより清潔に保つ方法　　④ 川や湖から化学物質を取り除く方法

設問から、「将来バイオ炭が利用されそう」な用途を探すのだとわかります。第8段落まで、バイオ炭の特性や作り方について語られてきているので、Future use「将来の用途」はそれ以降にあると考えて狙い読みできる問題です。第9段落5〜6文目に A process whereby biochar can be converted into a gas for use in CHP (combined heat and power) systems has been successfully tested. Such devices are used in large facilities such as hospitals to generate both electrical power and heat for the building's occupants. とあります。ここを要約した① A fuel for industrial power generators が正解です。

402　リーディング

問 5 **正解 ④** **問題レベル【難】** **配点 3点**

設　問 この文章から、筆者は **49** と推測できる。

選択肢 ① バイオ炭生産が将来、製造業の重要な部分になると信じている
② 食用作物向けの安価なバイオ炭を作る際に農家が経験している困難について知っていた
③ バイオ炭を作る工程が複雑過ぎて一般の人が利用できないことを心配していた
④ あまり知られていなかった伝統手法が、現代社会の直面する課題の解決に利用されそうだと知って喜んでいる

語句 infer ～　　他 ～と推論する、～と推測する　　take advantage of ～　熟 ～を利用する
complicated　形 込み入った、複雑な　　confront ～　他 ～に直面する、～に立ちはだかる

　設問より、筆者の意見が書かれている文を探せばよいとわかりますが、狙い読みが難しい設問です。選択肢のキーワードを頼りに一つずつ見ていきましょう。

　①は、第9段落でバイオ炭の将来について著者は肯定的ですが、「信じている」とは書かれていないので不正解です。②は、「バイオ炭を作る際に農家が経験している困難」については記載がないので間違いです。③は、第7段落1文目 The manufacture of biochar is cheap and easy enough for people to do by modifying readily available items. と矛盾するので不正解。消去法から④が正解となりますが、念のため見てみましょう。第10段落に、The broader use of this ancient practice could be an important tool for us to use in overcoming many of the environmental problems we currently face.「この古来の慣習をより広く活用することは、われわれが現在直面している多くの環境問題を克服するために利用できる重要なツールとなり得る」とあります。important という主観形容詞があることからも筆者の主張が含まれる文だとわかります。ancient practice が a little-known traditional technique と言い換えられ、overcoming many of the environmental problems we currently face が solve challenges confronting modern societies に言い換えられています。内容からも④が正解となります。

第6問

"英米の違い"を攻略する イギリス英語ミニ辞典

以前の大学入試センター試験ではアメリカ英語が使用されていましたが、共通テストではイギリス英語も登場します。「語彙」「綴り」「発音」「文法」の4つの観点からイギリス英語の代表的な特徴をまとめましたので、ここでしっかり対策をしておきましょう。

❶ 語彙

共通テストで出そうな語に絞って約50の組み合わせを選抜しました。どちらがイギリス英語でどちらがアメリカ英語かまでは覚えなくても大丈夫です。実際にはイギリスでアメリカ英語に分類している語が使われることもよくありますし、逆もまた然りです。反応できなさそうな方にチェックを入れて、本番まで何度か目を通しておきましょう。

意味	イギリス英語	アメリカ英語
休暇	holiday	vacation
祝日	bank holiday	public holiday / national holiday
予約	book	reserve
薬局	chemist / pharmacy	drugstore / pharmacy
本屋	bookshop	bookstore
食堂	canteen	cafeteria
映画	film	movie
映画館	cinema	movie theater
サッカー	football	soccer ※ アメリカでfootballというと「アメフト」のこと
掲示板	notice board	bulletin board
時刻表・時間割	timetable	schedule
成績	mark	grade
復習する	revise	review
学期	term	semester
校長	headteacher	principal
1年生	first-year student	freshman
2年生	second-year student	sophomore
3年生	third-year student	junior
4年生	fourth-year student	senior
携帯電話	mobile / mobile phone	cell / cellphone / cellular phone

意味	イギリス英語	アメリカ英語
ズボン	trousers	pants
運動靴	trainers	sneakers
消しゴム	rubber	eraser
ゴミ箱	dustbin / rubbish bin	trash can / garbage can
アパート	flat	apartment
1階	ground floor	first floor
2階	first floor	second floor
エレベーター	lift	elevator
廊下	corridor	hallway
郵便番号	post code	zip code
郵便ポスト	postbox	mailbox
小包	parcel	package
手荷物	luggage	baggage
履歴書	CV	résumé
フロント	reception	front desk
レジ	till	cash register / checkout
紙幣	note	bill
伝票	bill	check
列	queue	line
トイレ	toilet	bathroom / restroom
長距離バス	coach	long-distance bus
トラック	lorry	truck
ガソリンスタンド	petrol station	gas station
高速道路	motorway	highway / freeway
歩道	pavement / footpath	sidewalk
駐車場	car park	parking lot
地下鉄	underground / tube	subway
地下道	subway	underpass
片道切符	single ticket	one-way ticket
往復切符	return ticket	round-trip ticket
レンタカーを借りる	hire a car	rent a car
2週間	fortnight ※fourteen + night	two weeks
秋	autumn	fall
虫	insect ※ てんとう虫はladybird	bug ※ てんとう虫はladybug

❷ 綴り

少しスペリングが違うだけで未知語に見えてしまうのはもったいないです。イギリス式にも一度目を通しておきましょう。

綴り	イギリス英語	アメリカ英語	意味
-re	centre litre theatre	center liter theater	中心 リットル 劇場
-our	colour flavour neighbour	color flavor neighbor	色 味 隣人
-ise	apologise organise realise	apologize organize realize	謝罪する 組織する 実感する
-ence	defence licence offence	defense license offense	防御 免許 違反
-ogue	analogue catalogue prologue	analog catalog prolog	類似物 目録 序章
その他	ageing cheque dreamt programme skilful travelled tyre	aging check dreamed program skillful traveled tire	高齢化 小切手 夢を見た プログラム 熟練した 旅行した タイヤ

❸ 発音

リスニング対策として、同じ単語なのにイギリス英語とアメリカ英語で明らかに発音が異なる語を掲載しておきます。

単語	イギリス英語	アメリカ英語	意味
advertisement	アドバーティスメント	アドバタイズメント	広告
herb	ハーブ	アーブ	薬草
often	オフトゥン	オッフン	頻繁に
schedule	シェジュール	スケジュール	予定
vase	ヴァーズ	ヴェイズ ／ ヴェイス	花瓶
vitamin	ヴィタミン	ヴァイタミン	ビタミン

406　リーディング

❹ 文法・表記

　イギリス英語とアメリカ英語で、文法や表記の仕方が少し違う時があります。読解する分にはあまり支障のないものもありますが、念のため確認しておきましょう。

文法・表記	イギリス英語	アメリカ英語	意味
持っている	have got 例）I have got a cold. Have you got a pen?	have 例）I have a cold. Do you have a pen?	私は風邪をひいています。 ペンを持っていますか。
doしなければならない・doするに違いない	have got to do 例）I've got to go. You've got to be kidding.	have to do 例）I have to go. You have to be kidding.	行かなきゃ。 冗談でしょ。
doするだろう・doするつもりだ	shall・will 例）I shall be there at 5 o'clock.	will 例）I will be there at 5 o'clock.	5時にそこに行きます。
年・月・日	day / month / year 例）10/1/20 = 10th January 2020	month / day / year 例）1/10/20 = January 10 2020	2020年1月10日
○時△分(過ぎ)	△ past ○ 例）ten past five ※ half past fiveは「5時半」	△ after ○ 例）ten after five	5時10分 = five ten
○時△分前	△ to ○ 例）five to ten ※ a quarter to tenは「10時15分前=9時45分」	△ before ○ 例）five before ten	10時5分前 = nine fifty-five
集合名詞	複数扱い 例）Our class are visiting the museum tomorrow.	単数扱い 例）Our class is visiting the museum tomorrow.	私たちのクラスは明日美術館に行く予定です。
前置詞	Monday to[till] Friday at the weekend in the street	Monday through Friday on the weekend on the street	月曜から金曜まで 週末に 通りに
ピリオド	Mr Smith 10 pm 10.20	Mr. Smith 10 p.m. 10:20	スミスさん 午後10時 10時20分
引用符	シングルクオーテーション He said, 'I am happy'.	ダブルクオーテーション He said, "I am happy."	彼は「幸せだ」と言った。

407

グラフ・広告問題を攻略する頻出表現リスト

共通テストでは、グラフを含む問題や広告系の英文がよく出題されます。このタイプの問題を苦手としている人はおそらく「経験不足」です。グラフ・広告問題では特有の語彙や表現が多く、慣れていないと読解に時間がかかってしまいます。頻出の表現をまとめましたので、ここでしっかり確認しておきましょう。

❶ グラフ問題頻出表現

訳・意味	表現
調査・研究	survey / research / investigation / examination / study　調査 experiment　実験　　poll　世論調査　　statistics　統計 questionnaire　アンケート　　respondent　回答者
約〜	about 〜 / around 〜 / approximately 〜 / roughly 〜 / 〜 or so
〜の一歩手前	nearly 〜 / almost 〜
分数	one[a] third　3分の1　　two thirds　3分の2 one[a] fourth = a quarter　4分の1 ※ A out of B / A in B　BのうちのA 　例）one person out of five / one person in five「5人のうち1人」= 20%
増加・減少	rise / go up / increase / grow　増加する fall / go down / decrease / drop / reduce / decline　減少する ※ 増減した「結果」は前置詞to、どれだけ増減したかの「差」は前置詞byで表す。 　例）increased to 20「増加して20になった」　increased by 20「20増加した」

❷ 広告問題頻出表現

料金

price	モノを買うときの値段
cost	何かをしたり作ったりするのにかかる費用
charge / rate	サービスに対して支払う手数料 ☐ a shipping charge（送料）　☐ an additional charge（追加料金） ☐ a handling charge（取扱手数料）　☐ a room rate（ホテルの部屋の料金）
fee	弁護士などの専門職や公共団体に対して支払う手数料 ☐ an admission fee（入場料、入会金）　☐ a transfer fee（振り込み手数料） ☐ a tuition fee（授業料）　☐ a submission fee（提出料） ☐ an annual membership fee（年会費）
fare	交通機関に対して払う運賃
toll	道路などの通行料や電話料金
postage	郵便料

（値段が）高い

expensive	高価な	costly	費用のかかる
pricey	値の張る	overpriced	高過ぎる
unaffordable	手が届かない		

（値段が）安い

cheap	安い	inexpensive / low-priced	安価な
reasonable / affordable	手頃な	economical	経済的な

購入関連

buy ～ / purchase ～	～を買う	a 10% discount on tickets	入場料1割引
subscribe to ～	～に定期購読する	order	注文
sign up for ～	～に登録する	sold out	売り切れ
in cash	現金で	in total	合計で
by credit card	クレジットカードで		
free / free of charge / for free / for nothing	無料で		

その他お金関連

interest	利子	tax	税金
fine	罰金	donation	寄付
refund	払戻金		

期日関連

in advance / beforehand	前もって	by ～	～までに【締切期限】
book / make a reservation	予約する	expire	期限が切れる
on the day	当日	a guarantee / a warranty	保証
no later than ～	遅くとも～までに【締切期限】		
without notice	突然　例）Prices may change without notice. 「値段は予告なしに変わることがあります」		

その他

available	利用できる	ship ～	～を発送する
fill out ～ / fill in ～	～に記入する	overnight delivery	翌日発送
an application form	申し込み用紙	accommodations	宿泊施設
a money transfer slip	振り込み用紙	a round-trip ticket	往復切符
inquiry	問い合わせ	items / goods / products	モノ
first-come, first-served	先着順の		
including ～	～を含めて ⇔ excluding ～　～を除いて（共に前置詞）		

409

巻末リスト 3 言い換え問題を攻略する語句リスト

共通テストの問題では、本文で出てきた表現が選択肢では別の言い回しになっていることがよくあります。この「言い換え表現」を見抜くことで、正解を導けることがとても多いです。ここでは、最近の共通テストやセンター試験で実際に出題された言い換えを一部紹介します。まったく同じ言い換えは出ないかもしれませんが、パターンを把握しておくことで、言い換えに気づきやすくなるはずです。

❶ 類義語による言い換え

単語帳に載っているようなシンプルな単語の言い換えもあれば、フレーズ単位の言い換えもあります。また、品詞転換による言い換えもここに含めています。色々な言い換えのパターンを過去に出題された問題から学んでおきましょう。

訳・意味	本文	設問・選択肢	出題年度
〜に記入する	fill in 〜	complete 〜	2023
下の用紙	the form below	the bottom part	2023
出演者	actors / cast	performers	2023
〜に慣れる	get used to 〜	get accustomed to 〜	2023
6枚のカード	6 cards	half a dozen cards	2023
楽しい	happy	enjoyable	2023
学習記録	a study log	study records	2023
世界中の	from around the world	from different countries	2023
隙間	empty space	gaps	2023
姿が見えなくなる	fade ... out of sight	vanish	2023
子供たちに衣装を着せた	had the children wear costumes	gave his sons some clothes to wear	2023
徐々に	progressively	gradually	2023
より難しい	more difficult	harder	2023
退屈だ	dull	boring	2023
4週間	28 days	four weeks	2023
アドバイス	advice	tips	2023
およそ3分の1	approximately one third	roughly 30%	2023
いつ野菜を収穫するか	when to harvest a vegetable	the timing for collecting the crops	2023
あなたの誕生日	your date of birth	your birthday	2022
正面玄関近くに	by the main entrance	near the main entrance	2022
満足している	content	happy	2022
より落ち着いて	calmer	more peacefully	2022
手頃な価格だ	are priced very reasonably	are affordable	2022
10年	ten years	a decade	2022
要約	a brief outline	summary	2021
およそ1週間	a week or so	about seven days	2021
半額で	at a 50% discount	at a half price	2021
最低1年に1回	annually or more frequently	at least one ... a year	2021
短縮する	make ... shorter	reduce	2021
友情を育む	get to know each other	develop friendships	2021

410　リーディング

連続して3回以上	more than two consecutive ...	three or more times in a row	2020
無料で	for no extra charge	free	2020
日常的に	on a daily basis	quite regularly	2019
ブログ	blog	personal website	2019
一年中	throughout the year	in every season	2018
もう少しで優勝だった	almost won	took second place	2018
～に参加する	participate ～	take part in ～	2018
特別な許可なしに	without special permission	except for special cases	2018
休み時間に	at break time	between classes	2018
問題がどこにあるかを特定する	identify where there were problems	find the locations of problems	2018
～を思い出させる	remind ... of ～	brought back memories of ～	2018
彼が有名なので	due to his popularity	because of his fame	2018
コミュニケーション技術を身につける	can improve their communication skills	can become good communicators	2017
悪い成績をとる	receive poor grades	perform poorly	2017
一生懸命働く気力がなくなる	become less motivated to work hard	lose interest in working hard	2017
卒業後に	after graduation	after leaving school	2017
利点	merits / benefits / advantages	good effects	2017
貧しい人たちに住居や食べ物を与える	provide poor people with housing and food	feed people in need and give them a place to live	2017
その土地の人を雇う	employ people living in those areas	hire local people	2017
事前予約は不要	No reservation ... is required	Advance booking is not necessary	2016

❷ 角度を変えた言い換え

「角度を変える」とは、180度違う単語を肯定と否定を入れ替えて使うことで言い換えたり、最上級「…の中で一番～だ」を比較級「他のどの…よりも～だ」を使って表現したり、とややひねった言い換えのことだと思ってください。過去の出題例を確認することで、ある程度パターーンが見えてくると思います。

訳・意味	本文	設問・選択肢	出題年度
農家の人達が作物を直接売る ※ 主語を変えて「売る」⇔「買う」を逆にした言い換え	farmers sell their produce directly	people buy food from farms	2023
集団競技より個人競技がいいと思った ※ 肯定⇔否定	thought it would be better for me to play individually	wanted to avoid playing a team sport	2023
消化が遅い ※ 肯定⇔否定	move through the body extremely slowly	not digested quickly	2021
私を助けた ※ 能動⇔受動	helped me	I was assisted	2020
3つのグループの中で一番悪い ※ 比較級⇔最上級	performed worse than the other two groups	showed the worst score among the three groups	2020
簡単だ ※ 否定⇔肯定	not at all difficult	easy	2018
天気が悪かったのでダンスショーは建物の中であった ※ 仮定⇔現実	If it had been sunny, they could have danced outside.	At the school festival, the dance show was held inside due to poor weather.	2018
若者は子どもよりスクリーンに基づいた活動をすることに時間を使う傾向があった ※ 比較対象の入れ替え	Teenagers tended to spend more time on screen-based activities than did Children.	Children are likely to spend less time doing screen-based activities than Teenagers.	2017

❸ 上位概念の言い換え

　本文に「主人公は犬を飼っている」と書いてあり、選択肢に「主人公は動物を飼っている」とあった場合、この選択肢は正解になります。この「犬→動物」のように、抽象度を上げた言葉で言い換えられることがよくあります。以下で過去に出題された例を確認しておきましょう。

訳・意味	本文	設問・選択肢	出題年度
ポイントを集める→特典を受け取る	collect points	receive benefits	2023
より効果的に→よりうまく	more effectively	better	2023
英語→言語	English	language	2023
コミュニケーション能力→人付き合いの能力	communication skills	social skills	2023
毛皮のある子→ペット	fur babies	pet	2022
太鼓 / 琴→日本の伝統音楽	taiko / koto	Japanese traditional music	2022
卵ケース→日用品	an egg carton	everyday items	2022
-40度の低温から100度の高温まで→広い温度範囲	temperatures as low as -40℃ and as high as 100℃	a wide range of temperatures	2022
メールする→連絡する	email	contact	2021
歌手→アーティスト	singer	artist	2021
水→液体	water	liquid	2020
伝統的なダンス・食べもの・衣服→文化	traditional dance, traditional food, traditional clothing	cultures	2018
絵画→芸術作品	paintings	art works	2018
ゲーム、ソーシャルメディア、テレビ→電子機器	playing video games, using social media, and watching television	playing with electronic devices	2018
詩→作品	poems	works	2018
フェリーに乗った→海路で	took a ferry	by sea	2017

英語リーディング実戦模擬試験
解答用紙

※何度も使用する場合に備えて、コピーしておくことをお勧めします。

解答番号	解答欄					
	1	2	3	4	5	6
1	①	②	③	④	⑤	⑥
2	①	②	③	④	⑤	⑥
3	①	②	③	④	⑤	⑥
4	①	②	③	④	⑤	⑥
5	①	②	③	④	⑤	⑥
6	①	②	③	④	⑤	⑥
7	①	②	③	④	⑤	⑥
8	①	②	③	④	⑤	⑥
9	①	②	③	④	⑤	⑥
10	①	②	③	④	⑤	⑥
11	①	②	③	④	⑤	⑥
12	①	②	③	④	⑤	⑥
13	①	②	③	④	⑤	⑥
14	①	②	③	④	⑤	⑥
15	①	②	③	④	⑤	⑥
16	①	②	③	④	⑤	⑥
17	①	②	③	④	⑤	⑥
18	①	②	③	④	⑤	⑥
19	①	②	③	④	⑤	⑥
20	①	②	③	④	⑤	⑥
21	①	②	③	④	⑤	⑥
22	①	②	③	④	⑤	⑥
23	①	②	③	④	⑤	⑥
24	①	②	③	④	⑤	⑥
25	①	②	③	④	⑤	⑥

解答番号	解答欄					
	1	2	3	4	5	6
26	①	②	③	④	⑤	⑥
27	①	②	③	④	⑤	⑥
28	①	②	③	④	⑤	⑥
29	①	②	③	④	⑤	⑥
30	①	②	③	④	⑤	⑥
31	①	②	③	④	⑤	⑥
32	①	②	③	④	⑤	⑥
33	①	②	③	④	⑤	⑥
34	①	②	③	④	⑤	⑥
35	①	②	③	④	⑤	⑥
36	①	②	③	④	⑤	⑥
37	①	②	③	④	⑤	⑥
38	①	②	③	④	⑤	⑥
39	①	②	③	④	⑤	⑥
40	①	②	③	④	⑤	⑥
41	①	②	③	④	⑤	⑥
42	①	②	③	④	⑤	⑥
43	①	②	③	④	⑤	⑥
44	①	②	③	④	⑤	⑥
45	①	②	③	④	⑤	⑥
46	①	②	③	④	⑤	⑥
47	①	②	③	④	⑤	⑥
48	①	②	③	④	⑤	⑥
49	①	②	③	④	⑤	⑥

英語リーディング実戦模擬試験
解答用紙

※何度も使用する場合に備えて、コピーしておくことをお勧めします。

解答番号	解答欄					
	1	2	3	4	5	6
1	①	②	③	④	⑤	⑥
2	①	②	③	④	⑤	⑥
3	①	②	③	④	⑤	⑥
4	①	②	③	④	⑤	⑥
5	①	②	③	④	⑤	⑥
6	①	②	③	④	⑤	⑥
7	①	②	③	④	⑤	⑥
8	①	②	③	④	⑤	⑥
9	①	②	③	④	⑤	⑥
10	①	②	③	④	⑤	⑥
11	①	②	③	④	⑤	⑥
12	①	②	③	④	⑤	⑥
13	①	②	③	④	⑤	⑥
14	①	②	③	④	⑤	⑥
15	①	②	③	④	⑤	⑥
16	①	②	③	④	⑤	⑥
17	①	②	③	④	⑤	⑥
18	①	②	③	④	⑤	⑥
19	①	②	③	④	⑤	⑥
20	①	②	③	④	⑤	⑥
21	①	②	③	④	⑤	⑥
22	①	②	③	④	⑤	⑥
23	①	②	③	④	⑤	⑥
24	①	②	③	④	⑤	⑥
25	①	②	③	④	⑤	⑥

解答番号	解答欄					
	1	2	3	4	5	6
26	①	②	③	④	⑤	⑥
27	①	②	③	④	⑤	⑥
28	①	②	③	④	⑤	⑥
29	①	②	③	④	⑤	⑥
30	①	②	③	④	⑤	⑥
31	①	②	③	④	⑤	⑥
32	①	②	③	④	⑤	⑥
33	①	②	③	④	⑤	⑥
34	①	②	③	④	⑤	⑥
35	①	②	③	④	⑤	⑥
36	①	②	③	④	⑤	⑥
37	①	②	③	④	⑤	⑥
38	①	②	③	④	⑤	⑥
39	①	②	③	④	⑤	⑥
40	①	②	③	④	⑤	⑥
41	①	②	③	④	⑤	⑥
42	①	②	③	④	⑤	⑥
43	①	②	③	④	⑤	⑥
44	①	②	③	④	⑤	⑥
45	①	②	③	④	⑤	⑥
46	①	②	③	④	⑤	⑥
47	①	②	③	④	⑤	⑥
48	①	②	③	④	⑤	⑥
49	①	②	③	④	⑤	⑥

英語リーディング実戦模擬試験
解答一覧

問題番号(配点)	設問		解答番号	正解	配点
第1問 (10)	A	1	1	4	2
		2	2	3	2
	B	1	3	3	2
		2	4	2	2
		3	5	4	2
第2問 (20)	A	1	6	2	2
		2	7	4	2
		3	8	3	2
		4	9	3	2
		5	10	2	2
	B	1	11	1	2
		2	12	1	2
		3	13	3	2
		4	14	1	2
		5	15	4	2
第3問 (15)	A	1	16	2	3
		2	17	4	3
	B	1	18	4	3*
			19	2	
			20	3	
			21	1	
		2	22	3	3
		3	23	2	3

問題番号(配点)	設問		解答番号	正解	配点
第4問 (16)		1	24	1	3
		2	25	3	3
		3	26	3	2
			27	6	2
		4	28	4	3
		5	29	1	3
第5問 (15)		1	30	3	3
		2	31	4	3
		3	32	2	3*
			33	5	
			34	4	
			35	3	
		4	36	1	3
		5	37 − 38	4 − 5	3*
第6問 (24)	A	1	39	4	3
		2	40	3	3
		3	41	4	3
		4	42	3	3*
			43	1	
	B	1	44	3	2
		2	45	4	2
		3	46 − 47	3 − 5	3*
		4	48	1	2
		5	49	4	3

(注)
1 ＊は全部正解のみ点を与える。
2 －（ハイフン）でつながれた正解は、順序を問わない。

森田鉄也 （もりた てつや）

武田塾英語課課長、武田塾高田馬場校、豊洲校、国立校、鷺沼校オーナー。YouTube チャンネル Morite2 English Channel とユーテラ授業チャンネルで、大学受験など英語試験をテーマにした動画を配信している。TOEIC® L&R テスト990点満点、英検1級、TEAP 満点、GTEC CBT 満点など多数の資格を持つ。『大学入学共通テストスパート模試英語』シリーズ（アルク）、『TOEIC® L&R TEST パート1・2特急Ⅱ 出る問 難問240』（朝日新聞出版）など著書多数。慶應大学文学部英米文学専攻卒。東京大学大学院言語学修士課程修了。

斉藤健一 （さいとう けんいち）

代々木ゼミナール、秀英予備校講師。東進ハイスクール特別講師。英字新聞「The Japan Times Alpha」一面記事解説講師＆『知識を使えるスキルに変える 大人の文法ドリル』連載執筆。YouTube チャンネル「数学・英語のトリセツ！」英語担当。スマイルゼミ高校講座英語担当。『スピード英文法』など英語教育系アプリを開発する、（株）ファレ代表取締役。英検1級取得。著書に『大学入学共通テスト スパート模試 英語リーディング』（アルク）、『ポケット英文法』（ファレ出版）、『関正生の英語の発音・アクセントプラチナルール』（KADOKAWA）がある。

改訂版　1カ月で攻略！
大学入学共通テスト英語リーディング

発行日　2023年9月15日（初版）
　　　　2023年12月8日（第4刷）

監修	森田鉄也
著者	斉藤健一
企画協力	岡﨑修平
編集	株式会社アルク出版編集部
翻訳・語注作成	挙市玲子
模擬試験作成	Ross Tulloch
校正	Peter Branscombe ／ Margaret Stalker ／ 渡邉真理子
AD・本文デザイン	二ノ宮 匡（nixinc）
著者写真	横関一浩（帯：監修者写真）
模試イラスト	関上絵美
DTP	朝日メディアインターナショナル株式会社
印刷・製本	日経印刷株式会社
発行者	天野智之
発行所	株式会社アルク 〒102-0073　東京都千代田区九段北4-2-6　市ヶ谷ビル Website：https://www.alc.co.jp/

落丁本、乱丁本は弊社にてお取り替えいたしております。
Web お問い合わせフォームにてご連絡ください。
https://www.alc.co.jp/inquiry/

本書の全部または一部の無断転載を禁じます。著作権法上で認められた場合を除いて、本書からのコピーを禁じます。定価はカバーに表示してあります。
製品サポート：https://www.alc.co.jp/usersupport/

©2023 Tetsuya Morita / Kenichi Saito / Shuhei Okazaki / Ross Tulloch
　　　ALC PRESS INC. / Emi Sekigami
Printed in Japan.
PC：7023029　ISBN：978-4-7574-4031-9

地球人ネットワークを創る
アルクのシンボル
「地球人マーク」です。

１カ月で攻略！
大学入学共通テスト英語リーディング

共通テスト
英語リーディング
実戦模擬試験

この模擬試験は、実際の大学入学共通テスト（2023年１月実施）と
同様の出題項目・同等の難易度で作成されています。

リーディングの受験時間は80分間です。

解答用紙は本冊のp.413に印刷されています。
正解と解説は本冊のp.363に掲載されています。
解答一覧は本冊のp.415に掲載されています。

英　　語（リーディング）

各大問の英文や図表を読み，解答番号 1 ～ 49 にあてはまるものとして最も適当な選択肢を選びなさい。

第 1 問 （配点 10）

A You are studying in the UK, and you are considering doing extra study on the weekends. Your teacher gives you a handout with information from a local college.

Weekend Courses at Springdale Community College

Car Maintenance for Beginners	Cooking for One
A course that will help you save money on car ownership.	A course to prepare high school students for life outside their parents' homes.
▶ From 9:30 A.M. on Sundays from 7 August through 24 October. Each session finishes at 12:30 P.M. ▶ The course is only available to people of high-school age or older. ▶ Car maintenance can be dangerous and dirty. Please provide your own gloves and an apron to keep your clothes clean. ▶ Every participant will receive a small toolkit which they can take home at the end of the course.	▶ From 10:00 A.M. on Saturdays from 6 August through 23 October. Each session finishes at 12:30 P.M. ▶ This is a course specifically designed for high-school students. ▶ The course fee includes an apron, and hairnets, which participants are expected to wear at all times. ▶ All food prepared during the course can be eaten in our dining room or taken home.
Course Fee: $280	Course Fee: $310

Note: Both of these courses cost money to join. Please pass this handout to your mother or father and make sure that they approve of your participation. Be sure to submit the completed form to your teacher by July 17.

✂ -

Choose (☑) one: Car Maintenance for Beginners ☐　　Cooking for One ☐

Name: _____

2　　リーディング

問 1　What are you instructed to do before choosing a course?　1

① Check the location of Springdale Community College

② Confirm that you are available on the course dates.

③ Meet with your teacher to discuss your plans on July 17.

④ Show the form to your parents and get their permission.

問 2　What is true about both of the classes?　2

① Lunch is provided in the college dining room.

② Only high school students may attend.

③ Some protective clothing is necessary.

④ Students will study for three hours each day.

3

B You and your friends have created a student band. You see the following flyer for an upcoming contest.

Battle of the Bands
Have your album produced by Triple V Radio!

A contest to find Brisbane's best young band will be held on July 12 and 13.
The event will be held at Sheffield Hall in Brisbane City.
The contest is only open to students enrolled in a Brisbane high school.

◆How to Enter

- On April 7, application forms were sent to every music teacher in Brisbane City. Ask your music teacher for a copy and send it to the contest organizers.
- Organizers will be accepting applications from May 1. Applications will only be accepted during May.
- It costs $100 to enter. The money will be used to pay for the venue and other costs of organizing the event. Payment should be made online using the bank account information on the application form.
- You must submit an audition video to the organizers. You can upload the video at www.bnebob.org.au/auditions.

◆Contest Schedule

July 12	Contestants will play in front of a live audience at Sheffield Hall in Brisbane City. Bands will be given a performance schedule at 9:00 A.M. All bands must be present between 9:00 A.M. and 3:00 P.M. Ten bands will be asked to return for the final round on July 13. One of these bands will be chosen as the winner.
July 13	The performances on this day will be broadcast online. The finalists selected on July 12 must arrive at the hall by 3:00 P.M. The order in which the bands perform will be announced at that time. The winner will be chosen by votes from the online audience. The winning band will be announced after the final performance.

◆Prize
The winning band will have their album professionally produced by the recording staff at Triple V Radio.

問 1　You can enter the contest between ⎵ 3 ⎵ .

① April 7 and May 1
② April 7 and July 13
③ May 1 and May 31
④ July 12 and July 13

問 2　Which of the following **cannot** be done online? ⎵ 4 ⎵

① Paying the entry fee
② Obtaining an application form
③ Submitting a demonstration video
④ Viewing a broadcast of the contest

問 3　On both days of the contest, the band members will ⎵ 5 ⎵ .

① be voted for by an online audience
② gather for a meeting with organizers at 3:00 o'clock
③ have their performances broadcast online
④ receive information about their performance order

第 2 問　(配点　20)

A　You are going to spend a week on an island off the coast of Canada to conduct some environmental research with a group of other students. You are reading information about the ferry service because you are still planning your trip.

Normandy – Salinger Island Ferry Services
Provided by *Brunswick Ferry Company*
Pamphlet 2023

The Schedule
The first ferry leaves at 7:20 A.M. It is followed by another service at 7:50 A.M. Ferries will continue to leave the Normandy Ferry Terminal at 20 minutes and 50 minutes past the hour until the last service at 7:50 P.M. The journey to Salinger Island takes approximately two hours.

NOTE: You must arrive at the ferry terminal at least 10 minutes before the scheduled departure time. Otherwise, you will be asked to take a later ferry service. It is not necessary to book in advance.

All tickets are for round trips. You must use the return portion within seven days, or you will be forced to purchase another ticket.

Facilities
Our kitchen is staffed by a team of excellent chefs, and there is a modern dining room on the ferry, where you are also welcome to eat any food you bring with you. It is on 03 Level at the back of the ferry.

Newspapers are available from a vending machine on 02 Level. There are also private sleeping compartments that passengers may rent at $30 per hour. Please be sure to reserve these well in advance as they are usually fully occupied. The observation deck is currently closed to passengers. There is no charge for transporting bicycles.

Comments from Past Passengers

- The final ferry back from the island leaves at 10:00 P.M., which gave me plenty of time to enjoy dinner with friends.
- I've been taking the ferry for almost 13 years, and it's never been late!
- Some people complain about the price of tickets, but I think a service like this must be expensive to maintain. They even let us take our bicycles for free.
- I expected to be able to buy something to eat on the ferry, but there aren't even vending machines for food.
- I wish people would use the dining room more. We often have to put up with the smell of food in the main seating area.
- The trip to Salinger Island took much longer than I expected. I should have checked the schedule more carefully.
- I would have loved to see the view from the observation deck. I wonder when it will be reopened.

問 1 ┃ 6 ┃ are two things you can do on the ferry.

    A: Buy a newspaper from a vending machine
    B: Look at the views from an observation deck
    C: Play table tennis with friends
    D: Take a rest in a private room
    E: Use a card to get Internet access

    ①   A and B
    ②   A and D
    ③   B and C
    ④   C and D
    ⑤   D and E

問 2   If you arrive at the ferry terminal at 7:15, you will be able to depart in ┃ 7 ┃.

    ①   5 minutes
    ②   10 minutes
    ③   20 minutes
    ④   35 minutes

問 3 You are traveling to Salinger Island on May 19. You do not want to pay an additional ferry fee, so you must ☐ 8 ☐.

① buy your ticket online by May 24

② make a reservation by May 26

③ return by May 26

④ return on May 19

問 4 One **fact** stated by a previous passenger is that ☐ 9 ☐.

① a bicycle is a great way to see the island

② the dining room gets very little use

③ the ferry usually departs on time

④ tickets are a little too expensive

問 5 What statement in the ferry information is contradicted by a past passenger? ☐ 10 ☐

① The observation deck is currently closed to passengers.

② Our kitchen is staffed by a team of excellent chefs.

③ There is a modern dining room on the ferry.

④ There is no charge for transporting bicycles.

B You are a member of your school's student council. You are reading a report about last year's summer holiday challenge so that you can plan for this year's challenge.

Summer Holiday Challenge

Last year, the student council conducted a survey of our fellow students after the summer vacation to see how they spent their time. By far, the most popular activities were playing video games and doing homework. There is nothing wrong with that, but the survey also showed that the students had no sense of achievement at the end of the holidays. We thought it might be interesting to have each student set themselves a goal to achieve during the summer holidays. When considering a goal, we asked them to think about gaining a valuable new ability. About 240 students took part. Just under half were in Grade One. About 30 percent were in Grade Two and the rest were in Grade Three. What made Grade Three students less likely to participate?

The feedback we received explained that.

Feedback from participants
AD: I loved this challenge. I learned how to cook different types of dishes using online video tutorials. The skills will come in handy when I'm living alone next year.
LB: I found it hard to stick to my goal, but the progress chart helped me to stay motivated. I think it would be helpful if I could compare my progress with that of other people.
MA: I was surprised by how much I was able to learn about programming. I even made a small app to help me keep track of what homework I've finished.
SK: I wanted to learn a new language, but I had difficulty staying motivated because I didn't have anyone to practice with. I wish coordinators had suggested some skills for us to learn.
TR: Compared with other grades, few people in my grade took part. A few of them told me they wanted to focus on university entrance tests.

9

問 1　The aim of the Summer Holiday Challenge was to ☐ 11 ☐ .

① encourage students to develop new skills

② give students opportunities to spend time with friends

③ increase the amount of time students spent studying

④ reduce the amount of time students played games

問 2　One **fact** about the Summer Holiday Challenge is that ☐ 12 ☐ .

① about 20 percent of the participants were in grade 3

② every student in grade 1 agreed to take part

③ fewer grade 1 students took part than grade 2 students

④ the organizers chose skills for the participants to learn

問 3　From the feedback, ☐ 13 ☐ were activities reported by participants.

A: keeping a learning record

B: practicing with a tutor

C: using books from the library

D: using online learning resources

① A and B

② A and C

③ A and D

④ B and C

⑤ B and D

⑥ C and D

10　リーディング

問 4　One of the participants' **opinions** about the Summer Holiday Challenge was that 　14　.

① a list of recommended skills was needed

② programming is an important skill for everyone to have

③ students were competing to make the most progress

④ the students should have learned skills for living alone

問 5　The author's question is answered by 　15　.

① AD

② LB

③ SK

④ TR

第 3 問　(配点　15)

A　You are a student at Leeman University in London. You are studying media, and you need to make a student movie. You read a blog from a senior student to get some advice.

Making a student movie? Read this first!

Hi, I'm Leo. Making a student movie is a lot of fun, but you might not get it finished if you don't prepare well. Most people think the story is the first thing you need, and while it is the most important thing, it is the last thing you need to prepare. Before anything else, you need to work out how much money you have. That will affect all of the other parts of your movie. Next, you need to see who can act in the movie. The second last thing is to start thinking about where you can shoot the movie. Then, you will be ready to take on that final step.

Preparing for Your Movie

1

⇩

2

⇩

3

⇩

4

My team decided to make a horror movie. We tried to film it at night in dark empty buildings because they look scary. We didn't understand how hard it was to provide lighting for a scene at night. When we looked at the film afterward, we realized that we couldn't see anything properly, and it was hard to follow the story. Another team shot their movie during the day and it looked much better. Shooting at night is a bit too ambitious for first-time filmmakers.

12　リーディング

問 1　If you take Leo's advice, in what order should you prepare for your movie? 16

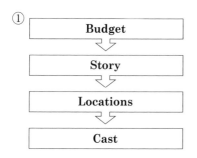

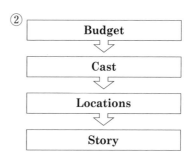

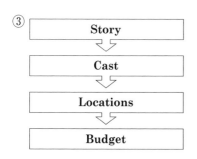

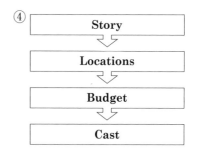

問 2　According to Leo, 17 is the best way to make a film look good.

① borrowing ideas from other films
② choosing an easy genre
③ finding interesting locations
④ using a lot of natural light

B Your school's English club will try geocaching as a fun weekend activity. To help prepare, you are reading the blog of a man who recently went Geocaching.

Discover Geocaching

Last year I took my family on a geocaching adventure. Geocaching is an activity that involves using GPS to locate hidden 'caches'. A cache is just a location marker. When you find one, you take a photograph or sign a log book.

Using a geocaching app on my phone, I found a geocache location in my area. It was a "puzzle cache". This meant that when we found the cache, it would give us a puzzle to solve. The solution would provide a hint to find the next cache. According to the app, there were six puzzles, and it should take about four hours to find all the caches on foot.

We left after lunch on Sunday afternoon. My son Greg lost his smartphone on Wednesday. Thankfully his new one arrived just in time on Sunday morning.

My wife Kate did not want to join the adventure but agreed to come and pick us up if we e-mailed her when we finished. Greg agreed to do that using his new phone.

Greg was really excited, but my daughter Misty was not interested. It had been hard for me to convince her to come along. As the day progressed, however, Greg got less and less excited about the activity. I guessed that it was because his sister was complaining, but that wasn't the case. It was his new shoes. They were hurting his feet. I let him ride on my back, and he suddenly brightened up.

When we got our third clue, Greg couldn't work it out, and I pretended that I couldn't, either. Misty soon found the answer. After that, she made herself our leader and encouraged us to get to the next clue. She was smiling the whole time.

If you're going to do this, you should probably get started in the morning in case it takes longer than you expected. It was getting dark when we found the last cache. 30 minutes later, Kate arrived in the car. She took us to a restaurant for pizza. During dinner, the children convinced her to join our next adventure.

問 1　Put the following events into the order in which they happened.

① The mother agreed to go Geocaching.
② The father carried his son on his back.
③ The mother received an e-mail from the son.
④ The son could not find his mobile phone.

問 2　If you follow the father's advice to try geocaching, you should　22　.

① buy new shoes that are suitable for hiking
② check what time it gets dark at that time of year
③ get started on your adventure before noon
④ have lunch before departing on your adventure

問 3　From this story, you understand that the daughter　23　.

① blamed her mother for ruining the geocaching adventure
② had a complete change of attitude toward the activity
③ regretted joining her father on the geocaching adventure
④ solved a problem that her father could not work out

第 4 問 (配点 16)

Your teacher has asked you to read two articles about effective ways to manage your time. You will discuss what you learned in your next class.

How to Manage Your Time Effectively: The Pomodoro Technique
Randy Cambridge
Math Teacher, Twin Pines Junior High School

As a junior high school teacher, I am always very busy. In my younger life, I often found that I ran out of time or failed to get things done. Over time, I have found ways to make more effective use of my time. Now, I like to share those methods with students who struggle as I did. When I asked some students how they studied for tests, they explained that they decided how long they would study in the evening, usually two or three hours, and then studied for whatever tests they would take the following day. They believed that they were studying well. This was true at first, but they couldn't stay focused on the subject they were studying for such a long time. They ended up spending much of the time thinking about other things or looking at the clock.

I taught them about using the "Pomodoro Technique". Pomodoro means 'tomato' in Italian. This technique for time management is named the Pomodoro Technique because the inventor used a small kitchen timer shaped like a tomato to develop it. There are six steps to the method.

1. Choose a task to be accomplished.
2. Set the Pomodoro timer to a specific time period, usually 25 minutes. We call this timed period of work "one Pomodoro".
3. Work on the task until the timer rings, focusing only on that task during this time.
4. After the timer rings, take a short break, usually for 5-10 minutes.
5. After four Pomodoros, take a longer break, usually for 20-30 minutes.
6. Repeat the process until the task is completed.

I surveyed my students after I told them about the technique. Sadly, I discovered that only dedicated students try it. Students who have trouble studying also find it hard to set the timer and stick to the plan.

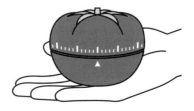

Learn to Prioritize the Eisenhower Way
Helen Stewart
Professor, Twin Pines Community College

Mr. Cambridge's paper on the Pomodoro Technique was extremely interesting, and I have had some success with it in my own experience. However, as we get older and our responsibilities increase, the Pomodoro Technique needs to be part of a larger framework to make the best use of it. I always introduce an idea called the Eisenhower Matrix to my first-year students at Twin Pines Community College.

The Eisenhower Matrix is a way to prioritize tasks and increase productivity. In the matrix, tasks are divided into four categories:

Urgent and important tasks: These are tasks that need to be done immediately and have a high level of importance. They should be carried out using an effective time-management strategy.

Important but not urgent tasks: These are tasks that should be scheduled for completion later. These will be transferred to the first category when they become more urgent.

Urgent but not important tasks: These are tasks that are urgent, but do not have a high level of importance. You should try to have these tasks carried out by someone else.

Not urgent and not important tasks: These are tasks that are neither urgent nor important. Things that fall into this category are usually a waste of time such as looking at the Internet without any specific reason or spending too long playing smartphone games. Many experts suggest that you simply don't do these things.

One thing that many students fail to understand properly when applying this and the Pomodoro Technique to their academic work, is the importance of having intervals when you are not focused on study. During these brief periods of relaxation, your brain is sorting and making sense of the information you have been absorbing.

The Eisenhower Matrix		
	← Urgent	→ Less Urgent
↑ Important	Do First	Schedule for Later
Less Important ↓	Assign to Someone Else	Refrain from Doing

問 1　Cambridge believes that 　24　 .

① it is hard to concentrate for a long time

② studying for more than two hours is necessary before a test

③ the Eisenhower Matrix is inferior to the Pomodoro Technique

④ the Pomodoro Technique should be applied in the classroom

問 2　A weakness mentioned by Cambridge was that 　25　 .

① it was common for students to forget to restart the timer after they finished each Pomodoro

② one Pomodoro is not usually enough time for a junior high school student to study for a test

③ students who struggled with time management most were less likely to adopt the technique

④ the smartphones the students used to time their periods of study provided a distraction

問 3　Stewart introduces the Eisenhower Matrix, which uses four categories to separate tasks into. The 　26　 category is where the 　27　 strategy that Cambridge discussed should be used.

① Assign to Someone Else

② Clock Watching

③ Do First

④ Refrain from Doing

⑤ Schedule for Later

⑥ Time Period

18　リーディング

問 4　Both writers agree that 　28　 is important in maintaining high productivity.

　① avoiding video games
　② careful scheduling
　③ selecting relevant materials
　④ taking breaks

問 5　Which additional information would be the best to further support Stewart's argument for the Eisenhower Matrix? 　29　

　① Examples of ways to assign tasks to other people
　② The main motivation students have for studying at university
　③ What kind of timer helps students focus the best
　④ Why Cambridge found it hard to manage time in his youth

第 5 問　(配点 15)

Your English teacher has told everyone in your class to find an inspirational story and present it to the class, using notes. You have found a story written by a man in the US.

Comfort Zone

By Randy Day

Until about the second year of middle school, I was far from shy. I was interested in everything and had a diverse group of friends.

My school held a science fair every November. A science fair is a special event where students present the results of some independent research or inventions they have been working on.

I thought of a way to store solar power. To demonstrate it, I created a model of a small town with a river running through it. I used solar energy to pump river water to a very high tank during the day. When it was dark, the water was released from the tank into a turbine that generated nighttime electricity.

The model worked perfectly at my home, but there wasn't enough light at the science fair to power the pump. I couldn't get the river water into the high tank. I had an idea, though. My display was right next to the sink in the science room, so I hooked a small hose up to the water supply and used it to fill my tank. The turbine made electricity, and I won second prize! Later in the day, my science teacher Ms. Dalton found out that I had used the sink water. The prize was taken away from me, and everyone said I had cheated.

After that, I lost all my confidence. I only talked to my very closest friends and never accepted invitations to try new things. I had enjoyed the experience of making the model town, so I used to sit in my room on the weekends making replicas of things I had seen on television or in science fiction moves. These are called props, and they are usually fake guns or other technology that actors use on screen. These things decorated the walls of my room. That was my comfort zone, and I rarely left it.

20　リーディング

My parents were worried about me, but no matter how much they encouraged me, I refused to go anywhere except to school. The only thing I was interested in was making props in my room.

When I was in my final year of high school, an exhibition of movie props came to my town. I wanted to see it, but I had heard about it too late, and I couldn't get a ticket. One afternoon, my aunt Claire called me and told me her company was promoting the event. The exhibition organizers had given her two tickets as a present. She said she would take me there the following week. I was so excited.

The next day, she called again to ask a favor. Her amateur theater group was running out of time to prepare for a production, and they needed someone to help create the backdrops — the scenery that is hung behind the actors on stage. I felt that she had tricked me into working for free, and I was annoyed. But, I had to say 'yes' because I wanted to go to the exhibition. That evening, I rode in her car quietly furious all the way to the theater.

When we got there, my anger changed to nervousness. I started to work on the backdrop and slowly realized that I was enjoying it. Then some of the members of the group came and looked at my work. They all praised it and thanked me for helping them. I felt great. When the backdrop was finished, the theater group was so impressed that they asked me to help them with their next production. They even offered to pay me. That production took place two months later, and it looked even better than the first. After the show, my aunt introduced me to a man named Dan Imahara. Mr. Imahara ran a company that made sets, backdrops, and even movie props.

He offered me a job at his company. He said I could work for him during the day but should study electrical engineering or something in the evenings so that I would have a qualification relevant to the work. I accepted his offer, and 20 years later, I am running the biggest visual effects company in the United States. Every day I enjoy working with new people on unique projects. I think that was my aunt's plan all along.

Your notes:

Comfort Zone

About the author (Randy Day)

- Had many friends when he started middle school.
- Stopped trying new things in public because he [30].

Other important people

- Ms. Dalton: Randy's science teacher who judged the science fair.
- Claire: Randy's aunt, who [31].
- Mr. Imahara: A businessman.

Influential Events in Randy's Life

Heard about the science fair → [32] → [33] → [34] → [35]

What condition did Mr. Imahara put on his offer?

Randy should [36].

What can we learn from this story

- [37]
- [38]

問 1　Choose the best option for ⬚30⬚ .

① became too busy working on other projects

② did not have any friends to enjoy them with

③ was afraid that something would go wrong

④ was not invited to things anymore

問 2　Choose the best option for ⬚31⬚ .

① encouraged him to create movie props

② told him that he should leave his comfort zone

③ was a client of Mr. Imahara's

④ worked for an advertising company

問 3　Choose **four** out of the five options (① ~ ⑤) and rearrange them in the order they happened.

⬚32⬚ → ⬚33⬚ → ⬚34⬚ → ⬚35⬚

① Bought replicas of props used in science fiction movies

② Did some research for a personal project

③ Received money from a group his aunt was a member of

④ Viewed a public display of props from popular movies

⑤ Worked on a backdrop for the first time

23

問 4　Choose the best option for ┃ 36 ┃.

　　① obtain a skill useful for his job

　　② specialize in the production of backdrops

　　③ spend some time working in the evenings

　　④ work for the company for 20 years

問 5　Choose the best two options for ┃ 37 ┃ and ┃ 38 ┃. (The order does not matter.)

　　① Creative jobs lead to the greatest levels of life satisfaction.

　　② Honesty is the most important thing when trying to make friends.

　　③ It is important to defend ourselves when there is a misunderstanding.

　　④ It may be necessary to leave our comfort zone to find success.

　　⑤ We should not assume that people have bad intentions.

（下書き用紙）
英語（リーディング）の試験問題は次に続く。

第 6 問 (配点 24)

A Your group is learning about how people think. You have found an article you want to share. Complete the summary notes for the next meeting.

Do You Have an Inner Voice?

Have you ever considered the difference between talking to yourself and saying something to yourself? Talking to oneself is the unusual behavior in which people speak out loud to themselves — it is a soliloquy. It can be alarming to the people around them. Saying something to yourself, on the other hand, is quite healthy. Often when we make a mistake, we can hear a voice in our heads saying, "I mustn't do that again!"

Some people say that they hear that voice throughout the day. Their thoughts are expressed in a kind of internal monologue. Others claim that they never hear a monologue. Instead, they think with images. In their minds, they see themselves doing things they plan to do. There are also people who use a combination of internal language and internal visualizations. The idea that we do not all think in the same way and that some people do not have a voice in their heads can be shocking to people who do.

A professor at the University of Nevada named Russel Hurlburt decided to conduct an experiment to try to understand people's inner experiences, how their thoughts are processed, and how they feel things. To do so, he would need to get people to focus on their thoughts suddenly when they were not expecting it. He needed a way to signal them at random times.

This was in the 1970s, so there were no smartphones. Luckily, he had a background in engineering. He designed some special devices that made a sound at random times. He gave the devices to the students who agreed to take part in the study. When students heard the sound, they had to consider what was happening in their heads. The devices did not sound very often, though. If the sound was heard too often, the students would keep thinking about them. Hurlburt needed the students to forget that they

26　リーディング

had the devices. The students followed his instructions and took careful notes each time the device made the sound. Later, the professor interviewed the students to try to comprehend their notes more thoroughly.

He soon found that it was very hard for students to explain their internal experiences. It took a couple of days of practice for them to be able to pay proper attention to their internal thought processes and explain them. Interestingly, many of the people who strongly believed that they did not use language to think were surprised to find that they did. The inner voices were not necessarily full grammatical sentences, however. They were often just a few words or parts of sentences. It was discovered that people used inner voices more often when they were under pressure.

The study showed that, on average, the students had an internal monologue about 26 percent of the time. Some of the students were saying things to themselves as much as 75 percent of the time. In contrast, some students never heard any internal monologue. In the future, it might be interesting to see how the different ways of thinking affect our lives and personalities.

Your summary notes:

Do You Have an Inner Voice?

Vocabulary

Definition of <u>soliloquy</u>: [39]

The Main Points

• Not everyone speaks to themselves internally.

• [40]

• A university professor decided to conduct an experiment.

The Experiment

• A timer was used to make an alarm ring at random times.

• When the alarm rang, students taking part in the experiment had to make notes about what was happening in their minds.

• [41]

What They Learned

• Training was required before students were able to focus on their [42] and describe them.

• Some students who were confident that they did not have an inner voice found out that they were wrong.

• Most people's inner voices do not always speak in [43].

• People are more likely to have an inner voice when they are under pressure.

28　リーディング

問 1　Choose the best option for ☐39☐.

① having a good understanding of our own personality
② keeping a record of a very private conversation
③ speaking in a way that is designed to alarm people
④ using your mouth to produce words directed at yourself

問 2　Choose the best option for ☐40☐.

① It is impossible to know how we are thinking at any time.
② People tend to rely exclusively on either visual ideas or language.
③ Some people claim to have a constant voice in their heads.
④ We all seem to consider the world in much the same way.

問 3　Choose the best option for ☐41☐.

① A special device was created to measure the length of time people thought using language.
② At first, the students often forgot to take notes, so the research did not go smoothly.
③ Engineering students were hired to find a way to tell the students when to take notes.
④ Later the researcher asked the students some questions to get a better understanding.

問 4　Choose the best options for ☐42☐ and ☐43☐. (The order does not matter.)

① complete sentences
② high pressures
③ internal experiences
④ monitoring devices
⑤ private conversations
⑥ understandable terms

29

B You are preparing a poster for a class presentation on an important scientific discovery, using the following article.

Biochar technology shows promise in reducing our contributions to climate change and improving soil quality for farming. It can also help us reduce waste and produce energy in its production phase. So, what is it?

When we burn organic material like wood, it becomes black and shiny. If we continue to burn it, it is reduced to a grey powder called ash. Biochar is the stage when the wood has turned black but has not completely lost its shape. We can use a special process called pyrolysis to create large amounts of biochar.

Through pyrolysis, organic materials, such as wood chips, leaf litter, or dead plants are burned in a container which limits the amount of oxygen that can enter. Burned in this way, the materials release little to no toxic or harmful fumes. The resulting organic material is a stable form of carbon that can't easily escape into the atmosphere. A fortunate side effect is that the heat created during pyrolysis can be captured and used as a form of clean energy.

Biochar's physical attributes are what make it especially useful. It is black, with many tiny holes which make it surprisingly light. It can both retain water and allow it to pass through. Not all biochar is the same. Its chemical composition is affected by the materials and procedures that are used in its creation.

While it has only recently become well known around the world, biochar has been used by Amazonian peoples for thousands of years. It is unclear whether the people of the Amazon knew that they were making biochar or if they were doing it by accident as a part of their lifestyles. However, it is the reason why plants grown in the regions they inhabited grow faster and contain more nutrients than those grown in surrounding areas.

Let's take a more detailed look at how biochar is produced. It is best to use clean organic material with 10 to 20 percent moisture. Using contaminated materials results in toxic biochar that can make the soil unsuitable for growing healthy crops.

The manufacture of biochar is cheap and easy enough for people to do by modifying readily available items. A top-lit updraft biochar stove is usually needed. A steel drum with an opening at the bottom to let in just enough air can make an adequate stove. The items you intend to turn into biochar are placed in the stove first. To create heat, some other materials are burned at the top. The heat inside should reach around 550-600℃. After a

30　リーディング

couple of hours, it is necessary to put out the fire to stop the material from becoming ash. Usually, this is done by suddenly adding a large amount of water to the machine. Before it is mixed into the soil, the biochar should be combined with rotting vegetables left over from the kitchen.

The resulting biochar can then be crushed and added to the soil. The microscopic openings in the biochar provide a warm wet habitat for microbes to multiply in. This improves the quality of the soil and reverses the effects of over-farming, which is a major concern in agriculture around the globe. Of course, this is not biochar's only benefit or use. By adding biochar to the soil, we are also storing it. This permanently keeps the carbon in the ground, where it is useful, rather than in the atmosphere, where it can be harmful.

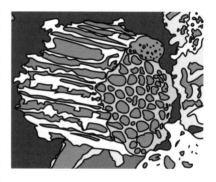

Biochar may seem like a simple material, but it can help solve a variety of global problems simultaneously. It reduces the amount of water used in farming by storing the water for longer in the ground. It also means that farmers need to add fewer chemicals to the ground to help plants grow. It can be used to filter water from factories so that rivers and lakes are not polluted. A process whereby biochar can be converted into a gas for use in CHP (combined heat and power) systems has been successfully tested. Such devices are used in large facilities such as hospitals to generate both electrical power and heat for the building's occupants.

The broader use of this ancient practice could be an important tool for us to use in overcoming many of the environmental problems we currently face.

Your presentation poster draft:

Biochar

Basic information ☐ 44 ☐

Biochar ...

A. can be a source of non-polluting power.

B. can be produced without releasing harmful gases.

C. has been successfully used in the construction industry.

D. is less heavy than you would expect based on its size.

E. is made from waste products.

F. may have a different chemical balance depending on its production methods.

How biochar is made (5 steps)

Step 1. Find some clean organic materials to burn.

Step 2. ⎫
Step 3. ⎬ ☐ 45 ☐
Step 4. ⎭

Step 5. Crush the char into small pieces and add it to the soil.

The properties of biochar

☐ 46 ☐
☐ 47 ☐

Future use

☐ 48 ☐

---

32   リーディング

問 1　You are checking your poster. You spotted an error in the basic information section. Which of the following should you **remove**?　44

- ①　A
- ②　B
- ③　C
- ④　D
- ⑤　E
- ⑥　F

問 2　You are going to summarize the five-step process used to create biochar. Choose the best combination of steps to complete the process.　45

A. Build a small fire on top of the organic materials.

B. Catch harmful gases before they reach the atmosphere.

C. Place the materials in a container with a small hole at the base.

D. Test the quality of the soil you are planning to use

E. Throw a large amount of water onto the biochar.

- ①　A → C → E
- ②　A → E → D
- ③　C → A → B
- ④　C → A → E
- ⑤　E → C → A
- ⑥　E → C → D

33

問 3 From the list below, select the two which best describe Biochar's properties. ⬚46⬚ ⬚47⬚ (The order does not matter.)

① Biochar absorbs water from the soil to protect plants from overhydration.
② Biochar allows sunlight to reach deeper layers of soil, which helps plants grow.
③ Biochar can persist in soil for extended periods without releasing carbon into the air.
④ Biochar helps forests recover from the damage caused by fires.
⑤ Biochar is full of holes in which beneficial microorganisms can grow.

問 4 From this passage, which of the following might biochar be used for in the future? ⬚48⬚

① A fuel for industrial power generators
② A source of non-toxic chemicals for farming
③ A way to keep the air in hospitals cleaner
④ A way to remove chemicals from rivers and lakes

問 5 From this passage, we can infer that the writer ⬚49⬚.

① believes that biochar production will become an important part of the manufacturing industry in the future
② knew about the difficulties farmers were experiencing in creating cheap biochar for their food crops
③ was concerned that the procedure for creating biochar would be too complicated for regular people to take advantage of
④ is glad to know that a little-known traditional technique will be used to solve challenges confronting modern societies

34　リーディング

（下書き用紙）

PC: 7023029

『改訂版 1カ月で攻略! 大学入学共通テスト英語リーディング』別冊

発行:株式会社アルク

無断複製及び配布禁止